语法化与语法研究

（十一）

吴福祥　洪　波　杨永龙　杨荣祥　主编

The Commercial Press

图书在版编目(CIP)数据

语法化与语法研究. 十一/吴福祥等主编. —北京:商务印书馆,2023
ISBN 978-7-100-22507-6

Ⅰ.①语… Ⅱ.①吴… Ⅲ.①汉语—语法—文集 Ⅳ.①H14-53

中国国家版本馆 CIP 数据核字(2023)第 093847 号

权利保留,侵权必究。

YUFAHUA YU YUFA YANJIU
语法化与语法研究
(十一)
吴福祥 洪 波 杨永龙 杨荣祥 主编

商 务 印 书 馆 出 版
(北京王府井大街36号 邮政编码100710)
商 务 印 书 馆 发 行
北京虎彩文化传播有限公司印刷
ISBN 978-7-100-22507-6

2023年7月第1版   开本 850×1168 1/32
2023年7月北京第1次印刷   印张 15⅜
定价:78.00元

主编与编委

主编：吴福祥　洪　波　杨永龙　杨荣祥
编委：洪　波　李宗江　刘丹青　吴福祥
　　　杨荣祥　杨永龙　张伯江　张谊生
　　　朱俊玄

执行编辑：胡　亚　李桂兰

目　　录

汉语指示代词演变之新观察 …………… 贝罗贝　周兮吟（1）
完整体类型的类型学思考 ……………… 陈前瑞　李纯泽（20）
"再三""一再"的功能差异及其解释 …………… 陈祝琴（45）
揭阳闽语口语里的虚词"所"：事实描写与理论蕴涵
　　……………………………………… 邓　盾　黄瑞玲（67）
汉语所谓"中动结构"的历史来源及性质 ………… 董秀芳（94）
关于隐喻对语法化的作用 ………………………… 洪　波（116）
构式语法与语法化理论的交汇 …………………… 胡　亚（133）
客家话中的情态动词"做得" ……………………… 李桂兰（153）
从空间位移到话题转换："至""及"的话题转换
　　功能 …………………………………………… 李小军（174）
汉语虚词的后续演变层次
　　——以"了""着"的演变为例 ………………… 李宗江（195）
论上古汉语否定句中代词宾语前置的语用属性 …… 梁银峰（209）
汉语伴随到被动的语义演变模式 ………………… 龙国富（226）
也谈宣城方言定语标记"个"和"的个"
　　………………………………………… 龙海平　黄　阳（250）
河南济源方言"了"的分化 ………………………… 乔艳敏（258）

1

语义类推与古汉语词义演变 ………… 宋亚云　母尚帆（282）
汉语动词系统的界及其呼应："了$_1$"完成体 …… 孙朝奋（311）
晋语复数词尾"每（哩、们）"的多功能性 …… 吴福祥（338）
青海甘沟话"坐"义动词用作持续体助动词 …… 杨永龙（358）
重动式"（S）VO$_1$V 到 O$_2$"的构式化及其历时演变
　………………………………… 赵林晓　杨荣祥（380）
汉语方言的非现实性代词复指型处置式 ………… 朱媞红（404）
Grammaticalization in Chinese: Its Specifics
　　from a Typological Perspective ……… Walter Bisang（427）
The Development of the Chinese V *de* O Cleft Construction:
　　A Constructional Approach ……………………… 詹芳琼（465）

后记 ………………………………………………………（500）

汉语指示代词演变之新观察

贝罗贝　周兮吟

（法国国家科学研究中心　法国社会科学高等研究院）

1 引言

Greenberg（1963）、Diessel（1999）和 König（2020）采纳 Goddard & Wierzbicka（1994）的术语，将指示代词看作"语义基元"（semantic primes / primitives）。它们不是从任何根源词汇衍生而来的，相反，不少语法成分从它们衍生而来，如定冠词、关系词（relativizers）、从属连词（complementizers）、第三人称代词等。

另一边，Heine & Kuteva（2002、2007）则通过大量举证来主张处所词和诸如"去"（go）或"看"（see）这样的动词为指示代词的历时衍生源头。

我们将试图证明，从上古至现今的汉语中，没有一个指示代词可被认为是通过语法化从其他"词项"（lexical items）衍生而来的，然后集中探讨指示代词在履行不同功能时的不同"句法行为"（syntactic behaviour）。

2 上古汉语（公元前 11～公元 2 世纪）

前上古汉语（公元前 13～公元前 11 世纪），即甲骨文中，有两个指示代词："之"和"兹"。关于这两个指示代词的语义，仍然有争议。郭锡良（1997：75）认为，两者都既可近指也可远指，Djamouri（1994、1999）则认为"兹"是近指、"之"是远指，而且"之"可做修饰语（占定语位）或宾语，而"兹"除做修饰语和宾语外，还可做主语。

目前尚无观点认为这两个指示代词是从其他词项衍生而来的。尽管余霭芹（Anne Yue, 1995、1998）曾提出，指示代词"之"可能来自前上古汉语有"去"义的动词"之"["之"（动词）>"之"（指示代词）]，之后 Heine 和 Kuteva 也附和此说，但这一观点实在难以成立，无须再论。

之后，在上古早期（Early Archaic 公元前 10～公元前 6 世纪）及上古晚期（Late Archain 公元前 5～公元前 2 世纪），指示代词的数量大大增加。黄盛璋（1983）整理出先秦汉语（上古晚期，以文言文为典范）中的 14 个指示代词，按近指和远指分成两组，其多样性似乎是各种因素的合力效应，比如不同时期（历时性）与方言变式（共时性）。Unger 和 Emmerich（2019：17-18）认为，所有的文言文本都呈现出近指与远指的互补对：《论语》中，"斯"[1]近指、"彼"远指，其他文本中则是"此"近指、"彼"远指——当然还有复指代词（anaphoric demonstrative）"是"。四个较为少见的指示代词仅用于少数文本中。[2]

Pulleyblank（1995：85）仅列举了文言文中三个主要的指示

代词:"是""此"和"彼"。③

第一个指示代词"是",一般归为近指。通常是复指用法(指涉前文中的人、事、物等),可做动词的主语与宾语,但也有定语用法(见例2)。例句:

(1) 是 谁 之 过 与?(《论语》,16/1)

DEM who POSS fault QP

Whose fault is this?

(2) 是 夫 也,将 不 唯 卫国 之 败……

(《左传·成公十四年》)

DEM fellow PART will NEG only wei-country POSS failing

This fellow will ruin not only the country of Wei...

第二个指示代词"此",也是近指,与"是"一样,可单独做主语(见例3)和宾语,也可用于定语位(见例4)。

(3) 此 文 王 之 勇 也。(《孟子》,1B/3)

DEM wen king POSS courage PART

This was King Wén's courage.(参见 Pulleyblank, 1995: 17)

(4) 然而 至 此 极 者, 命 也 夫?

(《庄子》,6/97)

nonetheless reach DEM extremity the-one-who, fate PART QP

That nonetheless I have reached this extremity, is fate, is it not?

第三个指示代词"彼",是远指,可做主语、宾语和修饰语。以下两例复指用法仍为 Pulleyblank(1995:87)所选,清楚呈现了"此"与"彼"的近指与远指间的对照:

3

（5）彼　一　时，此　一　时　也。(《孟子》, 2B/13)
DEM one time, DEM one time PART
That was one time, this is another time.

（6）彼　夺　其　　民　　时。(《孟子》, 1A/5)
DEM rob POSS-PRO citizen time
Those (other rulers) rob their people of their proper seasons.

上古汉语中的这三个指示代词并非通过语法化从其他词汇源头衍生而来的。同时期其他不太常见的指示代词的情况大抵也是如此。

3　中古汉语（公元 2～13 世纪）

指示代词系统的巨变发生于中古时期，文言文中的指示代词在非文学语言中遭弃置。这个根本的改变在前中古时期（公元前 1 世纪～公元 1 世纪）甚至中古早期（2 世纪～6 世纪）都尚不显见。要到中古晚期（7 世纪～13 世纪），之前使用的指示代词的数量才显著下降，"是"和"此"作为近指，被"这"取代，"彼"和"夫"作为远指，被"那"取代。除了"这"（及其变式"者""遮""只"与"柘"）和"那"，也出现了一些新的指示代词，如"底""没""许""能""恁""个（箇）"。参见向熹（2010：374）。

"这"（"者""遮""只""柘"）出现于晚唐，并于五代时期被广泛使用。[④] 最早成卷于 952 年的《祖堂集》中有不少例子，尽管当时最常用的近指代词仍然是"此"。[⑤]

(7) 马 大 师 曰:"这汉 来 作什么"?

(《祖堂集》, 1.158)

Ma Grand Master say DEM fellow come do what

Grand Master Ma said: '(For) doing what (did) this fellow come (here)'?

值得注意的是,相较于其他近指代词,口语中的指示代词"这"经常与量词"个(箇)"连用,出现在主语和定语位,但极少出现在宾语位(例10)。例句:

(8) 这 个是色, 阿那个是空?

(《祖堂集》, 4.136)

DEM CL be form which-CL be emptiness

This (one) is form, which (one) is emptiness?

(9) 者 个雀儿 还有 佛 性 也 无?

(《祖堂集》, 4.089)

DEM CL sparrow still have Buddha nature PART NEG

Does this sparrow still have Buddha nature?

(10) 僧 云:"不 问 这个。"(《祖堂集》, 5.042)

Monk say NEG ask DEM

The monk said: "(I) did not ask this."

实际上,同时期出现的"这"和"这个"在功能上呈现出互补的分布:[6]"这"主要用于定语位或作修饰语,而"这个"主要用作独立主语,少数情况下也可做宾语。出现在主语或宾语位时,"这个"是一个双音节词,与"这"等效,而不能被看作一个复合词(指示代词+量词)。参见吕叔湘等(1985:196-199),他们认为此处的"个"并不是量词,而是一个后缀。同样的观点,参见冯春田（2000：94），以及蒋冀骋与吴福祥（1997：390）。

之后，从宋代开始，"这"偶尔会单独出现在主语位（见例11、12），但更多时候仍做修饰语。

(11) 这　是　大　病。(《朱子语类辑略》，7)

   DEM be big illness

   This is a big illness.

(12) 这　是　妇　体态。(《张协状元》，20)

   DEM be women behaviour

   This is women's behaviour.

远指代词"那"也出现于唐代。《王梵志诗》（约公元8世纪）中已有明确例证。与"这"一样，在这一时期，"那"单独使用时主要做定语，极少做主语，从不做宾语。"那"做主语的例子可见于宋代（见例14）。例句：

(13) 我 见 那 汉　死，肚　里 热 如　火。

        (《王梵志诗》，134：我见那汉死)

   I see DEM fellow die belly in hot like fire

   I saw that fellow dying, (his) belly was hot like fire.

(14) 那　是 做 人　底　样子。(《朱子语类》，7)

   DEM be do man NOM way

   That is the way of doing (things) like a man.

双音节指示代词"那个"也见于晚唐，但似乎较"这个"更晚出现。第一例，也是唯一一例，见于《敦煌变文》（约9世纪）。因此，很可能是通过与近指代词"这个"的"类推"（analogy）而产生的。之后，在《祖堂集》（952）中也发现数例（蒋冀骋与吴福祥记录了14例，1997：394）。

(15) 不 是 那 个 大 开口。

(《敦煌变文集：唐太宗入冥记（一）》)

NEG be DEM-SUF big promise

It is not that (one) (who will) make a big promise.

(16) 那 个 师僧若在,今年七十四 也。

(《祖堂集》, 5.043)

DEM monk if exist this-year seventy-four PART

If that monk is (still) alive, (he will be) this year seventy-four years old.

(17) 你 道 这 个 与 那 个 别 不 别?

(《祖堂集》, 3.098)

You tell DEM-SUF with DEM-SUF different NEG different

Tell (me): Is that (one) different from this (one)?

"这"与"那"这两个指示代词的起源问题,一直有争议,论辩不休。简而言之,关于"这"的起源,主要有两种不同的假说:（i）它可能来自上古的近指代词"之"（王力,1958：284）；(ii) 它源于上古的近指代词"者",而这个"者"本身是"此"的一个方言变式（吕叔湘等,1985：185）。但无一例外,这两种假说都诉诸"词汇替换"（lexical replacement）, 而非语法化。[7]

关于"那"的起源,也主要有两种不同的假说:（i）它来自于魏晋时期广泛使用的指示代词"尔"（王力,1958：284）；[8] (ii) 它来自于"若"（吕叔湘等,1985：186；梅祖麟,1986；孙锡信,1992；蒋冀骋、吴福祥,1997：378；蒋绍愚,2005：122-125；蒋绍愚、曹广顺,2005：46-64）。这两种假设仍然诉诸词汇替换。

7

总而言之,"这"和"那"都不是通过语法化从某个词项衍生而来的。

4 指示代词"个"(個、箇)

若一定要找出一个从语法化程度较弱的词汇成分经语法化而来的指示代词,那就只能看看"个"了。[⑨]实际上,有几位学者认为它是由一般量词"个"经语法化衍生而来的:曹广顺(1995:139-149),梁银峰(2018:109—110),董志翘、蔡镜浩(1994:189-194),林素娥(2018),等等。

和"这""那"一样,指示代词个的使用也始于唐、五代时期,并兼具近指与远指。冯春田(2000:117-118)在注意到《敦煌变文》中并无实例而《祖堂集》中却例证充分后,认为这种情况恰说明当时的指示代词"个"是南方方言中的一种口语形态。参见吕叔湘等(1985:244)。例句:

(18)个 丈夫　富贵,今年　得一品,
　　DEM gentleman wealthy this year get first rank
明年　得二　品,后年　　得三品,
next year get second rank, in-two-years get third rank,
更后年　　得四　品。
in-three-year get fourth rank

　　　　　　　　　[张鷟(658—730)《朝野佥载》,3]
　　This gentleman is wealthy, (he will) get (his) first rank, the second rank next year, the third rank in two years and the fourth rank in three years.

（19）个　身　恰似　笼　中鹤。

[顾况（725—814）《酬柳相公》,《全唐诗》,卷二六七]

DEM life be-like cage in crane

That life is like (being) a crane (put) in a cage.

（20）沙弥　　才　得个消息。(《祖堂集》,4.382)

Novice (only) then get DEM news

The novice then (could) get this news.

（21）个　丫头　到官司，真是　会　供状。

(《张协状元》,12)

DEM woman go law-suit really will affidavit.

This/that woman filed a law-suit, (she) will really sign an affidavit.

大多数情况下，指示代词"个"都用作修饰语，但有时也可做主语，尤其在唐代与之后宋代的诗词中。参见董志翘等（1994：190）以及梁银峰（2018：97）。例句：

（22）个　是一　场春　梦。

[朱敦儒（11世纪）《朝中措》]

DEM be one CL erotic dream

This/that is an erotic dream.

一些学者，如吕叔湘等（1985）、梁银峰（2018）、董志翘与蔡镜浩（1994），认为诸多南方方言中早已有这个指示代词"个"。这也便解释了为什么在当代的湘语、赣语、客家话、吴语和粤语等方言中仍然可见"个"的这个指示用法。[10]

回到指示代词"个"的起源这个根本问题。如果"个"真是作为"这"的一个变式出现于唐代,那么正如上文中所见,在同一时期甚至更早时期,已经出现了双音节指示代词"这个"(如果"这个"的出现真的早于"个",那就非常有意思了)。指示代词"个"从量词"个"衍生而来这个观点很难自圆其说,否则"这个"就成了两个指示代词"这"和"个"的缀接了。关于"这个",仅有两种可能:(i)"这"是指示代词而"个"是量词,(ii)"这"是指示代词而"个"是一种后缀。

实际上,量词"个"语法化为指示代词"个"这个假说若要成立,就必须找到"个个"的实例,其中第一个"个"是指示代词而第二个"个"是量词。然后,逐渐地,第二个"个"可被省略或删除。然而,在所有中古汉语的文献中,都没能发现一例"个个"。

此外,在下面这个吕叔湘和江蓝生引用的例子中,数词"一"后面出现的量词"场",使"个"作为"这个"中的量词的假说不攻自破。数词"一"安放在"这个"与后面它所修饰的名词短语之间,这便证明了"这个"在此只能被看作一个完整的独立单位,其中的"个"并不是一个可分割出来的量词。如果一定要把它看作一个量词,它就必须放到数词"一"之后,但此处已经有量词"场"了。

(23)这个 一 场 狼藉 不 是 小 事。

(《景德传灯录》,19.13)

DEM one CL chaos NEG be small business

This chaos is not a small business.

所以,我们认为指示代词"个"并不是从量词"个"衍生而来,并且双音节指示代词"这个"中的"个"只是一个无实指的后缀，如果它不是从量词"个"衍生而来的，就很可能是从结构助词"个"衍生而来的，吕叔湘等（1985：196-199）之前就提出过此种假说。[11]

我们甚至可以更进一步设想，若"这个"的出现早于"这"，那么，在北方汉语里，"个"逐渐被省去，留下"这"（"这个"＞"这"），而在南方方言里，是"这"逐渐被省去，留下"个"（"这个"＞"个"）。发生在南方的这个变化颇值得关注，正是得益于与指示代词"这"的毗邻关系，"个"逐渐获得了"指示"的语义特征。这个语言现象，我们都很熟悉了，就是语义特征在临近位置上的传递与"感染"（contagion）。

总而言之，在汉系语言中，不存在指示代词从其他词项经语法化衍生而来的情况，所有汉语指示代词都可以被看作"语义基元"（semantic primes），就此，在这个争议问题上，我们站在了Diessel 和 König 一边。

这个无实指的后缀"个"紧跟在指示代词之后，关于它和指示代词连做主语是否存在历时的"循环变化"（cyclic change）或"螺旋变化"（spiral change）[12]，数十年前已有论辩。如果实在不愿将其称为后缀，我们大可从语音考量出发，将它标记为"语音增厚素"（phonic thickener，参见 Hagège, 1982）。

5 一个"往复变化"（reciprocating change）？

指示代词"这"与"那"做主语的情况，是否如 Désirat 和 Peyraube（1992）以及贝罗贝与林征玲（2010）所言，存在历时的往复变化？

诚如前文所示，与文言文中的"此"和"彼"一样，"这"和"那"主要用作修饰语。但在占据主语位这一点上，"这""那"与"此""彼"就有所不同了。从唐至宋，"这""那"都不能单独用于主语位（梅祖麟，1987；叶友文，1988）。必须加上"个"或宋以后要加上"底"以及再之后加上"的"，才能出现在主语位。详见上文例（8）（9）（10）以及加"底"的下例：

（24）这底 只 是 我 怕 你们 不 知。

（《三朝北盟会编》，卷一六一，《绍兴甲寅通和录》）

DEM only be I be-afraid you NEG know

Only I am afraid that you don't know (about it).

到南宋时期，情况已经有所不同，特别是在江南地区的文献中。"这"和"那"不仅可以单独做修饰语，也可做主语。详见上文例（11）（14）以及下例（25）：

（25）这 是 说 天 地 无 心 处。

（《朱子语类辑略》，1）

DEM be say Heaven Earth NEG heart-and-mind place

This is to say there is no heart and mind in Heaven and Earth.

至元代再次发生变化，重回到唐代与北宋的情形。指示代词"这"和"那"须以双音节形态的"这的"和"那的"出现，才能做主语。能展现14世纪北方汉语风貌的古本《老乞大》(The Old Sinologist)中，"这"不能单独做主语。若要做主语，则必须采用双音节的"这的"。例句：[13]

（26）这的 是 木头 的。（《老乞大》，76/28b13）

DEM be wood PART

This is made of wood.

（27）这的 忒 细。(《老乞大》, 77/28a10)

DEM too thin

This is too thin.

（28）这的 却 又 麤俸（粗笨）。(《老乞大》, 77/28a10)

DEM but again clumsy

But this（is）again clumsy.

（29）那个 是 刘清甫 酒馆。(《老乞大》, 38/14a5-6)

DEM be Liu Qingfu inn

That is the inn of Liu Qingfu.

（30）那的 也 中。(《老乞大》, 9/4a9)

That also fine

That will be fine too.

（31）那的 不 容易 那？(《老乞大》, 68/25a5)

DEM NEG easy PART

Is that not easy?

在此，双音节的"这的"和"这个（箇）"无实质区别，这也意味着"这个（箇）"中的"个（箇）"不是量词，而是一个虚词，和助词"的"一样。[14]

尽管如此，组合态的双音节词"这个""这的"或"那个""那的"并非专职主语位。它们也出现在定语位，当然，更频繁出现在此定语位的还是单音节指示代词。《老乞大》中有18例"这吗"和13例"这个吗"，18例"那"后紧接名词，8例"那"后接量词，大部分是"个"。

这便带来了一个问题：在同一个文本中，相隔几行，"这吗"和"这个吗"之间能有什么区别呢？很可能"这个吗"中的"个"已经不是一个货真价实的量词了，它只是一个无实指的成分。

元代文献中出现的双音节"这的""那的"做主语的情况并没有持续多久，明初以来，就又返回到与南宋一般，"这""那"可单独做主语，在今天的普通话中亦是如此。

为了解释从南宋到元、从元到明的这一系列变化，一些学者如梅祖麟（1986、1987）、曹广顺（1995）提出了语言"接触引发变化"（contact-induced change）或"外来词借用"（external borrowing）的机制。具体而言，元代汉语指示代词做主语的用法受到蒙语的影响。

Désirat & Peyraube（1992）、林征玲与贝罗贝（2015）都曾撰文置疑这种解释。它忽视了一个重要的事实，即这些做主语的指示代词最初出现于唐代时就已经是双音节的了。在这种情况下，诉诸蒙语对汉语的直接影响，就很难成立，尽管汉语当时也与阿尔泰语有接触。它最多也只能被看作一种相近、可类比的模式，将汉语中已有的某种形式重新激活了。

而且，功能上，做修饰语的单音节指示代词与可做主语的双音节指示代词之间的对立，分别在南宋与明代消弭了，而这两次反复，如前所述，主要发生于江南地区。

但我们是否能就此服膺 Désirat & Peyraube 提出的循环变化假说呢？本文认为，这个假说并不成立，至少尚未得到充分的论证。在重新审视了南宋时期单音节指示代词的用法后，我们注意到，它做主语的用法并不如一些人以为的那么普遍。事实上，即使在《朱子语类》这样南宋时期的重要文本中，更多的是

"此""个"[15]做主语,而不是"这"(其他文本,如《张协状元》中,能找到的例证也太少,不具有代表性)。

6 结语

我们首先试图证明,从上古至现今的汉语中,没有一个指示代词可被认为是通过"语法化"或"再分析"的机制从其他实词(名词或动词)衍生而来的。在这一点上,我们赞同那些认为指示代词属"语义基元"(semantic primes/primitives)的学者,如Diessel(1999)和König(2020)。

然后,我们详细考察了指示代词"个"。好几位历时句法领域的专家都认为它是从量词"个"(甚至是经由语法化机制)衍生而来的。我们论证并质疑这种假设,其缺乏实际的根据。

最后,我们通过重新审视单音节的"这"、"那"、双音节的"这个""这底""这的"和"那个""那底""那的"这些词的句法职能(做主语、修饰语、宾语),得出结论,认为之前有关历时循环变化的假说是缺乏说服力的。

当然,一些重要的议题还有待进一步探究,特别是普通话以外的其他汉系语言中的指示代词的使用情形。这些研究可能会在一定程度上削弱本文的结论。

缩略语列表:
CL = classifier 量词
DEM = demonstrative 指示代词
NEG = negation 否定词

NOM = nominalizer 名义化
PART = particle 助词
POSS = possessive 领属
PRO = pronoun 代词
QP = question particle 疑问助词

附 注

① Karlgren（1926）认为"斯"是鲁方言。Unger 和 Emmerich（2019：157）认为，在其他最常以"此"做近指代词的文本，如《孟子》中，"斯"也用来做近指。

② Unger & Emmerich（2019：154-164）探讨的四个少见的指示代词是："兹"，是"此"的前文言形态，仿上古汉语用法（2019：158）；"之"，仅用于少数文本中（2019：159）；做定语的"若"，仅见于部分文本（2019：159）；"夫"，做定语的"弱远指代词"（weak distal demonstrative，2019：160）。这便是文言时期（如上古晚期）的所有 8 个指示代词的情况。

③ Pulleyblank（1995：88-90）还提及一些不太常见的指示代词："斯""兹""寔""时（時）""夫""尔（爾）""若"。

④ 蒋冀骋与吴福祥（1997：389）认为，此用法仅在《寒山诗》（约公元 8 世纪）中有一例。

⑤ Anderl（2004：121）记录到"这"在《祖堂集》中总共出现约 380 次。

⑥ 《寒山诗》（约 8 世纪）中还有一例"这个"：

不　省　　这个　意

NEG understand this-CL meaning

(One) does not understand this meaning.

⑦ 梅祖麟（1986）也提议，"这"或许是从"只者"衍生而来的。

⑧ 到 80 年代，王力认为"那"可能直接来源于疑问代词。

⑨ 认为指示代词的语法化程度比量词高，这似乎不妥。朱德熙

（1982：40）将指示代词和量词都划入实词范畴。相较于从量词到指示代词的语法化，"重新分析"（reanalysis）可能是更合理的机制。

⑩ 这些南方方言中的例证，可参见梁银峰（2018：102-107）。中山（粤）、苏州（吴）、金华（吴）、上海（吴）、海陆（客家）与南昌（赣）等地方言的情况，可参见 Norman（1988：203、206、220、227）。有关江西泰和的方言，见黄伯荣(1996：491),该方言的近指与远指只有声调上的差异，分别是 $kɤ^{34}$ 与 $kɤ^{41}$。

⑪ 参见叶友文（1988）。进一步的探讨，参见梅祖麟（1987）。

⑫ 严格说来，"循环"（或"螺旋"）一词并不妥帖。要形成一个真正的循环、一条环线，至少需要三个不同的标记点，对于一个语言领域的历时变化而言，则需要至少三种不同状况。而此处，以及我们在下一节将要展开的讨论中，只存在两种状况：(ⅰ)指示代词"能"单独做主语，(ⅱ)指示代词"不能"单独做主语。就此而言，为避免歧义，更合适的说法，或许是"反复"或"往复"（reciprocating）。

⑬ 所有六个例句的引文出处都参考 Takekoshi（2020）编撰的《〈老乞大〉四种版本对照》。

⑭ 古本《老乞大》中，还另一个双音节指示代词"兀的"，在后续版本中被"这的"取代。

⑮ 我们注意到，有时，"个"能做主语，这是得益于它的指示代词功能，而不是其作为量词的功能。

参考文献

贝罗贝、林征玲 2010 《〈老乞大〉的个体量词和语言循环现象之关系》，《汉语史学报》第10期。

曹广顺 1995 《近代汉语助词》，北京：语文出版社。

董志翘、蔡镜浩 1994 《中古虚词语法例释》，长春：吉林教育出版社。

冯春田 2000 《近代汉语语法研究》，济南：山东教育出版社。

郭锡良 1989/1997 《试论上古汉语指示代词的体系》，见郭锡良主编《汉语史论集》，北京：商务印书馆。

黄伯荣主编　1996　《汉语方言语法类编》，青岛：青岛出版社。

黄盛璋　1983　《先秦古汉语指示词研究》，《语言研究》第 2 期。

蒋冀骋、吴福祥　1997　《近代汉语纲要》，长沙：湖南教育出版社。

蒋绍愚　2005　《近代汉语研究概要》，北京：北京大学出版社。

蒋绍愚、曹广顺主编　2005　《近代汉语语法史研究综述》，北京：商务印书馆。

梁银峰　2018　《汉语史指示词的功能和语法化》，上海：上海教育出版社。

林素娥　2018　《早期吴语指示词"个"——兼议吴语中性指示词的来源》，《方言》第 2 期。

林征玲、贝罗贝　2015　《老乞大和荔镜记的指示代词这与那》，见洪波、吴福祥、孙朝奋主编《梅祖麟教授八寿秩庆学术论文集》，北京：首都师范大学出版社。

吕叔湘　1985　《近代汉语指代词》，江蓝生补，上海：学林出版社。

梅祖麟　1986　《关于近代汉语指代词》，《中国语文》第 6 期。

梅祖麟　1987　《唐、五代"这、那"不单用作主语》，《中国语文》第 3 期。

孙锡信　1992　《汉语历史语法要略》，上海：复旦大学出版社。

王　力　1958　《汉语史稿》，北京：科学出版社。

向　熹　2010　《简明汉语史》，北京：商务印书馆。

叶友文　1988　《"这"的功能嬗变及其他》，《语文研究》第 1 期。

朱德熙　1982　《语法讲义》，北京：商务印书馆。

Anderl, Christoph　2004　*Studies in the Language of Zu-tang ji*. Two Volumes. Oslo: Faculty of Arts, University of Oslo.

Désirat, Michel & Peyraube, Alain　1992　Remarks on the demonstratives in the Fuzhou dialect. *Chinese Languuages and Linguistics* 1. 493—522.

Diessel, Holger　1999　*Demonstratives: Form, Function, and Grammaticalization*. Amsterdam: John Benjamins.

Djamouri, Redouane　1994　Emploi des déictiques *zi* et *zhi* dans les inscriptions Shang. *Cahiers de Linguistique Asie Orientale* 23. 107—118.

Djamouri, Redouane　1999　Evolution of *zhi* in Archaic Chinese. In A. Peyraube & Sun Chaofen (eds.) *In Honor of Mei Tsu-lin: Studies on Chinese Historical*

Syntax and Morphology. Paris: CRLAO, EHESS. 33—48.

Goddard, Cliff & Wierzbicka, Anna 1994 *Semantic and Lexical Universals—Theory and Empirical Findings*. Amsterdam: Benjamins.

Greenberg, Joseph 1963 *Universals of Language*. Cambridge, MA: The M. I. T. Press.

Hagège, Claude 1982 *La structure des langues*. Paris: PUF.

Heine, Bernd & Kuteva, Tania 2002 *World Lexicon of Grammaticalization*. Cambridge: Cambridge University Press.

Heine, Bernd & Kuteva, Tania 2007 *The Genesis of Grammar*. Oxford: Oxford University Press.

Karlgren, Bernhard 1926 *On the Authenticity and Nature of the Tso Chuan*, Göteborgs Högskolas Arsskrift; XXXII. Göteborg: Elanders.

König, Ekkehard 2020 Establishing transphrastic relations: On the grammaticalization of demonstratives. In Janet Zhiqun Wing (ed.) *A Typological Approach to Grammaticalization and Lexicalization — East Meets West*. Berlin: De Gruyter Mouton. 55—74.

Norman, Jerry 1988 *Chinese*. Cambridge: Cambridge University Press.

Pulleyblank, Edwin 1995 *Outline of Classical Chinese Grammar*. Vancouver: University of British Columbia Press.

Takekoshi, Takashi (竹越孝) 2020 *Contrast Texts of Laoqida Four Editions*. Kobe: Kobe City University Of Foreign Studies.

Unger, Ulrich & Reinhard Emmerich 2019 *Grammatik des Klassischen Chinesisch*. Heidelberg; Berlin: CrossAsia-eBooks.

Yue-Hashimoto, Anne 1995 *Zhi* in Pre-Qin Chinese. Paper presented at the Stanford Conference on the History of Chinese Syntax. Stanford, CA. March 17—18.

Yue, Anne 1998 *Zhi* in Pre-Qin Chinese. *T'oung Pao* 84-4. 239—292.

完整体类型的类型学思考

陈前瑞　李纯泽

（中国人民大学文学院）

1　引言

近年来国内的时体研究中，完整体（perfective）是问题的焦点，不同的学者采用不同的研究策略。根据对以 Bybee 等（1994）为代表的历时类型学研究范式的态度，我们发现三种不同的研究策略。陈前瑞、胡亚（2016），胡亚、陈前瑞（2017），陈前瑞、邱德君（2020）等延续 Bybee 等（1994）的研究范式，提出词尾和句尾"了"的多功能模式，从历时的角度对词尾和句尾"了"都具有的完整体功能进行量化分析，进一步研究事件主线对完整体功能发展的促进作用。其策略是在类型学经典研究的基础上，结合汉语的实际加以发展。金立鑫等（2020）认为学界对完整体和完成体（perfect/anterior）的混淆在很大程度上来自 Comrie（1976）的系统分类。该文通过对俄语完整体/未完整体典型体貌特征的描写，揭示完整体/未完整体是一种完全有别于完成体/未完成体的范畴类型。[①] 金文进一步把汉语典型体标记的意义概括为与上述两类都不同的阶段体，本文暂不讨论这一观点。其总体策略是对不同类型的语言采用不同的术语，忽略已有研究提出的不同体貌类型之间的相通性。范晓蕾（2020a）宣示"不宜使用类型学的时体意义标签来解析特定时体词的语义"，但范晓蕾（2020b）认为表示"过去的单独事件"的句尾"了"，如"我昨儿到张家吃饭了"，更像 Comrie（1976）界定的完整体，编码了单独性、过去时、完整体三个语义特征。其策略是否定 Bybee 等（1994）等对完整体及其话语功能的研究共识，部分退回到以 Comrie（1976）为代表的早期时体类型学的认识。[②] 上述三种研究策略可以简要概括为：继承、另创、部分回退。

针对国内时体研究的现状，本文先从学术史的角度梳理学界对不同类型完整体的认识与发展过程，基于盖丘亚语、羌语和斯拉夫语的材料，分析屈折和派生这两类不同类型的完整体之间演化与兴替关系的多样性。然后梳理汉语普通话和方言时体研究对汉语完整体的探索历程，探讨汉语完整体的研究策略与类型学意义。

2 对完整体的类型及其演化关系的认识过程

2.1 两类不同的体貌系统和完整体

对于斯拉夫语和罗曼及日耳曼语言体貌系统性质的差异，国内外学术界均有持续的讨论。Dahl（1985）、Bybee 和 Dahl（1989）、Bybee 等（1994）相继从多个角度分析了这两类体貌系统，把两类完整体的区别概括为派生完整体和屈折完整体（Bybee et al., 1994：88-89）。1）从来源的角度区分两类完整体。斯拉夫语的完整体源于界限标记，这些界限标记一般源于趋向或方位成分；而拉丁语的完整体源于完成体。2）从体貌意义的角度来看，斯拉夫语的派生完整体"强调某种界限已经达到，而不仅仅是将事件看作未经分析的整体"。拉丁语的完整体典型地表示"一个独立的事情，视作未经分析的整体……发生在过去"。(Bybee et al., 1994：89）3）派生完整体可用于所有时，俄语用动词的非过去完整体形式表示将来时，而屈折完整体通常受限于过去时。进入三分体系中的屈折完整体只能用于过去时，只有未完整体有时的区分。[③] 4）派生完整体在意义上与表示"彻底地做完某事"的完结体（completive）相似。同时还有其他几点相似之处：完结体和派生完整体的来源部分重合，完结体的有些词汇来源是趋向或方位词，如表示"离开、向上、进入"等意义的成分。派生完整体很有可能就是高度泛化和精简的完结体。从这个意义上讲，派生完整体的语法化水平整体上低于屈折完整体；因为屈折完整体一般是从完结体经完成体发展而来的。正因为斯拉夫语完整体的体貌类型被表述为派生完整体，所以完整体在Bybee 等（1994）的论述中有两种含义：一是有标记的含义，即屈折完整体；二是无标记的含义，涵盖派生完整体和屈折完整体。在默认的情况下，完整体指屈折完整体。

再看国内学者对两类体貌意义的区分及其与国外类似区分的异同。金立鑫（2009）把俄语与英语在完整或完成方面的区别首先概括为完整体系列和完成体系列，并将其体貌意义分别概括为事件界限体与事件进程体。与 Bybee 和 Dahl（1989）的强调某种界限已经达到相比，内容基本相同，但事件界限体的术语色彩更强。金立鑫（2009）的外文文献只引用了 Reichenbach（1947），没有提及学术史上的相关研究，可以视为独立分类，但意义概括更为精致，只是没有涉及两者在形式与意义语法化上的差别。于秀金（2019）把金立鑫（2009）概括的两类体貌意义的对立进一步表述为空间视点体和时间视点体。其中"空间"与"时间"的对立本质上是隐喻性质的，一定程度上暗示了派生完整体的趋向或方位来源和屈折完整体及其来源意义的时间参照关系。但是，作为体意义的差别本质上一定是时间性质的；于秀金（2019）本身也致力于从事件时间、参照时间和说话时间的相互关系对两类体貌意义进行统一解释。从这个意义上讲，空间视点体和时间视点体的对立容易引起误解。

包括金立鑫（2009）在内的国内外研究多把汉语的体貌系统归为更接近于英语的一类。考虑到学术界对汉语词尾"了"的屈折地位还有一定的疑虑，汉语其他体标记的形态地位比词尾"了"更低，在涉及汉语等总体上形态水平较低的语言时，本文把Bybee等（1994）概括的两类完整体分别称为"派生类完整体"和"屈折类完整体"，这里的"类"就是要明白地揭示这一事实：汉语的"了"还不完全是屈折词缀，但与派生词缀相比，更接近于屈折词缀这一类。派生类完整体和屈折类完整体的提出可以更好地适应类型学研究中对派生与屈折两类形态地位区分的连续性认识，也更加符合汉语通语和方言的实际情况。

2.2 不同类型完整体的演化关系

Bybee等（1994：105）概括了向一般过去时或屈折完整体语法语素发展的演化路径，即图1[④]。从图1可以看到两类完整体的演化路径的异同：派生完整体源自趋向或方位成分，经完结体发展为派生完整体；屈折完整体源自完成体，后者经由三种不同的路径发展而来，其中一条路径与派生完整体部分重合，即先从趋向或方位成分发展为完结体。这说明时体类型学经典研究已经注意到两类完整体的相关之处，并力求在两者相似的话语功能方面寻求一致性解释。

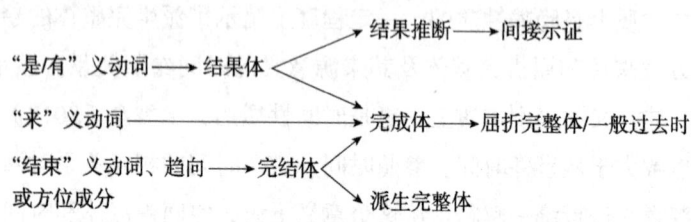

图 1　向一般过去时或屈折完整体语法语素发展的演化路径

在 Bybee 和 Dahl 的多项研究中，也多次提及屈折完整体的语法化程度高于派生完整体，但没有提及派生完整体演化为屈折完整体的实际例证。Hintz（2011：193-196）发现秘鲁南部孔丘科斯的盖丘亚语（South Conchucos Quechua，SCQ）中，由派生完结体发展出派生完整体，派生完整体会进一步演化为屈折完整体，即（1），其中过去完整体还存在从近过去到非近过去的发展阶段。

（1）趋向成分＞派生完结体＞派生完整体＞屈折近过去完整体＞屈折过去完整体：非近过去

（2）中的 -ru 在库斯科（Cuzco）盖丘亚语中还是表示"出"义的趋向成分，并与屈折的过去完整体标记 -sqa 共现。

（3）中的 -ru 在安博-帕斯克（Ambo-Pasco）盖丘亚语中靠近派生词缀的槽位，后接零形式的现在时屈折词缀，属于派生完整体；但在（3）瓦伊拉斯（Huaylas）盖丘亚中，-ru 可以分析为过去时屈折词缀，实际上相当于屈折近过去完整体；两者的含义都是一样的，表示"你刚刚走路了"。（4）的 -ru 在 SCQ 中，实际相当于远过去的屈折完整体，虽然该形式一般标注为近过去，但事件可以是数月之前的；其中的第二人称词缀 -yki 与该语言中典型的过去时的第二人称形式一致。

（2）papa　　chakra-ta-qa　chikchi-**ru**-sha-**sqa**-táq!

库斯科盖丘亚语

马铃薯　地 -OBJ-TOP[⑤] 冰雹-出 -PROG-PST-EMPH[⑥]

'（那时）马铃薯地里下起了雹子！'（Hintz，2011：194）

（3）ROOT　DERIV　TAM　SUBJECT

　　a. puri　　-**ru**　　-Ø　　-nki. 安博-帕斯克盖丘亚语

　　　走　　　-**PFV**　　-PRS　-2

　　b. puri　　　　-**ru**　-nki. 瓦伊拉斯盖丘亚语

　　　走　　　　　-**PST**　-2

'你刚刚走路了。'（Hintz，2011：195）

（4）runa-pa　abe:na-n-kuna-ta-si　qashu-tsi-r

人 -GEN 燕麦-3-PL-OBJ- 甚至　踩 -CAUS-SS

usha-**ru-yki**.　　　　　　　　　　　　　SCQ

完 -**PST.R-2**

'你把主人的燕麦地全都踩掉了。'（Hintz，2011：196）

SCQ 的材料从语法化的角度证实了两类完整体处在不同的发展阶段，并存在从派生完整体到屈折完整体的演化路径。汉藏语的羌语则提供了从派生完整体演化为完成体的例证。黄阳、吴福祥（2018）指出，羌语的扎坝语中趋向前缀相继发展出完整体标记、状态变化标记等，即（5）。

（5）方位名词 > 趋向前缀 > 完整体标记 > 状态变化标记[⑦]

其中，完整体和状态变化标记等标签的性质还要进行进一步的分析和确认。

1）羌语派生完整体的界定。羌语扎坝语中目前五个趋向前缀都具备完整体标记的功能，各自表示不同的趋向，搭配不同的实义动词。如（6）的 a^{55} 原本表示下方的趋向意义，也强调动作已经完成。对应的译文中含有"掉"，可能含有完结的含义。$tə^{55}$属于无特定方向的前缀，还能在（7）中表示瞬间、短时的含义，黄阳、吴福祥（2018）将之命名为瞬间体，并归入完整体。可见，扎坝语完整体成员均源自趋向前缀，在构成成员和表达的意义这两个方面均体现出派生词缀抽象水平较低的特点，只能整体归入派生完整体。

（6）$jι^{24}$　a^{55}-di^{33}-a^{33}.

屋子　趋向-坍塌-NONEGOPH

'房子塌掉了。'（黄阳、吴福祥，2018：25）

（7）$tə^{55}$-$^{h}tu^{53}$.

趋向-压

'迅速压一下。'（黄阳、吴福祥，2018：26）

2）羌语状态变化标记的界定。黄阳、吴福祥（2018）指出，扎坝语的形容词只有跟趋向前缀组合后才能在句中专门用作谓语，表示主语的状态变化情况。趋向前缀跟形容词/形容词词根并无一一对应关系，并不要求某一特定趋向前缀必须跟某一特定形容词搭配，如（8）。在汉语史研究中，通常把早期文献中"了"与持续动词的共现视为动相补语或完结体，而把"了"与静态谓词的共现视为完成体（但不是完整体意义上的"完成体"）（陈前瑞、张华，2007）。羌语扎坝语的状态变化标记可以视为完成体的一种用法，基本上可以视为结果性用法（陈前瑞、胡亚，2016），表示变化带来的状态仍然存在，但仍然保留派生的性质，因为还完全没有达到归一化的程度。

（8）kʰu⁵⁵　a⁵⁵-ptsʰa³³.

　　天气　趋向-晚

　　'天变晚了。'（黄阳、吴福祥，2018：26）

3）羌语霍尔语"相对过去时"的界定。霍尔语属于汉藏语系羌语支嘉戎语组。田阡子、孙天心（2019）指出，该语言的一个完整体成分，即无特定方向前缀 də-，可以表达相对过去时，且不受时制的限制，如（9）；在（10）中，该成分甚至可以和进行体共现，接近于"过去时"。该文把这两类用法一并归纳为相对过去时（anterior tense）。本文把（9）归为完成体，具体落实为完成体的先时性用法，两类处理实同名异。把（10）视为从完成体演化为过去时的过渡用法，因为该例满足了 Bybee 等（1994）判定过去时的一个条件，即与进行体共现；但还没有证据表明已经满足第二个条件，即与静态谓词共现，表示状态成为过去。扎坝语的趋向前缀与形容词共现表示状态变化而非过去时的现象基本可以证明这一点。

（9）qʰasʰi ɲi　ʐʌ-n=tʃʰɐ　　ŋɐ　**də-ʃə-ŋ**　　sʰorə.

　　明天 2SG 到达 -2= 时候　1SG **PST-** 离开 -1 IND.PST

　　'明天你到的时候，我已离开了。'

（10）ŋɐ　tʰə=tʃʰɐ　　　dɐve　tʰi-gə　**də-ji-ŋ**.

　　1SG DIST= 时候　烟　　喝 -NMLZ **PST-PROG-1**

　　'那时候我在抽烟。'

基于上述对羌语的三点认识，我们可以在派生完整体和完成体之间建立演变关系（即图 2 的点虚线），多数派生前缀可以获得完成体的结果性用法；而非特定方向的前缀或其他高度虚化的前缀⑧有可能进一步演化为过去时，而非屈折完整体。后者仍然符合完成体一般的演变路径。

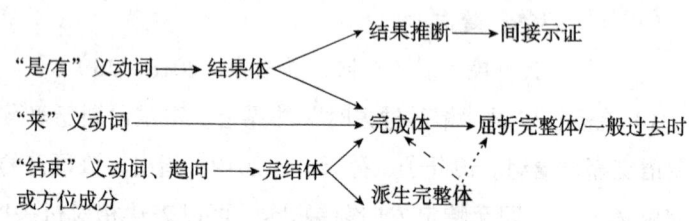

图 2　两类完整体及相关功能的演化路径

2.3　不同类型完整体的共存与转变

已有的体貌类型的宏观分类容易给人带来一种错觉，即每种语言只有一种体貌类型。很可能正是这种错觉导致金立鑫等（2020）提出对不同的体貌类型采取完全不同的术语。其实国内外的研究已有报道，只是没有引起重视：同一语言中可以采用不同的手段表达完整体，不同手段的完整体也会存在此起彼伏的过程，从而导致某个语言主要体貌类型的转变。

首先是羌语的例证。从共时的角度来看，黄阳、吴福祥（2018）指出在表达完整体功能时，扎坝语可以依靠三种手段：1）直接在句末位置添加完整体标记 $-gr^{33}$、$-wu^{53}$、$-gtɪ^{53}$（三者有人称、示证的差别）；2）内部音变：其中一种手段是依靠声母复杂化表达完整体（例如：$kə^{55}zə^{33}$ "写" > $kə^{55}vzə^{33}$ "写了"）；3）趋向前缀表完整体，即本文讨论的派生完整体。从历时的角度来看，田阡子和孙天心（2019）指出，相较于保守嘉戎语组语言的三分式系统，羌语霍尔语格西话的时-体面貌产生了重大的改变，可以总结为以下三点：1）动词词干的交替式微，基本失去标记"时"的功能；2）动词方向前缀失去区别不同视点体的功能，转变成相对过去时标记；3）创新出两类词缀式未完整体。结合前文的分析概而言之，格西话早期的屈折完整体式微，派生类完整体的体意义弱化，而新的屈折类未完整体正在演化之中。

再看斯拉夫语的历时与共时情况。Dahl（1985：85）就已经指出，在大多数斯拉夫语中，伴随着古完成体的扩张以及古不定过去时（aorist，相当于屈折完整体）与未完成体（imperfect）的彻底消失，印欧语的系统也随之消逝。在其调查材料中，俄语、波兰语、捷克语呈现了这一发展趋势的结果。但在保加利亚语中，则是另一幅景象：古印欧语的系统与新生的斯拉夫语的特殊系统并肩而立。保加利亚语的两套系统原则上是相互独立的，尽管不定过去时强烈倾向于与完整体动词并用，而未完成体习惯于与未完整体动词共现。

即便是在俄语、波兰语、捷克语中，情况也并非那么单纯。根据 Drinka（2017：319），在捷克语中，除了派生完整体之外，也还存在所谓的 -l 完成体。-l 为过去主动分词形式，与其共现的"是"义助动词在第三人称时可以省略，如（11）；在第一、二人称需要保留，除非出现了主语代词，如（12）。

(11) Tuhle   knih-u   **do-čet-l-a**.
　　 PROX.ACC.F   书-ACC.F   **PFV-读-PAP-F**
　　 '她已经看完这本书了。'

(12) **U-děla-l**   si-s   úkol?
　　 PFV-做-PAP   REFL-be.2SG 家庭作业
　　 '你做家庭作业了吗？'

根据 Drinka（2017：309）引述的 Forsyth（1972：506）的研究，-l 完成体在斯拉夫语派生完整体的发展过程中起到了重要的作用：完成体开始越来越多地用于一般过去时并取代不定过去时形式，新的派生完整体与未完整体的对立形式也开始与完成体形式共现。当完成体形式进一步扩张的时候，未完成体形式变得冗余并消失。简而言之，在北部斯拉夫语中，派生完整体最终取代了屈折完整体。

通过跨语言比较，还发现另一种可能性，即派生完整体与屈折完整体各自具有新和旧的形式，一并和谐相处。前文提及南部孔丘科斯的盖丘亚语中，-ru 由派生完整体演化为屈折完整体，该形式与该语言中最常见的派生完整体 -shi 共存（Hintz，2011：33）。同时，该语言中还有一个由助动词与分词形式的凝固形式构成的完成体形式 -sha，且该形式已经发展成为第三人称的近过去形式，并与该语言中最常见的屈折性质的过去完整体形式 -ra 共存，后者有向远过去时发展的趋势（Hintz，2011：198）。

3 对屈折类完整体及其话语功能的探索历程

3.1 对屈折类完整体及其话语功能和时制属性的认识

国际上对完整体及其话语功能的研究一开始就兼顾两类完整体。Hopper（1979：58）在谈到俄语的时候，指出，"在扩展的语篇中，完整体与未完整体的使用方式与法语、马来语、古英语中前景/背景的区别极为类似。完整体主要见于动态的序列事件，序列事件在叙述的展开中占据中心地位。一个事件的开始与前一个事件的完成关联（contingent），正是从这一关联性出发，才派生出完整性的思想，使之成为完整体与未完整体的典型特征，即动作视为'一个整体'。未完整体典型地用于背景"。可见，派生完整体与屈折完整体在前景的话语功能上高度一致。Bybee等（1994：90）在前人研究的基础上进而认为："不同语言所表达的完整体概念的相似点来自于完整体在话语功能上的相似点。"这是功能主义的基本信念，当然也有待于历时语料量化数据的检验。

在Bybee等（1994）这一类型学的经典研究中，完整体定义一般也是兼顾两类完整体，但针对性不强。"完整体指情状在时间上是有界的"，Bybee等（1994：54）延用Comrie（1976）这一句话作为全部完整体的定义，这对派生完整体也只是基本够用：派生完整体还"强调某种界限已经达到"。由于派生完整体的动词在形式上往往由一组前缀表示，与未完整体的区分非常显著，在界定上完全不依赖前景功能的确定。

对于屈折完整体就不一样了。由于存在完成体向完整体的演变过程，要区分完成体和完整体就需要从话语功能和现时相关性的有无这两个方面来描述，即"完整体是一种用来叙述离散事件序列的体，并且该情状是因为自身而被报道，独立于与其他情状的相关性"（Hopper，1982）。之后，还补了一句"因此，完整体经常用来描述发生在过去的情状"。Bybee等追补的这一句话饱受争议，但又无可奈何；因为在该项目开始的工作定义中，只能采用Comrie（1976）关于完整体的宽泛定义，总想兼顾屈折与派生两类完整体。这句话对三分系统中的屈折完整体而言，应当删除"经常"，因为该系统中的屈折完整体就是全部用于过去事件，并有可能发展为一般过去时；[9]但对于派生完整体而言，则不完全正确，因为派生完整体在不加过去时的时候，一般表示将来时。

金立鑫等（2020）指出，Dahl（1985）、Bybee 等（1994）关于完整体与过去时描述中的"通常"或"经常"不符合完整体的事实，该观点字面上正确；实际上是没有体会到原文需要照顾两类完整体的苦心，也没有形成对 Bybee 等（1994）有关屈折完整体论述（参见 2.1 节的详细介绍）的完整理解。范晓蕾（2020b）认为表示"过去的单独事件"的句尾"了""只能叙述过去的事件"，更像 Comrie（1976）界定的完整体，编码了单独性、过去时、完整体三个语义特征。从汉语"了"更接近屈折完整体的事实来看，屈折完整体通常包含事件发生在过去时间的特性，单独分出过去时的特征容易让完整体与作为语义标签或语法范畴的"过去时"相混淆。而叙述"过去的单独事件"只是完整体叙述功能的一种用法（见 3.2.1 节的讨论）。由此可见，上述三个特征除单独性之外均为屈折类完整体的固有含义，范晓蕾（2020b）抛弃时体类型学的若干跨语言研究成果，部分退回到时体研究"导论"时代的 Comrie（1976）的术语体系，对这一特定问题没有带来整体的深入认识。范晓蕾（2021：70）认为 Bybee 等人以及笔者的后续研究是"将完整体与过去时当作相互独立、互不相容的两个功能来审视"，这是误解，由此引发的后续分析属无的放矢。因为完成体与范著主张的相对过去时的时间意义一致，屈折类完整体通常与绝对过去时的时间意义一致。

就屈折完整体而言，陈前瑞、孙朝奋（2012：103）在梳理国际上时体语法化的研究脉络时指出，"如何把完成体向完整体的语义演变过程与其从背景到前景的话语功能演变很好地结合起来，这一重要问题至今仍然没有解决好"。Shirtz 和 Payne（2015）把话语功能的前景与背景改称为事件主线与非事件主线，明确将之视为跨语言比较的比较概念，有助于避免将事件主线、非事件主线与体貌功能以及特定语言的形式特征直接关联起来。该书描述了一组非洲语言的时体标记及其话语功能，这些体标记中的完整体均属于屈折类完整体。但由于缺乏历时的语料，该书还缺乏话语功能与体貌意义互动关系的历时论证。我们认为应充分利用汉语的文献优势，加强事件主线促进完成体演化为完整体的作用的研究，避免在事件主线和完整体之间循环界定。［详情参阅陈前瑞、邱德君（2020）的量化分析；邱德君、陈前瑞（2021）的综述］

3.2 对汉语体貌功能与话语功能的探索

3.2.1 句尾体标记话语功能的多样性

汉语学界对体貌功能与话语功能的认识早期主要集中于普通话的"了"，20世纪90年代之后开始关注方言中与"了"对应成分的功能，通常情况下优先分析词尾"了"。但从学术史的角度来看，学界对句尾"了"的分析与本文的关系反而更加密切。

赵元任（Chao，1926）列举了句尾"勒"（即"了"）的"叙述过去"的功能，如"一会儿他又出去勒"。从举例来看，这些叙述介于胡亚、陈前瑞（2017）量化统计的独立叙述（即叙述过去的单独事件）和连续叙述（即叙述一串事实）之间，体现了两类叙述之间的连续性。赵元任（Chao，1952：24-25）概括了句尾附加成分"了"的两种用法：一是表示新的情况，例如"饭好了、灯开了"；二是表示"叙述一串事实"，例如："后来我们就走了，到家就睡了"。前者相当于学界后来所说的完成体，后者相当于完整体，更加突出连续叙述。就目前的文献来看，赵元任最早指出句尾"了"的叙述功能，而且是严格意义上的叙述。从语法化的视角来看，可以在句尾"了"的这两种用法之间建立演变关系，

33

这也是在前辈学者研究基础上结合类型学理论的延伸思考。赵元任（Chao，2004［1968］：801）则仅仅单列"过去的单独事件"，如"我昨儿到张家吃饭了、那天我也去听过了"，突出了独立叙述的用法。范晓蕾（2020b）基于赵元任（Chao，2004［1968］），特别拎出句尾"了""过去的单独事件"用法，但没有提及该用法与早期文献中"叙述一串事实"用法之间的关系；有顾此失彼并淡化叙述本身的倾向，并没有完整吸收赵先生的观点。[10]

陶寰（1995：89-90）指出，"在吴语的一些方言中，已然的形式有两套，例如绍兴、温州、宣平、东阳等地。一套有比较明显的联系性，一套则不太明显。在语用上它们带有言外之意和单纯的叙述之分。"绍兴话的"了$_2$"句"有以下两种形式：A. V（+O）+哉。B. V（+O）+埭/动/亨哉"。根据陶寰的语感，"句式 A 表示的意思只是事件已经发生，句式 B 除了表示事件已经发生之外，还强调某人或某事当前处于某种状态"。在陶寰的术语系统中，已然相当于英语的完成体。从历时类型学的视角看，吴语两套形式的区分还相当于完成体用法的区分，句式 B 因为使用复合形式的完成体标记有更加显著的相关性，更接近于完成体的结果性用法，强调状态还存在，但相比（13），（14）中也只是相当于增加了"已经"；而句式 A 的现时相关性已经减弱，接近于叙述，如（13），句中没有出现"已经"。这说明，吴语的上述完成体标记有向完整体发展的趋势，接近于叙述，但还不是严格意义上的叙述，仍然突出时间参照关系，具有一定的现时相关性，如（15），"哉"所在小句还是可以与"已经"共现。从例证来看，它们与词尾"了"典型的叙述功能还是有一定的区别（参见 3.2.3 对词尾体标记话语功能的分析）。

(13)我话得渠好两毛过哉。(我说了他好几回了。)

(14)我话得渠好两毛过动哉。(我已经说了他好几回了。)

(15)渠饭已经吃过哉。(他已经吃了饭了。)

范晓蕾(Fan, 2014: 489)认为,把句尾"了"视为通常具有背景功能的完成体的分析方法会遇到严重的问题,其中之一是句尾"了"也会出现在前景句子中,以序列的方式表示故事的主线事件。范晓蕾(Fan, 2014: 500)进而指出,该文对完成体、完整体、过去时的分析会带来新的认识,它们在很大程度上不同于西方类型学提出的时体范畴。在本文看来,结合陶寰(1995)描述的吴语现象,普通话句尾"了"的上述现象从屈折类完整体的演化维度可以很好地加以解释:句尾"了"的前景功能或事件主线功能促使其在已有的完成体功能的基础上,产生了完整体的功能。只需要进一步贯彻多功能和语法化的思路就可能迎刃而解,不需要抛弃西方类型学家提出的整个概念系统。当然,类型学的比较也不能取代对汉语具体现象的细致研究。

3.2.2 两类句尾"了"完整体功能的差异

从语法意义多功能性的角度来看,虽然"V了"和"VO了"两种形式"了"都位于句尾,但"V了"可以比较自由地表达完整体功能,而"VO了"还不充分具备完整体的相关用法。李纯泽(2019)考察早期语料发现,"V了"可以由事件主线中的完成体先时性用法向完整体连续叙述用法过渡,存在比较清晰的连续环境,最早的完整体用例见于宋金时期的《刘知远诸宫调》[11],如(16、17)两例,"V了"均用于事件的自然进程。相比之下,宋代"VO了"用例较少,留存了较多早期表示过程完结的用法,"VO了"形式在此路径上语法化的速度和水平应弱于

"V了"形式。

（16）言讫，用手欲剜其目。众人救<u>了</u>，共登筵饮。（《刘知远诸官调》十二）

（17）是甚物？是九州安抚使金印。三娘接得，坏（疑为"怀"）中搋<u>了</u>。（《刘知远诸官调》三）

在现代汉语中，"VO了"仍没有发展出典型的完整体功能。胡亚、陈前瑞（2017）考察了《水浒传》前900条语料以及王朔《空中小姐》和《永失我爱》两部小说，发现在以上材料中，有完整体功能的句尾"了"为清一色的"V了"，在《水浒传》前900条语料中有148例，在王朔两部小说中有68例，均没有发现"VO了"。

在普通话口语中，单用"VO了"如"我吃饭了"有时存在歧解，既可以表达马上将要发生的事件，又可以报道最近已经发生的事件，即完成体报道新情况用法与最近将来时的歧解。另外，单说"我吃饭了"在特定语境中还会隐含与当前相关的"我现在不饿"的含义，这是典型的完成体结果性用法。而"V了"除了以上三种用法外，还能只叙述发生在过去的单独事件，即完整体独立叙述用法，如不强调与现在相关的"他死了"。可见，单用"VO了"表达的是完成体和最近将来时功能，还难以用于事件自然进程的独立叙述，其完整体功能还不完备，相比而言单用"V了O"形式如"我吃了两碗饭"也是独立叙述，基本没有歧义，属于完整体的典型用法。这一点也体现出不同时体功能之间明显存在两解的连续演变环境，具体功能和用法需要深入真实的语料中确认，指出其典型范例和演变环境，而非只根据某种形式去定义其功能。

在连续事件进程中以使用"V了O"和"V了"形式为主，

也会有少量的"VO 了",但一般要有前加成分。徐晶凝(2012)发现,当动词是活动动词时,能检索到的"吃了饭"的数量远高于"吃饭了",而且这些例句中只有一例"吃饭了"是独立的,其余的全部都有前加成分。这里独立的"吃饭了"用于问句,按照本文的分析属于完成体的相关用法。前加成分一般为趋向成分,实际上有前加成分的"VO 了"是"了"加在了连谓结构上,例如"我看了电视,然后去吃饭了",这里的趋向成分不可以省略。可见,如果没有前加成分,"VO 了"也难以用于事件的自然进程,因此还不能自由地表达完整体意义。

以此来看,有无典型的完整体意义是"V 了"和"VO 了"两种结构语法意义的主要差别,这一点从历时角度也可以得到佐证,对二者语法意义差异的分析能够显示:类型学多功能分析模式从现时相关性的角度区分完成体与完整体具有较好的有效性。

3.2.3 词尾体标记话语功能的多样性及其研究策略

20 世纪 90 年代汉语方言学界在与类型学的经典研究基本隔绝的情况下[12],对汉语完整体的体貌属性与话语功能进行了准确的刻画。刘丹青(1995:229)在分析无锡话"着"的时候,认为"着"的语义更加单一,更加具体,主要用于平实地叙述说话时已经结束、已成过去并体现为一定数量的行为,是过去时兼完成体,不强调对现在的影响。原文使用的是"完成体",但却准确地描述了屈折类完整体标记"着"的语义、句法和话语功能,很早就揭示了南方方言中量化成分与体貌意义的关系,准确地指出了完整体的过去时间属性。

陶寰(1996:304)在描述绍兴方言词尾"得"的时候,系统地论述了完整体(原文为"完成体",区别于相当于完成体的

"已然体")的叙述性及其与完成体的区别:

> "得"在语义上和普通话的"了$_1$"有很多相似之处,在句末没有语气词"哉"(普通话中为"了$_2$")时,"得"一般不能与"已经""老早就"(早就)这种表示已然的时间副词合用。因为这些时间副词强调事件发生的时间(ET)同参照时间(RT)或说话时间(ST)的联系,而"得"只说明观察点在事件中的相对时间状态,不涉及该事件与其他时间的联系,两者的语义是矛盾的。在这儿,我们把只体现时间状态的语义特征称为"叙述性"。

可以看出,绍兴方言词尾"得"的叙述性最为典型,与完成体的"联系性"区别最明显;它与句尾"哉"(参见3.2.1节的引述)的"单纯的叙述"既有性质上的区别,也可能存在演变上的联系,只是陶文没有从演变的角度加以表述。

刘勋宁对普通话"了"的研究贡献颇多,其中之一是刘勋宁(1990)最早指出了词尾"了"的叙述性。在比较下面两个例句时,他指出,(18)中的"平静了下来"是一般性叙述,而(19)中的"平静下来了"是有申述语气在内的。遗憾的是,刘勋宁的后续研究没有继续发掘叙述与申述的区别。据刘勋宁(2010),1990年的时候,他完全不了解国际上前景与背景的说法;后来有所了解而没有跟进的原因是,词尾"了"在前景句和背景句都可能出现。可见问题的实质还是"了"的多功能性,尤其是体貌意义与话语功能两个方面的多功能性困扰了从刘勋宁到范晓蕾等几代学人。

(18) 群众的情绪渐渐地平静了下来。

(19) 群众的情绪渐渐地平静下来了。

在汉语方言中,有一些方言点在词尾或接近于词尾的位置上的体标记同样也不具有叙述性，而是具有典型的完成体功能。比如万波（1996：91）指出，赣语江西安义方言的"得"可以表达完整体，也可以表达相当于完成体的已然体，且安义方言中没有对应于普通话句尾"了"的内容，如（20）对译于普通话的双"了"句，是最为典型的完成体用法之一。在汉语南方方言的比较研究（张双庆主编，1996）中区分完整体（原文用"完成体"）和完成体（原文用"已然体"），这是基于汉语方言材料得出的重要的理论共识。这种理论认识虽然还有打磨的必要，但绝不可轻易抛弃。

（20）渠去<u>得</u>一个多月，还冒归来。（他去了一个多月了，还没回来。）

范晓蕾（Fan，2014：501）指出，词尾"了"的完整体用法和句尾"了"的完成体用法并不是某个"了"基本性质，而是由其基本语义和句法位置共同作用的语义效果。安义方言的材料说明，词尾位置不仅可以表达完整体，还可以表达通常由句尾位置表达的完成体。因此，不能把具有普遍意义的完成体与完整体的差异归之于特定语言中诸如词尾或句尾的句法位置这样的形式特征，这种做法具有潜在的机会主义性质（Croft，2001：30、41），很容易被跨语言的证据否定。

4 结语

在世界语言中，屈折完整体和派生完整体既代表了两种体貌系统，又可以共存于同一种语言中。派生完整体可以经由两种不同路径演变为语法化水平更高的屈折完整体，一是盖丘亚语中派生完整体直接演化为屈折完整体，二是羌语中派生完整体先演化为完成体,进而向一般过去时的方向演化。二者的演变和消长可能会导致一种语言体貌系统的转变。在类型学有关经典论著出版之前,国内有关学者就已经认识到了词尾"了"和句尾"了"的叙述性及其复杂性,这说明类型学经典理论和汉语事实之间并不存在冲突。使用完整体等跨语言比较概念能够避免具体语言中只选定特定形式的机会主义的影响,更好地解决汉语"了"话语功能多样性的难题,对"V了"和"VO了"等形式语法意义的异同也会有更清楚的认识。虽然建立新的描述范畴和基于比较概念的研究都属于恰当的研究范式,但基于跨语言比较概念的研究更能体现语言类型学研究的初衷。

附 注

① 金文采用非完整体、非完成体的术语,本文一并改为"未完整体、未完成体"。因为"非"有非此即彼的含义,适合 Comrie(1976)的系统。但 Bybee 等(1994:138)明确反对采用缺失属性的定义,主张语法语素具有真正的语义内容,而"未"可以更好地提示事件还没有结束的含义。

② 范晓蕾(2021:235)的论述表明,她更为认可 Klein(1994)等语义学家对"完整体"的定义——事件时间完全包含在主题时间之内。由于该理论难以应用于历时类型学的研究,本文暂不涉及。

③ 三分时体系统是指以完整体与未完整体的区分为基础,对完整体不再进行过去时和非过去时的区分,而以"过去时的完整体"形式与其他形式区分;对于未完整体则进一步区分其过去时与非过去时。(Bybee and Dahl, 1989)

④ 图1涉及的完结体见2.1的随文注释,完成体、完整体见后文的详细讨论,结果体(resultative)表示动作带来的状态持续,本文基本上没有涉及。这些概念详见 Bybee 等(1994:57-67)的详细界定。汉语

"了"完成体与完整体功能的典型范例和演变的连续关系可参见陈前瑞、胡亚（2016）和胡亚、陈前瑞（2017），后者也有完整体和一般过去时区别的论述。

⑤ 本文涉及的术语缩写包括：1、2、3，人称；ACC，宾格；CAUS，致使；DIST，远指，那；EMPH，强调；F，阴性；GEN，属格；IND，直陈；NONEGOPH（non-egophoric），非亲涉；NMLZ，名词化，名物化；OBJ，宾语；PAP，过去主动分词；PFV，完整体；PL，复数；PST，过去完整体、远过去时；PST. R，近过去时；PROG，进行体；PROX，近指，这；PRS，现在时、惯常体；REFL，反身；SG，单数；SS，状语-主语一致；TOP，话题。

⑥ 原文 -sqa 标注为 PAST. P，但原文的缩略语列表中没有此项标注，其中的 P 疑为近过去的 R。本文删除 P。

⑦ 原文还有从完整体标记经命令式标记到断言式标记的分支路径，后两种功能的演化也支持扎坝语完整体标记语法化程度较低这一观点；限于篇幅，本文暂不讨论。

⑧ 根据燕海雄提供的材料，具有特定方向的前缀也可以进一步虚化，详情有待进一步比较。

⑨ 是否存在非过去时的屈折完整体，文献未见明确报道，还有待进一步研究。有关文献中的"经常"或"通常"是一种稳妥或保守的表述。

⑩ 范晓蕾的这一做法是由其侧重描述范畴的理论立场所决定的，这里难以展开，详情参范晓蕾（2021）。范晓蕾（2020b）单独拎出了"VO 了"的"过去的单独事件"用法，其中也不完全是客观叙述，很多用例用于回答之中。从本文的概念系统来看，这类用法仍保留完成体的现时相关性，有的类似于报道新情况的用法（这一点最早由胡亚在组会讨论中指出，详见 3.2.2 的分析）。

⑪ 《刘知远诸宫调》引例依据刘坚、蒋绍愚主编，2007［1992］，《近代汉语语法资料汇编（宋代卷）》，北京：商务印书馆。

⑫ 李讷等（1994［1982］）是从时体类型学角度讨论汉语"了"的代表性文献，该文的中译于 1994 年在中国出版。但从当时汉语方言研究成果的内容和参考文献来看，看不出该文献对相关研究有直接的影响。

参考文献

陈前瑞、胡　亚　2016　《词尾和句尾"了"的多功能模式》，《语言教学与研究》第 4 期。

陈前瑞、邱德君　2020　《副词"已"体貌与话语功能关系的研究——以〈史记〉叙述语篇为例》，《古汉语研究》第 4 期。

陈前瑞、孙朝奋　2012　《时体语法化研究的历史脉络》，《汉语史学报》第十二辑。

陈前瑞、张　华　2007　《从句尾"了"到词尾"了"——〈祖堂集〉〈三朝北盟会编〉中"了"用法的发展》，《语言教学与研究》第 3 期。

范晓蕾　2020a　《简评"了₁"的语义研究》，《华文教学与研究》第 4 期。

范晓蕾　2020b　《浅析单双"了"句的语义对立——兼谈"了₂"时体功能的划分》，《语言研究集刊》第二十六辑。

范晓蕾　2021　《普通话"了₁""了₂"的语法异质性》，北京：北京大学出版社。

胡　亚、陈前瑞　2017　《"了"的完成体与完整体功能的量化分析及其理论意义》，《世界汉语教学》第 3 期。

黄　阳、吴福祥　2018　《扎坝语趋向前缀的语法化》，《民族语文》第 4 期。

金立鑫　2009　《关于"时"的定位和"体"的类型的一点意见》，《东方语言学》第 1 期。

金立鑫、谢　昆、王晓华、杜家俊　2020　《完整体与阶段体的类型学内涵与外延——以俄语和汉语为例》，《当代语言学》第 4 期。

李纯泽　2019　《汉语词尾"了"多功能意义的历时层次和完整体意义的产生》，第四届汉语语法史青年论坛，中国人民大学苏州校区。

刘丹青　1995　《无锡方言的体助词"则"（仔）和"着"——兼评吴语"仔"源于"着"的观点》，《中国语言学报》第 6 期。

刘勋宁　1990　《现代汉语句尾"了"的语法意义及其与词尾"了"的联系》，《世界汉语教学》第 2 期。

刘勋宁　2010　《一个"了"的教学方案》，日本中国语教育学会《中国语教育》第 8 号。

邱德君、陈前瑞 2021 《话语功能与语法形式若干理论问题的探讨》,《北京第二外国语学院学报》第 1 期。

陶 寰 1995 《论吴语的时间标记》,复旦大学博士学位论文。

陶 寰 1996 《绍兴方言的体》,见张双庆主编《动词的体——中国东南方言比较研究丛书》,香港:香港中文大学中国文化研究所吴多泰中国语文研究中心。

田阡子、孙天心 2019 《格西霍尔语动词的时与体》,《语言暨语言学》第 3 期。

万 波 1996 《安义方言的体》,见张双庆主编《动词的体——中国东南方言比较研究丛书》,香港:香港中文大学中国文化研究所吴多泰中国语文研究中心。

徐晶凝 2012 《过去已然事件句对"了$_1$""了$_2$"的选择》,《语言学论丛》第四十五辑,北京:商务印书馆。

于秀金 2019 《类型学视角下的英汉时体研究——时-体共性与 ERS 时-体结构》,北京:中国社会科学出版社。

张双庆主编 1996 《动词的体——中国东南方言比较研究丛书》,香港:香港中文大学中国文化研究所吴多泰中国语文研究中心。

赵元任 1926 《北京,苏州,常州语助词的研究》,《清华学报》第 2 期。

赵元任(著) 1952 《北京口语语法》,李荣编译,北京:开明书店。

Bybee, Joan and Östen Dahl 1989 The creation of tense and aspect system in the language of the world. *Study in Language* 13. 1: 51—103.

Bybee, Joan, Revere Perkins, and William Pagliuca 1994 *The Evolution of Grammar: Tense, Aspect, and Modality in the Languages of the World*. Chicago: The University of Chicago Press.

Chao, Yuanren(赵元任) 2004[1968] *A Grammar of Spoken Chinese. The Complete Works of Yuanren Chao*. Vol. 3. Beijing: The Commercial Press.

Comrie, Beard 1976 *Aspect: An Introduction to the Study of Verbal Aspect and Related Problems*. Cambridge: Cambridge University Press.

Croft, William 2001 *Radical Construction Grammar*. Oxford: Oxford University Press.

Dahl, Östen 1985 *Tense and Aspect Systems.* Oxford: Basil Blackwell.

Drinka, Bridget 2017 *Language Contact in Europe: The Periphrastic Perfect through History.* Cambridge: Cambridge University Press.

Fan, XiaoLei（范晓蕾）2014 Tense, aspect and modality in Chinese: A typology study. PhD diss., Hong Kong University of Science and Technology.

Forsyth, James 1972 The nature and development of the aspectual opposition in the Russian verb. *The Slavonic and East European Review* 121. 50: 493—506.

Hintz, Daniel 2011 *Crossing Aspectual Frontiers: Emergence, Evolution, and Interwoven Semantic Domains in South Conchucos Quechua Discourse.* Berkeley and Los Angeles: University of California Press.

Hopper, Paul 1979 Some observations on the typology of focus and aspect in narrative language. *Studies in Language* 3. 1: 37—64.

Hopper, Paul 1982 Aspect between discourse and grammar: An introductory essay for the volume. In Paul Hopper (ed.) *Tense-Aspect: Between Semantics and Pragmatics.* 3—18. Amsterdam: John Benjamins Publishing Company.

Klein, Wolfgang 1994 *Time in Language.* London: Routledge.

Li，Charles（李讷）, Sandra A. Thompson and R. McMillan Thompson 1982 The discourse motivation for the perfect aspect: The Mandarin particle LE. In Paul. Hopper (ed.) *Tense-Aspect: Between Semantics and Pragmatics.* 19—44. Amsterdam: John Benjamins. (《已然体的话语理据：汉语助词"了"》，见戴浩一、薛凤生主编《功能主义与汉语语法》，北京：北京语言学院出版社，1994。)

Reichenbach, Hans 1947 *Elements of Symbolic Logic.* New York: Macmillan.

Shirtz, Shahar and Doris Payne 2015 Discourse structuring and typology: How strong is the link with aspect. In Doris Payne and Shahar Shirtz (eds.) *Beyond Aspect: The Expression of Discourse Functions in African Languages.* 1—22. Amsterdam: John Benjamins.

（本文原载《当代语言学》2023 年第 1 期）

"再三""一再"的功能差异及其解释

陈祝琴

(苏州科技大学文学院)

1 引言

"再三"和"一再"在现代汉语中属于表示动作重复发生的频率副词,有"一次又一次"的意思,但它们不能完全互换:

(1)可怜的梅多拉一再成为寡妇,经常回来定居(每一次回来住房的档次都要降低一点),并带着一位新丈夫或者新收养的孩子。(BCC)

(2)然而,在随后长达8年的时间里,瓦尔德内尔和佩尔森却一再爆发出闪亮的光芒。(CCL)[①]

这两例中的"一再"就不能换成"再三"。过去被认为不能进入"再三 V"格式的动词,偶尔也可以,如"出现""发生"等非自主动词:

(3)匿名信的再三出现,固然制造悬宕,推展情节,但到了最后,匿名者"自报家门",却使人觉得有点勉强,好像他就是幕后导演,提着线摆布所有的角色。(CCL)

(4)人祸还会再三发生的。723动车结论出来了,是已经双规的铁道部原部长刘志军和原副总工程师张曙光,还有已经死亡的原通号集团公司总经理马骋对事故发生负有主要领导责任。(BCC)

关于这两个副词的共时用法,现代汉语辞书都有简单的辨析(吕叔湘,1999[1980];王自强,1984;陶然等,1995;张福堉,2002;李晓琪,2003);周小兵、邓小宁(2002)针对留学生的偏误指出了两者更多的共时差异。关于两者的历时研究:杨荣祥(2005)对"再三"的语法化过程有过简单描述;董秀芳(2011)、陈全静(2011)对"一再"的词汇化和语法化有过讨论,后者认为"再三""一再"的共时差异是功能竞争的结果。本文在已有研究的基础上,重新梳理两者的功能差异,并从历时和共时的视角对其加以解释。

2 "再三""一再"的共时差异

2.1 "再三V"和"一再V"中的"V"

许多学者认为"再三"后的动词是表示中性或积极性语义色彩的词,而"一再"不受这个限制(王自强,1984;陶然等,1995;张福堉,2002);也有学者指出"再三"所修饰的动词主要是与言说相关的动词,"一再"对动词语义没有严格要求(李晓琪,2003)。具有广泛影响的是周小兵、邓小宁(2002),该文运用马庆株(1992)关于自主动词和非自主动词的划分,认为"再三"后接自主动词,"一再"不受这个限制。但是,我们观察到并不是所有的自主动词都可以进入"再三V"格式,也不是所有的非自主动词可以用"一再"修饰:

（5）*昨天，这孩子再三地（再三）哭/笑/唱/唱歌。

　　*昨天，这孩子一再地（一再）哭/笑/唱/唱歌。

哭、笑、唱等都是自主动词，却很难用"再三、一再"修饰；即便有忍不住的哭和笑，也不能进入"一再V"格式。

（6）*那些大楼一再耸立着。

　　*那座大山一再屹立在东方。

耸立、屹立是非自主动词，也不能被"一再"修饰。有时"再三"也放在非自主动词之前，如例（3）（4），再如"邂逅"：

（7）我喜欢和他再三邂逅。我们并排走。我告诉他那男孩的看法，似乎在他面前我什么都肯说。（CCL）

我们从BCC的现代汉语"文学类"语料中抽取"再三V""一再V"前800例，分别得到有效例证768例和706例，能进入两个格式的动词数量分别为207、300，具体见下表。

表1　"再三V"、"一再V"的语料调查

	自主动词				合计	非自主动词			合计
	言说	感官、肢体	意识	其他动作		变化	属性	状态	
再三V	125	18	27	29	199	8	0	0	8
一再V	114	49	25	73	261	35	3	1	39

非自主动词可分为属性、变化和状态三类（袁明军，1998）。从上表可知，进入"再三V"的非自主动词全部是变化类，有8例7个词，分别是"说服、接到、经受、邂逅、刺激、落下、出现"；进入"一再V"格式的非自主动词主要也是变化类，属性类仅有"耽搁、流产、更新"，状态类仅1例"回荡"：

（8）历史的钟声铿锵有力地一再回荡着各个时代的声音，这使得他们意识到……（BCC《基督城》）

因此，笼统地说"再三"后接自主动词，"一再"后不受限并不属实。即便"一再"后接状态动词，也只限于"浮漾"类。[②]

2.2 关于"V再三"的分析

王自强（1984），周小兵、邓小宁（2002）都提到"再三"可以用在动词之后，而"一再"不可以；李晓琪（2003）指出"V再三"中的动词限于"考虑、思考、斟酌"类动词。BCC文学类"V再三"格式共123例，动词分布如下：

表2 "V再三"中"V"的类别

	V+再三		
	心理意识类动词	弱言说动词	其他动作
词条	考虑[40]思类[23]踌躇[11]斟酌[9]权衡[3]品味[2]盘算[2]坚持[2]、摩挲、忍让、警惕、谦让、琢磨、流连、审视	推辞[3]恳求[2]、哀求、盘问、默诵、抚慰、交代、求情、感谢、慨叹、追问、沉吟、称颂、叮咛、叮嘱、叹息、研读、吟咏	抚摸、逗留、摇曳
使用频率	99/123=80.5%	21/123=17.1%	3/123=2.4%
语义占比	15/36=41.7%	18/36=50%	3/36=8.3%

从使用频率上看，表示心理意识类占了绝对优势；从语义分布看，动词集中在弱言说类和心理意识类；从词形上看，只能是双音节词。因此，笼统地说"再三"可以放在自主动词之后，也是不严密的。

2.3 "再三""一再"与时间词的共现

这两个词多用来陈述已然发生的动作，因此，能与表示过去的时间词共现。周小兵等（2002）指出在对将来时间词选择的时候，"再三"较自由而"一再"只有在特殊条件下才可以。

（9）a. 明天开会的时候，我会再三申明这个观点。

? b. 明天开会的时候，我会一再申明这个观点。
　　　c. 明天开会的时候，我还会一再声明这个观点。
（10）a. 周末你回家，妈妈会再三盘问你的。
　　　? b. 周末你回家，妈妈会一再盘问你的。
　　　c. 周末你回家，妈妈还会一再盘问你的。

很显然，在与将来时间词共现的时候，"再三""一再"都需要与表达主观愿望或假设义的词组合，如：会、能、要是等。

　　（11）太太继续说，"我才不是为你们说话……以前那位戏子说过，人要是再三恳求，总会被接受的！"（BCC《邦斯舅舅》）

"再三"只表示"重复"，"一再"要求有先在动作情况下，动作的"延续性重复"，（9b）（10b）之所以不合语感，原因是缺少隐含动作已经发生的副词"还"。

　2.4 "再三 V"与"一下"的组合

　　在实际的使用过程中，"再三 V 一下"很少见，在 CCL 中没有发现此类格式，而在 BCC 中仅 4 例，动词分别是"考虑"2 次，"思量""想"各 1 次。

　　（12）有钱子弟，不妨进去混身，横竖比在外嫖赌饮好，无钱子弟，却不能不再三考虑一下。（BCC 林语堂《世相物语》）

　　（13）以后她得注意，如果有女人想与她私下"谈谈"，其用意必须再三想一下，否则随时都有可能发现自己正面对着索命罗刹。（BCC 席娟《心动没有道理》）

　　笔者就此格式调查了本科生、研究生和大学教师共 300 人次，能说、不确定、不能说的比例分别是 17%、30%、53%。可见，"再三 V 一下"是现代汉语中新兴的用法。

2.5 "再三再四"与"一再一再"

两者的强调式不同:"再三"沿用宋代以来的"再三再四"组合,"一再"则运用句法重叠"一再一再"的格式:

(14)冷先生不动眉、平板着脸说:"……再不发生了算是老叔命大福大,万一再三再四地发生……我夺了他打勾画圈的笔杆也不顶啥了!"(CCL 陈忠实《白鹿原》)

(15)那几个月,他的脾气暴躁而易怒,我一再一再地恳求他,放弃吧,放弃这一切吧,我愿跟他吃苦……(BCC 琼瑶《星河》)

上述差异,有些是由于历时演变造成的,有的则是在共时竞争中形成的。具体分析将在第四部分展开。

3 "再三"的词汇化和语法化[③]

3.1 "再三"的词汇化

春秋以前,"再""三"连书,仅1例:

(16)初筮告,再三渎,渎则不告。(《周易·蒙》)

李申等整理的标点本《周易注疏》对王弼的注做如下标点:"故初筮则告,再、三则渎。"这是对的。根据文意,可调整为:"初筮,告;再、三,渎,渎则不告。"

从战国至西汉,30种传世文献中,"再三"只有10例。

表3 战国至西汉的用例

	左传	仪礼	韩非子	吕氏春秋	战国策	淮南子	史记	合计
再三 VP	2	1	0	1	0	1	2	7
VP 再三	0	0	1	0	1	0	1	3
合计	2	1	1	1	1	1	3	10

这一时期,"再三"只是数词短语,有些表概数义,或指多,或指少,表概数义就为词汇化做了准备。

(17)昭伯问家故,尽对;及内子与母弟叔孙,则不对。再三问,不对。(《左传·昭公二十五年》)(指多)

(18)一岁中往来过他客,率不过再三过,数见不鲜,无久慁公为也。(《史记·郦生陆贾列传》)(指少)

有些用例等同于"三":

(19)田婴不听,遂内魏王,而与之并朝齐侯再三。(《战国策·魏二》)

黄式三注:"显王三十四年会甄、会徐州,三十三年会平阿,皆用朝礼也。"(P1222)

表3中动词后的"再三"都是做谓语,与同时期谓语位置上的"三"具有高度一致性。无论是在动词前还是在动词后,"再三"都不表示抽象的"多次"义,当是并列式短语。

表4 东汉时期的使用情况

		汉书	论衡	东观汉记	风俗通义	新论	佛经	前汉纪	列子	合计
再三VP	状语	4	0	1	0	1	0	0	0	6
VP再三	谓语	0	0	0	1	0	0	0	1	2
	宾语	1	1	0	0	0	1	0	0	3
	补语	1	1	0	1	0	0	1	0	4
合计		6	2	1	2	1	1	1	1	15

东汉时期,"再三"的用例虽不多,但能看出词汇化明显。状语位置上的"再三",除《新论》1例尚可理解为词组外,其他都可看成数词;动词后的"再三"有三个句法位置:谓语、补

语、指称化宾语，表"多次"义，已经词汇化。如：

（20）（张禹）为相六岁，鸿嘉元年以老病乞骸骨，上加优再三，乃听许。(《汉书·匡张孔马传》)

上例"再三"用作补语，从语义指向上看，"再三"指向"加优"；从语境可知，张禹在六年中得到皇帝的嘉奖不只两三次，此言其多，"再三"表示"多次"。之所以说东汉时期"再三"已经词汇化，有以下考虑：首先，词汇化是一个过程，新词新义的产生并不会在短时间内全面替换旧有的用法和语义，因此短语"再三"和数词"再三"会在一段时间内共存，有些用例会有两解；其次，一个组合的词汇化，主要表现在构成成分边界的消失，即"放弃它的内部结构"（Lehmann, 2002：13），表达一个整体概念；再次，从语用上看，"指少"的用例几乎没有，"指多"是"再三"最常见的用法，这是其词汇化和语法化的语义基础。但是这三条都不是形式上的标准，很难得到统一的认识，因此，各家才会有不同的判断，如陈全静（2011）认为例（20）仍应理解为短语。从词汇双音化的系统性看，说"再三"在东汉开始词汇化，向一个表示"多次"义的数词演变是没问题的。

3.2 "再三"的语法化

"再三"一旦词汇化为"多次"义的数词，就有了语法化为副词的可能："多次"义蕴含了"不止一次"，在估推（abduction）（Hopper & Traugott, 2003：42-43）的作用下，进一步重新分析为"一次又一次、反复"义。

（21）生毕，牝虎负易还，再三送野肉于门内。(《搜神记》卷二十)

（22）臣伏读至三公曹第六十六条，母杀其父，子不得告，告者死。再三返覆之，未得其门。(《魏书·良吏列传》)

从语义重心看，上述两例都不是为了说明动作的数量，而是强调动作的重复性，但用例有限，我们在传世文献中只找到4个例子，《搜神记》《魏书》各2例。因此，关于副词"再三"的形成时间，杨荣祥（2005）认为始于六朝、陈全静（2011）说约在魏晋大体都不算错。但在南北朝译经中，情况有所改变，不仅用例增多，而且"再三"位于VP前和VP后可互换，产生了一种新的格式：如是再三V，且V仅限于"言说"动词。

（23）众人论说相令称嗷。如是再三。(《修行道地经》)

（24）摩诃男如是再三语，阿那律亦再三报言。(《四分律卷四·十三僧残法》之三)

"如是再三"中的"再三"做谓语，重在强调事件的次数；"如是再三V"的"再三"强调动作的重复性，因此状语位置上的副词性加强，且逐渐成为多数派。

与此同时，"再三"又出现了少量纯粹基数词的用法，修饰名词或量词：

（25）柿熟时，取之；以灰汁澡再三度，干，令汁绝。著器中，经十日可食。(《齐民要术·种柿》第四十)

我们认为"再三"从数词短语演变成表示"多次"义的数词，萌芽于东汉，完成于南北朝；用作副词开始于魏晋，也完成于南北朝；用作纯粹基数词只是昙花一现。具体见下表：

表5　魏晋南北朝传世文献使用情况

		三国志	后汉书	魏书	宋书	南齐书	后汉纪	高僧传	齐民要术	搜神记	列异传	金楼子	合计
再三VP		2	0	2	0	0	2	2	2	4	0	0	14
VP再三	谓语	1	3	0	0	1	0	0	0	3	1	0	9
	宾语	1	2	8	1	0	0	0	0	2	0	1	15
	补语	0	2	3	2	0	2	0	2	0	0	0	9
合计		4	7	13	3	1	4	2	4	7	1	1	47

表6　两晋南北朝译经

	两晋译经11部	南北朝译经32部	合计
再三V	5	40	45
V再三	7	11	18
合计	12	51	63

　　唐代以后，"再三"的副词、数词并行使用，纯粹基数词用法消失。唐代的史书文法进入程式化，史书语料很难代表当时的语言；诗歌的语言受到平仄的影响，也相对片面。但从口语性较强的《入唐巡礼求法》和《祖堂集》看，"再三V"格式在频率上占了绝对优势，而"V再三"格式罕见，说明口语中"再三"副词用法成了主流。到宋代，几种典型的语料中所反映的情况与现代汉语相差无几："再三"既可以放在动词前，也可以放在动词后；短语形式表达多次，副词形式表达重复；短语形式和词的形式在很长时间内共存。（董秀芳，2011：349）

表7 唐代"再三"的使用情况

	晋书	隋书	全唐诗	船子和尚拨棹歌	大唐西域记	大唐新语	义净译经	唐五代笔记29种	敦煌变文集	入唐求法巡礼	祖堂集	合计
再三V	1	7	39	1	2	4	8	16	25	7	11	121
V再三	9	9	1	0	2	3	4	11	19	0	0	58
合计	10	16	40	1	4	7	12	27	44	7	11	179

表8 宋代文献的使用情况

	程氏遗书	三朝北盟汇编	乙卯入国奏请	朱子语类	古文六大家	合计
再三V	3	54	2	42	81	182
V再三	0	22	0	6	27	55
合计	3	76	2	48	108	237

4 "一再"的词汇化和语法化

4.1 "一再"的词汇化

"一再"的词汇化要比"再三"晚,已有研究都认为宋初成书的《新唐书》中有副词用法。(董志翘、张意馨,1992;董秀芳,2011;陈全静,2011)唐五代之前的"一再"都只是表示确数的数词短语,且用例很有限,见下表。

表9　CCL及《汉籍全文检索》中晚唐以前的"一再"用例

	国语/管子	史记	汉书	论衡	宋书	南史	唐笔记	全唐诗	全唐文	合计
一再V	1	1	1	1	1	1	1	1	3	11
V一再	0	0	0	2	0	0	0	0	1	3
一再N	0	1	0	0	1	0	1	1	0	4
合计	1	2	1	3	2	1	2	2	4	18

作为数量短语，有时与物量词组合：

（26）相如辞谢，为鼓一再行。(《史记·司马相如列传》)[④]
到唐代，有少量例子体现为词汇化过程中的两解，如：

（27）当今大运，不过一再传尔，从今甲申二十四岁戊申大乱，而祸始宫掖。(《全唐文》卷161之王福畤《录关子明事》)

（28）大府与之为让至一再，乃敢改服，以宾主见。(《全唐文》卷556之韩愈《送郑尚书序》)

例（27）的"一再（传）"是"一（传）再（传）"的缩略，是词组；后一例则倾向于表示约数，是指"多次"的数词，类似的例子还有：

（29）一再不胜，惧禄养之缓，弃去，为广州从事。(《全唐文》卷578之柳宗元《送从弟谋归江陵序》)

但是，整体上看，唐代的例子极少，特别是口语性较强的《入唐求法巡礼》《祖堂集》《敦煌变文集》中都没有"一再"，可见使用频率很低。唐代的史书中，"一再"仅出现1例：

（30）敬弘见儿孙，岁中不过一再相见，见辄克日。(《南史·王裕之》)

本例源于沈约的《宋书》，"一再"表约数，言其少，只能是短语。"一再"只有在指"多义"的语境下，才具备了向副词演化的可能,而唐代的"一再"或指多或指少,处于两解的阶段。

4.2 "一再"的语法化

到宋代,"一再"的用例有所增多,数词用法完成。陈全静(2011)认为"时间副词'一再'在唐代已经萌芽,到宋代基本形成"[5],明清时期完全形成。这个判断基本符合事实,但不够全面。首先,唐代的"一再"只是词汇化为数词的萌芽,而宋元时期,产生了频率副词的用法,值得注意的是"一再"的词汇化与语法化几乎是同步的,它不像"再三",词汇化为数词较为明显。在Lehmann(2002)看来,有些词汇化包含了语法化,"一再"就属于这一种。

表10 CCL及自建语料库宋元时期主要文献中"一再"的用例

	古尊宿语录	河南程氏遗书	全宋词	宋笔记	宋诗	朱子语类	新唐书	古文六大家	宋史	金史	合计
一再V	1	1	4	7	12	5	8	8	18	2	66
一再N	0	0	1	0	0	0	2	0	0	1	4
V一再	0	0	0	0	1	0	3	2	2	0	6
合计	1	1	5	7	13	5	13	10	20	3	76

"一再"经历了"数词短语→数量词/副词"的过程。上表动词前的"一再",能确定为副词的有15例,多数都有两解:

(31)都督怒,起更衣,遣吏伺其文辄报。一再报,语益奇,乃矍然曰:"天才也!"(《新唐书·王勃传》)

这里"一再报"是强调次数的叠加,应理解为"一报再报",从"益"字可见一斑。

陈全静(2011)对"一再"副词化的完成给出了三个理由:一是构成了新义;二是经常处于状语的位置;三是已经固化为

一个音步。这三个理由同样适合数词,不能作为判断是否成为副词的依据。若要确定"一再"为副词,首先,必需在语义上确系表达动作的重复,当做数词时只用于"指多";其次,使用范围不受限,能在口语性语料出现;最后有一定的使用频率。

从语义表达看,宋元时期,主要用"再三"表达"重复";"一再"偏重于表达次数,既可以指多,也可以指"少",这说明"一再"仍处在演变过程当中。

从使用的范围看,"一再"主要出现在史传文献中,宋元时期主要集中在史书或杂史笔记中,后者如《宾退录》《清波杂志》《独醒杂志》等。

从使用频率上看,宋元时期的"一再"很有限,在《新唐书》《朱子语类》和《宋史》中"再三""一再"的频率悬殊:

表11 宋元时期三种文献用例比较

	新唐书	朱子语类	宋史
一再	3	2	7
再三	4	42	32

明清时期,"一再"的使用范围依然有限:在 CCL 中明代的用例仅搜索到2个,大量使用则出现在晚清小说中。这说明,在历时竞争中,"再三"一直处于优势,"一再"直到清末才有广泛使用。

5 "再三""一再"相关差异的解释

5.1 "一再"的词汇化是否受到"再三"的类推

陈全静(2011)列举了三条"一再"词汇化的动因:一是转喻的作用;二是高频使用和韵律制约;三是"再三"的词汇化类

推。前两条几乎是同类副词形成的共同机制,而第三条不成立,因为"再三"的类推模型是"再+X",在宋元白话文献中能看到大量的"再四",这种类推模式还产生了临时性的"再一、再二"。

(32)而监官具言人偶奔走,百姓又从而妄意,恳告再四,乃得免。(CCL北宋《靖康纪闻》)

(33)宇文缓问道:"王吉,你早归了?"再四问他不应。(CCL南宋《简帖和尚》)

(34)老者掀髯大怒,心中暗道:"我姓胜的但得容人且容人,容至再一、再二、再三、再四,此贼仍不识时务。我看这个战场,不杀人镇不住群贼。"(BCC民国《三侠剑》)

从第三节的分析可以看出,"一再"的词汇化和语法化是同步的,因为受到"再三"的压制,"一再"直到清末才大量出现。

5.2 "再三V"和"一再V"中V的差异

先秦至西汉的11例"再三V"中,动词有"问、云、言、呼、欲、往观、过、举足、朝"等,都是人所发出的动作,自主性非常强,其中言说类动词占了近一半。东汉至隋,该格式中仍是自主动词占多数:奏事、请、许、覆、语、谏、说、白、答、劝、问、戒(告诫)、求、索、责数、行、从、出、发軔、纵横、入、强、吹呼、送、赈给、殷勤、宿、融身、行为事件。但也有少量非自主动词:召(被召)、召见、相见、发火(燃烧)。

唐代文献中该格式中的动词有:辞让、辞诉、告诉、催促、吟咏、劝、催劝、上奏、嗔骂、索(索要)、说、言、陈(陈说)、告语、喻(说明)、诘、责诮、推迟、慰谕、问、盘问、请问、嗟叹、请、邀请、邀、感谢;审思、怨恨、商量、欲、不肯、念、苦(感到苦);赌、瞻瞩、顾、刺、挥袂、行(做);

59

濯、弃、添注、无声、与（给与）、不从；免官。

上述动词主要是"言说"类、"思虑"类及肢体动作类动词，都是自主动词，有个别动词不好确定，如"免官"：

（35）（宇文化及）数以受纳货贿，再三免官。(《隋书·列传》第五十)

宋代四种文献中，进入"再三V"的动词共有42个，其中言说类29个，思虑类9个，其他动词4个（遭、淘、看、不见），几乎都是自主动词。

而到《红楼梦》中，"再三V"中的动词全是言说类和肢体动作类：前八十回有7例，涉及动词有"求、央、央求、请、来、拉"；后四十回有10例，涉及动词有"讨饶、劝住、宽慰、安慰、央说、劝慰、相劝、央告、打听、弄（进来）"。

可见，从先秦开始，"再三V"中的V主要是自主动词，自主动词的语义构成是：[自主]+[动作]，对动作发出者的角色要求很严：必需具有高[+生命度]，在生命度的等级中，人排在第一。(王珏，2004：66) 人最能控制的动作就是言说类、思维类和肢体动作类。我们认为两个原因很重要：第一，"再三"表示的是相同动作的重复出现，强调量上的增加；第二，"再三"所在的句子中，句法主体的高生命度要求动词必需具有自主性。这是"再三"在历时语义发展过程中的选择。

再看"一再V"中"V"的历时变化。副词"一再"形成于宋元，时间相对较晚；且数词性与副词性在一定程度上很难区分开来，从语义上讲，"一再"经历了从表示"少量—表示多量—反复"的演变。与"再三"不同的是，"一再"的施事主语对生命度的要求低，当一些低生命度的名词做施事主语的时候，只用

"一再"表示多次或重复：

（36）桃李无言一再风，黄鹂惟见绿葱葱。（黄庭坚《寺斋睡起二首》）

（37）入春一再雨，喜气满墟落。（陆游《初春纪事》）

（38）泊舟庐山之下，与师一再邂逅耳，而相与之意，便如故人。（《天童觉和尚语录》序）

即便有少量上述用法，但在多数情况下，"一再"后的动词也都是自主的。上文说到"再三"发展为频率副词对主语和动词的要求比较严格，由于受到"再三"的压倒性竞争，到晚清时期"一再"只保留了副词用法，而没有沾染到"再三"对"量的增加"的要求。同时，"一再"的词汇化与语法化同步，副词化较为彻底，它的语义重在描述动作的重复，甚至延续性重复。因此，两者的具体功能有所差异，这是历时演变的结果。

5.3 关于"V一再"和"V再三"

从历史上看，"一再"也曾放在动词之后，表示次数多或少：

（39）夫一杨叶射而中之，中之一再，行败穿不可复射矣。（《论衡·增儒篇》）

（40）初，贼晨压其营以阵，众不得出，光颜毁其栅，将数骑突入贼中，反往一再，众识光颜，矢集其身如猬。（《新唐书·李乌王杨曹高刘石》）

（41）自明堂行视朔礼，岁不过一再，则是毕岁而论思者无几。（《宋史·礼》）

在清末叙事文学中，"一再"后置于动词的用法消失，在CCL语料库中，没有出现一例。由此可见，"一再"发展到现代汉语已是一个纯粹的频率副词，只能在动词前做状语。

前文所列各个时代"V再三"显示,"再三"最早只做谓语,到东汉以后,逐渐可以做补语和宾语。无论分析为哪种句法成分,都不可能是副词。我们认为现代汉语中的"V再三"只是古汉语用法的继承。杨荣祥(2005)、周小兵等(2002)都认为动词后的"再三"具有体词性,这个看法是正确的。我们可以用重复义动词"重复、反复"做一个测试:

(42) 再三重复/反复——一再重复/反复

重复/反复再三——*重复/反复一再

"再三""一再"在"重复"类动词的前面都是副词,而在重复义动词后,只能用"再三",不能用"一再"。周小兵、邓小宁(2002)观察到,能用在"再三"前的动词限于"考虑"类心理动词。从历史上看,"V再三"的"V"的范围在逐渐缩小,它的原型是数词谓语句:

(43) 田婴不听,遂内魏王,而与之并朝齐侯再三。(《战国策·魏二》)

最初是"S(者)+再三",当S为单个V时,就是"V再三"。

(44) 圣人纯道者也,虞舜为父弟所害,几死再三;有遇唐尧,尧禅舜,立为帝。(《论衡卷第五·祸虚篇》)

(45) 太子思寸(忖)再三,恐虑官人在后不知所去,遭受苦楚,遂於城上,留其马踪。(《敦煌变文集·悉达太子修道因缘》)

表7所列唐代文献中,能进入"V再三"的V的范围开始缩小,除了史书、史料笔记及佛经中经常出现"至于、至、如是(者)、如此/若此(者)"外,其他主要是思虑类动词和言说类动词,如:辞让(晋书)、问、说谕、叹、责诮//退让、叩头(唐笔

记）；顶谒、付属（咐嘱）、推筑（催促）、启请、告诉、奉劝、施问、问、语、求、思寸（忖）、懊恼、忧苦//处分（敦煌变文）；思、扣、反复（朱子语类）。再到明清小说中，"V再三"用例相对减少，涉及的动词主要是言说类、思虑类和肢体动作类：催、询、辞、问、款留、拦挡（金）；推托（水）；说、问、央告、踟蹰（红）。周小兵等（2002）所举的现代汉语中不能进入"V再三"的动词"追问、解释、劝告、叮咛"等，其相近的词在汉语史上都出现过。这说明这个格式的使用范围是受限的，因为历史的原因，动词后面的"再三"还在一定的范围内使用，主要是言说类动词、思虑类动词和肢体动作类动词。因此，我们建议相关词典在词性标注的时候应该注明，状语位置上"再三"是频率副词，而补语或谓语位置上的"再三"是数词。

5.4 其他的用法解释

5.4.1 关于强调式

"一再"的强调式是"一再一再"，这只是句法重叠，加强了语气、增加了语力，这跟其他副词重叠是一致的，比如"非常"：

（46）我真的非常非常喜欢你。

"再三"之所以不能重叠，是因为从宋代开始就有"再三再四"的格式，已经起到加强语义和语力的作用，因此"再三再四"基本上取代了本该可能出现的"再三再三"。

5.4.2 关于"再三V一下"

为什么能说"再三V一下"而不能说"一再V一下"。从实际语料来看，"再三V一下"有语用上的限制，能进入这个格式的主要是"思虑"类心理动词和"强调"类弱言说类动词，而排斥具体行为动词。我们的猜想是："一再"的副词化比较彻底，主要表达连续性"重复";而"再三"仍然带有数量义,对动词的边界(离散性)要求更高,而"思虑""强调"类动词的边界相对模糊,因此,需要用"一下"帮助有界化。

5.4.3 关于两者与时间词共现

前文说到,现代汉语中在与将来时间词共现时,"再三""一再"都需要与表达主观愿望或假设义的词组合。"再三"在宋代文献中就可以用于有假设条件小句的复句中:

（47）如到京师,烦为再三奏知贵朝皇帝,承遣使命远来颁示宸翰及礼物等,不胜感荷。(《三朝北盟会编》卷五十五)

"再三"的这一用法一直保留到现代汉语中,而"一再"没有这种用法。这也是在历史上形成的。另外这两个词都表示"一次又一次",有一定的过程性,所以很难与表时点的词共现。

6 结语

"再三""一再"是两个意义、用法相近的副词,但是由于语法化的时间和语法化程度不同,表现出诸多共时差异。从历时演变看:状语位和补语位上的"再三"都成词于南北朝,状语位上是副词,补语位上是数词;副词"一再"只做状语,虽在宋元时期产生,但直到清末民初才开始活跃。现代汉语中"再三""一再"的主要差别是历时演变的结果,当前状语位置上的"再三"和"一再"正处于竞争阶段,"一再"已经有压倒"再三"的趋势,而在补语位置上的"再三"主要用在言说义、思虑义和肢体动作动词之后,表达"多次"义,这是古汉语用法的继承,仍是"数量词"。"再三""一再"的用法差异不能简单概括为共识竞争的结果，作为副词，"一再"只出现在宋元以后的史书或古文系统中，"再三"具有压倒性优势，直到晚清民初的小说中，才真正开启了共时竞争。"一再"的词汇化和语法化同时完成，没有受到"再三"的类推，因此副词化比较彻底，没有保留中古以前的数词义，在具体使用上与"再三"也有所区别。

附 注

① 本文语料主要来自 BCC、CCL 以及个人语料库。

② 袁明军（1998）将专职的状态动词纳入非自主动词，将其与属性动词和变化动词作为非自主动词的三个小类。根据其内部句式语义特征，进一步将状态动词划分出四个小类："耸立"类、"浮漾"类、"充斥"类和"照耀"类。就我们的观察，只有"浮漾"类状态动词可以与"一再"搭配。

③ 关于词汇化和语法化，西方学界讨论较多，本文主要采用 Lehmann （2002）的观点，Lehmann 认为语法化和词汇化不是对立的，词汇化主要着眼于内部结构的变化，当内部结构变得不再相关，词汇化就发生了，哪怕形成的是语法功能词。词汇化与语法化的关系是交叉的，从某种意义上说，词汇化可以看成是语法化的第一阶段或者准备阶段。这与汉语学界将大于词的结构演变成词就是词汇化的认识是一致的。蒋绍愚（2015）也赞成这个说法，词汇化的结果可能是实词也可能是语法功能词。

④ 师古注：此言"鼓一再行"，谓一两曲。董志翘等认为这个"行"就是"乐府长歌行、短歌行"之"行"字。

⑤ 陈文将"一再"归为时间副词，不确，应为频率副词，详见杨荣祥（2005：64）。

参考文献

北京大学中文系 1955/1957 级语言学班　1982　《现代汉语虚词例释》，北京：商务印书馆。

陈全静　2011　《数词的紧邻连用与"一再"、"再三"的副词化》,《安徽师范大学学报》第3期。
董秀芳　2011　《词汇化:汉语双音词的衍生和发展》(修订本),北京:商务印书馆。
董志翘、张意馨　1992　《古今同形异义词语词典》,南京:江苏科学技术出版社。
蒋绍愚　2015　《汉语历史词汇学概要》,北京:商务印书馆。
李晓琪主编　2003　《现代汉语虚词手册》,北京:北京大学出版社。
吕叔湘主编　1999[1980]《现代汉语八百词》(增订本),北京:商务印书馆。
马庆株　1992　《自主动词和非自主动词》,见马庆株《汉语动词和动词性结构》,北京:北京语言学院出版社。
陶　然、萧　良、岳　中、张志东主编　1995　《现代汉语虚词辞典》,北京:中国国际广播出版社。
王　珏　2004　《汉语生命范畴初论》,上海:华东师范大学出版社。
王自强编著　1984　《现代汉语虚词用法小词典》,上海:上海辞书出版社。
杨荣祥　2005　《近代汉语副词研究》,北京:商务印书馆。
袁明军　1998　《非自主动词的分类补议》,《中国语文》第4期。
张福堥主编　2002　《现代汉语虚词辨析500例》,北京:学苑出版社。
中国社会科学院语言研究所词典编辑室编　2016　《现代汉语词典》(第7版),北京:商务印书馆。
周小兵、邓小宁　2002　《"一再"和"再三"的辨析》,《汉语学习》第1期。
朱景松主编　2007　《现代汉语虚词词典》,北京:语文出版社。
Christian Lehmann 2002 New reflection on grammaticalization and lexicalization. *New Reflection on Grammaticalization*. Edited by Ilse Wischer and Gabriele Diewald. John Benjamins Publishing Company. Amsterdam / Philadelphia.
Paul J. Hopper & Elizabeth Closs Traugott 2003 *Grammaticalization*. Cambridge University Press.

揭阳闽语口语里的虚词"所"：事实描写与理论蕴涵

邓 盾 黄瑞玲

（清华大学中文系 陕西师范大学文学院/语言资源开发研究中心）

"所"是汉语里非常重要的一个虚词，从上古一直沿用至今。虚词"所"的研究，牵涉到名词化、关系化、语法化、事件论元等诸多重要的理论议题（朱德熙，1983；Ting，2005；Yap & Wang，2011；Aldridge，2013；邓盾，2019、2021），具有不可忽视的价值。本文围绕虚词"所"做两方面的工作。首先，我们将报道关于"所"的一些新的语言事实。经调查发现，虚词"所"仍在揭阳闽语的口语中使用，而且其表现与该虚词在上古汉语和现代汉语书面语等其他汉语系统中的表现不尽一致。我们将秉持新描写主义（胡建华，2018）的精神，对揭阳闽语口语里的"所"进行尽可能精细的描写。其次，我们将在事实描写的基础上，分析包括揭阳闽语口语在内的不同汉语系统中"所"的性质，揭示"所"语法功能演变的方向。

1 揭阳闽语口语里虚词"所"的分布

本节报道的事实全部来自揭阳闽语口语,由作者之一黄瑞玲通过田野调查获得。[①]在揭阳闽语口语中,有一个读音为 [so^{42}] 的虚词,我们认为该虚词是"所"。根据对事实的分析,我们发现揭阳闽语口语里的"所"有两大类分布。为方便描写,我们将其分别记作"所$_1$"和"所$_2$"。

1.1 "所$_1$"的分布

"所$_1$"出现在相关动词前[动词的代表性实例见下文(9)],与动词组成一个"所$_1$"字结构。该"所$_1$"字结构可以直接充当判断句的主语,如:

(1)a. 所食*(都)是好物件。(吃的都是好东西。)
　　b. 所读*(就)是好学校。(读的都是好学校。)
　　c. 所去*(拢)是大排档。(去的都是大排档。)

(1a—c)中画线的"所$_1$"字结构均用作判断句主语。关于此用法,有五点需要指出。

第一,用作判断句主语的"所$_1$"字结构带有全称量化义,因此句子的谓语部分必须出现"都、就、拢"等表示总括的副词。如(1)所示,如果这些副词不出现,句子会不合法。

第二,在"所$_1$"字结构充当主语的判断句中,句子谓语部分的总括副词和系词有时可以一起省略。当省略发生时,"所$_1$"字结构会紧邻充当系词宾语的名词性成分。此时句子表达的语义不变,总括副词和系词也可补出,如下所示:

(2)a. 所见大人物。(见的都是大人物。)

a′. 所见*(拢)是大人物。(见的都是大人物。)

　　b. 所歇高级旅舍。(住的都是高档酒店。)

　　b′. 所歇*(都)是高级旅舍。(住的都是高档酒店。)

上述(2a、2b)是省略了总括副词和系词的判断句,(2a′、2b′)则为对应的完整句子。省略式判断句在口头俗语中非常常见,如下所示:

　(3) a. 所想绝计。(想的都是不可能实现的法子。)

　　b. 所呾大喇喇,所食番薯脚。(说的都是吹牛话,吃的都是番薯叶。)

第三,充当判断句主语的"所₁"字结构有词汇化的趋势,这有两方面的体现。首先,结构上,"所₁"和动词结合非常紧密,它们中间不能出现任何其他成分。其次,语音上,"所₁"和动词属于同一个变调域,其变调模式与揭阳闽语二字词的连读变调模式一样。例如(1c)里的"所₁去",会由"所 [so^{42}](阴上)+去 [k^{h}ɯ^{212}](阴去)"变读为"[so$^{42\text{-}24}$ k^{h}ɯ^{212}]",即前字调值由 42 变读为 24 而后字调值保持不变,这与揭阳闽语"阴上+阴去"两字词的连读变调模式完全一样,如"可 [k^{h}o^{42}](阴上)+爱 [aĩ^{212}](阴去)"会变读为"[k^{h}o$^{42\text{-}24}$ aĩ^{212}]"。

第四,当"所₁"字结构用作判断句主语时,其前可以出现"所₁"后动词的施事论元及表示时间的成分,如下所示:

　(4) a. 汝所学就是无影无迹,将来怎呢物?(你学的都是些不着边际的,将来怎么办?)

　　b. 只段时间阮潮汕人所缚拢个栀粽。(这段时间我们潮汕人包的都是栀粽。)[②]

　　c. 汝所食所颂拢个我乞汝个[③]。(你吃的穿的都是我给你的。）

　　d. 伊蜀日<u>所食</u>都是好物件。（他天天吃的都是好东西。）

（4a—c）中，"所₁"字结构前面出现了结构里动词的施事论元"汝"和"阮潮汕人_{我们潮汕人}"。（4d）中，"所₁"字结构前面不仅出现了动词的施事论元"伊"，还出现了时间成分"蜀日_{天天}"。我们认为，"所₁"字结构前面出现的施事论元及时间成分句法上都是修饰"所₁"字结构的定语。我们不取另一种逻辑可能，即认为施事论元为主语，时间成分为状语，"所₁"后的动词为谓语，三者构成一个小句，"所₁"的功能是将小句名词化。原因是，对小句进行名词化的虚词，其句法位置要高于否定成分及方式状语，因此在句法表层会出现在这些成分前，如现代汉语普通话的"这本书的迟迟不出版（让我很焦急）"，对小句"这本书迟迟不出版"进行名词化的虚词"的"出现在否定词"不"及状语"迟迟"之前。因此，如果"所₁"是在名词化一个小句，我们应该能发现"（主语+时间成分+）所₁+否定词+方式状语+动词"这类情况。但在出现施事论元及时间成分的"汝所学""伊蜀日所食"这类片段里，"所₁"和动词结合紧密，两者间不能出现否定词或方式状语等任何成分，并且"所学、所食"里的"所₁"和动词处于同一个变调域中，有词汇化倾向。基于上述考量，本文将"所₁"与动词分析为一个结构体，该结构体受到其前出现的时间成分与施事论元的修饰。

　　第五，充当判断句主语的"所₁"字结构后可加上名词化标记"个"。虽然"所₁"字结构（"所₁+动词"）、"所₁"字结构加上"个"（"所₁+动词+个"）以及没有"所₁"的"个"字结构（"动词+个"）都能充当判断句主语，但它们之间有重要区别：当出现"所₁"时，句子谓语部分需要出现表示总括的副词；当没有"所₁"时，句子谓语部分无须出现表示总括的副词，如（5）所示：

（5）a. 所读（个）*（就）是好学校。（读的都是好学校。）

a′. 读个（就）是好学校。[读的（都）是好学校。]

b. 所去（个）*（就）是大排档。（去的都是大排档。）

b′. 去个（就）是大排档。[去的（都）是大排档。]

c. *所去（个）□[ne³⁵]一个学校定。[去的（地方）只有一个学校而已。]

c′. 去个□[ne³⁵]一个学校定。[去的（地方）只有一个学校而已。]

（5a、5b）的主语因为含"所₁"，谓语部分一定要出现总括副词"就"。与之相对，（5a′、5b′）的主语因为不含"所₁"，谓语部分就不需要出现总括副词"就"。（5c）的主语因为含"所₁"，主语所表达的全称量化与谓语部分在语义上冲突，所以句子不合法。（5c′）的主语因为不含"所₁"，句子没有问题。

判断句主语是"所₁"字结构唯一可以单独充当的句子成分。若要充当判断句主语之外的其他句子成分，"所₁"字结构需借助名词化标记"个"的帮助。由"所₁"字结构与"个"组成的结构体，可以充当非判断句的主语和定语，如：

（6）a. 非判断句主语：所请*（个）*（拢）来了。（请的都来了。）

b. 定语：所读*（个）学校*（拢）过好。（读的学校都特别好。）

在上述实例中，画线的"所₁"字结构后必须出现"个"，否则句子会不合法。关于上述事实,有三点需要指出:第一,与充当判断句主语的"所₁"字结构一样,上述例句中由"所₁"字结构和"个"组成的结构体也有全称量化义。正因为如此,句子的谓语部分要出现表示总括的副词。第二,在(6)所代表的实例中,因为"个"的存在,"所₁"被拿掉也不影响句子的合法性,但是句子的语义却变了。变化之一是全称量化义的消失;另一个变化与论旨角色(θ-role)有关,具体见下文(7)和(8)的说明。第三,由"所₁"字结构和"个"组成的结构体在充当非判断句主语和定语时,"所₁"前面可以出现结构中动词的施事论元及表示时间的成分,如(6a)中的"所请个"可被替换为"伊所请个_他请的"和"伊昨日所请个_他昨天请的"。基于讨论(4)时给出的相同事实理由,本文认为施事论元和时间成分是其后结构体的定语,以"伊所请个"为例,我们认为"伊"是"所请个"的定语。

以上介绍的是"所₁"的分布。下面简要说明"所"字结构在句中所承载的语义角色。"所₁"字结构,不管是单独做判断句主语,还是与"个"连用后充当非判断句主语和定语,其语义角色限于结构内动词的内部论元所指称的角色,主要包括"食、送"等动作动词的受事或与事、"出入、去"等趋向动词的终点以及"坐、歇_住宿/歇脚"等状态动词的处所,而不能是施事、工具等一般由动词的外部论元所承载的语义角色,如(7)所示:

(7) a. 受事:<u>所食(个)</u>都是麦当劳。(吃的都是麦当劳。)

　　b. 与事:<u>所送(个)</u>就是女同学。(送的都是女同学。)

　　c. 终点:伊侬<u>所出入(个)</u>都是高档场所。(他们进出的都是高级场所。）

  d. 施事：*所去（个）都是老师。（去的都是老师。）

  e. 工具：*所批皮（个）都是瓜抽。（削皮的都是削皮刀。）

上述（7d—e）中的"所去（个）"和"所批皮（个）"，如果换成"去个"和"批皮个"，句子会合法。也就是说，"去个"和"批皮个"分别可指称结构内动词的施事和工具，但是"所去（个）"和"所批皮（个）"不行。（7b）中的"所送（个）"是歧义的，在具体的语境中既可指称"送"的受事，也可指称与事，如（8）所示：

  （8）a. 受事：校长送了一批优秀学生去广州，伊所送（个）就是女同学。（校长送了一批优秀学生去广州，他送去的都是女同学。）

  b. 与事：伊块饮料无送男同学，所送（个）就是女同学。（他的饮料没有送男同学，送的都是女同学。）

（8）中的"所送（个）"既可指称受事也可指称与事，但却不能指称施事。这与"送个"不同，"送个"在具体的语境中施事、受事、与事三者皆可指称。上文指出"所₁"字结构与名词化标记"个"组成的结构体入句后，"所₁"拿掉虽不至于影响句子的合法性，但会使句子的语义发生变化。变化除了全称量化义的消失，还包括这里讨论的语义角色变化：有"所₁"，整个结构体只能指称受事、与事、终点、处所；拿掉"所₁"后，结构也可以指称施事和工具。

  最后，我们将调查中搜集的能与"所₁"连用的常见动词列举如下：

（9）a. 送、摘、放、读、看、见见面、听、写、歇住宿/歇脚、还、行走、踏骑/踩、趖赶、救、买、卖、关、开、坐、徛站、跼蹲、鼻闻、挈拿、擎举、教、呾说、咒骂、骂、念念叨/念经、叫、缚捆、学、用、使用、颂穿、择挑选、作、做、炒炒菜/炒股、焖、割、治杀、批削、斫砍、截切、烙煎、浮炸、炊蒸、翕蒸、煠煮、炖、焙烤、冲泡、□[pu⁵⁵]煮、演、铺、纺、食、啉喝酒的动作、□[luʔ²]喝、洗、钉、饲、种、囥藏、起盖房子的动作、扶、□[ɯ⁵⁵]推、抹、画、糊、寄、扫、□[dzɯ⁵⁵]抹桌子/拖地的动作、贴、□[kak⁵]扔、踢、捻、捏、收、乞给/送、安安装、抄、塞、遮、拜、掠逮捕/抓、摺叠、唸吹、拗折断、掰、□[thĩ²²]缝、抽、徙迁移、铰剪、抢、分、磨、点点菜/点名、夹、挟、舞舞狮/舞动、跳、搭搭车、去、出、退、入、契结干亲关系、晓懂、跌、升、借、欠、包、租、趁赚、认、招、求、比、约、娶、派、□[kiau³³]带（人）、惹、除除掉、请、悦喜欢、禁、害、惜、遇、当抵押、报、定预订、□[pak²]认识、想、落下

b. 合合合作/来往、参详商量、出入进出、行踏进出、行徛进出/居住

1.2 "所₂"的分布

"所₂"总是与动量词"□[leŋ³³]次/回"共现，由此得到的"所₂+□[leŋ³³]"出现在句子的谓语动词前，修饰谓语核心，如（10）所示：

（10）a. 伊*所*□[leŋ³³]来*（都）是爱买块水果来。（他每次来总是要买些水果。）

b. *所*□[leŋ³³]落货*（拢）个落在码头。（每次卸货都是卸在码头。）

c. 伊了贪心，*所*□[leŋ³³]抽成*（都）是爱抽了敍。

（他比较贪心，每次抽成总是要多抽些。）

   d. 只个侬所□ [leŋ^{33}] □ [kai^{55}] 侬借银*（都）是唔好还。（这个人每次跟人借钱总是不肯还。）

如（10）所示，"所$_2$+□[leŋ^{33}]"表达"每次/回"的语义，对谓语动词指称的事件进行全称量化。正因为如此，句中也需要出现表示总括义的副词"都、拢"等，否则句子不合法。

需要指出的是，当"所$_2$+□[leŋ^{33}]"与趋向动词"去"连用时，动量词"□[leŋ^{33}]$_{次/回}$"能够以零形式出现，如（11）所示：

  （11）a. 伊所（□[leŋ^{33}]）去广州都是着去寻食。（他每次去广州总得去找好吃的。）

   b. 所（□[leŋ^{33}]）去一个景点就着买物件来内。（每去一个景点总得买东西回家。）

我们之所以认为在上述例句中动量词"□[leŋ^{33}]$_{次/回}$"以零形式出现，是基于语音上的证据。事实是，当动量词"□[leŋ^{33}]$_{次/回}$"显性出现时，"所$_2$+□[leŋ^{33}]"会由"所$_2$[so^{42}]（阴上）+□[leŋ^{33}]（阴平）"变读为"[so$^{42-24}$leŋ^{33}]"。

而不管表层有无"□[leŋ^{33}]$_{次/回}$"，（11）中的"所$_2$"都读"[so$^{42-24}$]"，这说明即使表层没有显性的"□[leŋ^{33}]$_{次/回}$"，它仍以零形式在发挥作用，使得"所$_2$"发生变读。

值得指出的是，因为"所$_1$"与"所$_2$"都可以与动词"去"连用，并且相关成分可以不在表层显性出现，这样有时会出现歧义的情况，如（12）所示：

  （12）所去好酒店

   a. 解读一：去的都是好酒店

   b. 解读二：每次去好酒店

取（12a）中的解读，"所去好酒店"是一个省略了总括副词和系词的判断句，主语为"所₁去"，即"去的所有地方"。取（12b）中的解读，"所去好酒店"是省略了动量词"□[leŋ³³]次/回"的小句，其中的"所"为"所₂"。上述语义上的不同对应语音上的差异。"所₁"与"去"同处一个变调域，两者会发生"所₁[so⁴²]（阴上）+[kʰɯ²¹²]（阴去）"到"[so⁴²⁻²⁴kʰɯ²¹²]"的变读。"所₂"与零形式动量词"□[leŋ³³]次/回"同处一个变调域，因动量词的影响读作"[so⁴²⁻²⁴]"，其后的动词"去"则与宾语"好酒店"同处语法层面的变调域，要变读为[kʰɯ²¹²⁻²¹]。

可受"所₂+□[leŋ³³]"修饰的谓语核心里的动词与（9）中的动词基本重合，就不再重复列举了。

2 虚词"所"的语法功能演变

上节报道了揭阳闽语口语中虚词"所"的用法。除揭阳闽语口语，现代汉语书面语、清末民初北京口语等其他汉语系统中也有虚词"所"。同一个系统中不同用法的"所"，如揭阳闽语口语里的"所₁"和"所₂"，以及不同系统中的"所"，如揭阳闽语口语中的"所₁"和现代汉语书面语中的结构助词"所"，它们之间是毫无关联还是存在某种内在的联系？

我们认为，本节讨论的各个汉语系统中的虚词"所"，虽然它们用法各异，但它们都与上古时期的结构助词"所"有渊源。④从上古汉语的结构助词"所"到本节所讨论的后世各汉语系统的虚词"所"，中间没有发生词项更替，发生的是语法功能演变。本节将借助生成派的语类特征表达这一理论工具，对四个汉语系统中的多个虚词"所"加以定性。通过定性,我们将展示这四个系统中不同用法的"所"的内在联系,并揭示虚词"所"语法功能演变的方向,即从名域(nominal domain)虚词向动域(verbal domain)虚词演变,该演变方向的具体体现是:体词性降低,谓词性提升,论旨角色类型减少,虚化程度变高。

2.1 上古汉语结构助词"所"的语法功能与特征表达式

为展示上古汉语的结构助词"所"与后世各个虚词"所"之间的渊源,本小节先扼要介绍上古汉语结构助词"所"的功能和性质。

我们所知的对上古汉语"所"的描写分析,王克仲(1982)是最为全面详尽的。该文将上古时期的结构助词"所"与"其后面的动词、动词性词组或者主谓词组相结合的造句单位"称为"所"字结构,并指出:"'所'字结构是一个名词性的词组,在句子中可以充当名词所能充当的任何句子成分。"(王克仲,1982:74)下面是王克仲(1982:74-75)归纳总结的上古时期的"所"字结构能够充当的句子成分[5]:

(13) a. 主语:<u>所争</u>,君子也。(《左传·襄公二十六年》)

b. 动词宾语:是去<u>所爱</u>而用<u>所贤</u>也。(《韩非子·难四》)

c. 介词宾语:请讲以<u>所闻</u>。(《庄子·德充符》)

d. 定语:<u>所宿</u>庚宗之妇人献以雉。(《左传·昭公四年》)

e. 中心语:此三者,人主之<u>所恃</u>也。(《吴子·励士》)

f. 判断句谓语:性也者,<u>所受</u>于天也。(《吕氏春

秋·诚廉》)

（13）是上古汉语"所"字结构的句法功能总结。我们将以上述总结为事实基础，利用生成派的语类特征表示法来刻画上古时期"所"的语法性质。

Chomsky（1970）仿照音系学使用区别性特征刻画音位的做法，提出 [±N] 与 [±V] 这两对语法特征用来刻画和表征实词语类。[±N] 被用来刻画词类是否具有体词性，[±V] 则被用来刻画词类是否具有谓词性[6]。在 Chomsky（1970）的基础上，为刻画实词类与虚词类之间的关联，Grimshaw（2005）进一步设立了 Fn（n 为自然数）这一特征来表示词类的虚化程度。具体来说，F0 表示词类的虚化程度为零，即为实词类，F1 则表示词类有一定程度的虚化，F2 表示更高程度的虚化，依此类推。下面是 Grimshaw（2005）提供的名词 N 和限定词 D 的特征表达式：

（14）a. N [+N，-V] F0
　　　b. D [+N，-V] F1

（14a）表示 N 具有体词性（+N），不具谓词性（-V），同时虚化程度为零（F0）。（14b）表示 D 具有体词性（+N），不具有谓词性（-V），同时虚化程度较高（F1）。两个特征表达式直观地表明了名词和限定词两个词类之间的联系：D 是与 N 相关的虚词，即 D 是名域的虚词。

王克仲（1982）穷尽性搜集了"所"在先秦 21 部文献中的 6484 个用例。其中，结构助词用法的"所"有 6252 例，名词用法的"所"有 134 例，两者占总用例的 98.5%。[7] 王克仲（1982）及邓盾（2019）等很多研究都认为上古时期的结构助词"所"是由名词"所"语法化而来的。基于上述事实，利用（14）中的理

论工具,我们将上古的名词"所"和结构助词"所"的语类特征式提供如下:

(15) a. 上古汉语名词"所"的特征表达式:[+N,-V]F0
　　 b. 上古汉语结构助词"所"的特征表达式:[+N,-V, θ_{IA}]F1

(15a)给出的是名词"所"的特征表达式。(15b)里的特征表达式表明结构助词"所"具有体词性,不具谓词性,虚化程度较高,这正是一个具有名词化功能的虚词的特点。注意(15b)的特征表达式里增加了[θ_{IA}]这个特征,该特征具体指内部论元IA 所能带的论旨角色。朱德熙(1983:18)指出:"'所VP'总是指受事、与事、工具等等,不指施事",[θ_{IA}]这个特征的增设正是为了刻画"所"字结构在论旨角色上的特点。[8]

(15b)中的特征表达式为讨论虚词"所"的语法功能演变提供了便利。借助(15b)中的特征表达式,再结合相关语言事实,我们总结出了虚词"所"语法功能演变的方向,即:体词性降低(+N → -N),谓词性提升(-V → +V),论旨角色类型减少(θ_{IA} → θ_{IA-}),虚化程度变高(Fn → Fm, n<m)。简言之是发生跨域演变,从一个名域的虚词演变为一个动域的虚词。下面我们将以语法功能为纲,考察后世不同汉语系统中"所"字结构的语法功能,从而探知"所"的语法功能,以证明我们提出的"所"语法功能演变的方向。

2.2　主宾语、定语、中心语与"所"的功能演变

我们先讨论主宾语、定语、复杂名词性词组的中心语这几种语法功能。跨语言来看,上述几种语法功能是名词性成分承担的主要功能。

与上古时期的"所"字结构相比,后世不同汉语系统中的"所"字结构承担上述几种语法功能的能力总体而言是极大衰减的。我们先看现代汉语书面语的情况。在现代汉语书面语里,"所"字结构不再单独充当主宾语、定语和中心语。要承担这些功能,"所"字结构必须借助系统里名词化标记"的"的帮助。⑨下面是来自北京语言大学BCC语料库的一些实例:

(16)a. 主语:我们<u>所需要</u>*(的),不是这些,而是全心全意为人民服务的人。(《人民日报》1949年4月9日)

b. 动词宾语:把中学课程紧缩些,保留工农<u>所需要</u>*(的),而尽量删减他们<u>所不需要</u>*(的)。(《人民日报》1950年9月23日)

c. 介词宾语:他甚至把他自己的通译员<u>所翻译</u>*(的),也有意加以歪曲。(《人民日报》1951年8月27日)

d. 定语:亚洲大陆上已经矗立起一个为所有被压迫民族<u>所欣慕</u>*(的)新型国家。(《人民日报》1948年9月23日)

e. 中心语:<u>其所代表</u>*(的)是悠远的经营智慧、文化心理和审美情结,<u>其所象征</u>*(的)是具有无上价值的民族精神、家族荣誉和道德价值。(《人民日报》2017年5月23日)

在上述实例中,画线的"所"字结构后必须出现"的",否则句子不合法。而一旦有"的","所"被拿掉也不影响句子的合法性。

(16)这类环境中出现的虚词"所",我们认为其特征表达式为[-N, -V, θ_{IA}-]F1。这一表达式可以较好地解释上述环境里"所"的用法。首先，[-N] 表示"所"已经不具体词性，这解释了它为什么不再能构造名词性成分，（16）中必须出现的"的"才是构造名词性成分的名词化标记。其次，[-V] 表示"所"也不具有谓词性，与下文即将讨论的具有 [+V] 特征的两个"所"，即现代汉语书面语里用来表达被动语义的"所"和清末民初北京口语里用来表达说话人语气的"所"不同，（16）中的"所"与动词性成分构成的"所"字结构不能单独充当句子谓语。（16）中的"所"一方面不能像上古汉语的结构助词"所"那样名词化其后的动词性结构，另一方面也不能像带 [+V] 特征的"所"那样与其后的动词性结构组合后一起充当句子谓语。我们认为（16）中的"所"是一个类似于动词不定式标记的功能性成分，它以其后出现的动词性结构为补足语，组成一个以它自己为核心的功能性投射，该投射再以"所"前出现的动词的外部论元为主语，组成一个不定式小句，该小句整体作为小句后必须出现的"的"的补足语，被"的"名词化以后构成一个整体是名词性的成分。

  需要指出的是，第 1 节在讨论揭阳闽语的"伊所请个_{他请的}"时，我们认为该例的结构分析为"伊 / 所请个"，"伊"是"所请个"的定语。此处讨论的相关结构，如（16a）中的"我们所需要的"，尽管与"伊所请个"存在着表层相似性，但我们认为其结构分析为"我们所需要 / 的"而不是"我们 / 所需要的"。如上所述，"我们所需要"是一个不定式小句，该小句整体是其后名词化标记"的"的补足语，被"的"名词化，由此形成一个整体是名词性的成分。在小句内，"我们"为主语，"需要"为谓语动词，"所"是谓语动词之上的一个类似于不定式标记的功能性成分。我们之所以对揭阳闽语的"伊所请个"和现代汉语书面语的"我们所需要的"做不同的结构分析,是基于如下的事实考量。"所请个"可以脱离"伊"单独充当句子成分,这是因为名词性的核心成分"所请个"可以没有定语"伊"的修饰而单独充当句子成分。与之相对,"所需要的"前面如果不出现"我们",(16a)中的句子会不合法。事实上,(16)中的每个例句,如果"所"前不出现其后动词的外部论元,句子都会不合法。这与"伊所请个"里的"伊"可以不出现大相径庭。我们将上述事实归因于"我们所需要"这类不定式小句内的功能性核心成分"所",具体来说是假定该核心成分有 EPP(Extended Projection Principle,扩展的投射原则)特征,要求它所在小句的主语必须出现。

接下来再看揭阳闽语口语。第 1 节已经指出,揭阳闽语口语的"所$_1$"字结构不能充当宾语和复杂名词性词组的中心语,这是揭阳闽语的"所$_1$"字结构和现代汉语书面语的"所"字结构在语法功能上的共性。两个系统的"所"字结构也存在差异。具体来说,现代汉语书面语里的"所"字结构不能单独充当任何句子的主语,包括判断句的主语,而揭阳闽语口语的"所$_1$"字结构可以单独充当判断句主语,后加"个"以后还能充当非判断句的主语和定语。我们认为,揭阳闽语口语里的"所$_1$"的特征表达式为 [+N,−V,θ_{IA}]F1。该表达式表明"所$_1$"字仍有体词性,因此它可以名词化其后的动词而得到一个名词性的结构,这是该结构可以单独充当判断句主语的原因。上文已经指出,该结构有词汇化的趋势,词汇化的"所$_1$"字结构发展出了全称量化的语义,这与现代汉语里已经完全词汇化的"所有"类似。正是因为"所$_1$"字结构具有的全称量化语义,使得它只能出现在主语和定语位置，而不能出现在宾语位置。事实是，在普通话和很多汉语方言系统里，带有全称量化义的成分一般都只能出现在主语位置，而不能出现在非主语位置，尤其是宾语位置。以下是揭阳闽语的例子（普通话翻译完全平行）：

(17) a. 个个拢个好汉。（个个都是好汉。）
　　　b. *好汉拢个个个。（*好汉都是个个。）
　　　c. *来了个个。（*来了个个。）
　　　d. *伊得罪着个个。（*他得罪了个个。）
　　　e. *伊对个个都无好感。（*他对个个都没有好感。）

揭阳闽语的量词重叠式"个个"表达全称量化义。如（17）所示，"个个"只能做主语，不能做系词、非宾格动词、及物动词以及介词的宾语。据我们调查，吴语（盛益民，个人交流）情况也基本一样。名词性的"所₁"字结构发展出全称量化义，这是一个具有跨语言共性的现象，感兴趣的读者可参看 Bach 等（1995）的相关讨论。至于为什么具有全称量化义的名词性成分倾向于出现在判断句主语位置，而不能出现在宾语等其他句法位置，这是一个超出了本文话题的大课题，我们留待将来继续研究。[⑩]

2.3　判断句谓语与"所"的功能演变

本节讨论判断句谓语这一功能。跨语言来看，充当谓语并非名词性成分的典型功能。上古汉语因为没有系词，名词性的"所"字结构可以充当判断句谓语。后世这一情况发生了很大变化，由此也导致了"所"语法功能的演变。

在上古时期，可以充当判断句谓语且与当下话题相关的是一类复杂的名词性结构，即"NP 所 VP"。在该结构中，"所 VP"形成一个"所"字结构，充当中心语，"所"前面的 NP 是定语，修饰其后充当中心语的"所"字结构。该定中结构既可以直接充当判断句谓语,也可以做动词"为"的宾语后再整体充当判断句谓语。下面是来自董秀芳(1998)的相关实例:

(18)a. 此事会显,世教所不容,此甚不可一也。(《与山巨源绝交书》)

b. 如此愚人,世人所笑。(《百喻经》)

c. 弊邑为大国所患。(《吕氏春秋·审应》)

d. 卫太子为江充所败。(《汉书·霍光传》)

对于上面(18a—b)中直接充当判断句谓语的"NP 所 VP"结构,董秀芳(1998:53)指出:"经过重新分析之后,'所'字结构由名词性成分变成了谓词性成分,'所'字的名词化功能失落了。当句子被赋予被动含义之后,'所'由于没有任何词汇意义,也没有很明显的语法结构上的意义,自然就只能被分析和理解为与被动句共现的被动标记了。按王力先生的说法,就是虚化成了动词的词头。'NP 所 VP'中 NP 也相应地由定语变成了状语。虽然重新分析之后'所'的结构层次没有改变,依然是偏正结构,但其中所有的组成成分的性质都发生了变化。"关于(18c—d)中与"为"一起构成判断句谓语的"NP 所 VP"结构,董秀芳(1998:54)指出:"'所 VP'由名词性成分变成了动词性成分,'所'变为被动标记,'为'由动词(准系词)变成了介词,NP 由'所 VP'的定语,变为介词'为'的宾语,'为 NP'成为'所 VP'的状语。整个结构的层次发生了很大变化,整体上由原来的述宾式变成了偏正式。"

董秀芳(1998:54)指出:"'为 NP 所 VP'与'NP 所 VP'的重新分析发生的时间大致相同,但其发展速度却比后者快得多，完成得也更彻底，在重新分析完成之后，就不再存在表判断的用法了。汉以后，其数量激增，远远超过了'NP 所 VP'的数量，成为表被动的主要形式。"事实是，表被动的"为 NP 所 VP"这种结构一直沿用至今。在现代汉语书面语中，"所"仍旧还可以作为被动句中谓语动词的前加标记，而且这是一种能产性较强的用法。下面是来自北京语言大学 BCC 语料库的一些实例：

（19）a. 这就使广大职工既有明确的行动目标，又不会受规划所束缚。(《人民日报》1960 年 4 月 10 日)

b. 星海同志一到汉口，立刻被青年人所包围。(《人民日报》1949 年 10 月 30 日)

c. 由于它的文字通俗以及和群众生活的密切联系，普遍为群众所喜爱。(《人民日报》1949 年 1 月 25 日)

d. 真理和符合历史规律的新事物，是无法抗拒的。不承认它们的人，最后只好承认自己的愚蠢和失败，这已经由历史所证明。(《人民日报》1959 年 5 月 9 日)

我们认为现代汉语书面语中用来表示被动的"所"，其特征表达式为 $[-N, +V, \theta_{IA}-]F1$。这一特征表达式表明"所"不仅丧失了体词性，还获得了谓词性。这个"所"已经不再具有名词化的功能，它只是配合动词，两者一起表达被动语态。

2.4 提取和量化事件与"所"的功能演变

接下来讨论揭阳闽语口语中的"所$_2$"。我们认为该虚词也与上古汉语的结构助词"所"有渊源关系。在上古汉语里，有一个被很多人界定为"假设连词"的"所"，相关用例如下：

（20）a. 所不与舅氏同心者，有如河。(《左传·僖公二十四年》)

b. 予所否者，天厌之！天厌之！（《论语·雍也》）

（20）中的"所"到底是何身份，历来有争议，主流的看法是假设连词。邓盾（2021）认为，上述实例中的"所"就是结构助词"所"，它的独特之处在于它被用来提取动词的事件论元而不是受事、与事、处所等论旨论元。正因为如此，它才在相关方面与结构助词"所"表现出了不同。"所"提取事件论元的用法在上古以后的文献中鲜见。我们认为，揭阳闽语口语中的"所$_2$"是上述用法在后世的继承。

我们认为上古汉语用于提取事件论元的结构助词"所"的特征表达式为 [+N，-V，θ_{EventA}F1，而揭阳闽语口语中的"所$_2$"的特征表达式为 [-N，-V，θ_{EventA}F1，θ_{EventA} 表明与事件论元相关。与上古汉语提取事件论元的"所"不同，揭阳闽语的"所$_2$"是对动词所指称的事件进行全称量化，与"所$_2$"搭配的动量词"□[leŋ]^{33}次/回"的出现是量词系统发展的结果。

2.5 语气表达与"所"的功能演变

在清末民初北京话口语文献（主要是京籍作家的小说及官话教材）中，出现了一个虚词"所"。下面是含这个"所"的一些实例（转引自魏兆惠，2014：143-144）：

（21）a. 我现在所找不着合式的房子。（官话教材《士商丛谈便览》）

b. 起打一入学堂，他所学坏了。（蔡友梅《非慈论》）

c. 我这一向所没见他了。（官话教材《急就篇》）

d. 额大奶奶一看小额的病加紧，所不得主意。（《蔡友梅《小额》）

魏兆慧（2014：143）认为（21）中的"所"为"起强调作用的语气副词"，"与汉语史上常见的动词之前助词'所'全无联系和相似"，是表"尽、全"义的语气副词"索"的同音假借。陈晓（2013）认为上述用法的"所"是表"完全"义的程度副词，陈晓（2018）则进一步认为这类用例里表"完全"义的"所"为程度副词，表"实在"义的"所"为语气副词。关于"所"的来源，陈晓（2013：168）"初步考虑'所（程度副）'来源于宋元时期'索'的'真是、煞是'义项"，陈晓（2018：157）则"考虑有两条线索"，除来源于"索"的猜想外，"另一条线索是'所'本身就来自于其自身在历史上的某个用法"。

我们认为上述用法的"所"是上古汉语结构助词"所"语法功能演变的结果，其特征表达式为 $[-N，+V，\theta_{IA\_}]F2$，该表达式表明"所"不具体词性，具有谓词性，且虚化程度很高，这意味着它已经变成了动域的一个虚词。这一看法不仅能刻画"所"作为语气副词在分布上的特点（陈晓，2013、2018；王文颖，2018），还能解释同音假借说很难解释的两条事实。

第一，王文颖（2018）指出，本小节讨论的这个"所"经常与表处置的"把"、表蒙受的"让"和"给"连用。王文颖（2018：268）给出的相关实例如下：

（22）a. 这们一来，把二秃子<u>所给</u>纵起来啦。（损公《铁王三》）

  b. 吴大爷<u>让他所</u>气傻啦，当时痴若木鸡，站在那里发愣。（损公《苦哥哥》）

王文颖（2018：268）认为："'所'和'把、让、给'之所以能够经常配合使用，正是由于'所'的功能与蒙受义成分之间有相近相通之处,即'所'经常表达'完全受影响'的主观得失义。"至于"所"经常表达的"完全受影响"的意义从何而来,王文颖(2018)并没有说明。如果本文的看法是对的,上述问题就可以得到较好的解释。注意上面给出的特征表达式里仍有[θ_{IA-}]这个特征,该特征是本节讨论的"所"与上古汉语的结构助词"所"存在渊源的表现。上古的"所"提取的是动词的内部论元,内部论元最典型的论旨角色为受事,而受事是事件中遭受影响的参与者。(22)中的"所"经常与表蒙受的结构连用,是"所"曾被用来提取内部论元这一历史事实残留的影响。如果认为"所"是"索"的同音假借,因为"索"本身跟蒙受并无关联,"所"的上述用法将难以解释。

第二,从名域虚词演变为动域虚词并不是只发生在"所"这一个词上的独特现象,与"所"性质和功能存在很大相似性的虚词"的"也表现出了类似的演变。"的"本来是跟上古汉语的结构助词"所"一样发挥名词化作用的名域虚词(朱德熙,1983),但在现代汉语里,"的"也发展出了与语气相关的用法,如(23)所示:

(23) a. 你放心,我会去的。

b. 等着瞧吧,他会后悔的。

(23)中的"的",很明显已经不宜分析为名词化标记,其作用是表达说话人对某个未然事态的确信语气。原本为名词化标记的"的"发展出表示语气的用法,这与原本为名词化标记的"所"发展出表语气的用法是完全平行的现象。同音假借说不能解释这种平行性。

在结束本节前我们给出本文讨论的全部"所"的性质与功能总结表:

表1 "所"的性质与功能总结表

所属系统	词类标签		语法功能	特征表达式
上古汉语	名词		与一般名词同。	[+N，-V]F0
	结构助词		构成名词性"所"字结构，提取论旨论元。	[+N，-V，θ_{IA}]F1
	结构助词		构成名词性"所"字结构，提取事件论元。	[+N，-V，θ_{EventA}]F1
揭阳闽语口语	所$_1$	结构助词	与动词构成"所"字结构，该结构可单独充当判断句主语，或与"个"组合后充当判断句或非判断句主语以及定语。在上述所有用法下，该结构都带有全称量化义。	[+N，-V，θ_{IA-}]F1
	所$_2$	限定词	与动量词组合后一起修饰谓语核心，对谓语动词指称的事件进行全称量化。	[-N，-V，θ_{EventA}]F1
现代汉语书面语	结构助词		构成"所"字结构，与"的"组合并且"所"前再出现施事论元后，可以充当主宾语、定语和复杂名词性词组的中心语。	[-N，-V，θ_{IA-}]F1
	结构助词		出现在表被动语义的结构"被/由/受/为 NP+所+V"中的动词前。	[-N，+V，θ_{IA-}]F1
清末民初北京口语	语气副词		在句中很高的句法位置，表达说话人语气。	[-N，+V，θ_{IA-}]F2

3 结语

本文考察了揭阳闽语口语里虚词"所"的用法，并探讨了虚词"所"从上古到后世的语法功能演变。不同汉语系统里的虚词

"所",一方面有着相同的渊源,另一方面又用法各异。对具有相同渊源但用法不同的语言单位之间的区别与联系进行描写和刻画,是语言库藏类型学的研究课题之一。该课题对于汉藏语系诸语言尤其是汉语来说极为重要,因为无论是历时层面还是共时层面的各汉语系统,其语法单位库藏里都有大量来源相同而在语音形式和语法功能上存在差异的语言单位。本文针对"所"做了一点个案分析,希望能抛砖引玉,将这方面的研究引向纵深。

附 注

① 揭阳闽语属闽南方言潮汕片。调查的主要发音人信息如下:魏妙容,女,1964年生,中学教师;黄玉燕,女,1964年生,小学教师;吴佳,女,1968年生,小学教师。三位发音人均出生于揭阳市榕城区且不曾久居外地。

② 本例及下例中前一个写作"个"的词读[kai^{55}],是揭阳闽语的系词,本文将之写作"个"而不讨论其本字问题,也不讨论系词"个"与名词化标记"个"(参见附注③)的关系问题。

③ "我乞汝个_{我给你的}"里的"个"读[kai^{55-0}],是揭阳闽语的名词化标记,其语法功能与普通话的"的$_3$"(朱德熙,1961)有很大相似性,本文将之记作"个"而不讨论其本字问题。

④ 匿名评审专家指出:"作者似乎假设揭阳闽语的'所'字结构直接来源于上古汉语。这种看法似乎过于简化,由此推导出来的结论并不一定可靠。事实上,闽语存在着多个语法层次,部分结构源自六朝,也有部分来源于唐宋以后,能追溯到上古的反而是少数。由于中古汉语、近代汉语都有'所'字结构,所以讨论该结构的来源时,就不能只把目光局限于上古汉语了。"我们仅认为揭阳闽语的"所"与上古汉语的"所"有渊源,并没有试图建立"所"从上古到揭阳的完整演变链条。本节对"所"语法功能演变的讨论是散点性质的,完整演变链条的建立需要考察更多汉语系统里的"所",这超出了本文的范围,留待将来完成。

⑤ 王克仲（1982：74-75）给出了主语、谓语、宾语、补语、定语和兼语六种语法功能。补语这一功能，原文用括号注释指出是"与介词组成介宾词组以后"担当的功能，不能算作"所"字结构自身的功能，因此本文列出了介词宾语而拿掉了补语这项功能。至于兼语，原文给的是"所"字结构充当"令"等使役动词宾语的实例，因此本文没有单列这项功能。充当复杂名词性词组中心语的功能很重要，后世有变化，本文单列了出来。原文同时指出"'所'字结构还可以像名词那样组成并列的词组"，但这并不是充当某类句子成分，因此本文没有单列。

⑥ Chomsky（1970）这样做的主要动机是为了解释名、动两大词类，尤其是以 destruction 和 destroy 为代表的有派生关系的名、动在分布上的表现。将词类表征为特征束（feature bundle），可以通过共享的特征和相异的特征来解释不同的词类在分布上的共性与差异。Chomsky（1970）并没有明确交代 [±N] 与 [±V] 的具体内涵为何，我们可以从语法能力的角度来理解或定义这两对特征，如 [±N] 可代表占据论元位置，与限定词、分类词（classifier）、格标记等虚的成分组合的能力，而 [±V] 可代表指派结构性宾格、与表示时体态及一致关系的虚的成分组合的能力。

⑦ 结构助词和名词之外还有 98 例。其中，代词 72 例，原文所给实例为："曹大子其有忧乎？非叹所也！"（《左传·桓公九年》）此例中的"所"，本文认为分析为名词未尝不可。同时还有表假设的连词 21 例，所给实例为："予所否者，天厌之！天厌之！"（《论语·雍也》）这类"所"可分析为结构助词，参看邓盾（2021）的论证。然后是计量处所的量词 3 例，所给实例为："王欲合是五位三所而用之。"（《国语·周语下》）考虑到量词产生的时代，本文认为此例中的"所"分析为名词为宜。最后是表示概数的数词 2 例，所给实例为："（县门）可容一人所。"（《墨子·备城门》）此例中的"所"，本文认为分析为名词似乎并不为过，"一人所"就是"一人之所"，即可以容一个人待的地方。这样，上古的"所"或许只有名词和结构助词两种用法。

⑧ 王克仲（1982）和朱德熙（1983）都指出"所"字结构存在少量指称施事的用例，但"所"字结构与"者"字结构在论旨角色上的分工是明确的。跨语言来看，名词化标记所构造的名词性成分有论旨角色上

的分工似乎是普遍现象，如英语由后缀 -er 构造的名词主要指称施事，而由 -ee 构造的名词则主要指称受事。本文的处理方法或许可以推广到所有的名词化标记上，如上古汉语结构助词"者"的语类特征或可表示为 [+N, -V, θ_{EA}]，[θ_{EA}] 表示外部论元 EA 的论旨角色。

⑨ 这一论断是针对现代汉语书面语中具有能产性的用法而言。现代汉语书面语中还保留了一些不具能产性的"所"字结构，如"所作所为、（百年来）所仅见、（关键）所在、如……所说、所剩（无几）、各尽所能、各取所需、闻所未闻、所向披靡、（不知）所措/所云/所终、畅所欲言、从心所欲、答非所问、大失所望、匪夷所思、见所未见、理所当然、力所能及、前所未有、强人所难、如上所示、若有所失、随心所欲、投其所好、忘乎所以、为所欲为、无所不为、无所事事、无所适从、无所用心、无所作为、一无所有、综上所述、众所周知、众望所归……"。上述实例都可以不借助"的"而单独充当相关句法成分，但这些都是现代汉语书面语系统中的词汇化形式，可视为上古汉语的句法结构在现代汉语书面语中的化石性遗存。

⑩ 带全称量化义的名词性成分有不同的类型，除了这里讨论的不带核心名词的情况，还有带核心名词的情况。带核心名词的情况又可分为带量词的（如"每个人"）和不带量词的（如"任何人"）。该问题牵涉的事实面很广，无法在本文的范围内得到解决，只能留待将来研究。

参考文献

陈　晓　2013　《清末民初北京话里的程度副词"所"》，《中国语文》第 2 期。

陈　晓　2018　《基于清后期至民国初期北京话文献语料的个案研究》，北京：北京大学出版社。

邓　盾　2019　《从语法化看上古汉语名词化标记"所"的句法位置与句法功能特异性》，《清华大学学报》（哲学社会科学版）第 6 期。

邓　盾　2021　《古汉语含"所"假设义片段中虚词"所"的定性及相关问题》，《语言学论丛》第 62 辑，北京：商务印书馆。

董秀芳 1998 《重新分析与"所"字功能的发展》,《古汉语研究》第3期。

胡建华 2018 《什么是新描写主义》,《当代语言学》第4期。

王克仲 1982 《关于先秦"所"字词性的调查报告》,见中国社会科学院语言研究所古代汉语研究室编《古汉语研究论文集》,北京:北京出版社。

王文颖 2018 《清末民初北京话中副词"所"的性质和功能》,《语言学论丛》第58辑,北京:商务印书馆。

魏兆惠 2014 《试论清末北京官话特殊的"所"及其来源》,《湖南师范大学社会科学学报》第2期。

朱德熙 1961 《说"的"》,《中国语文》第1期。

朱德熙 1983 《自指和转指——汉语名词化标记"的、者、所、之"的语法功能和语义功能》,《方言》第1期。

Aldridge, Edith 2013 Object relative clauses in Archaic Chinese. *Canadian Journal of Linguistics* 2: 239—265.

Bach, Emmon et al. (eds.) 1995 *Quantification in Natural Languages*. Dordrecht: Kluwer.

Chomsky, Noam 1970 Remarks on nominalization. In Roderick A. Jacobs & Peter S. Rosenbaum (eds.) *Readings in English Transformational Grammar*. 184—221. Waltham, MA: Ginn.

Grimshaw, Jane 2005 *Words and Structure*. Stanford, CA: CSLI Publications.

Ting, Jen(丁仁) 2005 On the syntax of the suo construction in classical Chinese. *Journal of Chinese Linguistics* 33. 2: 233—267.

Yap, Foong Ha & Jiao Wang 2011 From light noun to nominalizer and more: The grammaticalization of *zhe* and *suo* in Old and Middle Chinese. In Karen Grunow-Hårsta & Janick Wrona (eds.) *Nominalization in Asian Languages: Diachronic and Typological Perspectives*. 61—107. Amsterdam/Philadelphia, PA: John Benjamins.

(本文原载《当代语言学》2022年第5期)

汉语所谓"中动结构"的历史来源及性质

董秀芳

（北京大学中文系/中国语言学研究中心）

1 引论

一些文献中所谓的汉语中动句（middle sentence）或中动结构（middle construction），通常指下列这种句子形式。例如：

（1）这种布料摸起来很光滑。

（2）这个面包吃起来很硬。

对于这种句子的句法构造和语义解释，经过Sung（1994）、Ji（1995）等许多学者的研究，已达成以下两点共识（袁毓林、曹宏，2020）：

论元错位：中动结构中动词的施事论元通常不出现，而且也不能补出，其受事论元做句子的主语；

非事件性：整个句子并不叙述单一事件的发生，而是着重说明（表层结构）主语的内在性质或某种状态。

对汉语中动结构的研究主要集中在共时，有个别文章（蔡淑美，2014、2015；黄冬丽、马贝加，2008）对汉语中动结构进行了一些历时考察，但不足在于过分拘泥于形式，只考察了"V起来"这种中动结构或类似形式的来源，而且所考察的一些形式并不真正符合中动结构的特点，因此得出的结论不太可靠，并没有找到中动结构的源头。

本文从历时的角度以语义表达为基础来考察汉语这类中动结构的起源，并讨论其根本性质。

2 古代汉语中表事物性质的"V 之 AP"结构及其形成

在上古汉语中，我们发现有一种"V 之 AP"结构，所表达的意义与现代汉语中动结构"V 起来 AP"[①]所表达的意义是相同的。如：

（3）得时之稻，大本而茎葆，长秱疏穖，穗如马尾，大粒无芒，舂之易而食之香。（《吕氏春秋·士容论》）

此例中"舂之易而食之香"译成现代汉语即"舂起来很容易，吃起来很香"，所描述的对象就是前面出现的语段话题"得时之稻"。这个句子中动词"舂"和"食"的施事没有出现，可以认为是泛指的。"得时之稻"为"舂"和"食"的受事，"舂之易而食之香"是说明"得时之稻"的性质，而不是叙述一个事件。因此，这个句子所表达的含义与现代汉语中动结构"V 起来 AP"式的含义是完全相同的。

与现代汉语中动结构不同的是，"舂之易而食之香"中的动词带有代词宾语"之"，而"V 起来 AP"结构中动词后面不带代词宾语。另外，现代汉语"V起来"之后的形容词前一般都要加上程度副词，比如"很"，如果是一个单独的性质形容词，就含有比较或对照的意思，因此往往是两件事情对比着说的，如果单说一个性质形容词，就有话语未完的感觉（袁毓林、曹宏，2020）。比如：

（4）咖啡闻起来很香。

（5）咖啡闻起来香，喝起来苦。

（6）???咖啡闻起来香。（有话语未完的感觉）

而古代汉语可以单用一个光杆形容词，比如例（3）中的"易"和"香"，可以说例（3）中还是两个性质对举的，也有不对举的，如：

（7）"豳诗"《义疏》[②]曰："其树高五六尺。实大如李，正赤色，食之甜。"（北魏·贾思勰《齐民要术》卷十"五谷、果蓏、菜茹非中国物产者·菱"）

下面再举出一些古代汉语中"V之AP"结构的例子（从上古汉语到魏晋南北朝和唐代的例子都有）：

（8）夫水淖弱以清，而好洒人之恶，仁也；视之黑而白，精也。（《管子·水地》）

（9）北方有白桑椹，长数寸，食之甘美。（南朝宋·刘敬叔《异苑》卷一）

（10）《诗疏》曰："蘩菜也。叶狭，长二尺，食之微苦……"（北魏·贾思勰《齐民要术》卷十"五谷、果蓏、菜茹非中国物产者·荤"）

（11）有仙人枣，长五寸，把之两头俱出，核细如针。霜降乃熟，食之甚美。（东魏·杨衒之《洛阳伽蓝记》卷一）

以上例子中AP既可以是形容词并列短语，如"黑而白"，也可以是偏正式短语，如"甚美"，还可以是并列式复合词，如"甘美"。

如果说古代汉语中的这些"V之AP"结构就相当于后代的中动结构，那么这些"V之AP"结构是如何形成的呢？我们认为，"V之AP"结构包含了两个谓词，最初来源于两个独立的小句。这两个独立的小句是按照时间先后顺序组织起来的。前一个小句，表示动作行为，动词显然是表达主动意义的，后一个小句表示从这个动作行为得到的判断结果。前一个小句表示的动作行为可以是假设的。后一个小句可以由VP构成，也可以由AP构成，而且其前可以出现连词"则"。这样的假设复句可以对前面出现的话题所指事物的性质进行说明。如：

（12）君子若钟，击之则鸣，弗击不鸣。(《墨子·非儒下》)

此例中"击之"是表示假设的分句，"鸣"是表示结果的分句，"则"是连词。这一假设复句是对其前出现的话题"钟"的性质的说明。下面的例子也是类似的。

（13）子綦曰："此何木也哉？此必有异材夫！"仰而视其细枝，则拳曲而不可为栋梁；俯而视其大根，则轴解而不可为棺椁；咶其叶，则口烂而为伤；嗅之，则使人狂酲，三日而不已。(《庄子·人间世》)

（14）以珠玉为上币，以黄金为中币，以刀布为下币；三币，**握之则非有补于暖也，食之则非有补于饱也**。(《管子·国蓄》)

（15）主俯而笑曰："夫树橘柚者，**食之则甘，嗅之则**

香；树枳棘者，成而刺人；故君子慎所树。"（《韩非子·外储说左下》）

（16）夫草有莘有藟，**独食之则杀人，合而食之则益寿**。（《吕氏春秋·似顺论》）

有时两个小句之间用"而"连接：

（17）平肾脉来，喘喘累累如钩，**按之而坚**。（《黄帝内经·素问》）

（18）有嘉美之菜，故曰"嘉"，**食之而灵**。（北魏·贾思勰《齐民要术》卷十"五谷、果蓏、菜茹非中国物产者·菜茹"）

有的例子中，"V之"前面出现施事，这样的例子就不属于中动句了。如：

（19）易牙乃煎敖燔炙，和调五味而进之，**桓公食之而饱**，至旦不觉。（《战国策·魏二》）

在具有中动结构性质的由双小句组成的假设复句中，第一个小句的主语总是零形式，第一个小句的动词的施事从不出现。这与上古汉语的一个语篇组织策略即语段话题对离题主语的压制作用有关，第一个小句的施事主语因不同于语段话题而受到压制被省略。

董秀芳（2015）指出上古汉语中语段话题对小句离题主语具有压制作用。与语段话题不同指的主语可以称为"离题主语"，因为这样的小句主语是在叙述语段话题之外的其他对象。如果离题主语的所指对于话语来讲不是很重要，就可以被省略，如果不省略的话，就有可能分散读者的注意力，影响语篇的连贯性。这种省略，我们将其看作语段话题对小句离题主语的压制作用。以下我们用"¤"来标示离题主语不出现时的空位，语段话题用下画线标出。如：

(20)<u>庄公</u>走出,逾于外墙,▯射中其股,▯遂杀之,而▯立其弟景公。(《战国策·楚四》)

(21)<u>弃疾</u>弱,▯抱而入,再拜皆压纽。(《论衡·吉验》)

从语篇组织的角度看,上文提到的由两个小句组成的假设复句也是对其前某个话题的说明,而第一个小句中施事主语不出现也是由于语段话题对离题主语的压制,由于动词的主语是泛指的,与语段话题所指不相同,所以在语段话题的压制下被省略了。如：

(22)坚哉<u>石</u>i乎落落,▯视之,øi 则坚,▯循之,øi 则坚。(《晏子春秋》卷四)

此例中语段话题是"石","视"和"循"的主语与"石"不相同,又不重要,因此在语段话题的压制下被省略了。

Givón(1979)指出,语篇中反复出现的组织模式可能变为某种固定的句法格式,即发生"句法化"(syntactization)。语段话题对离题主语的压制这一语篇策略的句法化导致了汉语中受事主语句的产生。(董秀芳,2015)受事主语句有可能是由"<u>语段话题</u>i,<u>零形主语</u>j+动词短语"结构经句法化而来的,其中,动词短语的零形主语因与语段话题不同指(不同的下标显示其所指不同)且不重要而被省略,即属于离题主语被压制的情况。同样地,这样的语篇策略也与有中动结构含义的"V 之 AP"结构的产生有密切的关系。中动结构与受事主语句有相似之处,二者都是受事成分做主语,只不过中动结构在动词之后还有一个表示性质判断的 AP。由于动词的施事在语篇中因为语段话题的压制而省略,句法化之后就造成了动词在主动意义上组成的动宾结构紧接于话题的后面,表面上看起来,在论元配置上是受事做主语,但动词仍在主动意义上使用，而这正是中动结构的特征。

"V之AP"结构是从两个小句组成的假设复句经过小句融合而产生的。融合的第一步就是两个小句之间的连词不再出现，表现为紧缩式复句，第二个小句可以由VP构成，如：

（23）右军亦如之，皆玄裳、玄旗、黑甲、乌羽之赠，**望之如墨**。(《国语·吴语》)

（24）鸡虽有鸣者，已无变矣，**望之若木鸡矣**。(《庄子·达生》)

（25）道也者，**视之不见，听之不闻**，不可为状。(《吕氏春秋·仲夏纪》)

（26）秽饭、馁肉、臭鱼，**食之皆伤人**。(汉·张仲景《金匮要略》)

（27）虫甚微细，与菹一体，不可识别，**食之损人**。(北魏·贾思勰《齐民要术·羹臛法》)

如果两个小句之间没有连词，第二个小句由形容词或形容词短语构成，就是我们前面提到的"V之AP"结构了。由于第二个小句可以仅由单个形容词构成，在形式上可以很短小，因此第二个小句与第一个小句结合十分紧密，经过重新分析就可以变为一个单句结构。

在以上例子中，话题与"V之VP/AP"结构还是分散在两个小句中，唐代时出现了"NP+ V之 +VP/AP"结构，这样的形式作为一个小句，有了主语，内部结构更为完整紧密了，与当代汉语里的中动结构更为接近。如：

（28）冶葛食之立死。有冶葛处即有白藤花，能解冶葛毒。(唐·张鷟《朝野佥载》卷一)

（29）白马鞍下肉食之伤人五藏。（唐·段成式《酉阳杂俎》卷十一）

（30）箅余食之不醉；鲭鱼食之已狂。（明·谢肇淛《五杂俎》卷十四）[3]

"V之AP"这种表事物性质且与现代汉语中动结构表义相当的格式，其产生主要有两方面的因素：（1）汉语话题结构凸显。这一点前文已论述。（2）汉语中流水句凸显，导致句子与句子之间的界限不是十分清楚。（沈家煊，2020）因此两个小句融合为一个固定的结构也比较容易发生。比如，"生水喝了容易拉肚子"既可以看作两个小句，可以在中间加上逗号，"生水喝了，容易拉肚子"；也可以把"生水喝了"看作话题，"容易拉肚子"看作述题，中间不加标点，这样就可以看作一个小句。"V之AP"结构从两个小句融合为一个小句与汉语流水句的可断可连性不无关系。

在表示假设关系的两个小句的阶段，语义的焦点位于第二个小句上。发生句法化之后，在"V之AP"结构中，表义的重心落在AP上，"V之"由于不是语义焦点，因此可能从小句谓语被重新分析为方式状语，表示得出判断的途径。袁毓林、曹宏（2020）主张"V起来AP"中的"V起来"是状语，从历时的角度来看，这是有道理的。

3 中动结构"V来AP""V起来AP""V上去AP""V着AP"的产生及其特征[4]

在"V起来AP"这种现代汉语常见的中动结构出现之前，汉语中先出现了"V来AP/VP"结构，也可以表达中动结构的意义，最早在唐五代时期已出现（蔡淑美，2015）：

（31）恰似炉中糊饼，吃来满嘴馨香。(《敦煌变文集·妙法莲花经讲经文》)

（32）晚景看来常似旧。(宋·陈克《渔家傲·宝瑟尘生郎去后》)

（33）酴醾芍药看来好。(宋·王之道《桃源忆故人·依依杨柳青青草》)

曹宏（2004a）认为表示中动的"V 来 AP"是来自"V 起来 AP"的简缩，但这不符合历时发展的事实。"V 来 AP/VP"实际上先出现，"V 起来 AP"后出现，不是"起来"缩减为"来"，而是在表达起始意义上，"起来"是"来"后起的双音化形式。

蔡淑美（2014）提到的下面这个例子值得注意：

（34）又如今诗曲，若只读过，也无意思；需是歌起来，方见好处。(《朱子语类》卷一百四十)

这个例子还算不上中动结构，因为"V 起来"与其后成分还是分在两个小句中，但是这样的两个小句如果融合发生句法化，就能变为"V 起来 VP"格式。

中动结构"V 起来 AP/VP"在清代出现，真正的例子如下：

（35）这手功夫说起来很容易，做起来很难。(清·常杰淼《雍正剑侠图》第四十回)

（36）盖宽道："这些古事，提起来令人伤感，我们不如回去罢！"(清·吴敬梓《儒林外史》第五十五回)

黄冬丽、马贝加（2008）认为现代汉语中动结构"V 起来 AP"最早见于清代，但他们举的以下这个例子有问题：

（37）邓九公喝起来更是鲸吞一般的豪饮，没有吃菜的

空儿。(清·文康《儿女英雄传》第十一回)

这个例子虽然表面上符合"V起来AP/VP"结构,但句子不是说明某个事物的性质,而且,动词前出现了施事,因此不是真正的中动结构。

中动结构也可以用"V上去AP/VP"来表达(引自蔡淑美,2014):

(38)柳毅觉得十分奇怪,因为这妇人看上去很漂亮,但却愁眉不展,穿的衣服也很破旧。(民国·曹绣君编《古今情海》卷三十一)

(39)这种车坐上去不颠、舒服,马拉就可以了。(民国,齐秦野人《武宗逸史》)

中动结构也可以用"V着AP/VP"来表达,如(下面的3个例子引自蔡淑美,2014、2015):

(40)这两字看着虽易,其实难对。(清·李汝珍《镜花缘》第七十七回)

(41)那人瞅着就是阴。(清·佚名《小五义》第四十八回)

(42)贾母又道:"你昨日送来的月饼好;西瓜看着好,打开却也罢了。"(清·曹雪芹《红楼梦》第七十五回)

在现代汉语的中动结构中,在"V来""V起来""V上去""V着"等的后面可以加上"就",如:

(43)这个想法听来就很有意思。

(44)这件衣服摸起来就很舒服。

(45)这个题目看上去就很有吸引力。

(46)这个菜看着就好吃。

这个"就"相当于古代汉语中的"则","就"的存在仍然提示了这种结构来源于双小句。

中动结构的另一个句法特点也能反映出其双小句的底层来源。语气词"啊""呢""吧"等、语气副词"的确""也许"等和是非问形式"是不是",既可以出现在整个谓语"V起来 AP/VP"之前,又可以出现在"V起来"之后、"AP/VP"之前(曹宏,2004b;袁毓林、曹宏,2020)。例如(例47至例50引自曹宏,2004b):

(47)那些话听起来就像刀子一样往心里扎。

→ 那些话(啊/是不是)听起来就像刀子一样往心里扎。

→ 那些话听起来(啊/是不是)就像刀子一样往心里扎。

(48)这两件事,说起来都带有点疯痴劲头……

→ 这两件事(吧/也许/是不是),说起来都带有点疯痴劲头……

→ 这两件事,说起来(吧/也许/是不是)都带有点疯痴劲头……

袁毓林、曹宏(2020)指出,由副词、形容词性成分充当的状语不能在状语和中心语之间插入"啊"和"是不是"等形式,但是,由表示时间参照的动词短语充当的状语跟其中心语之间是可以插入"啊"和"是不是"等形式的。例如:

(49)你们推门进屋之前先观察一下四周情况。

→ 你们(啊/是不是)推门进屋之前先观察一下四周情况。

→ 你们推门进屋之前(啊/是不是)先观察一下

四周情况。

（50）我们在到达目的地之后马上安营扎寨。

→ 我们（呢/应该/是不是）在到达目的地之后马上安营扎寨。

→ 我们在到达目的地之后（呢/应该/是不是）马上安营扎寨。

袁毓林、曹宏（2020）认为中动结构中的"V起来"也有时间参照功能，并用具有时间参照功能的状语所具有的铺垫性与话题性来解释上述句法现象。但其实这些句子也可以分析为底层由两个小句构成，用底层的双小句性来解释可能更为接近本质。语气词"啊/呢/吧"等是可以出现在小句末尾的，而语气副词"的确、也许"等和是非问形式"是不是"是可以出现在小句之前的，因此，这些成分处在底层的两个小句之间是允许的。

综上所述，中动结构中的插入现象可以由中动结构底层的双小句来源得到自然的解释。

现代汉语的中动结构与古代汉语中动结构的区别在于：

①动词的后面出现了"起来""来""着""上去"等成分，这些成分的共同点是都可以做体标记。"起来""上去"等原是趋向词，可以表达起始体；"着"原是动词，虚化后可以表达持续体。起始体和持续体有相近之处，某个动作行为开始之后在尚未结束之前就处于持续的状态。动词后体标记的产生是唐代以后的事情，这是古今汉语在动词上的差别。曹宏（2004a）认为中动句中的"来""起来""上去""着"这些动词后附成分的评价义是从时体义引申出来的，即表示在动作开始并继续下去的条件下将会出现什么情况。于是，"起来"便有了房玉清（2001：313）

所谓的假设意义。"NP+V 起来/来/上去/着+AP"表示通过开始 V 这一动作行为而达到对 NP 的某种认识 AP。我们认为,"V 起来/来/上去/着"从本来的起始体或持续体可以变为表达一种方式,即达到某种认识的方式。

②古代汉语中动结构中的动词后出现代词宾语,而现代汉语中动结构中的动词后不再出现宾语成分,这就将动词的及物性降低了,从而让动词在结构中的核心地位削弱了,变成一个表示方式的状语性成分。去掉了原来回指话题的代词"之"也使得谓语部分(AP)与主语(话题)的结构关联更为紧密。

4 汉语所谓"中动结构"的性质

所谓"中动",最初是形态上的一个概念,指主动和被动之外的另一种语态(voice)。比如梵语有三个态:主动态表示主语是施事但不是动作的受益者,被动态表示主语是动作的对象,而中动态表示主语既是施事也是受益者:

(51) a. odanam āpnoti(主动态)

'He/She obtains porridge (for someone else).'

"他/她获得了粥(为别人)。"

b. odana āpyate(被动态)

'Porridge is obtained.'

"粥得到了。"

c. odanam āpnute(中动态)

'He/She obtains porridge (for herself/himself).'

"他/她获得了粥(为她/他自己)。"

后来在语言学研究中,"中动"这一概念从形态扩展到了句法。比如,在英语中,中动句指的是像下面这样的句子:

(52) The book sells well.

在这个句子中,主语是动词的受事,但是动词并没有用被动态,而是用了主动态,动词的施事也无法补出来,句子表达的是主语的性质。这类句子的特殊之处在于,虽然动词在形态上显示的是主动态,但是论元的配置模式却与被动句相似。正是由于这些特殊之处,这类句子在句法上才被称为"中动句"。应该说,这样的句子在英语中与主动句、被动句都有一些可以把握的差异。

但汉语中的情况不同,汉语并没有动词形态上的被动态。证据之一是,在汉语的"被"字句中,动词有时候仍然可以带上宾语。比如:

(53)孔乙己被打折了腿。

这种保留宾语的"被"字句的存在,说明"被"字句中的动词使用的仍然是主动意义,仍具有带宾语的能力。"被"字实际上表示的是承受,表达的是主语所代表的人或物承受了某一个事件,而"动词+宾语"表示的就是那个事件。既然被动范畴在汉语中并没有真正发展出来,那么中动这个范畴在汉语句法中是否真的有存在的必要?已经有学者对此提出了一些质疑,如严辰松(2011)、吴怀成(2020)等。

一个需要重视的事实是英语的中动结构在汉语中并没有统一的结构来表达,这表明汉语的中动表达并没有形成一个独立的范畴。曹宏(2004b)认为除了"起来"句,"V上去""V来""V着"等也可以构成中动句。古川裕(2005)认为"好V/难V"

和"可V"等也可以构成中动句。蔡淑美、张新华（2015）把以下句子也看作中动句：

（54）橘子皮还能做药。

（55）这本书值得读。

（56）牛筋鞋底耐磨。

沈家煊（2020）指出，"这本书卖得动""这辆车开得快"等与英语中动结构的意义也是相当的，只是因为是汉语中常见的动补结构就被排除了。

另一方面，汉语的"V起来AP/VP"结构并不都表达中动结构的语义，有一部分"V起来AP/VP"结构表达的语义与中动结构的语义不同，如：

（57）兔子跑起来速度很快。

（58）他说起来滔滔不绝。

我们认为，从历时的角度看，汉语的所谓"中动结构"本质上就是汉语话题结构凸显的产物。中动结构的主语从本质上看就是话题，谓语就是述题，这与汉语的其他话题结构没有实质性的差别。

汉语自古至今都是话题凸显的语言，这一点相当稳定。从话题结构衍生出了很多句式，所谓"中动结构"只是其中之一。比如，话题结构还以类似的途径衍生出了方式存在句（董秀芳，2022）。所谓方式存在句，即"处所+V着+NP"的结构，如：

（59）柱子上刻着龙。

（60）房里安着电灯。

这种存在句与"有"字存在句功能类似，都可以描述在某一处所存在某一事物。只不过，"有"字句是单纯地表示存在，方式存在句在表示存在的同时，也表明了存在的方式，即某一物体是通过何种方式存在于某个处所的。"柱子上刻着龙"表明龙是通过刻的方式存在于柱子上的。因此，方式存在句比"有"字句的表义更为具体和丰富。方式存在句是汉语中比较有特色的存在句，在汉语中运用广泛。

方式存在句中动词的施事也没有出现，而且与中动结构一样也不能补出来，处所成分可以看作话题，"V 着 NP"可以看作对处所话题的说明。中动结构是对某个事物的说明，方式存在句是对某个处所的说明，二者的表义功能有相似之处。方式存在句的动词后是体标记"着"，有些中动结构的动词后也可以出现"着"，或者其他有体标记功能的趋向词，在带有体标记这一点上，两种结构也是相似的。

从历史来源看，方式存在句在最初出现时，动词后面是不带"着"的，这也与中动结构最初的形式一样，体标记是后来才有的。方式存在句中动词的施事不出现也可以认为是话题对离题主语的压制造成的。当对处所进行说明时，处所是话题，动词前的施事主语是离题主语，不重要，因此直接被话题压制而不出现了。（董秀芳，2022）

中动结构与方式存在句都凸显了方式语义要素。方式存在句凸显了存在的方式，中动结构凸显了对事物性质得出某种认识的方式。我们可以把中动结构看作一种方式评判句，与直接评判句相对，如：

（61）这种菜很苦。（直接评判句）

（62）这种菜吃起来很苦。（方式评判句）

这两个句子所表达的逻辑意义基本相同，只是第一个句子直接说出了对事物性质的判断，而第二个句子不仅说明了对事物性质的判断,还说出了得出这种判断的方式。

在动补结构做谓语的受事主语句中,方式因素也得到了凸显,比如"摔碎"里"摔"就明确地标明了方式。由简单动词充当谓语的受事主语句可以看作"单纯结果句",由动补结构做谓语的受事主语句可以看作"方式结果句",即不但交代了结果,而且交代了造成这种结果的方式。

(63)杯子碎了。(单纯结果句)

(64)杯子摔碎了。(方式结果句)

古代汉语中的"中动结构"的最早形式"V之AP"与方式存在句的早期形式"处所+V+NP"以及受事主语句的前身,都是通过施事不出现的动词结构(很多是动宾结构)来描写话题。我们观察到,在语段话题的压制下施事不出现可能会引发很多句法变化,比如,可能会让动词的动态性减弱,向方式或状态转变。这表现在造成了后代的方式评判句、方式存在句和方式结果句。关于施事隐含的句法后果还值得另文专门探讨。

汉语中用不出现施事的动宾结构对话题进行说明的话题结构比比皆是:

(65)孔子曰:"君子有九思:视思明,听思聪,色思温,貌思恭,言思忠,事思敬,疑思问,忿思难,见得思义。"(《论语·季氏》)

此例中,"视思明"中"视"是话题,动宾短语"思明"说明"视",义为"看要考虑看明白","思"的施事没有出现。"听思聪""色思温""貌思恭""言思忠""事思敬""疑思问""忿思难"的结构也是如此。

(66)看见血淋淋的妇人死在床上,惊得魂不附体,急走出门，叫道："董家杀了人！"只见这些邻舍一齐赶来，道："是甚么人杀的？"老白道："不知道，咱挑水来，叫不人应，看时已是杀死了。"（明·陆人龙《型世言》第五回）

此例中，"董家杀了人"中，"董家"是话题，"杀了人"是说明（述题），意思是"杀人的事件发生在董家"，"董家"并不是"杀"的施事。说话人并不知道"杀"的施事是谁，因此"杀"的施事以零形式出现。

主语就是话题，这在汉语的诗词、对联、俗语中尤为常见。（张伯江，2013）以下例子中的谓语也是动宾结构，但是主语也不是施事，而是话题，真正的施事主语没有出现：

（67）酒逢知己千杯少。

（68）迅雷不及掩耳。

再如：

（69）他拔了一颗牙。

（70）他切了一个肾。

以上两句中，动词的施事也可以不是主语，施事肯定是某一个特定的人，但是对于语句的表义来讲不重要，因此就直接隐去，用动宾结构来说明话题。这两个句子的主语也有可能在个别的情况下被理解为施事，也就是说存在潜在的歧义。"他拔了一颗牙"通常的理解是"他的牙被拔了一颗"或"他经历了拔了一颗牙的事件"，在个别情况下，也有可能理解为"他（作为牙医）拔了别人的一颗牙"。沈家煊（2020）指出，汉语动词"施受同辞"是一个重要特征。从一定程度上可以说，汉语动词自古至今就没有被动态，只有主动态，汉语动词的主动态可以表达其他语言中被动态所表达的意义。

可见，在汉语中，动词的施事不出现，但动词保持主动义充当述题的情形是一种经常出现的话语形式，并不罕见。没有必要为其中说明某个事物性质的一类单独立一个"中动"的名目。所谓汉语的中动结构，其实也是用动词的主动意义去描述非施事话题的情形，并不特殊，不需要为其设立专门概念。沈家煊（2018）指出，汉语不需要"中动"概念，用比附的办法将中动式引入汉语，结果是争议不断，徒增麻烦。

当然，我们仍可以在汉语中讨论那些表示事物性质的"NP+V起来+AP"等句式，甚至如果习惯了也不妨仍称作"中动结构"，但一定要知道其真正的性质不是中动，而是话题结构之一种，是一种方式评判句。

Lekakou(2005)指出，各语言采用各自语法系统所具有的特征推导出不同的句子结构来表达相似的中动句语义信息。（转引自胡旭辉，2019）表义相同的句子，在不同语言中的生成过程可能是不同的，在语言系统中的地位也是不同的。中动结构在英语的语法系统中显得十分独特，但在汉语的语法系统中实际上并不是特别独特的。

5 结语

汉语的"中动结构"可以追溯到上古汉语中的"V之AP"结构，而这个结构又是从由两个小句构成的假设复句演变而来的，与语段话题对离题主语的压制有关。当两个小句变为一个小句之后，表义的焦点在"AP"之上，"V之"成为状语性成分。

中动格式"V来AP""V起来AP""V上去AP""V着AP"

等是唐五代以后逐渐产生的。其中，现代汉语最常用的"V起来AP/VP"式中动结构在清代才出现。这类结构在现代汉语中仍有一些特点反映了其底层的双小句来源。

"处所+V着+NP"方式存在句的产生也是由于施事主语隐去导致动词的动作性丧失而最终转化为表达存在的方式。中动结构与方式存在句"处所+V着+NP"都是话题结构，其中的主语都不是动词的施事，而是话题，而且动词的施事无法补出，述题最初都包括一个动宾结构，二者的形成都与语段话题对离题主语的压制有关，而且二者都凸显了方式语义因素。这两种结构的演变也表明，汉语的动词在施事不出现的情况下会慢慢丧失动态性，变为一种方式或状态表达。

在汉语中，用动宾结构来说明一个非施事的话题的句子形式是非常常见的，没有必要为其中的一类专门设立中动结构的名目，中动结构这一概念是比附其他语言的产物。

我们必须认识到，汉语中话题结构突出是一个稳定的特征，这一特征制约着很多汉语的句法表现，对汉语某个具体句法结构的分析不能背离汉语句法的全局性特征。

附　注

①　中动结构中"V起来"后也可以出现VP，只是出现AP的情况更常见。

②　"'豳诗'《义疏》"这一标点方式是汪维辉老师建议的。"豳诗"指《诗经·豳风·七月》，《义疏》指的是三国吴陆玑的《毛诗草木鸟兽虫鱼疏》。

③　这样的句子实质上仍是话题结构，在做话题的名词之后可以有停顿，可以加上逗号，但尽管如此，毕竟述题紧邻话题，还是在结构上显

得完整紧密。

④ 中动结构中 AP 的位置也可以出现 VP，只是 AP 更为典型。在小标题中为了简洁，在结构表示式中都只列 AP，但下面的论述中都包括了出现 AP 和出现 VP 两种情况。

参考文献

蔡淑美　2014　汉语广义中动句的共时分布和历时发展，《国际汉语学报》第 5 卷第 1 辑。

蔡淑美　2015　汉语中动句的语法化历程和演变机制，《语言教学与研究》第 4 期。

蔡淑美、张新华　2015　类型学视野下的中动范畴和汉语中动句式群，《世界汉语教学》第 2 期。

曹　宏　2004a　论中动句的句法构造特点，《世界汉语教学》第 3 期。

曹　宏　2004b　论中动句的层次结构和语法关系，《语言教学与研究》第 5 期。

董秀芳　2015　上古汉语叙事语篇中由话题控制的省略模式，《中国语文》第 4 期。

董秀芳　2022　汉语方式存在句的性质、特点与历史来源，《中国语文》第 5 期。

房玉清　2001　《实用汉语语法》（修订本），北京：北京大学出版社。

〔日〕古川裕　2005　现代汉语的"中动语态句式"——语态变换的句法实现和词法实现，《汉语学报》第 2 期。

胡旭辉　2019　跨语言视角下的汉语中动句研究，《当代语言学》第 1 期。

黄冬丽、马贝加　2008　"S+V 起来 +AP/VP"构式及其来源，《语文研究》第 4 期。

沈家煊　2018　比附"主谓结构"引起的问题，《外国语》第 6 期。

沈家煊　2020　《超越主谓结构——对言语法和对言格式》，北京：商务印书馆。

吴怀成　2020　汉语需要中动范畴吗？，《汉语学习》第 3 期。

严辰松　2011　汉语没有"中动结构"，《解放军外国语学院学报》第 5 期。

袁毓林、曹宏 2020 从中动句看主语名词的物性结构的句型投射，《语言科学》第3期。

张伯江 2013 汉语话题结构的根本性，《中国语文法论丛——木村英树教授还历记念》，〔日〕东京：白帝社。

Givón, Talmy 1979 *On Understanding Grammar*. New York: Academic Press.

Ji, Xiaolin 1995 The middle construction in English and Chinese. Master's thesis, The Chinese University of Hong Kong.

Lekakou, Maria 2005 In the middle, somewhat elevated: The semantics of middles and its crosslinguistic realization. Ph. D. dissertation, University College London.

Sung, Kuo-ming 1994 Case assignment under incorporation. Ph. D. dissertation, University of California at Los Angeles.

关于隐喻对语法化的作用

洪 波

（首都师范大学文学院）

语法化是词汇项或结构式在特定语境中获得新功能（新义）失去旧功能（旧义）的过程。新功能的获得和旧功能的丧失都是渐进的，是此消彼长的过程，这种此消彼长的过程自然不可能是词汇项或结构式自身的自主行为，尽管语言系统看上去跟有生命系统很像，但语言系统自身是没有意识更无意志的，因此词汇项或结构式的自主语义演变是不可能发生的。语言系统的生命特征是创造并使用她的人类赋予的，也就是说，语言系统因人类而有生命。既然语言系统因人类而有生命，那么，语法化这种功能与形式演变现象也自然就跟人类有关，具体说，就是跟使用她的人类族群有关。人类族群创造语言、改造语言，有两种"愿力"，一种是有意识的创新，一种是无意识的创新。有意识创新（conscious innovation）从族群个体的语言自主创新（volitional speech innovation）开始，经过使用扩散传播，最终进入语言系统，成为语言系统的"合法"成员。当然，并非所有的个体语言创新都能走向终点，比如曾一度在网络语言中很火爆的"被"字创新用法现象（"被就业""被自杀"等创新形式），最终未能进入现代汉语语法系统。再比如诗歌是语言创新的最佳园地，[①]诗人造语，"语不惊人死不休",诗歌中的语言创新形式比比皆是,但最终能走出诗歌语言成为大众语言的一分子的情况也不多见。[②] 无意识创新(unconscious innovation)是语言社群在无意识状态下创造出来的新形式、新功能或新用法,浮现语法研究所关注的就是这种创新。(参见 Hopper, 1987; Bybee & Hopper, 2001)语法化则是这种创新在功能演变(语义演变)和形式演变方面的体现。不过,语法化虽然是语言社群的无意识创新现象,但终归离不开语言社群的语言活动(linguistic activity),离不开语言活动过程中的心理过程(mental process),语法化的机制和动因就存在于语言社群的语言活动之中,存在于语言活动中的心理过程之中。

语法化的机制(mechanism of grammaticalization)和语法化的动因(motivation of grammaticalization)在有些学者的论著中存在界限不清或前后不一的情况,但我们认为这两者还是要区分清楚为好。语法化的机制指的是语法化的具体途径,关注的是词汇项或结构式是怎样发生语法化的,又是朝哪个方向语法化的。语法化的动因则是指语法化的诱因,关注的是词汇项或结构式为什么会发生语法化。就好比我问你是怎么来的,问的是你来这里的方式途径(走路、开车、搭乘公共交通工具等),若是问你为何来这里,问的是你来这里的原因或目的(约会、私人访问、借钱或者被洪水冲来等等)。语法化是无意识创新,自然不具有目的性,但原因是一定存在的。若还拿"来这里"类比,语法化不存在"约会""借钱"之类的目的,但一定存在"被洪水冲来"之类的原因。

Hopper & Traugott(2003)讨论了两种语法化机制:重新分析(reanalysis)和类推(analogy)(参见张丽丽译,2013:47-85)。这两个概念是法国语言学家梅耶(Antoine Meillet)在 1912

年的一篇著名文章(《语法形式的演化》)中提出来的。至于语法化的动因,Hopper & Traugott 将语法化归因于语用,并将认知上的隐喻(metaphor)和转喻(metonymy)视为语用动因的两种具体手法(processes)。在 Hopper & Traugott 之前,Heine et al.(1991)以及 Claudi & Heine(1986)却是将隐喻视为语法化的基本动因。Heine et al.(1991:27)说:"语法化是由语言(系统)之外的因素诱发的,尤其是认知(因素)。"

关于语法化的机制和动因,西方语法化研究者有共同的认识,也有不少分歧,吴福祥(2021)对此有比较全面的介绍。近30年来,国内学者对于语法化的机制和动因也有一些不同于西方学界的说法,吴福祥(2021)对此也有介绍。这里要特别提出的是解惠全(1987)和刘坚等(1995)两篇文章。解先生的文章是国内学者从理论上探讨实词虚化机制的第一篇文章,他提出实词虚化是"以意义为基础,以句法地位为途径",他将句法地位(句法环境)视为实词虚化的基本机制。刘先生等人的文章是继解先生文章之后国内学者首次运用"语法化"这个术语并探讨其诱因的文章。刘先生等人认为语法化有四种诱因,包括:句法位置的改变、词义变化、语境影响、重新分析。

本文将基于国内外学者对于语法化机制和动因的阐述,结合我们对于语法化机制和动因的认识,着重讨论隐喻对语法化的作用问题。

在语法化理论中,隐喻和转喻被认为对语法化具有重要作用,只是不同学者对于这两者的作用大小有不同的主张。根据彭睿(2020:14-16),Heine et al.(1991)主张"隐喻为主",而 Bybee et al.(1994)以及 Hopper & Traugott(2003)等则主张"转喻为主"。③至于隐喻和转喻究竟是语法化的机制还是动因，不同学者也有不同的主张。根据吴福祥（2021）的介绍，Claudi & Heine(1986)、Heine et al.(1991：45-64)认为隐喻和转喻是语法化的动因，Hopper & Traugott(2003)也认为隐喻和转喻是语法化语用动因的两种具体手法。而 Olga Fischer(2000、2007)、Joan Bybee(2007、2015)则认为隐喻是语法化的机制。韩国学者李星夏（Rhee, 2009）认为语法化有十种"真正的"机制（true mechanism），隐喻和转喻是其中的两种。

尽管语法化学界不同学者对于隐喻和转喻的作用以及它们究竟是机制还是动因问题看法不一，但都不否认隐喻和转喻对语法化所起的作用，这里我们只关注隐喻的作用。

在汉语学界，隐喻曾长期作为修辞学领域"比喻"这种修辞方式的一个下位概念，通常称为"暗喻"。在西方，自 Lakoff & Johnson(1980)《我们赖以生存的隐喻》（何文忠译，浙江大学出版社，2015）以及 Lakoff(1987)《女人、火与危险事物：范畴显示的心智》（李葆嘉等译，世界图书出版公司，2017）问世之后，隐喻在认知语言学和功能语言学领域受到更加广泛的关注。Lakoff 提出的概念隐喻理论也很快被引入语法化研究领域。不过，就语法化研究而言，直接使用"隐喻"这个概念尽管很晚，但概念隐喻观念却产生得很早，清代学者袁仁林在讨论古代汉语虚词"盖"和"然"的功能由来时就有明确的概念隐喻思想。④

毋庸置疑，隐喻是词汇语义演变的基本动因之一。人类的认知活动是基于经验（experience）展开的，从已知到未知、从有限到无限是最基本的认知方式和途径。利用已知事物的概念去认识未知事物，使未知事物得以概念化（conceptualization）就是这种基本认知方式的必然选择，概念隐喻是这种认知方式的必然选择之一。Lakoff & Johnson（1980）的著作英文名称是 *Metaphors We Live By*，中文译为《我们赖以生存的隐喻》，这个中文译名充分反映了隐喻对于认知乃至生活的重要性。概念隐喻最简单的定义就是：概念的跨域投射（projection）。明晰一点的定义则是：基于两种事物在认知上的某种相似性（iconicity），将一个认知域中表达某种事物的概念投射到另一个认知域的某种事物之上，使之获得概念化表达形式。隐喻的概念投射存在两种情况，一种情况是目标域的某种事物原本没有概念表达形式，通过概念投射使之获得概念化表达形式。比如在汉民族的语言世界里，自然世界的"天"原本可能没有获得概念化表达，⑤我们的祖先将表达人类脑袋义的"天"投射到自然世界的"天"上，使自然世界的"天"获得了概念表达形式。甲骨文"天"字是一个"指事字"：吴，将人的脑袋形象凸显出来，本义就是指人的脑袋。《山海经》里有"刑天"这样的神话人物，是一个被砍去脑袋的人。将表示人的脑袋的名称投射到自然界的"天"上，我们所看到的蔚蓝色的天空，在汉语里就有了"天"这样一个概念化的名称。另一种情况是目标域的某种事物原本已有概念化的表达形式，又使用一个概念化表达形式投射过去，使之获得一个新的概念表达形式。比如汉语的书写符号原叫"文"，"文"是"纹"的本字，本义是花纹，汉字从象形开始，象形字是花纹的一种，所以叫"文"。如《左传·闵公二年》："有文在其手曰'友'。"又《左传·宣公十二年》："於文，'止戈'为'武'。"后来汉语的书写符号又赋予了一个新的名称"字"。《说文·子部》："字，乳也。"本义是哺乳、养育，引申为繁衍、孳乳。汉语的书写符号通过"会意""形声"等方法产生新字，类似人和动物的繁衍、孳乳，因而又将繁衍、孳乳义的"字"投射到书写符号上，使汉语的书写符号获得了一个新的概念表达形式。《说文解字叙》曰："字者，言孳乳而浸多也。"

从词汇项角度看，一个词所表达的概念被投射到一种新的事物上，该词就获得了一个新的意义，因而隐喻遂成为词汇项意义引申的主要途径之一，如"字"有"哺乳"义、"孳乳"义和"文字"义三个义项，其中的"文字"义就是通过隐喻投射而产生的。

隐喻不仅能促发词汇项的意义演变，还能诱发词汇项句法位置的变化和句法功能的变化。在汉语里，有两类词多是基于隐喻动因由他类词转化而来，其一是个体名量词，其二是副词，尤其是情状方式副词、程度副词和重读语气副词。

汉语的个体名量词多由普通名词转化而来，比如"箇（个）""枚""根""条""支（枝）""块"等等。"箇"本义是"竹竿"，《说文·竹部》："箇，竹枚也。""枚"的本义是树干，《说文·木部》："枚，榦（干）也。""条"的本义是小的树枝，《说文·木部》："条，小枝也。""枝"的本义是树的枝丫，《说文·木部》："枝，木别生条也。""块"的本义是"土块"。《左传·僖公二十三年》："乞食於野人，野人与之块。"基于事物之间在认知上的相似性，通过隐喻使这些普通名词跟数词组合变成个体量词，修饰另一个名词，用以体现被修饰词所表示的事物的某种特征。如"一块肉"，"块"体现的是"肉"的形状特征；"矢五十箇"（《荀子·议兵篇》），"箇"体现的是箭杆的形状特征；"一条鱼"，"条"体现的是鱼的形状特征。

汉语的副词很多都是从性质形容词转化而来的。性质形容词是表达事物属性的，将事物的属性投射到行为域、事态域等语义域,用以说明行为的方式、状态,或者说明说话人对事态的认识、态度等。在古代汉语里,"诚"本是一个形容词,本义是"言语真实",泛化为"真诚"义,投射到说话人对命题的认知域,就成为语气副词,如"子诚齐人也。"(《孟子·公孙丑上》)现代汉语程度副词"很"由形容词"很"转化而来。形容词"很"的常见义是"很戾",《广韵·很韵》:"很,很戾也。"[6]投射到属性程度域,表示程度高。"大吃一顿",这里的"大"用来说明"吃"的状态;"细嚼慢咽",这里的"细""慢"用以说明"嚼""咽"的方式。英语的副词也多由形容词转化而来,英语通过改变词形,就可以将形容词变成副词,如:full / fully, beautiful / beautifully, absolute / absolutely 等。近现代汉语里还有一种构词方式,将两个具有极性反义关系的自由语素合成一个复合词,用以表达说话人对命题的认识或态度,如"高低""横竖""好歹""左右"等。这些复合词通过极性反义语素的复合,构成一个全量表达形式,用以隐喻说话人对命题绝对肯定、否定的态度。例如:

(1)气杀我!气杀我!我从几时受过人这们气?他说我明日出殡不如他,我高低要强似他!(《醒世姻缘传》第五十三回)

(2)常言道,"一手难敌双拳",何况这千军万马。反正不能活命,不如与他拼了罢。(《七剑十三侠》第九十九回)

(3)我翻开历史一查,这历史没有年代,歪歪斜斜的每页上都写着"仁义道德"几个字。我横竖睡不着,仔细看了半夜,才从字缝里看出字来,满本都写着两个字是"吃人"!(鲁迅《狂人日记》)

"高低""反正""横竖"等复合词中有的在历史上曾出现过两个极性反义词接邻出现的用例,如"左右流之"(《诗经·周南·关雎》),但作为表达情态意义的副词并非是由极性反义词在状语位置上接邻出现逐渐融合成词的,而是通过隐喻直接构成的,因为这类词根本不存在作为极性反义词在状语位置上接邻出现的高频用例。

通过以上简单的举例分析,可以看出,概念隐喻是概念的跨域投射。这种投射过程并不是在特定语境中发生的,而纯粹是认知领域内的心智行为(mental behavior),而且这种心智行为是一种有意识行为(volitional behavior),源自语言社群某个个体的自主创新。尽管概念隐喻也能造成词汇项的功能转变,如名词变成量词、形容词变为副词等,但这些功能转变也不是在特定语境中渐变而成的。如此看来,隐喻诱发的语义演变跟语法化造成的语义演变很难建立起直接的联系。两种语义演变模式至少存在以下三个方面的差别:

(4) a. 隐喻诱发的语义演变不依赖语境,语法化造成的语义演变依赖于语境。

b. 隐喻诱发的语义演变是突变的,语法化造成的语义演变是渐变的。

c. 隐喻诱发的语义演变是有意识创新,语法化造成的语义演变是无意识创新。

正是由于隐喻诱发的语义演变跟语法化造成的语义演变之间存在着诸如上述(4)的各种差别,因而也有学者不认为隐喻对语法化起主要作用。Bybee et al.(1994: 24-25)明确地指出,隐喻只是在词汇项的语法化初期发挥作用。Hopper & Traugott

(2003)虽然承认隐喻是语法化语用动因的一种手法,但他们同时也批评20世纪80—90年代语法化学界的一些学者过度强调隐喻的作用。他们指出:

> 在1980年代及1990年代早期,许多语法化的讨论都过分强调隐喻的重要性,之所以如此,部分原因在于过去倾向以"词汇项>语法项"来思考,亦即以相对而言独立于语境的形式来思考,而非以"言谈中词汇项的使用>语法项"来思考,亦即以话语语境中的形式来思考。(引自张丽丽译,2013:107—108)

根据上述(4),隐喻造成的语义演变跟语法化造成的语义演变就属于不同类型的语义演变,但是否就此断言隐喻在词汇项或结构式语法化的具体过程中毫无作用呢?或者如 Bybee et al. 所说的那样,隐喻只在语法化初期起作用呢?答案却是否定的。在我们看来,隐喻对语法化的作用至少表现在以下三个方面。

其一,正如 Bybee et al. 所说,隐喻在一些词汇项语法化的初期会发挥作用。比如"死"在补语位置上的语法化,早期通过隐喻,"死"跟"气""恨""想""笑"等心理动词或情绪动词搭配,用"死"的"失去生命"义隐喻极高的程度,是一种语用创新,开启了"死"在补语位置上语法化为程度副词的"桥接语境"。例如:

(5)内中有一郝尼仁道:"气死我!这陈恭度不济,叫他这等说嘴,灭了咱好汉的威风!"(《醒世姻缘传》七十三回)

(6)看来这件事可以做得体体面面,把老人家送回家去。那知凭空出了这们一个岔子,叫我力不从心,真正把我恨死!(《官场现形记》第五十二回)

（7）刚说至此，只听院内说道："嗳哟，二哥呀！你想死小弟了。"（《三侠五义》第六十四回）

（8）况且唐朝颜清臣又写起宋朝苏子瞻的文章来，还不要笑死人么。（《二十年目睹之怪现状》第三十六回）

其二，隐喻在语法化项的功能拓展与泛化过程中会发挥作用。语法化研究标明，词汇项或结构式在特定语境中发生语法化，然后会走向泛化（generalization）。泛化也叫功能扩展，就是在语法性质不变的情况下，语法化项的宿主（host）范围逐渐扩大，所能出现的语境逐步增多。在这个过程中词汇项原有的词汇意义或语法意义也会越来越弱化，直至完全丧失，而新的语法意义会越来越稳固，并能够在新的语境中获得新的诠释，成为新的用法（usage）。词汇项或结构式发生语法化之后的功能扩展或泛化，乃是词汇项或结构式语法化程度加深的过程，在这个过程中发挥作用的任何因素都不能排除在语法化机制或动因之外。而语法化实例表明，隐喻在语法化项的功能扩展过程中会发挥重要作用，上古汉语介词"于（於）"的功能扩展过程就是一个非常好的例子。

根据解惠全、洪波（1988）的研究，上古汉语介词"于（於）"是从位移义（"往""到"义）动词"于"语法化而来，位移义动词"于"带处所方位名词宾语，表示位移的终点或目标。例如：[7]

（9）王其步自良于丰。（《卜辞通纂》七〇八）

（10）周公初于新邑洛，用告商王士。（《尚书·多士》）

"于"从位移动词语法化为介词之后，受其动词语义的影响，最初用于引介空间处所方位成分，表示宿主动词的位移终点或目标，或者表示宿主动词的动作行为导致某种事物位移的终点或目标。例如：

（11）送子涉淇，至于顿丘。(《诗经·卫风·氓》)

（12）夫人姜氏归于齐。(《左传·宣公十八年》)

（13）干徵师赴于楚。(《左传·昭公八年》)

（14）海运则将徙於南冥。(《庄子·逍遥游》)

（15）是我寡君之命委于草莽也。(《左传·哀公十五年》)

（16）弁冕虽旧，必加於首。(《穀梁传·僖公八年》)

以上例（11）（12）"于"引介位移终点成分，例（13）（14）"于（於）"引介位移目标成分，例（15）（16）"于（於）"引介动作受事成分位移的终点。

"于（於）"引介处所空间终点或目标成分，通过空间处所的相关性转喻（metonymy）扩展到引介活动空间场所成分、空间起点成分和经由成分，然后再通过隐喻，从空间域投射到时间域，引介各类时间成分。这种投射的实质就是将时间概念空间化。例如：

（17）先王之正时也，履端於始，举正於中，归馀於终。(《左传·文公元年》)

（18）繁启蕃长於春夏，蓄积收藏於秋冬。(《荀子·天论》)

（19）晋於是始启南阳，阳樊不服，围之。(《左传·僖公二十五年》)

以上例（17）中的"始""中""终"是将时间点通过隐喻概念化为空间方位点，"中"本身作为名词原本就是表达空间概念的。例（18）中的"春""夏""秋""冬"是一年的四季，表达时段概念，用"於"引介，是将这种时段概念空间化。例（19）"是"是指示代词，它可以指代空间，也可以指代时间，这里用"於"引介，也是将时间概念空间化。

同样通过隐喻，介词"于（於）"也可以从空间域投射到行为对象域，引介各类行为对象成分。例如：

（20）定王使子服求后于齐。(《左传·宣公六年》)

（21）己所不欲，勿施於人。(《论语·颜渊》)

（22）夫人谮公於齐侯。(《公羊传·庄公元年》)

（23）天子有事于文武。(《左传·僖公九年》)

（24）曰："许子奚为不自织？"曰："害於耕。"(《孟子·滕文公上》)

以上例（20）"于"引介索取对象成分，这种情况在现代汉语里要使用介词"向"引介；例（21）"於"引介施与对象成分，这种情况现代汉语要用"给"引介；例（22）"於"引介言语对象成分，这种情况现代汉语用"向"或"对"引介；例（23）"于"引介关涉对象成分，这种情况现代汉语用"对"引介；例（24）"於"引介动作行为的受事对象成分，这种情况现代汉语不用介词引介。

介词"于（於）"由引介空间处所成分投射到行为对象成分，这种隐喻关系通过下面两例的对比可以清楚地看出来：

（25）a.孙叔敖举於海。(《孟子·告子下》)

　　　b.今我欲徼福假灵于成王。(左传·昭公三十二年)

（26）a.遂寘姜氏于城颍。(《左传·隐公元年》)

　　　b.郑子产献捷于晋。(《左传·襄公二十五年》)

例（25）a"於"引介空间起点成分，是动作行为导致受事主语位移的起点；（25）b"于"引介索取对象成分，该对象成分是也是动词的受事成分位移的起点。例（26）a"于"引介空间终点成分，该终点成分是动词受事成分位移的终点；（26）b"于"引介对象成分，该对象成分也是动词受事成分位移的终点。因此，

127

例（25）的a和b之间、例（26）的a和b之间存在隐喻投射关系是非常明显的。有时候，甚至难以分清"于（於）"引介的成分究竟是空间处所成分还是对象成分。例如：

（27）郑武公娶于申。（《左传·隐公元年》）

该例"于"引介的成分是一个国名，可以解读为对象成分，也可以解读为空间处所成分。照前一种解读，现代汉语可译为"郑武公跟申国讨了个老婆"；照后一种解读，现代汉语可译为"郑武公从申国娶了个妻子"。实际上，现代汉语的索取对象成分也可以投射为空间处所成分，如"我从张三那儿借了一些钱"。上古汉语动词的受事成分在句法上通常实现为宾语，用介词"于（於）"引介的不多见，但从上古汉语受事成分的关系化（relativization）来看，上古汉语受事成分在句法上原本也是空间的隐喻投射。这是一种句法隐喻（syntactic metaphor）或语法隐喻（grammatical metaphor），因为上古汉语受事成分的关系化标记（relativizational marker）"所"是从处所名词演变而来的。[⑧]

介词"于（於）"从引介空间处所成分扩展到引介各类对象成分，它原有的"往""到"义已经完全丧失了，实际上此时它已经变成一个单纯的旁格标记（oblique marker），它引介各类对象成分在现代汉语里要用不同的介词去诠释，实际上是由于功能扩展带来的宿主变化而产生的"用法"。

其三，隐喻在类推导致语义演变过程中会发挥作用。Hopper & Traugott（2003）指出：

> 总之，在语用层面上，转喻推理和隐喻推理是互补的，而非互相排挤的，因为它们由两种机制所促成：一种是重新分析，与转喻的认知手法相关；另一种是类推，与隐喻的认

知手法相关。(引自张丽丽译,2013:115)

我们(洪波,2004)考察过"给"的语法化。根据我们的考察,泛义给予动词"给"是明代才开始逐渐多见,到明末清初才涌现出大量的用例,但也就在这个时期,"给"就有了三种介词功能,分别是"引介受益对象""引介与事对象"和"引介关涉对象"。例如:

(28)他嫂子给他揭了盖头。(《醒世姻缘传》第二十八回)

(29)先把这种子打给一顿,再把老婆也打顿给他。(《醒世姻缘传》第四十回)

(30)这只是给嫂子磕头就是了。(《醒世姻缘传》第二十二回)

我们认为,"给"的这三种介词功能乃是受"与"的类推而来。在"给"广泛使用之前,"与"很早就有这三种介词功能,而且一直到明清时期仍然很常见。例如:

(31)所欲与之聚之。(《孟子·离娄上》)

(32)公于是独往食,辄含饭两颊边,还,吐与二儿。(《世说新语·德行》)

(33)服(虔)在外车上与人说己注传意,(郑)玄听之良久,多与己同。(《世说新语·文学》)

"与"的介词功能除了从"给予"义语法化而来,还有从"参与"义语法化而来的,引介伴随对象功能就是其中之一。例如:

(34)执子之手,与子偕老。(《诗经·邶风·击鼓》)

(35)正月十五日,敕令京城内大师大德与禅师论道。(《祖堂集》卷三)

动词"给"没有"参与"义,但在清代也出现了引介伴随对

象的介词功能。例如:

(36) 师傅请过来,给员外相见。(《济公全传》第六回)

(37) 我这大关的差事,明明是给藩台有了交情,他有心调剂我的。(《二十年目睹之怪现状》第十四回)

"给"的这种介词功能无疑是受"与"的类推产生的。此外,"给"在清代中叶以后出现了"引介使役对象""引介施动者"两种介词功能,也不能排除是"与"相同功能的类推。例如:

(38) 紫鹃这话原给黛玉开心。(《红楼梦》第八十七回)

(39) 焉知不因我疼宝玉不疼环儿,竟给你们种了毒了呢?(《红楼梦》第八十一回)

"与""引介使役对象"功能在上古时期就能见到,"引介施动者"功能冯春田(2000:607-609)认为是唐代出现的,直到清代的《红楼梦》里仍然有用例。例如:

(40) 故忠臣也者,能纳善于君,不能与君陷于难。(《晏子春秋·内篇·问上十九》)

(41) 净能曰:必被岳神取也!欲与张令妻再活。(《敦煌变文集·叶净能诗》)

(42) 如冰水好空相妒,枉与他人作笑谈。(《红楼梦》第五回)

(43) 问古来将相可还存?也只是虚名儿与后人钦敬。(《红楼梦》第五回)

可以说,"给"各种介词功能的出现,都脱不开从先秦开始一直保持强势的"与"的类推,连"给"本身没有语义基础的介词功能(由"参与"义语法化而来的伴随介词功能)也在清代出现,这明显是过度类推所致,而这种过度类推现象的存在更充分地证明"给"字介词功能的产生乃是"与"字的类推。"给"这个案例说明,隐喻是类推导致的语义演变的重要因素。

附 注

① 徐杰、覃业位(2015)认为诗歌是语言创新的三大特区之一。

② 洪波、徐杰(2015)讨论过汉语存现句的产生和发展跟诗歌句法的关系,但文章持论谨慎。

③ Bybee早期也主张隐喻是主要动因。Bybee & Pagliuca(1985)曾认为:"与其赞同语法化是由于交际需求带动的,我们认为人类语言使用者有创造隐喻以扩充特定词项用法此一自然倾向。"(转引自张丽丽译《语法化》104页)

④ 参见《虚字说》5—6页,14—15页。

⑤ 在汉民族的语言世界里,自然世界的"天"原来也可能有名称。《诗经·小雅·巷伯》"投畀有昊",毛《传》:"昊,昊天也。"据此注,也许自然界的"天"在汉语里原本有"昊"这个名称。

⑥ 在这个意义上又写作"狠"。《说文解字》:"狠,犬斗声。从犬,艮声。"段注:"今俗用狠为很,许书狠很义别。"

⑦ 以下引例若无说明,皆转引自解惠全、洪波(1988)。

⑧ 上古汉语关系化标记"所"提取的成分不限于及物动词的受事成分,实际上它可以提取动词(包括及物动词和不及物动词)除典型施事成分之外的任何论元性成分和非论元性成分。(参见洪波主编2021)这说明在上古汉语里,及物动词的受事成分的原型(prototype)句法地位跟空间背景成分、时间背景成分以及各种用介词"于(於)"引介的对象成分一样,也是旁格性成分。

参考文献

冯春田　2000　《近代汉语语法研究》,济南:山东教育出版社。
洪　波　2004　《"给"字的语法化》,《南开语言学刊》第2期。
洪　波主编　2021　《古代汉语》,北京:高等教育出版社。

洪　波、徐　杰　2015　《汉语单论元动词带论元宾语的历史考察——兼论古代诗歌句法对常规句法的影响》,《历史语言学研究》第九辑,北京：商务印书馆。

刘　坚、曹广顺、吴福祥　1995　《论诱发汉语词汇语法化的若干因素》,《中国语文》第3期。

彭　睿　2020　《语法化理论的汉语视角》,北京：北京大学出版社。

吴福祥　2021　《也谈语法化的机制和动因》,《语文研究》第2期。

解惠全、洪　波　1988　《"于""於"介词用法源流考》,《语言研究论丛》第五辑,天津：南开大学出版社。

解惠全　1987　《谈实词的虚化》,《语言研究论丛》第四辑,天津：南开大学出版社。

徐　杰、覃业位　2015　《"语言特区"的性质与类型》,《当代修辞学》第4期。

袁仁林　1989　《虚字说》,解惠全注,北京：中华书局。

Bernd Heine & Urike Claudi　1986　On the metaphorical base of grammar. *Studies in Language* 10, no. 2: 297—335.

Bernd Heine Urike Claudi and Friederike Hünnemeyer　1991　*Grammaticalization: A Conceptual Framework*. The University of Chicago Press.

Bybee, Joan & Hopper Paul (eds.)　2001　*Introduction to Frequency and the Emergence of Linguistic Structure*. Amsterdam: John Benjamins.

Bybee Joan, Revere Perkins and William Pagliuca　1994　*The Evolution of Grammar: Tense, Aspect, and Modality in the Languages of the World*. University of Chicago Press.

Hopper, Paul　1987　*Emergent Grammar*. Berkeley Linguistic Society.

Hopper, Paul J. and Traugott, Elizabeth C.　2003　*Grammaticalization*. Cambridge University Press. 张丽丽译《语法化》(第二版),台北："中研院"语言研究所,2013。

构式语法与语法化理论的交汇

胡 亚

(首都师范大学文学院)

1 引言

语法化研究历史悠久,取得了一系列重要的成果(参见彭睿,2016、2020;吴福祥,2020),早期的研究主线是探索语法化的跨语言规律和单向性问题,20世纪末以来引入了一系列新的主题,其中,构式语法的引入受到了国内外语法化研究的广泛关注。构式语法兴起于20世纪80年代,早期的研究问题集中于"什么是构式",对构式定义的对象范围从习语等不可预测性单位逐渐扩大到包括常规单位(如论元结构和实词语素)在内的包罗万象的语言知识。20世纪末至21世纪初,构式语法开始走向历时领域,研究"构式如何变化"。

近年来,构式语法和语法化理论的交汇[①]受到了学界的普遍关注(Noël, 2007a; Trousdale, 2010、2014; Gisborne & Patten, 2011; Traugott & Trousdale, 2013; Heine et al., 2016; Coussé et al., 2018 等)。二者的交汇为各自的发展提供了新的研究视角和方法,但同时也造成了一些理论关系或语言现象混同的问题。本文将阐释构式语

法和语法化理论走向交汇的原因,并思考交汇产生历时构式语法和构式化理论后的几个热点问题,主要涉及两个层面:

(一)理论框架层面:包括三种关系,分别是构式语法和语法化理论(第二部分)、历时构式语法和语法化理论(第三部分)、构式化理论和语法化理论(第四部分);

(二)语言现象层面:构式化和语法化两种演变过程的比较(第四部分)。

理论与现象层面是交融的,如第四部分,我们研究构式化和语法化的关系,同时涉及二者作为理论框架和语言现象的关系。[②]

本文旨在梳理这些关系,从而更好地结合语法化理论和构式语法,解决各类构式的历时演变问题,帮助我们开辟构式历时研究的新领域。

2 构式语法和语法化的交汇:理论需求和可能性

构式语法与语法化走向交汇,既出于理论发展的需求,也存在可能性条件。本节先分别阐释这两方面,最后简要总结两个理论之间的关系。

2.1 交汇的理论需求

语法化理论与构式语法在形成之初各有局限性:前者局限于实体性构式,难以容纳许多历史句法学内容(如组合结构的演变或新从句类型的产生,Barðdal et al., 2015:2);后者的研究主要集中在共时层面,不涉及构式的历时演变,缺乏历时研究的方法论指导和经验。正是二者的局限性,使它们的交汇有了理论需求,因为二者可以相互借鉴,弥补各自的局限性,为解决上述问题提供新方法。一方面，构式语法借鉴发展更为成熟的语法化方法（如连续环境、语用推理、重新分析、类推、频率等）来解释构式的演变，为构式语法的历时研究奠定了基础。如 Traugott（2008）对英语程度修饰构式 *a sort/lot/shred of* 的分析、龙国富（2013）对汉语"越来越……"构式及 Zhan & Traugott（2015）对汉语"是……的"分裂构式的历时研究都借鉴了语法化方法。我们也要考虑语法化成果对不同类型构式（尤其是图式性构式）的适用性，这方面的研究有待进一步深化。另一方面，语法化理论开始引进构式语法模型来解释自身难以适用的部分句法单位的演变问题，二者结合的优势受到了学界的普遍关注，概括如下：

第一，构式的"形式-意义"配对观念可使语法化同时注重形式和意义的研究。在语法化研究中一直存在形式和功能孰为核心的争端，即语法化到底是内向依附性增强的形式变化（如 Haspelmath，2004），还是增加语法功能的变化（如 Hopper & Traugott，2003：xv），若引入构式观念，则能同时注重形式和意义，使之成为语法化的两个重要特征。

第二，构式语法能解决语法化理论中长期存在窄化观和扩展观的争端，二者在构式语法视角下可以统一。Traugott & Trousdale（2013：147）认为语法性构式化理念与二者同时兼容，涉及构式类型和使用范围的扩展及构式的组块化和形式的固定化；从构式化的三个参数来看，构式内部的理据性（compositionality）降低与窄化观的理念契合，构式的能产性和图式性增加与扩展观的主张契合（彭睿，2016）。

第三，构式语法能更好地判断词汇-语法连续统，从全局角度整合词汇化和语法化。在构式语法框架下，从词汇性到语法性的斜坡可以看作从实体性到图式性构式的层级,可以用能产性和图式性来定位构式在连续统上的位置。(Gisborne & Patten,2011)

第四,从组合维度看,构式语法的整体性分析方法能为语法化项提供变化所在环境。单个词项不是独立变化的,而是在特定结构中变化,只有构式语法能把环境的相关知识连贯地整合到变化中(Fried,2013)。我们不仅可以把会话环境与语法化联系,还要考虑这种环境本身也可能发生语法化(Trousdale,2010),从而考察包括语法化项在内的整个结构的发展历史。

第五,从聚合维度看,构式语法的图式和层级网络能提供统一的语言结构框架,为不同类型的语言单位演变提供统一的解释,重视语言演变的系统性。语法化模型多是关于单个词项或结构的考察,但构式语法可以从系统出发,把能出现在空位上的替换项联系在一个更抽象的图式性构式框架中统一考察,总结它们的相似路径(Enghels & Comer,2018);网络模型则允许不同层级的相关构式联系在一起。

2.2 交汇的可能性

为语法化理论和构式语法交汇提供可能的主要有两个因素:一是对"construction"概念的共同关注;二是在历时层面上某些语言演变原则具有共通性,如基于用法的原则。

"construction"在语法理论发展的大背景之下经历了概念和地位上的发展变化,可概括为表1;(参见王望妮、孙志农,2008)与之一致的是,语法化理论也逐步重视结构,对语法化域的定义从单个词项扩大到其所在结构和环境:(1)词项变成语法语素,即不包含结构的语法化(如 Heine et al.,1991:2);(2)词项和结构在特定环境中新增语法功能,即在结构中发生语法化（如 Hopper & Traugott，2003：xv）；（3）词项所在结构环境发生语法化，即语法化就是环境的变化（如 Himmelmann，2004）。语法化理论在考察具体成分的语义变化时参照整个组合环境，这与构式语法认为构式自身有意义的观点自然兼容。

表1 "construction"的概念和地位发展历程

语法理论阶段	传统语法	结构主义语法	生成语法	构式语法
construction的概念	固定语符序列	语法格式	结构规则→副现象	构式（形式-意义对）
construction的地位	兴起	中心	边缘化	重新成为中心

基于用法原则的前提是语言结构由某些特定格式在语言中反复使用而形成，中心原则是语言单位基于用法而存储。（Barðdal et al., 2015：32）一方面，基于用法的原则与语法化理论的功能导向一致，如语用推理、类推和频率都表明新的语言结构在用法中产生（Von Mengden & Coussé，2014：4-8）；另一方面，构式语法坚持基于用法的原则，对"频率""语境"等要素十分关注，使得构式语法与语言演化研究有了更多的契合点（文旭、杨坤，2015）。其实，这也解释了与语法化理论发生交汇的构式语法流派为什么是认知功能角度，[③] 除了与语法化的一般功能导向有关而避免太严格的形式化（Coussé et al., 2018：11）以外，还因为认知功能流派遵循基于用法的模型，即构式基于用法而改变。

构式语法和语法化理论在以上两个因素上各自向对方靠近，后者逐渐重视前者一直视为中心概念的"构式"，前者开始运用于后者所在的历时领域，前者的基本原则与后者的演变机制十分契合，二者的交汇逐渐成为可能。

因此，语法化与构式语法走向交汇并非偶然，是两个理论发展的必然结果，既出于弥补各自理论局限性的需求，又由于二者的某些共通性为交汇带来可能。前者是促使二者交汇的动因，后者为交汇的发生提供了条件。

构式语法与语法化的交汇，具有十分重要的意义，不仅弥补了二者各自的不足，有助于两个理论的进一步完善与发展，而且还促成了历时构式语法和构式化理论的产生。但交汇也并非全然没有弊端，主要是加剧了两个理论之前一直存在的争议，如语法化的内涵和外延、构式语法的构式范围是否包括实词和语素等，从而也造成了语法化与历时构式语法、构式化的关系认识问题。以下分别讨论。

3 历时构式语法和语法化理论的比较

构式语法和语法化交汇，再结合认知语法，逐渐形成历时构式语法，是众多学者共同努力的结果。Israel（1996）是先驱，把认知构式语法应用到形态句法演变；历时构式语法作为正式术语第一次出现于 Ziegeler（2004），该文指出构式语法的某些假设需要历时证据的支持，构式与语法化研究具有相关性；Noël（2007a）第一次将这一术语作为研究领域进行集中讨论，探讨语法化和历时构式语法的归属；Bergs & Diewald（2008）为构式语法和形态句法演变的结合提供了理论框架；Barðdal et al.（2015）是第一本以历时构式语法命名的论文集，系统地研究了该领域的基本思想和中心问题。（Traugott & Trousdale，2013：39；Noël，2016）

历时构式语法是在继承构式语法共时方法的基础上引入部分

语法化原则而形成的,属于该领域独特的方法和原则还未发展成熟,也未提出新的参数,导致其外延不清晰,内涵不明确,尚未形成一套独立的理论体系,仅有一个理想的目标,即揭示图式性构式的演变规律。由于缺乏理论指导和历时研究经验,要实现这一目标,历时构式语法不得不依赖根基更深的语法化理论,试图用以实体性构式为研究对象而总结出的语法化理论来解释图式性构式的演变,但这种解释往往难以适用。近几年历时构式语法的研究成果主要集中于构式语法视域下的语法化研究(Trousdale, 2010),使得部分学者误解历时构式语法仅限于语法化研究(文旭、杨坤 2015)。因此,历时构式语法作为独立研究领域的地位不可避免地受到一些质疑,主要问题在于它与语法化的研究领域在多大程度上存在重叠。对此,学界主要有三种观点。

(1)语法化理论的范围涵盖历时构式语法。在这一观点下,语法化的定义范围较广,指新构式的产生,包括不涉及实体语素的变化,如语序演变、完全图式性构式的产生(Givón, 1979: 208; Bybee, 2003: 146; Haspelmath, 2004),Wiemer & Bisang (2004)甚至主张重新定义语法化,使之作为一个无所不包的语法变化的概念。

(2)历时构式语法的范围宽于语法化理论。持这一观点的研究有的从理论上进行说明,如 Noël(2013、2016)把历时构式语法分为两支:历史构式语法(Historical Construction Grammar)和构式学派的语法化理论(Constructionist Grammaticalization Theory),二者都从构式方法研究语言变化,区别在于,前者是纯粹的构式方法,从共时构式语法转到历时研究,脱离了语法化研究范式;有的通过个案分析来证明,主要依据是某些构式(尤其是图式性构式）的产生不属于语法化，如 Gisborne & Patten（2011）认为不能证明 way 构式和 it 分裂构式的变化算作语法化，Noël（2007a）认为那些功能不能严格称为"语法性的"结构的产生，只能称作半图式性习语，不能算作语法化，说明历时构式语法具有语法化理论不能涵盖和解释的部分。

（3）历时构式语法和语法化理论部分重叠，但各有不被对方覆盖的领域，不能简单并入另一方。如 Hilpert（2013：9、12）认为构式变化比语法化包含得更多，它还包括词汇化、不示例语法化的句法变化、派生形态学演变等，但也并非语法化的所有内容都能归入构式变化，如范例（paradigm）形成过程等更抽象的概括；Heine et al.（2016）认为历时构式语法和语法化理论存在差异，是分离且独立的两个理论，可以结合解释不同类型的语言演变。

观点（1）实际上是把语法化作为覆盖所有语法演变类型的术语，使语法化失去了理论意义，变成语法演变的同义词（Himmelmann，2004）。后两种观点在某种程度上具有一致性，都表明历时构式语法有必要作为一个独立于语法化的领域而存在。其实，最关键的问题在于判断图式性构式的变化是否属于语法化。Noël（2007b）提出两个判断因素：是否有语法意义和多大程度上符合语法化的标准。该文认为很多构式只有明确的语义，并没有语法意义；用来定义语法化的标准对图式性构式来说不一定符合，有的（如去范畴化、语音融蚀）只影响实体性成分，因此，语法化理论的核心领域还是实体性构式，图式性构式没那么容易受影响，如果这些图式性构式能在语法化中找到一个位置，那也是不同于"标准语法化"的另一种类型。本文也认为暂时还没有足够的证据将图式性构式的演变定性为语法化，即使某些局部图式性构式的演变涉及实体性成分的语法化,二者也不一定具有因果关系,如"连XP都/也VP"构式的形成并非"连"的语法化造成的结果,"你吃你的饭"构式中"的"在进入构式之前已经语法化,与构式的形成没有关系。

因此,历时构式语法与语法化研究只存在部分重叠(如实体性构式的演变),前者视为研究焦点的图式性构式不能为后者所解释,后者的某些概念(如单向性、去范畴化等)也不能适用于前者,二者是交叉且独立的两种理论。我们关注的焦点不应在于哪一个理论的范围更宽从而并入另一理论,应该重视它们在解释语言演变时各自发挥的独特优势。目前,语法化理论已取得丰富的研究成果,下一步可以在吸收构式语法的基础上进一步拓展视野;历时构式语法作为一个新兴的尚有争议的领域,急需加强有关图式性构式演变的研究,解决语法化理论难以解释但对语言演变很重要的问题,构建一套独立的理论体系,提高其研究地位。

4 构式化和语法化的关系

构式化理论是在历时构式语法的基础上继续发展形成的,以Traugott & Trousdale(2013)为标志,取得了一些研究思想和方法上的创新,如整合词汇化和语法化,区分"构式化"和"构式变化"(constructional changes),构拟"前构式变化→构式化→后构式变化"的演变路径等,在很多方面显示了重要贡献和研究前景。(参见彭睿,2016;文旭、杨旭,2016等)之后,构式化在不同语言中运用,掀起了一股研究热潮,如Hüning & Booij(2014)分析德语派生词缀*stock*经由构式化形成的过程,Zhan & Traugott

（2015）对汉语"是……的"分裂构式的研究等。这些个案包括了词汇构式化和语法构式化，预示着构式化极为广泛的研究对象和运用空间，但也带来了构式化与语法化的关系难题。由于理论框架和语言现象术语的同一化，我们要区分两种关系，一是语法化理论和构式化理论的关系；二是语法化与构式化两种语言演变现象的关系。目前学界关注较多的是前者，关于后者的讨论较少。[④]

4.1　构式化与语法化理论的互补

语法化和构式化是时下解释语言演变的两种主要的功能性视角（Traugott，2021），是互补的两种理论，它们的差异主要体现在以下几点（其中"研究目标和语料"和"研究方法"参见Heine et al., 2016）：

（1）研究目标和语料

构式化理论主要关注新构式是如何产生及变化的过程，语法化理论则聚焦于现存结构怎么以及为什么朝语法性终端演变的单向性过程。据此，二者关注的语料也不同，构式化理论关注与构式分析相关的语料，语法化理论关注的是为语法性范畴的方向性变化提供线索的语料。如对于"他连手机都没有"这样的句子，语法化研究"连""都"等实体性成分新增语法功能的过程和原因，而构式化主要关注"连……都……"构式是如何形成并进一步发展的。

（2）研究方法

语法演变主要有历史和类型学两种解释方法。构式化只采用历史方法，研究某种语言内部的构式演变；语法化同时采用这两种方法，更关注语法演化的类型学概括及相似性解释。

（3）研究范围

学界一般认为构式化研究包括语法化、词汇化和图式性构式的变化，语法化只是构式化的一个子集。（Traugott & Trousdale, 2013: 232; Hilpert, 2013: 9; Hüning & Booij, 2014; 等等）因此，构式化的研究范围较语法化而言更为广泛，不只适用于语法范畴。

（4）研究重点

语法化研究实体性构式（如 *be going to*、"了"），持成分观念，关注焦点在于实体性成分；构式化研究从语素到句式等各种单位的构式，但主要研究图式性构式，如论元结构（双及物构式）、"连 XP 都 / 也 VP" 构式等，持整体观念，关注焦点在整个构式上。（Noël, 2007b）

4.2 构式化与语法化现象的异同

作为两种语言现象，语法化和构式化符合语言演变的一般规律，有很多相似性，如：a. 具有方向性和渐变性；b. 涉及重新分析和类推；c. 构式多义性与语法化中的层化（layering）现象类似；d. 涉及主观化；e. 关注语境；f. 与频率密切相关；g. 涉及能产性；h. 体现环境和结构的重要作用；i. 符合基于用法的原则；j. 演变具有连续环境和语用推理条件。（a—d 参见 Gisborne & Patten, 2011；e—f 参见詹芳琼等，2020）

另外，语法化和构式化的演变特征也存在很大差异，如 k—p：

k. 语法化关注形式或意义的单方面变化，构式化的定义是新"形式-意义"对的形成，同时注重形式和意义两方面的变化。

l. 单向性是语法化的主要假说，构式化却不一定有单向性，如 Trousdale & Norde（2013）中威尔士语介词 *yn ol*（*after*，"在……后"）发展成实义动词 *nôl*（*to fetch*，"取来"），是构式化，但并非语法化，不符合单向性假说。

m. 构式化注重网络的重要性及其演变,如 Zhan(2017)对汉语一系列关联词所在复杂构式的网络构建,彭睿(2021)对"V个VP"多个构式变体共享网络节点的研究等;语法化多是单个词项及其结构变化的孤立考察,往往不涉及网络。

n. 构式化过程可能同时涉及实体性成分的固定和空位的形成,对应于语义实例的产生和图式化过程;语法化只涉及实体性成分的组合或实例的产生,有时也关注成分所在结构和环境,但不可能形成空位或图式。如"连XP都/也VP"的构式化包括"连"和"都、也"的搭配,也包括"XP、VP"空位的形成;从形成过程看,先产生表比较和强调的实例(如"连性命都丧了"),之后随类别和数量增多而发生图式化,逐渐形成"连XP都/也VP"这一图式;但"连"的语法化只涉及实体性成分"连"的变化,不涉及任何空位和图式。

o. 构式化涉及从底层实例向上抽象出图式的过程,往往形成不同层级,一般从下至上分为构例、微观构式、中观构式和宏观构式四层,[5] 如 Peng(2013)构建了汉语溯因兼语句的四个层级。但语法化只涉及实体性语素,其产生类似于微观构式的产生,与更抽象的图式则不同(Trousdale, 2014)。

p. 变化所涉成员数量不同。语法化多考察单个词项或结构的演变,只涉及自身一个成员,只能从单个成员的视角考察;构式化多是针对空位所涉一类或多类成员演变的系统考察,构式不同层级都有可能区分多种语义类别,所以构式化的考察视角不仅有纵向的图式性层级，还有横向的成员类别。如"了"的语法化考察的主要是"了"这一个成员在相关结构和环境中的变化，Peng（2013）讨论的汉语溯因兼语句的构式化涉及多个类别，如中观层级区分情感动词类、评鉴动词类等七类。

以上列举的主要差异概括如表2：

表2 语法化和构式化现象的差异

	语法化	构式化
形式-意义	单方面	并重
单向性	+	-
网络	-	+
图式和空位	-	+
层级	-	+
成员数量	单个	多个

可见，构式化和语法化有同有异，应该区分为两种语言现象。不过，目前学界对语法化和构式化的关系认识还比较模糊，表现为概念等同或混淆，要么认为构式化即构式的语法化，要么用构式化取代语法化。前种观点实际上扩大了语法化的概念，把所有语言单位的演变都看作语法化，导致很多图式性构式或句式演变都冠以语法化之名，但实则只有其中的实体性标记采用了语法化概念和分析方法，整个图式仍难以用语法化解释；后种观点是对构式化的过度使用，使其像构式概念一样无所不包，难以正确发挥其功能。对此，我们要注意两个问题：(1)避免理论研究和语言现象术语的混淆。构式包括实体性构式和图式性构式，前者是语法化的研究对象，两者都是构式化的研究对象，这使得很

多研究认为构式化理所当然地包括语法化,但这种"包括"实际上是研究对象上的包括,并非构式化现象包括语法化现象,二者的理论前提和演变特征都有所不同。(2)构式化和语法化都存在对方难以概括的现象,若将二者都称为语法化,则难以包容词汇性构式、图式性构式的演变;若将二者都看作构式化,则忽视了构式化只指新构式的形成,不包括构式形成后的继续变化,而且难以区分不同类型构式的演变。

因此,只保留"语法化"或"构式化"都存在问题,二者应该并存且区分开来。由于二者在实体语法构式这一研究对象及其相关语料上存在重叠,所以,我们最好不直接比较语法化和构式化,否则会因为构式化含有语法化研究对象而造成不对等的比较。我们的做法是,从研究对象出发,将语法性构式区分实体性构式和图式性构式,它们各自的形成过程分别称为"语法化"和"图示性构式化",这也是本节实际进行比较的两个对象。

5 结语

构式语法与语法化的交汇对我们来说是一把双刃剑。一方面,构式方法的引入拓展了语法化的研究视野,语法化的成果为构式的历时研究提供了经验,二者由此迈入了新的发展阶段,并且促成了历时构式语法和构式化理论的产生;另一方面,构式语法、历时构式语法、构式化都与语法化在"构式"研究上产生纠葛,容易引起混淆。因此,我们不仅要利用各理论结合的优势弥补不足,也要厘清这些概念之间的关系,避免因交汇而产生新的问题。本文分析认为,构式语法和语法化理论既可相互借鉴,又存在差异，属于合作的关系；历时构式语法具有语法化难以涵盖或解释的领域，应该作为一个独立研究领域而存在于语法化理论之外；语法化和构式化之间，从理论框架层面来说，是互补的两种研究，从具体的语言现象层面来说，二者并不等同，也不能互相取代或包含，是有同有异的两种演变。这些关系及发展过程总结如图 1。⑥

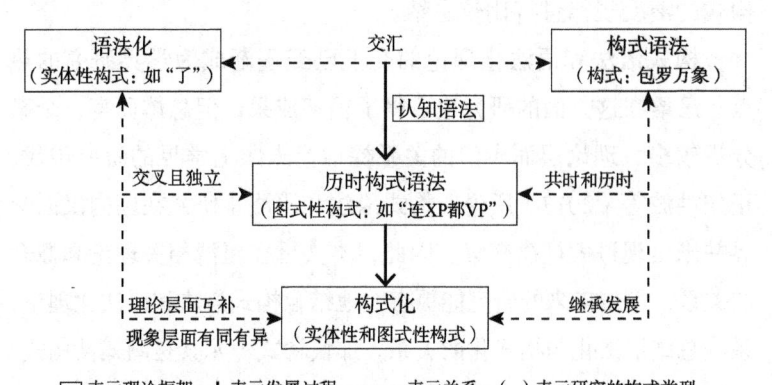

```
    语法化              交汇            构式语法
（实体性构式：如"了"）  ←------→   （构式：包罗万象）
                         ↓
                      认知语法
                         ↓
   交叉且独立         历时构式语法          共时和历时
              ←---（图式性构式：如"连XP都VP"）---→
                         ↓
   理论层面互补          构式化            继承发展
   现象层面有同有异  （实体性和图式性构式）
```

□ 表示理论框架　↓ 表示发展过程　←---→ 表示关系　（ ）表示研究的构式类型

图 1　构式语法与语法化交汇的相关理论发展关系

以上理论或现象之所以容易纠缠在一起，主要是因为"构式"包罗万象，解决问题的关键在于区分不同类型的构式及其演变，尤其是弄清楚图式性构式演变的性质和归属。历时构式语法和构式化理论都以此为努力方向，但具体的实现方式和进展不太一样，前者关注个案探索，在理论建树上踌躇不前，难以摆脱语法化理论；后者致力于构建理论框架，但构式的研究现状难以跟上其宏大的目标，有点操之过急。这也反映了两个理论存在的问题，对于历时构式语法来说，最大的问题是缺乏统一的理论框架和体系，学科的目标和定位不明确，即到底是旨在发展一门与共时构式语法兼容的历时研究，还是要证明该理论相比别的研究框架更具优势（Gregersen，2018）；对于构式化理论来说，主要问题是将所有类型的构式置于统一的理论框架下进行研究，但这些构式（包括实体性和图式性构式）的演变过程和规律是否相同并未得到证实。因此，当务之急是同时加强图式性构式在理论和个案上的历时探索，然后与实体性构式的演变规律进行比较总结。

构式语法和语法化理论的交汇已经逐渐成为学界研究的热点，汉语在这方面的研究也取得了很多成果，但总体而言，个案分析较多，理论层面专门的关系探讨尚未跟上学界的研究步伐，正如洪波等（2017）所说，构式语法和语法化研究在国内汉语学界并未出现过大规模交集。因此，本文旨在厘清相关理论和概念的关系，希望未来的研究能更有效地结合构式语法和语法化理论，系统总结语法化与构式化的关系，加快构式（尤其是图式性构式）的历时研究进程，挖掘构式理念在历时领域的广阔研究前景。

附 注

① "交汇"指二者产生交集，但并非融合、一体化，因为它们是具有差异的两个不同的理论。

② "语法化"这一术语，既指解释语言现象的研究框架，又指现象本身（Hopper & Traugott 2003：1），"构式化"也包含这两层意思（Traugott 2021）。在本文的叙述中，"语法化"和"构式化"都区分理论框架和语言现象两个层面，我们主要探讨理论层面，只在4.2节集中讨论现象层面。为表区别，理论层面的术语一般加上"理论/研究"等区别于现象。

③ 认知功能角度的构式语法流派包括激进构式语法（Radical Construction Grammar）、认知构式语法（Cognitive Construction Grammar）和认知语法（Cognitive Grammar）等。

④ 理论和现象层面的界限有时不是特别分明，如频率、语境等既

涉及语法化和构式化过程，同时也是两个理论关注的问题，这也恰好证明理论和现象是统一的。学界讨论时一般不做明确区分，本文的做法是，能置入现象层面的都集中在4.2节讨论，而4.1的理论层面主要从研究目标、方法等宏观角度进行比较。

⑤ 图式性构式的这四个层级介绍详见Traugott（2008）和Trousdale（2010）等。Traugott & Trousdale（2013：16）对此有所调整，将层级分为图式、次图式和微观构式，图式和次图式大致相当于宏观构式和中观构式。虽采用的名称不同，但涉及的层级方法本质上并无差别。

⑥ 图1除语法化和构式化二者的关系涉及现象层面，其他均表示理论框架之间的关系。

参考文献

洪　波、龙海平、Bernd Heine　2017　《新世纪以来语法化研究综观》，《历史语言学研究》第11期。
龙国富　2013　《"越来越……"构式的语法化——从语法化的视角看语法构式的显现》，《中国语文》第1期。
彭　睿　2016　《语法化·历时构式语法·构式化——历时形态句法理论方法的演进》，《语言教学与研究》第2期。
彭　睿　2020　《语法化理论的汉语视角》，北京：北京大学出版社。
彭　睿　2021　《构式变体和形式异变——"V（X无指）个VP"构式的产生》，《当代语言学》第2期。
王望妮、孙志农　2008　《试论构式语法中的"构式"》，《外语教学》第6期。
文　旭、杨　坤　2015　《构式语法研究的历时取向——历时构式语法论纲》，《中国外语》第1期。
文　旭、杨　旭　2016　《构式化：历时构式语法研究的新路径》，《现代外语》第6期。
吴福祥　2020　《汉语语法化研究的几点思考》，《汉语学报》第3期。
詹芳琼、Elizabeth C. Traugott、韩　笑　2020　《构式化和语法化的异同：以汉语增量比较构式"越来越……"的演变为例》，《辞书研究》第6期。

Barðdal, Jóhanna, Elena Smirnova, Lotte Sommerer & Spike Gildea (eds.) 2015 *Diachronic Construction Grammar*. Amsterdam/Philadelphia: John Benjamins.

Bergs, Alexander & Gabriele Diewald (eds.) 2008 *Constructions and Language Change*. Berlin: Walter de Gruyter.

Bybee, Joan L. 2003 Cognitive processes in grammaticalization. In M. Tomasello (ed.) *The New Psychology of Language: Cognitive and Functional Approaches to Language Structure* (Volume 2). 145—167. Mahwah, NJ: Erlbaum.

Coussé, Evie, Peter Andersson & Joel Olofsson (eds.) 2018 *Grammaticalization Meets Construction Grammar*. Amsterdam/Philadelphia: John Benjamins.

Enghels, Renata & Marie Comer 2018 Evaluating grammaticalization and constructional accounts: The development of the inchoative construction with *put* verbs in Spanish. In Evie Coussé, Peter Andersson & Joel Olofsson (eds.) *Grammaticalization Meets Construction Grammar*. 107—133. Amsterdam: John Benjamins.

Fried, Mirjam 2013 Principles of constructional change. In Thomas Hoffmann & Graeme Trousdale (eds.) *The Oxford Handbook of Construction Grammar*. 419—437. Oxford: Oxford University Press.

Gisborne, Nikolas & Amanda Patten 2011 Construction grammar and grammaticalization. In Heiko, Narrog & Bernd Heine (eds.) *The Oxford Handbook of Grammaticalization*. 92—104. Oxford: Oxford University Press.

Givón, Talmy 1979 *On Understanding Grammar*. New York: Academic Press.

Gregersen Sune 2018 Some (critical) questions for diachronic construction grammar. *Folia Linguistica Historica* 39(2): 341—360.

Haspelmath, Martin 2004 On directionality in language change with particular reference to grammaticalization. In Olga Fischer, Muriel Norde & Harry Peridon (eds.) *Up and Down the Cline—the Nature of Grammaticalization*. 17—44. Amsterdam/Philadelphia: John Benjamins.

Heine, Bernd, Heiko Narrog & Haiping Long 2016 Constructional change vs. grammaticalization. *Studies in Language* 40(1): 137—175.

Hilpert, Martin 2013 *Constructional Change in English: Developments in Allo-*

morphy, Word Formation, and Syntax. Cambridge: Cambridge University Press.

Himmelmann, Nikolaus P. 2004 Lexicalization and grammaticization: Opposite or orthogonal? In Walter Bisang, Nikolaus P. Himmelmann & Björn Wiemer (eds.) *What Makes Grammaticalization.* 21—42. Berlin: Mouton de Gruyter.

Hopper, Paul J. & Elizabeth C. Traugott 2003 *Grammaticalization*(2nd edn). Cambridge: Cambridge University Press.

Hüning, Matthias & Geert Booij 2014 From compounding to derivation: The rise of derivational affixes through "constructionalization". In Ferdinand von Mengden & Horst Simon (eds.) *Refining Grammaticalization.* Special issue, *Folia Linguistica* 48(2): 579—604.

Israel, Michael 1996 The way constructions grow. In Adele E. Goldberg (ed.) *Conceptual Structure, Discourse and Language.* 217—230. Stanford: Center for the Study of Language and Information (CSLI).

Noël, Dirk 2007a Diachronic construction grammar and grammaticalization theory. *Functions of Language* 14(2): 177—202.

Noël, Dirk 2007b Verb valency patterns, constructions and grammaticalization. In Thomas Herbst & Katrin Götz-Votteler (eds.) *Valency: Theoretical, Descriptive and Cognitive Issues.* 67—83. Berlin: Walter de Gruyter.

Noël, Dirk 2016 For a radically usage-based diachronic construction grammar. *Belgian Journal of Linguistics* 30 (1): 39—53.

Peng, Rui 2013 A diachronic construction grammar account of the Chinese cause-complement pivotal construction. *Language Sciences* 40(1): 53—79.

Traugott, Elizabeth C. 2008 Grammaticalization, constructions and the incremental development of language: Suggestions from the development of degree modifiers in English. In Regine Eckardt, Gerhard Jäger & Tonjes Veenstra (eds.) *Variation, Selection, Development: Probing the Evolutionary Model of Language Change.* 219—250. Berlin/New York: Mouton de Gruyter.

Traugott, Elizabeth C. 2021 The complementarity of constructionalization and grammaticalization approaches. Lecture given at Henan University, 2

June.

Traugott, Elizabeth C. & Graeme Trousdale 2013 *Constructionalization and Constructional Changes*. Oxford: Oxford University Press.

Trousdale, Graeme 2010 Issues in constructional approaches to grammaticalization. In Katerina Stathi, Elke Gehweiler & Ekkehard König (eds.) *Grammaticalization: Current Views and Issues*. 51—71. Amsterdam: John Benjamins.

Trousdale, Graeme 2014 On the relationship between grammaticalization and constructionalization. *Folia Linguistica* 48(2): 557—578.

Trousdale, Graeme & Muriel Norde 2013 Degrammaticalization and constructionalization: Two case studies. *Language Sciences* 36: 32—46.

Von Mengden, Ferdinand & Coussé Evie 2014 The role of change in usage-based conceptions of language. In Evie Coussé & Ferdinand von Mengden (eds.) *Usage-based Approaches to Language Change*. 1—19. Amsterdam: John Benjamins.

Wiemer, Björn & Walter Bisang 2004 What makes grammaticalization? An appraisal of its components and its fringes. In Walter Bisang, Nikolaus P. Himmelmann & Björn Wiemer (eds.) *What Makes Grammaticalization? A Look from its Fringes and its Components*. 3—20. Berlin/ New York: Mouton de Gruyter.

Zhan, Fangqiong 2017 The constructionalization of a set of connectives in Chinese. *Journal of Chinese Linguistics* 45(1): 104—144.

Zhan, Fangqiong & Elizabeth C. Traugott 2015 The constructionalization of the Chinese cleft construction. *Studies in Language* 39(2): 459—491.

Ziegeler, Debra 2004 Grammaticalisation through constructions: The story of causative *have* in English. *Annual Review of Cognitive Linguistics* 2(1): 159—195.

（本文原载《语言教学与研究》2022年第4期）

客家话中的情态动词"做得"

李桂兰

（北京语言大学语言科学院／历史语言学研究中心）

1 引言

和普通话中的"做得"只是述补结构不同，汉语方言中的"做得"还有情态动词用法。作为述补结构，"做得"后可出现宾语或补语成分，动词"做"的意义实在，如"**做得一手好汤｜做得又好又快**"。同时，述补结构"做得"也可独立做谓语，表示"可以（／值得）做"，如"本小利大，这个生意**做得**啊"。而汉语方言中的情态动词"做得"是词，语素"做""得"构成一个高度融合的整体，不容分割或替换，更为重要的是，语素"做"无实义。此外，与述补结构不同，情态动词"做得"后不能接补语或体词宾语。

表示可以义的"做得"广泛分布于汉语方言中（许宝华、宫田一郎，1999：5528；李荣，2002：3830），通常直接充当谓语表示允诺，其后一般不接体词宾语或谓词。如"箇史仔**做得**罢？（这样可以吗？）（江西萍乡赣语）"。

与上述方言中只能直接充当谓语的"做得"不同，早期客家话和当今有些客家话[1]里的"做得"可以接谓词成分，呈现出典型情态动词的特点。这种语法现象，学界目前还鲜有成果讨论。本文将主要通过《客法词典》(Dictionaire Chinoi-Fransais: dialecte Hac-Ka, 1926) 和《客家社会生活对话》(Conversations Chinoises: prises sur le vif avec Notes grammaticales, 1937，以下简称《对话》)，并辅以《启蒙浅学》(First book of reading in the Romanised colloquial of the Hakka-Chinese in the province of Canton（1879，Basle 传道会出版）之汉字本)、《客英词典》(A Chinese-English Dictionary: Hakka-Dialect as Spoken in Kwangtung Province, 1926) 和部分圣经文献等早期文献，考察早期客家话中"做得"的典型情态动词功能。之后，文章考察当今台湾桃园等客家话中情态动词"做得"的用法。最后，文章讨论"做得"的来源。

2 早期客家话中的情态动词"做得"

早期客家话中，表示许可或具备某种能力、条件的"做得"是典型的情态动词，表达 Palmer（2001：7-10）情态系统中的可能类事件情态。之所以判定"做得"为情态动词，是因为它与同义词"好、行"等有根本区别，"做得"不但可以直接做谓语［如"我转屋下**做得唔做得**？——**做得**。（我可不可以回家？——可以。）"（《客法词典》，1251 页）］，还能后接谓词（短语）（详见下文）。而且，"做得"可以和同义情态动词（如"可以""敢"[2]）叠用，例如"**可以做得**入么？（可以进吗？）"（《客法词典》，1320 页）｜还有一句话**做得敢**讲么？（还有一句

话，可以说吗？)"（同上，257页）

本节拟从谓词类型和否定形式两方面，观察后接谓词成分的情态动词"做得"。

2.1 情态动词"做得"后的谓词类型

早期客家话中"做得"可后接谓词（短语）和含施事的小句等谓词性成分，如《客法词典》共计有18例（含11例肯定式和7例否定式），《对话》有11例（含5例肯定式和6例否定式）情态动词"做得"。与其他情态动词一致，语义和功能上，"做得"修饰限定其后谓词成分，整体做谓语，其后的谓词成分是语义中心。而句法地位上，"做得"是结构的中心，这体现在情态动词"做得"结构构成疑问句时，可以用"做得"回答，例如：

（1）**做得**转屋家么？——**做得**。（可以回家吗？——可以。）(《客法词典》，1034页)

首先，"做得"后可出现谓词（短语）[多为动作动词（短语）]，表示主语或施事被许可做某事或有能力、条件做某事。例如：

（2）保命**做得**打死人。（自卫时可以打死人。）(《客法词典》，583页)

（3）你爱学三年正**做得**赚钱。（你要学三年才能赚钱。）(《对话》，6页)

（4）姑子佢**做得**见么？（他可以见他姑姑吗？）(《客法词典》，303页)

以上例句，(2)表示法规或情理许可某行为的发生。(3)表示有能力或条件做某事。(4)可理解为说话人询问能否允准做某事，也可以理解为说话者询问是否有条件、能力做某事。

其次，情态动词"做得"能接带施事的小句，表示施事被准许或有能力、条件做某事。这和普通话的"可以"用在施事前[如"两个人抬不动，**可以**三个人抬。"（吕叔湘，1999：337）]类似，例如：

（5）**做得**我转屋下么？（我可以回家吗？）（《客法词典》，1251页）

（6）总系县政府唔爱违背省政府个法令，也有权好发布县令，也**做得**自家编制县单行规则。（只要县政府不违反省政府的法令，也有权发布县令，也能自己制定县级法规。）（《对话》，517页）

2.2 情态动词"做得"的否定形式

与直接做谓语的情态动词"做得"有两种否定形式且使用频率相当不同，[③] 后接谓词成分的"做得"虽然有两种否定形式，但极少使用"做唔得"[只发现1例，即（7）]，而多用"唔做得"表示否定[如（8）—（10）]，例如：

（7）总系你爱知，人个精神有限，**做唔得**长日都埋头伏案来读书。（只是你要知道，人的精神有限，不能长时间埋头读书。）（《对话》，577页）

上述例句中"做唔得"只能理解为情态动词的否定式，不能分析为否定性可能补语或结果补语结构，主要是因为"做唔得"中的"做"无实义，而且"做唔得"后的谓词成分是具有描述性的、结构较复杂的动词短语。首先，"做唔得"不是可能补语结构，因为客家话中可能补语的否定形式"唔V得"或"V唔得"由意义实在的动词V构成，后接补语时，它们一般是形容词或结构简单的动词（通常是表示结果或趋向的动词），如"**学唔得**

精。"(学不好。)(《客英词典》,187页)其次,"做唔得"不是结果补语结构,因为结果补语强调动作结果,而"长时间埋头读书"意在描述动作的方式和状态,而非结果。

情态动词"做得"的否定形式"唔做得",不但可以后接动词[如(8)]或结构复杂的动词短语[如(9)],还能接形容词短语[如(10)]。就我们调查的文献材料看,情态动词短语"唔做得"(共13例)的使用频率略低于"做得"(共计16例),而且,绝大多数"唔做得"表达道义情态,指法律、规则等不准许发生某行为,少数几例[如(8)第2例和(9)]表示无能力或条件做某事。语用方面,"唔做得"既可以陈述某情状不能发生[如(8)],也能劝勉听话者别做某事[如(9)]。例如:

(8)教友**唔做得**记仇。(信教的人不能记仇。)(《客法词典》,308页)|做里个工夫**唔做得**怕浼。(做这种活儿不能怕脏。)(同上,567页)

(9)里个会你么额分**唔做得**来食。(这个会你没有份额,不能过来吃饭。)(《客法词典》,645页)

(10)行酒令**唔做得**随便个,爱列三叚来话……(行酒令不能随便,要分三句说……)(《对话》,424页)

2.3 情态动词"做得"和可能补语结构的异同

情态动词"做得"和可能补语结构"V得(C)"在句法分布和情态意义上有交叉,但也有明显的区别。

首先,句法分布上,就我们调查的文献材料看,"V得(C)"更倾向于用否定式[4],而情态动词"做得"更多出现于肯定句("做得"直接做谓语时尤其明显)。而且整体看来,可能补语结构"V得(C)"的使用频率远高于情态动词"做得",下面以《对话》《客法词典》和《客英词典》中二者出现的频率为例：

表1

文献 \ 频率	可能补语结构 否定式	可能补语结构 肯定式	情态动词"做得"	否定式	总频率对比
《对话》	94	77	5	6	171∶11
《客法词典》	>400	221	11	7	>600∶18
《客英词典》	217	28	0	0	245∶0

其次，情态动词"做得"和可能补语结构都能表示有某种条件或能力发生某行为，但"做得"还有道义情态用法，而可能补语结构没有。

正如上文所示，情态动词"做得"既能表示有条件或能力发生某行为，也可以表示法规、情理上准许某行为的发生或实现。而据刘月华等（1983：354、363），可能补语结构"V得C"表示主观条件（能力、力气等）或客观条件容许某动作的发生或实现，不能表示情理上许可或准许与否，否则用"（不）能"表达。与"V得C"略有不同，"V得"可表示情理上是否许可（，但依然不能表达准许与否），如"凉水**浇不得**。"客家话的可能补语结构"V得"（否定结构"V唔得""唔V得"）也类似。下面以《对话》里两个相似语境中的情态动词"做得"和可能补语结构为例，说明可能补语结构不具有道义情态功能，与"做得"不同。

会话"局长判案"（488—498页）和"乡长调解村民纠纷"（521—539页），其内容均为父亲不满儿子偷卖家里的田地而与买家产生纠纷，官员因此协调处理。这两个会话中，官员最终判决案件或最初判定事理时，分别使用情态动词否定结构和否定式可能补语结构。为方便比较，现将原文摘抄如下：

（11）（［局长当众对卖田者（王守仁）及其父亲和买者（林清龙）下判决］_{按：笔者添加}）王守仁，你个赌博债，又系佢爷还在，**唔做得**承受子典父田。理应将瑞明写个契据交出来当众焚烧，**唔做得**日后再生事端。

……清龙，你也当体念前情，收回减价契银交还契据，就了决事情。

我系照理公断，各人应当遵从，**唔做得**违反。就系咁得处决，退堂。

以上"唔做得"小句均为局长对案件相关人员的判决，分别表示局长依据法规和情理不准许被告（卖田者）"子典父田"和"日后生事端"，不准许被告（卖田者和买主）和原告（父亲）"违反判决"。

试和下述可能补语结构比较：

（12）（［买主提前来贿赂乡长请其调停，买主简述事实但尚未行贿，乡长回应买主说］_{按：笔者添加}）嗐！论起理来，里摆个事就系你过么理由。佢前时请席，声明脱离父子关系。做䜣侪有行为不正，外人也**寻唔得**佢做爷侪；爷还在，做䜣个人**卖唔得**爷田地；若有卖，邻里、乡亲唔爱承买。当时你也去食佢席里，你今又同佢䜣私通买田，实在唡对人唔住。

以上"寻唔得"和"卖唔得"句，分别为乡长陈述习俗或情理不容许以下两个事件或行为的发生：即外人承认他们是父子关系，儿子偷卖父亲的田地。换言之，上述行为或事件不存在发生或实现的条件和可能。不宜将上述句子分析为乡长或情理不允准不在现场的外人找他做爹、儿子偷卖父亲的田产。

159

总之，早期客家话中表示可以义的"做得"有典型的情态动词功能，它有两种否定形式，但常使用短语"唔做得"表示否定，而且"唔做得"常表示某行为不被准许发生，因此也区别于可能补语结构。

3 当今客家话中的情态动词"做得"

表示可以义的"做得"在很多方言里一般只能直接做谓语，不过，和早期客家话类似，当今有些客家话的"做得"，也能后接谓词短语或含施事的小句，呈现出典型情态动词的特点。本节主要关注后接谓词或小句的情态动词"做得"。

就目前材料看，台湾桃园、新竹、苗栗、屏东等客家话和福建武平、广东大埔和五华等大陆客家话的"做得"仍可后接谓词成分。不过大陆客家话中"做得"的这种功能正逐渐萎缩。而且，和早期材料多用"唔做得"表示否定不同，台湾客家话常用否定式"做唔得"[5]。

3.1 台湾地区客家话中的情态动词"做得"

3.1.1 桃园客家话的情态动词"做得"

桃园客家话（《桃园县民间文学集（客家）》）中，"做得"的功能、句法表现和早期客家话的类似，如后接谓词成分的"做得"没有句类限制[（13）（14）]，可以和其他情态动词共现[（15）]。不过，情态动词"做得"多用"做唔得"表示否定[（16）]。例如：

（13）佢系天然介药草，在汉药肚讲："金银花**做得**润肺止嗽。"（它是天然的草药，医书上说："金银花可以润肺止

咳。")(《金银花》，2466页)

（14）你**做得**同厓讲无？（你可以和我说吗？）(《奈有山歌船载来》，1835页)

（15）厓介精神，**应该做得**做恩介模范。（我的精神，应该可以做你的模范。）(《黄鸡嫲得道》，2644页)

（16）老阿姆做介事，系心舅**做唔得**看介。（婆婆做的事，媳妇不能看。）(《分家遗恨》，607页)

3.1.2 苗栗、新竹客家话中的情态动词"做得"

从《台湾客家语常用词辞典［四县（苗栗市）、海陆腔（新竹市）］》（以下简称《辞典》）和我们的调查看，苗栗、新竹客家话的情态动词"做得"与早期客家话在功能、句法表现上基本相当。如，"做得"也没有句类限制［如（17）］，可以后接谓语成分，包括形容词（短语）［如（19）第一例］和复杂的动词结构或带施事的小句［如（18）］。只是，它们常用"做唔得"表示否定，《辞典》中甚至只有"做毋得"一种形式［如（19）］。不过，新竹客家话（许瑞文，私下交流）实际上也用"唔做得"，而且其句法分布特征和"做唔得"的类似［如（20）］。例如：

（17）佢系有信用个人，厓**做得**保证。（他是有信用的人，我可以保证。）

（18）这只位仔仅**可做得**单侪坐。（这个位子只能一人坐。）｜这笔定存现下到期，**总共做得**领转本利十万五千零银。

（19）佛教徒**做唔得**杀生。（佛教徒不可以杀害生灵。）｜做事情**做唔得**马马虎虎。（做事情不可以马马虎虎。）

（20）恁重要个课**唔做得**无去上，会跈唔着。（这么重要的课不可以不去上，否则会跟不上。）

3.1.3 屏东客家话中的情态动词"做得"

与早期客家话类似，屏东客家话（彭心俞，私下交流）中的情态动词"做得"也有类似的功能和句法表现。不过，"做得"兼具"做唔得"和"唔做得"两种否定形式，只是前者的使用频率更高。例如：

（21）**做得**食夜。（可以吃晚饭。）

（22）你**做唔得**（/**唔做得**）去食朝。（你不能去吃早餐。）

3.2 大陆客家话中的情态动词"做得"

当今大陆客家话中，很多方言的情态动词"做得"一般不能后接谓词成分，只有一些方言可以。

首先，福建武平客家话（严修鸿，私下交流）中的情态动词"做得"可后接动词（短语），这种功能的"做得"只能用"唔做得"表示否定，不用"做唔得"。[6] 例如：

（23）**做得**同偓讲。（可以和我说。）｜偓**做得**来么？（我可以来吗？）

（24）你**唔做得**哝样待爷娭。（你不可以这样对待父母。）｜**唔做得**（/*做唔得）写（/行/讲/话）。[不能写（/走/说）。]

其次，广东大埔、五华、丰顺和平远等客家话（私下交流）中，"做得"也可后接谓词成分。有意思的是，这些方言中后接谓词的"做得"一般也只用"唔做得"表示否定，不用"做唔得"，否则拗口不自然。例如：

（25）佢**做得**寻偓。（他可以找我。）｜也**做得**怎样讲喔。（也可以这样说呢。）｜偓**做得**同汝一下去么？（我可以和你一起去吗？）

（26）你**唔做得**（/*做唔得）行。（你不可以走。）｜偓**唔**

做得（/*做唔得）食。（我不能吃。）

综上考察，我们发现，当今一些客家话中的"做得"仍有典型的情态动词功能，表示可能类动力情态和道义情态功能。整体看来，情态动词"做得"，尤其是大陆客家话中的"做得"，有萎缩的趋向，这体现在分布（包括地理和功能分布）、使用频率和母语者对这种现象的接受度上。此外，从情态动词"做得"的否定形式看，台湾和大陆客家话均有细微变化，即台湾客家话常使用"做唔得"，而大陆客家话中，一般只用"唔做得"。

4 情态动词"做得"的来源和平行例证

上文主要考察了早期和当今客家话中情态动词"做得"的功能和特点，本节将讨论"做得"的来源和形成。

Bybee et al.（1994：188-193）和 van der Auwera & Plungian（1998）在考察可能类情态表达的词汇或语义来源时，认为"知道""到达""获得""完成""强""充足"等可以发展出"能力"和"可能性"。李明（2001：80）在总结汉语情态动词的来源时，也指出"胜任"（如"克、堪"）、"知道"（如"会"）、"达成"（如"得"）和"有能力"（如"能"）等可以发展出"能力"或"可能性"。那么，客家话中的"做得"从何而来？和上述语义来源有无异同？下文尝试回答。

4.1 可能补语结构"做得">直接做谓语的"做得">情态动词"做得"

结合近代汉语和早期客家话中"做得"的功能，我们认为，后接谓词成分的情态动词"做得"源于直接做谓语的"做得"的功能扩展，是语境转换和语用义隐退的结果。而直接做谓语的"做得"是可能补语结构"做得"语法化的结果，其形成条件是补语结构"做得"后不出现补语和宾语。

4.1.1 可能补语结构"做得">直接做谓语的"做得"

早期和当今客家话中，可能补语结构"做得"不但可以后接补语［如（27）］或宾语［如（28）］，也能直接做谓语［如（29）］，此时，"做"意义实在的动作动词，"得"为补语标记或傀儡可能补语（dummy-potential complement）。例如：

（27）么目珠样**做得**到食？（没有眼睛怎么工作赚钱呢？）(《对话》，69页)

（28）打一石谷**做得**五斗米。（一石稻谷可以碾出五斗米。）(《客法词典》，437页)

（29）佢做粗事**做得**，做嫩事**做唔得**。（他可以做糙事，但干不了细活。）(《客法词典》，1175页)

例（29）中，对举的"做得""做唔得"只能分析为可能补语结构，表示主语"佢"是否具备能力或条件做（好）"粗事"或"嫩事"。"做得"中"做"具有动作性，可视为拷贝其前动词短语"做粗事（/嫩事）"中"做"的结果。

不过，在以下语境中，"做得"具有双重分析的可能性。即主句谓语"做得"前出现谓词性指示代词或含有泛义动词"做"的小句所充当的话题，由于话题部分已经明示了某动作，且话题小句谓词和"做得"在线性距离上很近，"做得"结构中"做"的动作性可能因此不凸显，如：

（30）那样都**做得**。（两种都可以做。/两种都可以。）
(《客法词典》，612页)

（31）里件事唔使咁斗紧，从容来做也**做得**。（这事儿不用着急，可以慢慢做。）(《客法词典》，1403页）

上述例句中，(30) 在《客法词典》中有两个解释，即 "Les deux peuvent faire.（两种都可以做。)" 和 "Les deux sont bons.［两种都行/(可以)。]"，这意味着"做得"分别为可能补语结构和可以义（情态）动词；例（31）中的"做得"也有两种理解可能性。一方面，"做得"可以视为可能补语结构"做得"，表示其前的"从容来做"可具有达成的可能性或条件，此时，"做得"相当于"做得来""做得到"等。另一方面，"做得"也可分析为可以义（情态）动词，表示说话者因为时间充裕这一事实，正面评述"从容来做"的可行性。此时，"做得"在功能上相当于普通话谓语位置上的"行""好"等。

随着"做"语义弱化的加深和补语结构"做得"的融合，话题或谓词性主语位置上的谓词不限于泛义动词"做"，而可以是包括动作性强的动词（短语）[如（32）]或静态属性动词短语等[如（33）]。"做得"前甚至可以不出现其他谓词成分而自主成句[如（34）]。此时，"做得"只能理解为可以义（情态）动词。例如：

（32）你发财**做得**，总唔得足意。（你可以赚钱，但你总是不满足。)(《客法词典》，772页）

（33）我都烧火炭，唔使灶头，有风炉就**做得**。(《对话》，13页）

（34）我想请你做我个火头，**做得**么？（我想请你做厨师，可以吗？)(《对话》，2页）

综上所述，直接做谓语的情态动词"做得"源于不出现宾语（指动词"做"的宾语）或补语的可能补语结构"做得"。这是因为二者在形式上完全一致，而且二者语义上都表示"可以"，只是可能补语"做得"明确了可能发生的动作为"做"，而动词"做"的动作语义不具体，这为"做"的动作义弱化（/泛化）直至完全漂白提供了条件。

至于包括"做得"在内的可能补语"V（不）得"的来源，以往很多研究讨论了"得"的性质和来源等相关问题，我们倾向于赞成赵长才（2000：72-81）和吴福祥（2002a）等的观点，即可能补语结构"V得"源于未然语境中表示动作实现的"V得"（最初V常为动作不强，意义抽象的动词）的重新分析，而且可能补语结构早在六朝时期便开始萌芽，晚唐五代时期则已然成熟。否定式"V不得"也经由表实现、结果的述补结构"V不得"发展而来，有唐以来便广泛使用。具体到"做得"，我们发现，《朱子语类》中便有很典型的可能补语结构"做（不）得"，例如"万事须是有精神，方**做得**……人气须是刚，方**做得**事。（卷八·学二）｜读论语，如无孟子。读前一段，如无后一段。不然，方读此，又思彼，扰扰于中。这般人不惟无得于书，胸中如此，做事全**做不得**。（卷二十三·论语五）"

4.1.2 直接做谓语的"做得" > 情态动词"做得"

上文提到直接做谓语的"做得"表示可以义，而且除在问句或回答句中自主成句外，"做得"通常出现在谓词性成分充当的话题或主语后做谓语。这个特征看似迥异于情态动词"做得"修饰其后谓词成分的特点，但是，基于下述理由，我们推断，情态动词"做得"源于直接做谓语的"做得"。

首先，直接做谓语的（情态）动词"做得"表示可以义，与后接谓词成分的情态动词"做得"的相同。只是，二者所处的句法位置或语言环境不同，其信息结构和所表达的语用效果也有区别，即前者的语序为"NP+VP+做得"，更确切地说，这是一种语用语序，其信息结构为，表示某情状发生或实现的"NP+VP"是已知信息，构成一个韵律组块，并且该组块和其后成分间允许停顿，"做得"是焦点信息，是说话者旨在强调的内容，表述条件可行、说话者同意或允诺施事主语做某事［如（32）—（34）］。而后者的语序为"NP+做得+VP"，"做得+VP"或整个句子是焦点信息，既可描述某事有可能、有条件发生，也可以同意或允诺某情状的发生。

其次，直接做谓语的"做得"可能发展为后接谓词成分的情态动词"做得"，其实质是语用义的隐退和语法化程度的加深，其前提条件是交际意图的转换引起信息结构的变化，即由征询意见或同意、允诺某行为，到陈述某情状具有发生或实现的可能性、条件。换言之，直接做谓语的"做得"所在小句是一种语用表达形式，是说话者为突出或强调其认同或允诺对方做某事的结果，是后接谓词成分的情态动词"做得"形成的早期阶段。这也能解释为何"做得"在很多汉语方言中可以直接做谓语（许宝华、宫田一郎，1999：5528；李荣，2002：3830），却无法后接谓词成分。

此外，可能补语结构"做得+C"被重新分析为情态动词短语"做得+VP"的可能性低。这是因为一方面，可能补语结构中的"做"为实义动词，是整个结构的动作义核心。另一方面，补语C常由表示动作结果的动词（指少数具有［+达成］语义特征的动词，如"见、识、成"）、形容词或表示动作趋向的趋向动词，其中，一些由动词（如"住"）尤其是趋向动词（如"来、起") 充当的补语与整个结构的融合度极高,语义很虚,不容他解。而情态动词"做得"后的谓词成分更为复杂,如可受时间、方式状语等修饰,也可以是结果补语结构等,而且通常具有[+可控]语义特征,其语义实在,是结构的动作义核心。

再者,汉语方言中存在类似的现象。如"中"在北方很多方言中是"好、可以"义形容词,可直接充当谓语(许宝华、宫田一郎,1999:708),但在河南叶县及周边方言(付丹丹,2014:53-58)和山东寿光(许宝华、宫田一郎,1999:708)等方言中"中"还有典型的情态动词用法,如叶县方言的"钢笔修了又中使了。|瘦下来了,这个裤子也中穿了。|房子里中点火?"而据已有材料和初步调查,表示可以义的"要得"在成都、贵阳、南昌、长沙等众多方言(李荣,2002:2618-2619)中只能直接做谓语表示赞同或允诺,未发展出典型的情态动词功能。

鉴于当今和早期客家话中情态动词"做得"的功能和句法表现相当,加之"做得"目前集中分布于梅州辖县(/周边)和台湾客家话(迁徙自梅州多地),与嘉应州(今梅州)的"做得"一百余年前便有情态动词功能有关。我们有理由断定当今客家话中的"做得"承袭自早期客家话。

4.2 否定形式"唔做得"和"做唔得"的来源

鉴于否定形式"唔做得"和"做唔得"性质不同:前者是偏正短语,是否定词"唔"对情态动词"做得"即行否定的线性组合;后者是词,"唔"作为构词语素与"做""得"的融合度更高,不容替换。尽管早期客家话存在两种否定性可能补语结构,即"唔V得(C)"和"V唔得(C)",和肯定性可能补语结构类似,其后可出现补语或体词性宾语[见(35)(36)],但我们认为情态动词"做得"的两种否定形式的形成路径不尽相同。情态动词短语"唔做得"很可能是副词"唔"否定情态动词"做得"的结果，情态动词"做唔得"则可能是否定式可能补语"做唔得"语法化的结果，其语法化过程和情态动词"做得"的类似，兹不赘述。

（35）**唔讲得成**价钱。（谈不拢价钱。）（《客法词典》，249页）

（36）你**带唔得落**窟。（你带不进坟墓。）（《客法词典》，150页）

至于为何早期客家话中后接谓词的"唔做得"的使用频率高于"做唔得"，我们认为大概有下述三个原因。首先，早期文献中表示"不可以"义的否定形式"唔做得"和"做唔得"出现的次数不多，后接谓词成分的"唔做得""做唔得"则更少。其次，粤语否定性可能补语的固有形式为"NEG.+V+得"（余霭芹，2001；吴福祥，2005），嘉应州（今梅州）客家话分布于作为强势方言的粤语内部，极有可能受到粤语的影响。而这也能解释为何当今梅州辖区及闽粤边界的福建武平等客家话一般使用"唔做得"而不能用"做唔得"，而台湾众多客家话则更倾向于使用"做唔得"表示否定。再者，本文只选取了部分文献统计"唔做得""做唔得"的使用情况，而且早期语料中，"做得"的否定形式分布不均衡，不能排除其他语料使用"做唔得"的可能性。

4.3 平行例证

情态动词"做得"源于可能补语结构这种现象并非孤例，客家话中的"使得"也经历了类似的演变过程。下面仅列举《台湾客家语常用词辞典》中"使得"的情态动词功能，例如：

（37）台湾苗栗客家话：这领衫系若婆送你个，哪**使得**送分倨？｜垃圾爱丢落垃圾车肚，绝对**使毋得**尽采乱丢，妨碍卫生。

（38）台湾台中（东势镇）客家话：八仙果**使得**润喉。（20页）

（39）台湾中坜市客家话：去枋桥**使得**坐火车。（49页）｜无爸爸个许可，**使毋得**搞计算机。（508页）

总之，客家话中的情态动词"做（唔）得"是可能补语结构"做（唔）得"语法化的结果，而"唔做得"很有可能是否定情态动词"做得"的结果。若再往上溯源，可能补语结构源于表示实现、完成的述补结构的重新分析，（赵长才，2000：78；吴福祥，2002b、2005）这意味着达成义是情态动词"做得"及其否定形式的语义来源，和世界语言、汉语史上的可能类情态动词的语义来源无二致。不过，就形式和语法化过程看，情态动词"做得"的直接来源是可能补语结构"做得"，并非直接由表达成的述补结构"做得"或"得"语法化而来，因此和汉语史上的"能""得"等不同。

5 结语

本文考察了早期和当今客家话中情态动词"做得"的功能、句法表现和语义来源，主张"做得"是可能补语结构"做得"语法化的结果，区别于以往研究中的可能类情态动词。不过，从语义来源上看，"做得"和世界语言或汉语史上的可能类情态动词并无区别。

附 注

① 当今客家话的语料主要选自公开发行的客家话词典和材料集，并辅以补充调查：福建武平，广东大埔、五华、平远、丰顺，台湾屏东、新竹、桃园（龙潭）等。除为表述方便统一使用"唔"（部分文献使用"毋"）标注否定式外，本文引例均依原材料用字，不做统一。

② 《客法词典》（246页）用"audacieux（勇敢），se permettre de（允许），peut-être（可以）"解释"敢"。实际上，"敢"在近代汉语和晋语、闽南语等方言中，也有可以义情态动词用法。

③ 从使用频率看，二者出现的总次数大致相当，但明显都少于肯定式。不过，二者在不同文献中的分布有细微区别（详见下表）。其中，加号后面的数字代表否定式后接谓词成分的次数，括号里的数字表示"做"和"唔得"间插入宾语的次数。

表1

	《客法词典》	《对话》	《启蒙浅学》	《客英词典》	《使徒行传》	《圣经书节择要》	《医界客话读本》
唔做得	2+7	4+5	4	1	2	1	0
做唔得	8（1）	3+1（2）	2（1）	2	0	0	1

④ 早期客家话的否定性可能补语有多种表达方式，包括"V唔得（/到）+（C）""V唔得到""唔V得（/到）+（C）""V+C+唔得（/到）"等。

⑤ "唔"和"毋"为客家方言否定词的记音字，没有意义和分布上的区别，后文统一记作"唔"。

⑥ 武平客家话（严修鸿，私下交流）中情态动词"做得"的使用频率很高。异于"唔做得"可后接谓词成分，"做唔得"只能直接做谓语。与"做得"类似，"舍得"也有"唔舍得"和"舍唔得"两种否定形式，而且二者的句法功能也不同。其中，"唔舍得"一般后接动词或名词，如"唔舍得做（/食）。[舍不得做（/吃）。]"，而"舍唔得"则只能后接名词，如"舍唔得你（/钱）。[舍不得你（/钱）。]"，而更为古旧的"拼得舍得"只有"唔拼得"一种否定形式，没有"拼唔得"。此外，动词"比、食"一般也只用"唔比（/食）得"否定可能性。

参考文献

付丹丹　2014　《叶县方言"中"的意义和用法研究》，河南大学硕士学位论文。

古国顺主编　2005　《台湾客家话概论》，台北：五南图书出版股份有限公司。

柯理思　2006　《论十九世纪客家话文献〈启蒙浅学〉所见的趋向补语》，《语言暨语言学》7卷第2期。

李　明　2001　《汉语助动词的历史演变研究》，北京大学博士学位论文。

李　荣主编　2002　《现代汉语方言大词典》，南京：江苏教育出版社。

刘月华、潘文娱、故　韡　1983　《实用现代汉语语法》，北京：外语教学与研究出版社。

吕叔湘主编　1999　《现代汉语八百词》（增订本），北京：商务印书馆。

吴福祥　2002a　《汉语能性述补结构"V得/不C"的语法化》，《中国语文》第1期。

吴福祥　2002b　《能性述补结构琐议》，《语言教学与研究》第5期。

吴福祥　2005　《粤语能性述补结构"Neg-V得OC/CO"的来源》，《方言》第4期。

徐兆泉编著　2009　《台湾四县腔海陆腔客家话辞典》，台北：南天书局。

许宝华、〔日〕宫田一郎主编　1999　《汉语方言大词典》，北京：中华书局。

余霭芹　2001　《粤语的否定式——一个历史的考察》，"中国东南部方言比较研究计划"研讨会论文，上海。

赵长才　2000　《汉语述补结构的历时研究》，中国社会科学院研究生院博士学位论文。

庄初升　2010　《清末民初西洋人编写的客家话文献》，《语言研究》第1期。

Basel Evangelical Missionary Society 1879 *First Book of Reading in the Romanised Colloquial of the Hakka-Chinese in the Province of Canton*, Basel: Basel Evangelical Missionary Society.

Bybee Joan, Perkins Revere & Willam Pagliuca 1994 *The Evolution of Grammar: Tense, Aspect and Modality in the Language of the World*.

Chicago: The University of Chicago Press.

Charles, Rey 1926 *Dictionaire Chinoi-Fransais: dialecte Hac-Ka (2nd edition)*, Hong Kong: Imprimerie de la société des Missions Étrangres. (Reprinter by Southern Material Center, INC.Taipei)

Charles, Rey 1937 *Conversations Chinoises: prises sur le vif avec Notes grammaticales (Langage Hac-Ka)*, Nazareth-HongKong: Imprimerie de la société des Missions Étrangères de Paris.

MacIver Donald (ed.) 1926 *A Chinese-English Dictionary: Hakka-Dialect as Spoken in Kwang-tung Province* (2nd editon). Revised by Mackenzie, M. C. Shanghai: Presbyterian Mission Press.

Palmer, Frank Robert 2001 *Mood and Modality* (2nd edition). Cambridge: Cambridge University Press.

Van der Auwera Johan & Plungian Vladimir A 1998 Modality's semantic map, *Linguistic Typology* 2: 79—124.

［本文原载《语言研究集刊》(第30辑)，2022年］

从空间位移到话题转换："至""及"的话题转换功能

李小军

（江西师范大学文学院）

1 引言

本文主要探讨上古及中古汉语中的话题转换标记"至""及"的功能、属性及其来源，附带讨论现代汉语中常用的"至于"。在 Talmy（2000/2019：50-57）概括的位移动词词化类型中，"至""及"这类"到达"义动词属于路径动词（motion+path），这类词具有综合性，即词义里面综合了位移动作及位移处所（位移结果）。位移动词后续衍生出来的语义功能非常多，其中一类就是本文讨论的话题转换功能。

"至"的话题转换功能尚未有学者提及，倒是现代汉语中的"至于"有不少学者进行过探讨。饶长溶（1987）认为引入话题的"至于"不是介词，而是连词（承启连词）；王蕊（2004）比较了"对于""关于""至于"的异同，认为它们都是具有篇章衔接功能的介词；李秉震（2012）认为介词"至于"的话语功能就是转换话题，前后两个话题处于相同的认知域。历时溯源方面,最早的董秀芳(2011:269-270)认为跨层结构"至于"汉代时词汇化为动词,进而语法化为表另提一事的介词;周广干(2013)亦讨论了"至于"的词汇化及语法化过程。"及"的话题转换功能张玉金(2010)有一些介绍,认为出土战国文献中此类"及"属于介词,源于"说到、提到"义。此外还有一些辞书如《汉语大词典》《古代汉语虚词词典》等列举了"至(于)""及"的话题转换用法,不过都解释为连词。

上述研究显然为本文的相关探讨提供了很好的基础,不过问题也依然存在。一、古汉语中表话题转换功能的"至""及"的整体使用状况并不清楚,它们的属性尚有争议,一些具体用例的分析也存在差异。二、话题转换功能的来源及形成缺乏探讨,其实现代汉语中的"到"也有非典型的话题转换功能(如"你们都可以这样做,到我就不行了"),而它们起初都为"到达"义动词。三、以往讨论"至于"的词汇化、语法化,因为没有很好联系"至"自身的语义变化,故而对"至于"的解释多少缺乏解释力。

我们认为,"至""及"话题转换功能的形成属于平行演变,都直接源于"到达"义动词。起初为介词,随着句法扩展,就有了非典型介词用法,接近于连词,不过从功能的同一性及解释的最简化角度出发,统一归入介词更合适。话题转换介词"至于"的形成其实就是介词"于"的并入,功能的形成是"至"自身语义演变的结果。下面具体讨论。

2 "至""及"的话题转换功能考察

2.1 "至"

介引话题的"至"始见于战国,两汉至六朝使用频率较高,此时"至"与"至于"并存，同时有"至若""至如""至夫"等双音节形式。唐以降则主要为"至于""至若""至如"，单用的"至"只偶尔见于书面语色彩很浓的文献。本小节考察"至"介引话题时的句法语义及语篇特征，主要从话题的属性入手，考虑到这一时期"至"与"至于"使用上没有差异，故不特意区分"至"与"至于"。

2.1.1 名词性话题与谓词性（小句）话题

"至（于）"介引的话题可以是名词性成分，也可以是谓词性成分乃至小句。名词性话题如：

（1）迭毁之礼自有常法，无殊功异德，固以亲疏相推及。**至**祖宗之序、多少之数，经传无明文，至尊至重，难以疑文虚说定也。(《汉书·魏相丙吉传》)

（2）余谓文制本须讽读，不可蹇碍，但令清浊通流，口吻调利，斯为足矣。**至**平上去入，则余病未能，蜂腰鹤膝，闾里已具。(南朝梁·钟嵘《诗品》卷下)

例（1）前面说"迭毁之礼自有常法"，"至"引入新话题"祖宗之序、多少之数"，前后形成对比。例（2）前面说"清浊通流，口吻调利"，接着说"平上去入，则余病未能"，"至"引入新话题"平上去入"四个声调类型。"至（于）"引入的新话题，与前面的话题具有很明显的对比性，在语篇上就构成了转折关系，因此上诸例"至"替换为"不过、但是"等皆可通。能够替换并不是说"至（于）"就相当于"不过、但是"，而是说表话题转换的"至（于）"在语篇上并不是不可或缺的，加上前后的转折关系又非常明显，这种替换实际上是先删除"至"，而后加上转折词语"不过、但是"。

下面再来看谓词性话题：

（3）刀便剃毛，**至**伐大木，非斧不克。（西汉·刘安《淮南子·说山》）

（4）项王见人恭敬慈爱，言语呕呕，人有疾病，涕泣分食饮；**至**使人有功当封爵者，忍不能予，此所谓妇人之仁也。（《史记·淮阴侯列传》）

例（3）前面说"刀便剃毛"，接着"至"引入新话题"伐大木"，与"剃毛"构成对比。"剃毛"与"伐大木"是两个不同的行为事件，动作难度上剃毛用刀，伐木则需要大斧。例（4）"至"的作用就是将话题转换到"使人有功当封爵"这一事件，进而得出结论"（项羽）妇人之仁"，小句末的语气词"者"也是话题标记，故而此例属于框式双标记结构。

单从前后两个话题的对比关系来看，无论是名词性话题还是谓词性话题，并没有本质差异；说话人有意通过这种话题转换的方式来深化听话人对新话题的认识。

再来看小句性话题。这其实可以分为两种情况：一种是既可以理解为名词性话题，也可以理解为小句性话题。如：

（5）受命不封子者，父子手足，无分离异财之义。**至**昆弟皮体有分别，故封之也。（东汉·班固等《白虎通义·封公侯》）

（6）凡诸命蠕蚑之类，多变其形、易其体。**至**人独不变者，禀得正也。（东汉·王充《论衡·无形》）

例（5）前面说"父子手足，无分离异财之义"，接着说"至昆弟皮体有分别，故封之也"，此句话题其实可以两解。一种理解是"父子"与"昆弟"构成对比话题，则此句可以点断为"至昆弟，皮体有分别，故封之也"。一种理解是"父子手足"与

177

"昆弟皮体有分别"构成对比话题,"无分离异财之义"与"故封之也"分属于两个话题的说明语,则属于小句话题。例(6)也是如此,"至人独不变者,禀得正也"可以点断为"至人,独不变者,禀得正也",则"人"与前面的"蠕虫之类"构成对比话题。不过此句前"至"后"者"构成框式话题标记结构,将"人独不变"视为一种情况更妥,与前面的"蠕虫之类多变其形、易其体"对比,而后引出说明语"禀得正也"。

还有一种是典型的小句话题。如:

(7)春秋之法,未踰年之君称子,盖人心之正也,**至**里克杀奚齐,避此正辞,而称君之子,何也?(西汉·董仲舒《春秋繁露·精华》)

(8)赞曰:仲尼有言"君子欲讷于言而敏于行",其万石君、建陵侯、塞侯、张叔之谓与?是以其教不肃而成,不严而治。**至**石建之浣衣、周仁为垢污,君子讥之。(《汉书·文三王传》)

例(7)不能点断为"至里克,杀奚齐",小句"里克杀奚齐"作为一个事件,是"至"引入的新话题。例(8)"石建之浣衣、周仁为垢污"属于两个事件,"至"引入的也是小句话题(并列式小句话题)。

具有对比性,显然需要进入同一认知框架。上面讨论了三种话题类型,分属于客体框架和事件框架。谓词性话题和小句话题都属于事件框架,行为事件可以差异很大,比如例(4)剃毛与伐大木属于完全不同的行为,但是都会用到金属器具,故而可以构成对比。但是名词性话题并不都是客体框架。像例(2)姊妹与姑构成对比,都是亲属称谓,属于客体框架。

2.1.2 纯对比性话题与递进式对比话题

先来看纯对比性话题：

（9）观庆父及叔牙闵公之际，何其乱也？隐桓之事；襄仲杀嫡立庶；三家北面为臣，亲攻昭公，昭公以奔。**至**其揖让之礼则从矣，而行事何其戾也？（《史记·鲁周公世家》）

（10）桓公用管仲则小也，故至于霸，而不能以王……**至**明主则不然，所用大矣。诗曰："济济多士，文王以宁。"此之谓也。（西汉·刘向《新序·杂事》）

例（9）将前述各种乱事与遵从揖让之礼进行对比，凸显尊礼与行事戾乱二者的差异，谈不上递进关系，属于纯对比性话题。例（10）将齐桓公与其他明主进行对比，齐桓公与其他君主也不构成地位尊卑关系。纯对比性话题还有一种情况，即一件事情的不同阶段，或者一个客体的不同状态构成对比。如：

（11）臣闻骐骥盛壮之时，一日而驰千里。**至**其衰也，驽马先之。（《战国策·燕策三》）

（12）夫君臣之接，屈膝卑拜，以相尊礼矣；**至**其迫于患也，则举足蹴其体，天下莫能非也。（《淮南子·氾论》）

例（11）骐骥盛壮与衰老构成对比，属于骐骥身体状况的两个不同阶段；例（12）是君臣两种不同状态的对比；例（12）则是秦国不同阶段、状况的对比。前一状态与后一状态存在一个发展变化过程，故而上三例"至"还有一定的位移义——达到某种情况或状态。换言之，从语义演变的角度来看，上三例"至"的语义滞留现象更明显，故语法化程度也更低。

再来看递进式对比话题：

（13）孟子曰："拱把之桐梓，人苟欲生之，皆知所以养

之者。**至于**身，而不知所以养之者，岂爱身不若桐梓哉？"（《孟子·告子上》）

（14）今有一人，入人园圃，窃其桃李，众闻则非之，上为政者得则罚之。此何也？以亏人自利也。**至**攘人犬豕鸡豚者，其不义又甚入人园圃窃桃李。是何故也？（《墨子·非攻》）

例（13）桐树梓树都属于植物类，人体在生物链上显然更高级，故而在生物等级序列上存在差异。二者的对比也即在可养度序列上的对比，更关键的是语篇上前后也有明显的递进关系，从最后一句"岂爱身不若桐梓哉"也可看出。例（14）递进式对比更明显，直接说攘人犬豕鸡豚甚于入人园圃窃桃李，属于不义程度等级序列的对比，语篇上前后也构成递进关系。

严格来说，既然构成对比，意味着在对比序列上都存在差异，何以区分为纯对比与递进式对比？这主要在于语篇上显性的递进关系。《现代汉语词典》将"至于"的功能释为"另提一事"，重心在于引入新话题（转换话题），对比是隐性的，比如："昨天已经考完了，至于成绩，先不考虑。"成绩与考试不构成显性的对比关系，而是属于同一个认知框架。但是上古及中古汉语中的"至"，前后话题的对比性非常明显。说话人认为后一事物（事件）在对比序列上等级更高，进而在语篇上显性化，如上两例分别带有比较义的词"不若""甚"，就构成递进式对比。从时间层面来看，先秦时期更多递进式话题，西汉以来纯对比性话题增多，并逐渐成为主要用法。下节我们将讨论到，在语义演变过程中，"至"就经历了空间的位移到性质、状态的位移（变化），故而纯对比性话题的增加可以看作是"至（于）"话题转换功能发展成熟的标志。

2.1.3 现实性话题与虚拟性话题

现实中真实发生的事件作为话题,则属于现实性话题;未然事件或不一定会发生的事件,则属于虚拟性话题。"至(于)"引入的新话题,多为现实性话题,偶尔也会引入虚拟性话题。下两例分属两类不同的话题:

(15)董仲舒说上曰:"《春秋》它谷不书,**至于**麦禾不成则书之,以此见圣人于五谷最重麦与禾也。"(《汉书·食货志》)

(16)善学者若齐之食鸡,必食其跖,数十而后足。刀便剃毛,**至**伐大木,非斧不克。(西汉·刘安《淮南子·说山》)

例(15)董仲舒说《左传》中"麦禾不成则书之",显然是基于书中内容说这句话,属于已然情况,故而为现实性话题。例(16)"伐大木"并不是对已然事件的陈述,是否真去伐大木也不可知,而是提出这一情况与前面的"剃毛"构成对比,故而是虚拟性话题。正因为具有虚拟性,句子可以删掉"至",换成"如"或"若"。一些辞书将这类"至"释为假设连词,不妥。

2.1.4 新引入话题与重新引入话题

"至(于)"引介的话题,绝大部分是首次出现的,如果是前文已经出现的话题,则属于重新引入的话题。如:

(17)始封诸侯无子死,不得与兄弟何?……**至**继体诸侯无子,得及亲属者,以其俱贤者子孙也。(东汉·班固等《白虎通义·封公侯》)

(18)或问:"冯唐面文帝:'得廉颇、李牧不能用也。'谅乎?"曰:"彼将有激也。亲屈帝尊,信亚夫之军,**至**颇、牧,曷不用哉?"(西汉·扬雄《法言·重黎》)

例（17）前面说"始封诸侯无子死，不得与兄弟"，后面说"继体诸侯无子，得及亲属"，虽然都是在讨论诸侯继位事宜，但是"始封诸侯"与"继体诸侯"显然不属于同一个对象，故而此例为新引入的话题。例（18）前面说到廉颇、李牧，此句先说"信亚夫之军"，接着再次提到廉颇、李牧，属于重新引入的话题。

2.2 "至若、至如、至夫、至或"

"至如""至若"始见于西汉，六朝多见，可以引入名词性话题，亦可引入谓词性或小句话题。"至如"如：

（19）夫猎，追杀兽兔者狗也，而发踪指示兽处者人也。今诸君徒能得走兽耳，功狗也。**至如**萧何，发踪指示，功人也。（《史记·萧相国世家》）| 丞相弘燕见，上或时不冠。**至如**黯见，上不冠不见也。（《史记·汲郑列传》）

例（19）引入的分别是名词性话题"萧何"，和小句话题"（汲）黯见"。"至若"如：

（20）自古以来用事于鬼神者，具见其表里，后有君子，得以览焉。**至若**俎豆珪币之详、献酬之礼，则有司存焉。（《史记·孝武本纪》）

例（20）引入的是两个并列式名词性话题"俎豆珪币之详、献酬之礼"。无论是"至如"还是"至若"，引入的话题虽然多样，但都是列举式的，属于纯对比性话题，不像"至（于）"还可以引介递进式对比话题。此外，"至（于）"主要引介简单式话题（单个名词、谓词性成分或小句），"至如""至若"可以引介复合式话题（多个并列式名词、谓词性成分或小句）。这种差异应该与自身语义特征有关，先秦以来，单用的"如""若"也经常用于引入话题，更多是列举性的，故而复合形式"至如""至若"引介话题的功能更强。从结构形式来看,西汉时期的"至如""至若"到底属于同义连用还是并列式复合词不好判断,而东汉至六朝时期用例很多,从频率角度把它们处理为复合词更妥。

"至夫""至或"如:

(21)及躬总大政,一日万机,十许年间,曾不暇给;殊途同归,百虑一致。**至夫**生民所难行、人伦之高迹,虽尊居黄屋,尽蹈之矣。(《魏书·高祖纪》)

(22)今世之人多不务经术,好玩博弈,废事弃业,忘寝与食,穷日尽明,继以脂烛……**至或**赌及衣物,徙虹易行,廉耻之意弛,而忿戾之色发……(《三国志·吴书·王楼贺韦华传》)

"夫"先秦即多用作话题标记(即常说的"发语词"),"至夫"始见于西汉,后世亦有用例。因此最初的"至夫"可能亦是同义连用,后面才凝固为词。例(21)引出新话题"生民所难行、人伦之高迹"。与"至如""至若"一样,"至夫"也只能引介纯对比性话题。"至或"用例极少,因为"或"本身的语义特征所致,只是另提一事,对比性不强。

2.3 "及"

"及"的话题转换功能《汉语大词典》《古代汉语虚词词典》等都有举例,张玉金(2010)也讨论了出土战国文献中此类"及"。不同之处在于前两本辞书将"及"处理为连词,张玉金认为是介词。"及"话题转换功能出现的时间与"至"相仿,不过使用频率远低于"至"。从使用上看,"及"主要介引名词性话题和谓词性话题。名词性话题如:

（23）独五月尝驹，行亲郊用驹。**及**诸名山川用驹者，悉以木禺马代。行过，乃用驹。他礼如故。(《史记·孝武本纪》)

（24）人主好仁，则无功者赏，有罪者释；好刑，则有功者废，无罪者诛。**及**无好者，诛而无怨，施而不德。(西汉·刘安《淮南子·诠言》)

例（23）前面说"行亲郊用驹"，而后说"诸名山川用驹者，悉以木禺马代"，"亲郊"与"诸名山川用驹者"构成对比话题，新话题由"及"引出。例（24）前面说"人主好仁""好刑"，而后"及"引出新话题"无好"，句末"者"也是话题标记，与"至"构成框式话题结构。这三例都属于纯对比性话题。

谓词性话题如：

（25）《老子》之言道德，吾有取焉耳；**及**捶提仁义、绝灭礼学，吾无取焉耳。(《法言·问道》)

（26）人病见鬼来，象其墓中死人来迎呼之者，宅中之六畜也。**及**见他鬼，非是所素知者，他家若草野之中物为之也。(《论衡·订鬼》)

上二例"及"引介的都是谓词性新话题，不过"及"没有"至"那种递进式对比话题。《汉语大词典》举了两例表"如果"的"及"，认为它们是连词。具体如下：

（27）吾所以有大患者，为吾有身，**及**吾无身，吾有何患？(《老子》第13章)

（28）臣闻齐君惕而亟骄，虽得贤，庸必能用之乎？**及**齐君之能用之也，管子之事济也。(《管子·大匡》)

上两例"及"替换为"如果"，句子显然非常通顺，但说

"及"就是假设连词则不妥,这其实就是前面所说的虚拟性话题。如例(27)先说"吾有身"所以有大患,接着说"吾无身"则无所患,但是一个人没有身体显然不可能,故而属于违实性虚拟条件,自然可以删去"至"再加上假设连词"如果"了,前面讨论"至"时也说到了这一点。"及"亦可以与"如""若""夫"等组合。

使用频率上,"及夫"明显要多,"及若"则少见。它们起初亦可能是同义连用,后凝固成词。可以引介名词性话题或谓词性话题,不过都是列举式的,与"至夫""至如""至若"等没有差异。

2.4 介词还是连词?

"至""及"到底是介词还是连词?《汉语大词典》《古代汉语虚词词典》都认为是连词,同时认为"至于"也是连词;黎锦熙、刘世儒(1957)将"至于"称之为"类提连词",饶长溶(1987)称之为"承启连词"。不过《现代汉语词典》将"至于"处理为介词,董秀芳(2011)、李秉震(2012)也认为是介词;张玉金(2010)认为"及"也是介词。何以存在两种截然不同的观点?从句法层面来看,现代汉语中的"至于"有时确实不像是介词而更像是连词,如饶长溶所举下例:

(29)要打仗了,这句话一经说出,早晚准会打仗,至于谁和谁打、怎么打,那就一个人一个说法了。(老舍《骆驼祥子》)

"至于"引导的是小句"谁和谁打、怎么打",而"谁和谁打、怎么打"与"那就一个人一个说法了"又构成"话题-说明"关系,在语篇上即使删除"至于"也不影响语义表达及语篇的完整性。而那种"至于+说到……"句式,如"至于说到二狗,他有出息也罢,没出息也罢,反正家中有钱","至于"就更不像介词了,这也不是介词所出现的典型句法位置。

回到古汉语中的"至""及"。本文拟统一将它们归入介词,主要有两方面的考虑,一是语义功能的同一性,二是归纳的最简化。先说语义功能的关联性。如前面讨论到的,话题转换标记"至"与"及"最典型的就是介引名词性成分,其次是谓词性成分和小句。作为话题的谓词性成分或小句,仍具有指称性质。如前例"至伐大木,非斧不克",话题"伐大木"指称行为本身,"至伐大木"也即"至于伐大木(这种事情)";再如"至里克杀奚齐"这种小句话题也具有指称性质,意即"至于里克杀奚齐(这种事情)"。从语义演变的角度来看,"至""及"本为"达到"义动词,随着语义的抽象化,进而从达到某一空间发展为达到某一范围、事物或状态,换言之,句法扩展与语义的抽象化是完全同步的,无论介引什么成分,都具有功能的同一性。

再说归纳的最简化原则。"至""及"介引的成分与句法表现大致存在如下对应关系:

表1 "至""及"介引的成分与句法表现对应表

介引成分	名词性话题	谓词性话题	小句话题
词类地位	介词	非典型的介词	弱化的介词、非典型的连词

"至""及"以介引名词性话题为主,其次是谓词性话题,小句话题很少。介引名词性话题时介词性非常明显,如果将它们全部归入连词显然不合适;但如果分别归入介词和连词,就忽视了功能的同一性(话题转换),也把问题复杂化了。因此,基于最

简原则，将它们统一归入介词比较合适，现代汉语的"至于"也宜归入介词。

3 "至""及"功能的形成及"至于"的词汇化

3.1 "至"

"至"本义为"到达"，起初为不及物动词，带处所名词时需要"于"介引，后逐渐及物化。如：

（30）赐我先君履，东**至于**海，西**至于**河，南**至于**穆陵，北**至于**无棣。（《左传·僖公四年》）

（31）夏，楚公子庆、公孙宽追越师，**至**冥，不及，乃还。（《左传·哀公十九年》）

不过春秋时期"至"直接带处所宾语的例子少见，战国以后才逐渐增多，华建光（2010）认为"至"西汉时期已经及物化。"至"很早就体现出虚化的趋势，可指"达到某一地步或状态"。如：

（32）激水之疾，**至于**漂石者，势也；鸷鸟之疾，**至于**毁折者，节也。（《孙子兵法·兵势》）

（33）以人之言，而遗我粟，**至**其罪我也，此吾所以不受也。（《庄子·让王》）

无论有无介词"于"，上诸例"至"后面都为谓词性或小句宾语，如"至于漂石"意即"达到使石头飘起来（的地步）"，主要表达一种状态，因此可以看作状态宾语或性质宾语。从空间到性质或状态，是人类语言词汇一种典型的隐喻模式，Heine et al.（1991）认为隐喻关系的等级序列为：人＞物＞活动＞空间＞时间＞性质，"至"的语义变化显然也符合这一序列。再如下面这种例子：

(34) 古者吴阖闾教七年，奉甲执兵，奔三百里而舍焉……**至**夫差之身，北而攻齐，舍于汶上，战于艾陵，大败齐人而葆之大山。(《墨子·非攻》)

(35) 昔我先王世后稷，以服事虞夏……**至于**武王，昭前之光明而加之以慈和，事神保民，莫弗欣喜。(《国语·周语上》)

例(34)前面提到阖闾，而后说到夫差，这属于一条时间轴（从父到子），"至"仍是位移动词，只不过宾语是抽象的时间——夫差（治理国家的时候）。但是语篇结构上，前面说阖闾，而后再说夫差，已经转换了话题。此外，句子本身凸显的不是时间轴，而是不同个体的不同做法，即新话题"夫差"与"阖闾"构成对比。例(35)情况大致类似，先王与武王处于一个时间轴，但句子同样是凸显个体性，武王是新话题。换言之，语义上两例"至"仍属于动词，但是语篇上"至"已经有了引入新话题的功能。再如：

(36) 君臣上下，贵贱长少，**至于**庶人，莫不为义，则天下孰不欲合义矣！(《荀子·强国》)

(37) 且夫制城邑若体性焉，有首领股肱，**至于**手拇毛脉，大能掉小，故变而不勤。(《国语·楚语上》)

例(36)前面说"君臣上下，贵贱长少"，而后说"至于庶人"；例(37)前面说"首领股肱"，而后说"至于手拇毛脉"，都是在说身体部位。这类"至"范围列举、话题转换功能更明显，只是前后项之间往往是同类或同质的，因此"至"仍属于抽象的位移动词。一旦前后名词性成分不同类，或者从名词性成分扩展到谓词性成分，前后小句的句法关系就会发生根本性变化。如：

（38）孟子曰："拱把之桐梓，人苟欲生之，皆知所以养之者。**至于**身，而不知所以养之者，岂爱身不若桐梓哉？"（《孟子·告子上》）

（39）今有一人，入人园圃，窃其桃李，众闻则非之，上为政者得则罚之。此何也？以亏人自利也。**至**攘人犬豕鸡豚者，其不义又甚入人园圃窃桃李。是何故也？（《墨子·非攻》）

与上一类例句的区别在于，这两例新话题与旧话题属于不同类的事物或事件。如前例阖闾与夫差、君臣与庶人，皆是同类，故而事物范围义明显；但是桐树梓树与人体在生物界并不同类，窃桃李与攘人犬豕鸡豚也属于不同的行为事件。从语义角度来看，不在同一个事物范围内，则"至"的位移义就难以凸显，相反，列举功能（引入新话题的功能）就更强。因此，这三例"至（于）"已经可以看作引入新话题的介词。

说上两例"至"的位移义难以凸显，不是说就没有位移义。从列举同类事物到列举不同类事物、行为事件，同类事物不一定存在递进关系，只是范围的变化，而不同事物、不同行为之间的列举，前后可能存在递进关系。在生命度等级上桐树梓树属于低层级，人体属于高层级，从养桐梓到养身体，就构成语篇上的递进关系；攘人犬豕鸡豚在不义程度上显然也高于窃人桃李。正因为语篇上具有递进关系，说明"至"仍残留有位移义，即从低一层级达到高一层级，从这个角度来说，介引带有递进意味的话题说明"至"语法化还不彻底。但可以肯定的是，因为空间的抽象化,这种位移显然也是抽象的位移。

从语篇角度来看,"至(于)"所处句式本为"S1,至(于)S2",如果S2又是一种情况(条件句),则后面就会出现S3。如果S2具有虚拟性或者属于未然事件,就带有假设意味,这种语篇特性其实也是大部分话题标记、条件词出现的共同句法环境。话题标记与条件词往往具有共同属性,江蓝生(2004)在讨论"的话"的词汇化和语法化时也说到这一问题。

介引纯对比性话题的"至"西汉就出现了,如前例(9)(10),两个完全不同的事物或行为事件,难以说从一事物达到另一事物,如例(9)的"至其揖让之礼则从矣",因此可以看作典型的话题转换介词了。"至"后的宾语从名词性成分扩展到谓词性成分、小句,与"至"本身的语义抽象化有直接的关系,在话题属性上,从明显的范围到递进式对比进而到纯对比,也是"至"介引话题功能凸显的表现。说《史记》中的"至(于)"已经具有典型的话题转换功能,还有一个旁证,《史记》中此类"至"还可以与其他话题标记"如""若""夫"等组合构成"至如""至若""至夫"等,也都是典型的话题标记,前面已多有用例,此处不赘。

此处简单讨论一下"至"与"至于"的关系问题。以往学者考察"至于"话题转换功能的形成,多关注"至于"的词汇化和语法化,实则"至于"功能的形成是"至"自身语义演变的结果,"至于"的词汇化只不过是双音化的产物,而非介词功能形成的关键原因。这里还有一个问题,"至"在及物化的同时意味着带宾语可以不要介词"于",何以"至于"仍词汇化,并且近现代汉语中表话题转换主要用"至于"呢?这显然不符合经济原则。唯一的原因就是韵律要求。"至于"无论引导什么成分,与后面的成分往往有一个语音停顿,双音节的"至于"正好构成一个完整的音步(参冯胜利,1996),在"双音步"韵律模式的推动下,"至于"就逐渐凝固成词。跨层组合的词汇化往往涉及理据重构,但是"至于"的词汇化其实只是"至"语义演变过程中介词"于"的并入。

3.2 "及"

"及"本义为"追赶上",进而引申出"达到"义,其后续演变与"至"相同。"及"的空间位移用法如:"不及黄泉,无相见也!"(《左传·隐公元年》),时间位移用法如:"及卫州吁立,将修先君之怨于郑。"(《左传·隐公四年》)下面讨论话题标记功能的形成。先来看两个例子:

(40)昔栾武子无一卒之田……诸侯亲之,戎、狄怀之,以正晋国,行刑不疚,以免于难。**及**桓子骄泰奢侈,贪欲无艺,略则行志,假贷居贿,宜及于难,而赖武之德,以没其身。**及**怀子改桓之行,而修武之德,可以免于难,而离桓之罪,以亡于楚。(《国语·晋语八》)

(41)方臣之少也,进秉笔,赞为名命,称于前世,立义于诸侯,而主弗志。**及**臣之壮也,耆其股肱以从司马,苟慝不产。**及**臣之长也,端委韠带以随宰人,民无二心。(《国语·晋语九》)

例(40)先说栾武子,而后说桓子,再说怀子,具有明显的时间轴,"及"可以看作抽象的时间位移。不过语篇结构上,"及桓子骄泰奢侈……""及怀子改桓之行……",桓子、怀子是作为新话题出现的,故"及"已经具有引入新话题的功能。例

(41)也类此,前面说"方臣之少也……",而后说"及臣之壮也……""及臣之长也……"。换言之,上两例"及"虽然仍是动词,但是在叙述语篇上用于引入新话题。张玉金(2010)所举出土战国文献用例其实也属于这种情况:

(42)昔者尧舜禹汤,仁义圣智,天下法之……**及**桀受幽厉,焚圣人,杀讦者,贼百姓,乱邦家……**及**伍子胥者,天下之圣人也,鸱夷而死。(《上博楚简五·鬼神之明》)

严格来说,此例不算是典型的话题转换介词,一些辞书认为是转折连词,就更不合适了。不过随着动词性的弱化及介引成分的变化,"及"就可能向真正的话题转换介词演变。与"至"一样,只有所带宾语个体性凸显,所达到的范围或情况、状态意味弱化,才能看作真正的话题转换介词。如:

(43)高祖时五来,文帝二十六来,武帝七十五来,宣帝二十五年,初元元年以来亦二十来,此阳气旧祠也。**及**汉宗庙之礼,不得擅议,皆祖宗之君与贤臣所共定。(《汉书·天文志》)

(44)宣笑曰:"吏道以法令为师,可问而知。**及**能与不能,自有资材,何可学也?"众人传称,以宣言为然。(《汉书·翟方进传·薛宣》)

例(43)前面说到阳气旧祠,接着说"汉宗庙之礼,不得擅议",例(44)前面说"吏道以法令为师",后面说"能与不能,自有资材",两例"及"显然也是转换话题。

总的来说,"至"与"及"的演变完全平行,都是从空间位移到事物范围的变化,一旦所带宾语个体性凸显,与前面的话题就形成对比关系。只是"及"的使用频率远不如"至"。

表2 "至""及"的句法及语义演变对应情况

	演变阶段一	演变阶段二	演变阶段三	演变阶段四
宾语类型	空间范围	事物范围	不同事物（名词性宾语）	不同事情（谓词性或小句宾语）
词类地位	实义动词	抽象动词	介词	非典型的介词（接近连词）

4 小结

本文讨论了上古及中古汉语中"至""及"的话题转换功能，而后从历时演变角度探讨了功能的成因及"至于"的词汇化。

"至""及"都可以介引名词性话题、谓词性话题及小句话题，新旧话题具有明显的对比性，有些还属于递进式对比。相对来说，"至"的使用频率远高于"及"，唐以降则主要为"至于"。"至""及"的话题转换功能都直接源于其位移义动词用法，语义的抽象化与所带宾语的扩展同步。随着句法功能的扩展及位移义的弱化，"至""及"就从位移动词演变为话题转换介词，进而有了非典型介词（接近连词）用法，但是从功能的同一性及归纳的最简化角度出发，统一把它们归入介词比较合适。"至于"功能的形成实际上是"至"自身语义演变的结果，"至于"的词汇化就是介词"于"的并入。

汉语史上的"至""及"义项非常多，话题转换功能反而不为学界所关注，其他功能的认识可能也存在不够深入的地方。比如"至"还可以做语气副词表"竟然"义，《汉语大词典》所举最早例证为"先生之巧，至能使木鸢飞"（《韩非子·外储说左上》），但此例"至"仍可以理解为抽象的位移动词，句子意即

"先生之巧,达到了能使木鸢飞(的地步)",典型的语气副词用例西汉才有。《现代汉语词典》收了词条"竟至",释义为"竟然达到",这是把"至"理解为"达到"义了,实际上"竟至"属于同义连用而后凝固成词,汉语史上"竟至""至竟"皆可见。

因此,深化对常用词各个功能的认识,进而探讨它们的语义演变关系,仍任重道远。

参考文献

董秀芳 2011 《词汇化:汉语双音词的衍生和发展》(修订版),北京:商务印书馆。
冯胜利 1996 《论汉语的韵律词》,《中国社会科学》第1期。
华建光 2010 《位移动词"至、往"的及物化过程和机制》,《语言科学》第2期。
江蓝生 2004 《跨层非短语结构"的话"的词汇化》,《中国语文》第5期。
黎锦熙、刘世儒 1957 《汉语语法教材》,北京:商务印书馆。
李秉震 2012 《"至于"的话语功能》,《汉语学习》第5期。
罗竹风主编 1986 《汉语大词典》,汉语大词典出版社。
饶长溶 1987 《"至于"、"关于"不像是介词》,《汉语学习》第1期。
王蕊 2004 《"对于、关于、至于"的话题标记功能和篇章衔接功能》,《暨南大学华文学院学报》第3期。
张玉金 2010 《出土战国文献中的虚词"及"》,《古汉语研究》第4期。
中国社会科学院语言研究所古代汉语研究室 1999 《古代汉语虚词词典》,北京:商务印书馆。
周广干 2013 《"至于"的词汇化和标记化》,《云南师范大学学报》(对外汉语教学版)第1期。
Bernd Heine, Claudi Ulrike & Friederike Hünnemeyer 1991 *Grammaticalization: A Conceptual Framework*. Chicago: University of Chicago Press.
Leonard, Talmy 2000 *Toward a Cognitive Semantics*. Volume2.《认知语义学》(卷2),李福印等译,北京:北京大学出版社,2019年。

汉语虚词的后续演变层次

——以"了""着"的演变为例

李宗江

(解放军信息工程大学昆山校区)

1 问题的提出

研究语法化的人都知道一个实词语法化的规律,被称为"语法化斜坡",说实词的语法化是按照以下的顺序演变的(Hopper & Traugott, 1993):

实词 > 虚词(功能词)> 附着形式 > 屈折词缀 > 零

汉语的词汇语法化是否遵循这一规律?这自然引起了汉语学者的关注。董秀芳(2004)、吴福祥(2005)通过汉语演变的事实说明,汉语实词语法化的特点是没有走完语法化斜坡,用吴福祥(2005)的话说:一个语法词或附着词通常不是进一步演变成屈折词缀,而是跟毗邻的词项融合成一个新的词汇项,原来的语法词或附着词成为新词项的一个词内成分,换言之,汉语语法词或附着词的后续演变是:

实词 > 虚词(功能词)/附着形式 > 词内成分

以上两位学者的结论是不是事实?可能会有争议。比如不敢说就没有哪个汉语方言会有例外。但就汉语传世文献和现代普通话语料反映的情况看，说汉语的官话系统中，语法词或附着词没有向屈折词缀方向的系统性演变，恐怕是个基本的事实。因为几代语言学家对汉语特点的认识，尽管有各种不同的说法，但对汉语没有形态的认识是大体一致的。用吕叔湘（1979）的说法是："汉语缺少严格意义的形态变化。"用朱德熙（1999）的说法是："汉语缺乏形态。"这里的形态或严格意义上的形态变化当然不是指所谓的"广义形态"，而是指通过词的屈折变化来表示语法意义的狭义形态。如果汉语虚词的后续演变能够产生屈折词缀，那么也就没有如上公认的汉语语法特点了。如果说汉语实词语法化的归宿是经过词汇化而成为词内成分，那么需要进一步提出的疑问是：演变到了词内成分这一步就终结了吗？所有成为词内成分的虚词，其性质是相同的吗？比如作为词内成分的"了""着"，它们是否还经历了其他的变化呢？如果说汉语的助词"了""着"是汉语虚词中虚化程度最高的，估计没有人会反对，而且应该是最可能向屈折形式的体标记演化的虚词。因而讨论"了""着"的后续演变具有典型意义。如"完了、算了，为了，按着、沿着、为着"，词典中都作为一个词来看待，那么其中的"了""着"性质相同吗？它们具有怎样不同的层次呢？这是本文试图回答的问题。

2　词汇化

第一个层次是由短语或跨层结构中的助词，词汇化为一个词内成分。作为助词，"了"是用于动词之后，构成"动词+了"

短语，再由"动词+了"词化为一个实词或虚词。这种情况的例子如"得了"，由"动词+助词"的短语向语气词的词汇化：

（1）饭得了没有？（《老残游记》12回）

（2）你多打点酒，让你大叔一块吃就得了啦。（《鸡屎德子》）

（3）我等着坐监狱得了。（老舍《骆驼祥子》）

太田辰夫（1987）、李宗江（2008）都谈到了例（3）中的语气词"得了"是由例（2）中的"就得了"省去"就"演变而来。

跨层结构的词汇化如连接词"完了"的词汇化，例如：

（4）他在接电话，（接完）了就过来。

（5）他在接电话，完了就过来。

（6）后来快解放不到，爷爷就死了，生病死了。完了就剩我们这些人吧。

李宗江（2004）、高增霞（2004）、殷树林（2011）都认为例（6）中的"完了"是由例（5）中的"完了"演变而来，而（5）中的"完了"是由（4）中的"接完+了"省略"接"而成为跨层结构的。

如果某一个类别中包含一个共有成分的词组、短语或跨层结构较多地发生词汇化，那么就会在人心中模式化，其中的共有成分就可能单独抽象为一个类似构词词缀样的成分，于是词缀化就发生了，历史上的"X然""X来""X许"等应该都经历了这个过程。如果一个组合中的共有成分是虚词，那么这个虚词也可能词缀化。比如"动词+助词"词汇化的个例多了以后，将其中的助词抽象化为一个类似后缀样的成分，于是就词缀化了，可以由其派生新词。从近代到现代发生的词缀化，比较典型的是介词后缀"着"。

3 "着"的词缀化

第二个层次就是词内成分的词缀化。词汇化后成为词内成分的虚词,有可能进一步演变为一个构词词缀,成为真正的词法成分。以助词"着"为例。现代汉语中"X着"类介词有很多,如:"按着、奔着、本着、比着、比照着、朝着、趁着、乘着、冲着、当着、顶着、对着、借着、尽着、就着、靠着、可着、冒着、凭着、凭借着、任着、顺着、随着、望着、围绕着、为着、向着、循着、沿着、依着、依仗着、因着、仗着、照着、针对着"等。如果笼统地说,"着"是这些词中共有的词内成分,但需要提出的问题是:这些介词中的"着"性质相同吗?或者说这些词的来源是相同的吗?可以肯定地说,其中有的来自"动词+着"的词汇化,有的来自"介词+后缀"的派生构词。我们重点讨论后者。如要证明介词后缀"着"的存在,需要两个基本前提:一是在助词"着"产生以后,出现了较多的"动+着"向介词的词汇化个案;二是存在介词"X着",但这个介词不是来自词汇化。

3.1 "动+着"的介词化

动态助词"着"产生于隋唐时代,这一点学界基本没有分歧,如太田辰夫(1987)、梅祖麟(1989)、蒋绍愚(2006)等。从文献来看,至晚在南宋到元,已经出现较多的"动+着"介词化的实例。如:

(7)摸到床上,见一个<u>朝着</u>里床睡去,脚后却有一堆青钱,便去取了几贯。(南宋《错斩崔宁》)

（8）当时叉手向前，<u>对着</u>郡王道。（南宋《碾玉观音》）

（9）当下崔宁和秀秀出府门，<u>沿着</u>河走到石灰桥。（南宋《碾玉观音》）

（10）崔待诏既不见人，且<u>循着</u>左手廊下入去，火光照得如同白日。（南宋《碾玉观音》）

（11）石崇扣上弓箭，<u>望着</u>后面大鱼，风地一箭，正中那大鱼腹上。（南宋或元《宋四公大闹禁魂张》）

（12）大官人<u>乘着</u>酒兴，就身上指出一件物来。（南宋或元《万秀娘仇报山亭儿》）

（13）你是婆婆，如何不管！<u>尽着</u>他们泼，像甚模样？（南宋或元《快嘴李翠莲记》）

（14）我这里顺西风悄悄听沉罢，<u>趁着</u>这厌厌露华，对着这澄澄月下，惊的那呀呀呀寒雁起平沙。（元《倩女离魂》）

（15）浪子风流，<u>凭着</u>我折柳攀花手，直熬得花残柳败休。（关汉卿《前调·不伏老》）

（16）又<u>仗着</u>姜维全师守住剑阁关，遂将军情不以为重。（《三国演义》117回）

大量"动词＋着"介词化的结果，是产生了介词后缀"-着"。

3.2 不是来自词汇化的介词"X着"

能够证明"着"后缀化过程完成的标志就是看它能否造成新的介词。可以证实，介词"为着""因着""本着""按着"等并不是来自"动词＋着"的词汇化，而是由单音介词"为""因""本""按"加上后缀"着"造词的结果。

3.2.1 为着、因着

介词"为着"和"因着"较早分别见于南宋和元代，后来也常见。如：

(17) 也只为酒后一时戏言，断送了堂堂七尺之躯，连累二三个枉屈害了性命。却是为着甚的？(南宋《错斩崔宁》)

(18) 专为着几分微利，以致如此。(《二刻拍案惊奇》卷二十一)

(19) 因着法度不均平的上头，管民官无所遵守。(《元典章·刑部》)

(20) 他不知那里因着甚么头由儿，只拿我煞气。(《金瓶梅》18回)

以上例中"为着""因着"与"向着、趁着"等不同，不能理解为是由"动词+着"词汇化而来，因为当助词"着"产生的时候，"为""因"只是介词而不做动词用了。

作为动词"为"只有一个意义，表示帮助、卫护。如：

(21) 予欲宣力四方，女为。(《尚书·益稷》)

在先秦就从这个意义演变出了介词义，如：

(22) 及庄公即位，为之请制。(《左传·隐公四年》)

(23) 我有大事，子有父母耆老，而子为我死，子之父母将转于沟壑，子为我礼已重矣。(《国语·吴语》)

但是作为动词的"为"，到了近代已经消失，所能见到的"为着"都是介词，没有动词，因而"为着"就不可能来自"动词+着"的词汇化。

"因"作为动词，表示依凭，如：

(24) 为高必因丘陵，为下必因川泽。(《孟子·离娄上》)

由此虚化为介词，表示根据或原因。如：

(25) 及至文、武，各当时而立法，因事而制礼。(《商

君书·更法》)

(26)因子而死,吾无悔矣。(《左传·襄公二十三年》)

文献中所见"因着"都是介词例,没有一例是动词例,因而不能将介词"因着"看作来源于"V着"的词汇化。

这就有一个问题,双音介词"为着"和"因着"与同义的单音介词"为"和"因",二者的关系是怎样的?到底是由前者脱落"着"成为后者呢,还是由后者添加"着"而成为前者?董秀芳(2004)持脱落说,她说:"单音介词X的形成也有可能是'X着'变成介词后'着'作为一个无意义的词内成分脱落的结果。介词本身不需要加'着',因此一个先已存在的单音介词不可能通过追加'着'而造成与之同义的双音形式。"董文的这段话存在两个误区:一是认为介词"X着"都是由"V着"词汇化而来的,实际上"为着、因着"无法用词汇化来解释。二是没有看到"介词+着"中的"着"经历了由助词到词内成分再到词缀的过程,而是将其中的"着"仍看作助词。一个单音介词当然无须后加一个助词也不能后加助词变成双音形式。但如果我们将介词中的"着"看作经历了一个词缀化过程,而词缀是可以通过类推造成新词的。因而我们认为"为着、因着"是介词加上后缀而双音化的。其实即使是前面提到的"冲着、向着、趁着"之类,它们到底是来自词汇化还是来自造词,也很难说清。如张谊生(2000)就将"朝着"等介词看作带后缀"着"的派生式介词,这一结论在"朝"等既可做动词,也可做介词的情况下是很难证明的。但存在以上两种情况是一定的!由词汇化而来的词属于词库,是历时演变的结果;而加上后缀构成新词是共时词法作用的结果。(董秀芳,2004)

3.2.2 本着

"本"做动词,可表示"以什么为依据"。如:

(27)凡建国君民,内事文而和。外事武而义,其形慎而杀,其政直而公,本之礼,动之以时,正之以度,师之以法,成之以仁。此之道也。(《逸周书·武纪解》)

(28)凡战法必本于政胜,则其民不争,不争则无以私意,以上为意。(《商君书·战法》)

(29)盖《文心》之作也,本乎道,师乎圣,体乎《经》,酌乎纬,变乎《骚》。(《文心雕龙·序志》)

(30)今若治国不本此五者,则君臣上下漠然无干涉,何以为国!(《朱子语类》卷二十一)

但找不到动词"本"加助词"着"的用例。而表示"依照"的介词"本"在宋代即可见,显然是由上述的动词演化而来的。如:

(31)章帝命车骑将军马防班同三司。延平中,拜邓骘为仪同三司。本此,后世遂又有开府仪同三司之名。(赵与时《宾退录》卷七)

(32)向时大人亦有此书,后因兵火失了,今亦少有人收得。史记又皆本此为之。(《朱子语类》卷七十八)

(33)当时治怨者,皆寻得明道行状后所载说,即本此治之。(《朱子语类》卷一百三十)

"本着"作为介词,初见于清末,如:

(34)他生平最怕与洋人交涉,本着多一事不如少一事的念头,就打电报叫陶子尧停办机器,要回银子,立刻回省销差。(《官场现形记》6回)

(35)同人尽其力之所能,本着这四个宗旨去做。(《新

青年》第七卷一号）

由于在清代以前，都找不见动词"本"加助词"着"的用例，因而以上例中的介词"本着"不可能来自"动词+着"的词汇化，只能理解为是介词"本"加上后缀"着"派生而来的。

3.2.3 按着

"按"做介词，也作"案"，在东汉即已见。（马贝加，1990）如：

（36）帝王欲乐长安而吉者，宜按此天讖，急囚断金兵武备。（《太平经》卷六十九）

（37）二人虽得走，民悉志之：一人面上有青志，如藿叶；一人断其前两齿折。明府但案此寻觅，自得也。（《搜神后记》卷六）

（38）按此时户口，尚有千二百余万，垦田亦八百万顷。（《旧五代史》卷五十八）

（39）然"学而不思"，便是按古本也无得处。（《朱子语类》卷二十四）

文献中没见动词和介词"案着"。在《红楼梦》以前也没见介词"按着"，有动词"按着"4例，都是"用手压着"的意思，《金瓶梅》3例，《封神演义》1例。到了《红楼梦》中已见介词"按着"21例。如：

（40）各处还完了愿，叫把跟着的人都按着等儿赏他们。（《红楼梦》26回）

（41）平姐姐就把那话按着奶奶的主意打发他去了。（《红楼梦》27回）

（42）自己又在手心里用指头按着他方才下笔的规矩写了。（《红楼梦》30回）

如上的事实说明，如果说介词"按着"是由"动词+着"经词汇化而来，显然是说不通的。介词"按"一般认为来自"察考"义，（马贝加，1990；石微，2015），而此义的动词"按""案"加"着"一例不见。因而也就谈不上动词"按（案）"会在《红楼梦》中突然加上体标记"着"而词汇化为介词"按着"，只可能是早已存在的介词"按"加上后缀"着"派生而来。

4 介词"为了""因了"的成因

词内成分"了"是否也经历了如"着"一样的介词后缀化过程呢？事实似不支持这种假设。现代汉语里，"为了""因了"是介词或连接词，它属什么性质？是词汇化吗？是词缀造词吗？看以下的例子：

（43）你为了一妇人，害了你姐夫一家，留此不义之人何用！（《三国演义》57回）

（44）然本因了自心而辨诸教，故恳情於心宗；又因辨诸教而解修心，故虔诚於教义。（《五灯会元》卷二）

"为了""因了"在以上例中都是介词，这两个介词也同样不能理解为来自"V了"的词汇化，因为助词"了"产生时，"为""因"也早不是动词，只是介词。那么能否理解为是单音介词"为""因"加上后缀"了"造词而来呢？这就需要证明真的存在一个介词后缀"了"。从历史文献用例来看，"V了"词汇化的实例不多，词汇化为介词的基本没有，因而也就失去了"了"作为词内成分而后缀化的事实基础。因而只能承认不存在一个介

词后缀"了",那么怎么来理解介词"为了""因了"中"了"的性质?有以下几种看法:

第一种是以石毓智(1995)为代表,他认为其中的"了"仍为体标记。他完全站在共时的立场,认为其中的"了"与动词加体标记一样,也具有指示相对时间位置的功能,也受时间一维性原则的制约。我们觉得这样说很牵强。因为石文一边说动词变为介词就是退化掉了与指示时间信息有关的句法特征,同时又说类似"因""为"这种虚化程度很彻底的介词,还要加上体标记来指示时间信息,这是自相矛盾的。

第二种意见占多数,认为"了"不是体标记。那么是什么?又有三种意见。一是以董秀芳(2003)为代表,认为是词内成分。她是站在历时的立场,认为"介+助词"是词汇化的结果,即由"动+助词"词汇化而来。上文我们已经否定了这种看法的合理性。

二是以金昌吉(1996)为代表,他认为:一些双音节中的"了""着"都可以看作介词本身固有的成分,如"为了、除了、本着、沿着",而有些介词后面的"了""着"则是临时加上去以凑足音节的,如"当着、按着、向着、乘着"。这种意见看到了这种成分的非同质性,分为两种情况,那么介词本身固有的"了""着"是怎么来的呢?对固有的和临时加上去的这两种情况如何区分呢?作者没有给出令人信服的说明。

三是以陈昌来(2002)为代表,认为是由"动词+了/着"类推来的,即有体标记之名没有体标记之实。我们觉得就"因了""为了"来说,说是由"V了/着"向介词的过度类推,是有道理的。大量出现的"V了/着"产生了一种类推的力量,影响到了与动词功能相近（比如都能带宾语）的介词之上，于是产生了与单音介词同义的双音介词。但是有一个理论障碍，就是这种由实词到虚词的类推似说不通。对于"为了""因了"中的"了"我们倾向于是由介词后缀"着"类推而来。"着"与"了"作为助词的类同性影响到了后缀之上。这样看，介词后的"了"就也是词缀的性质。即：

动词＋着$_{助词}$　　动词＋了$_{助词}$

介词＋着$_{后缀}$　→　介词＋？（了$_{后缀}$）

如果是这样，那么同样为词缀，情况也不一样。"着$_{后缀}$"是由词汇化而形成的词内成分演变而来，而"了$_{后缀}$"并非由词内成分直接演变而来，与词汇化没有直接的关系，而是语法系统作用的结果。

5　小结

助词"了""着"是公认的汉语语法化程度较高的成分，它们的后续演变具有以下三个层次：

第一，"动词＋了／着"词汇化为词内成分；

第二，由词内成分后缀化；

第三，后缀化类推到同类的虚词，如"了"作为介词后缀是后缀"着"类推的结果。

表示"不计算在内"义的"除了"，并不是一个介词，其中的"除"仍是动词，"了"不是词内成分，仍是助词。

作为介词后缀，"着"和"了"的特点有：一是能产性不强，所能造成的介词不多，特别是"了"；二是没有转类功能，即不能将其他词类的词通过附加后缀"着""了"转为介词。从目前考察的情况来看,包括"于"在内的来自虚词的后缀,主要是由已有的词加上后缀构成多音节词,意义和用法没有显著的变化,用词缀与否,似乎构成了一个词的韵律变体,具有调节韵律和谐的作用,如:

为国捐躯	*为了国捐躯
为了胜利,前进!	?为胜利,前进!
不能为私利去害人	*不能为着私利去害人
忠诚于党	*忠诚党(比较:忠诚教育事业)

比较以上前后两列,加后缀"了""着""于"与否,造成了韵律上的显著差异,这种差异严重影响了相关组合的可接受性。

参考文献

陈昌来 2002 《现代汉语介词的内部差异及其影响》,《上海师范大学学报》(社会科学版)第5期。

董秀芳 2003 《论"X着"的词汇化》,《语言学论丛》第28辑,北京:商务印书馆。

董秀芳 2004 《汉语的词库与词法》,北京:北京大学出版社。

高增霞 2004 《自然口语中的话语标记"完了"》,《语文研究》第4期。

蒋绍愚 2006 《动态助词"着"的形成过程》,《周口师范学院学报》第1期。

金昌吉 1996 《汉语介词和介词短语》,天津:南开大学出版社。

李宗江 2004 《说"完了"》,《汉语学习》第5期。

李宗江 2008 《完成动词向句末虚成分的演变》,《历史语言学研究》第1辑,北京:商务印书馆。

吕叔湘 1979 《汉语语法分析问题》,北京:商务印书馆。

马贝加 1990 《介词"按、依、乘、趁"探源》,《温州师范学院学报》

（哲学社会科学版）第 3 期。
马贝加 1996 《介词"因"辨义》,《语文研究》第 2 期。
梅祖麟 1989 《现代方言里虚词"着"字三种用法的来源》,《中国语言学报》第三期，北京：商务印书馆。
石 微 2015 《现代汉语介词"按"的形成和发展》,《北华大学学报》（社会科学版）第 5 期。
石毓智 1995 《时间的一维性对介词衍生的影响》,《中国语文》第 1 期。
〔日〕太田辰夫 1987 《中国语历史文法》，蒋绍愚、徐昌华译，北京：北京大学出版社。
吴福祥 2005 《汉语语法化研究的当前课题》,《语言科学》第 2 期。
殷树林 2011 《也说"完了"》,《世界汉语教学》第 3 期。
张谊生 2000 《现代汉语虚词》，上海：华东师范大学出版社。
张谊生 2019 《汉语介词及介词短语再演化的模式、动因与功用》,《语言教学与研究》第 5 期。
赵元任 2002 《中国话的文法》，丁邦新译，香港：香港中文大学出版社。
朱德熙 1999 《语法答问》，北京：商务印书馆。
Hopper, paul J. and Traugott, Elizabeth C. 1993 *Grammaticalization*. Cambridge: Cambridge University Press.

论上古汉语否定句中代词宾语前置的语用属性

梁银峰

（复旦大学中国语言文学系）

1 引言

众所周知，上古汉语否定句中的代词宾语经常位于动词之前，对于代词宾语置于动词之前的原因，古汉语学界尚未达成一致意见。本文拟对上古汉语否定句代词宾语前置的原因以及该句式的句法属性提出己见，旨在表明在立足汉语事实的基础上借鉴西方语言学理论是推动汉语历史语法研究不断发展的必由之路。

2 上古汉语否定句中代词宾语前置究竟是句法现象还是语用现象？

古汉语学界一般认为，与上古汉语中疑问代词宾语前置于动词很少有例外相比，[①]否定句中代词宾语前置于动词似乎不是那么严格。那么，为什么上古汉语中否定句的代词宾语要前置？前置的原因又是什么？我们认为，其原因无非有两种可能性：其一，原始时代的汉语里所有的宾语都是置于动词之前的（即是SOV型语序语言，如目前藏缅语族的很多语言就是如此），到了先秦时代，由于语言的发展，名词宾语首先移到了动词之后，而代词宾语仍在动词之前，没有变动。持此观点或与此种观点接近的学者，如邢公畹（1947/2000）、俞敏（1981）、王力（1989：198）、洪波和曹小云（2004）、刘丹青（2004）等。现代法语就经历了这种演变，它现在是SVO型语言，而它的原始母语——拉丁语却是以SOV语序为主的，现代法语中代词宾语前置是早期SOV语序的遗留。（参见Bauer，1998）其二，上古汉语中否定句代词宾语前置不是句法现象，而是语用现象。换言之，在上古汉语中，为了凸显句子中某个特定的焦点，宾语被放在了动词之前，这是通过采用非常规语序来表达焦点的常见语言手段。如徐杰和李英哲（1993）、丁邦新（1997）、徐杰（2001：149-153）、路广（2004）等学者就认为宾语前置这种特殊语序是用来"加强语气"或"强化焦点"的。两相比较，我们倾向于接受后一种意见。

无独有偶，在匈牙利语中也有焦点前置现象，只不过匈牙利语焦点前置不限于代词，只要是焦点成分，就一律移到动词之前。例如（转引自Horvath，1986）（大写字母代表重读）：

（1）a. Attila　felt　a　　　foldrengestol.
　　　　阿提拉 怕　定冠词　　地震
　　　　阿提拉怕地震。
　　　b. Attila　A　　　　FOLDRENGESTOL　felt.
　　　　阿提拉 定冠词　　地震　　　　　　　怕
　　　　阿提拉是怕地震。/阿提拉怕的是地震。

（2）a. Mari az asztalra tette az edenyeket.
　　　玛丽 定冠词 桌子上 放 冠词 盘子
　　　玛丽把盘子放在桌子上。
　　b. Mari mit telt az asztalra?
　　　玛丽 什么 放 定冠词 桌子上
　　　玛丽把什么放桌子上了？

3 对否定句中代词宾语前置是句法现象的一些证据的辨正

根据现代藏缅语族很多语言是SOV语序，从而推测原始汉语也是一种SOV型语序语言，这只是一种理论假设，由于缺少充足的证据，本文不拟介入这种讨论。但刘丹青（2004）提出上古汉语否定句中代词宾语前置是基于某些句法规则或者受到某些句法条件的制约，并为此提出了几条重要依据，却值得我们深入思考，也有进一步讨论的必要。

第一，上古汉语否定句中代词宾语前置是否主要受制于"代词宾语比名词宾语更容易前置"这一语言共性？

杨伯峻、何乐士（2001：791）指出："问句中疑问代词宾语前置是先秦汉语中一条比较严格的语法规律。"这一点基本上得到了古汉语学界的普遍认可。对于这条句法规则的动因，刘丹青先生认为："疑问代词是固有的信息焦点，但其前置的位置已经高度语法化，从而成为刚性的句法规则。"这一点我们是赞成的。[②]对于否定句中代词宾语前置，刘先生认为它同疑问代词宾语前置一样，"在先秦汉语都是句法现象，是句法化的SOV语序，与占主流的 SVO 语序并存"。刘先生的这一观点首先基于 Greenberg（1966）所归纳的一条语言共性：如果代词宾语在动词之后，那名词宾语也在动词之后。也就是说有"代词-动词""动词-名词"的语言，没有"动词-代词""名词-动词"的语言，因为代词宾语比名词宾语更倾向前置。可问题在于：假如否定句中代词宾语前置是一种句法操作，那么如何解释还有相当数量的否定句中代词宾语不前置的情况呢？对此，刘先生也坦承："同一类成分在同样的句法条件下可前可后，取舍之间就有语义语用等方面因素的影响。""否定句宾语因否定词不同而表现出语序差异，可能有指称方面的因素，还可能有信息结构方面的因素，而这些因素又没有完全语法化为句法规则，于是出现两可的情况。"刘先生的这些表述本身似乎存在矛盾：既然认为先秦汉语否定句代词宾语前置是句法现象，就不存在"没有完全语法化为句法规则"的现象，反过来说，如果承认先秦汉语否定句代词宾语前置还"没有完全语法化为句法规则"，那么先秦汉语否定句代词宾语前置就不是句法现象。傅京起、徐丹（2009）曾经提到过西非 Leggbó 语，在这种语言中，只要是否定句，都要采用 SOV 语序（即宾语前置），这是强制性的，对宾语本身没有任何语义限制（比如不管宾语是有定的还是有指的），这说明 Leggbó 语的宾语前置现象语法化得非常彻底，已经完全发展成一种句法规则了。

第二，宾语从句的语序是否能够反映一种语言的基本语序？刘丹青先生发现，不管是疑问代词宾语前置，还是否定句中代词宾语前置，这两类代词宾语不仅出现在独立句中，还可以出现在从句中（虽然后一种情况只占少数）。如下面两例：

（3）不患<u>人之不己知</u>，患不知人也。（《论语·学而》）[3]

(4)公曰:"寡人有子,未知其谁立焉!"(《左传·闵公二年》)④

刘先生认为,从句内部的语序是更为固定的,更能体现一种语言的基本语序特征。

我们注意到,刘丹青先生所举的例(3)(4)中的下加线部分都是充当宾语从句。学界一般认为,句子的信息编排一般遵循从旧到新的原则,越靠近句末信息内容就越新,因此句末成分往往体现的是常规焦点(参见张伯江、方梅,1996:73),因此说宾语从句反映了语言的基本语序需要慎重。由于从句是句子内部的构造成分,一般不受语境等外界因素的制约,因而将从句作为鉴别某种句法结构是有标记结构还是无标记结构的手段有其合理之处,不过也有学者指出,最适合做鉴别标准的并非所有从句(笔者按,如宾语从句、话题从句、介词从句、定语从句等),而只是定语从句(参见施春宏,2004)。根据施春宏先生的研究,在现代汉语中,"把"字句、"被"字句、受事话题句(如"这本书小张看完了")、施事话题句("小张这本书看完了")等有标记的派生句式(与无标记的基础句式即"施事+动词+受事"相对而言)以及标记度比较低的受事主语句进入宾语从句的自由度很大或者相对容易一些,尤其是由"说、知道"之类的桥式动词(bridge verb)所带的宾语从句,几乎对所进入的句法结构类型没有限制。根据这种观点,情态词(助动词或语气副词)、非常规句式等带有主观性或强调性的词或句式进入从句存在着一个等级序列:

(5)宾语从句>话题(主语)从句>定语从句

在这个等级序列中,如果情态词、非常规句式进入从句,越是靠近左边的从句类型越容易进入,越是靠近右边的从句类型越不容易进入。按照上面的等级序列规则,宾语前置句本身充当宾语从句而进入从句是相对较为常见的现象,因而似乎不能轻易把这种句子作为先秦汉语存在 SOV 语序的主要证据。

第三,"是+V"格式是否反映了上古汉语的句法规则?

刘丹青先生认为上古汉语指示词"是"做宾语要前置也是句法规则,"是+动"格式(包括"是以"式)具有重要的理论价值,因为指示词"是"作为宾语不可能都是焦点之所在,这类结构是纯句法性质的 SOV(以及 OP,即"宾语+后置词")语序。姑且不论上古汉语中尚有一定数量的"V+是"格式用例,[5] 单就"是+动"格式而言,我们认为没有证据表明它不是焦点前置格式。我们注意到,上古汉语中除了"是+动"以外,人称代词做宾语时也可以移至动词之前(即占据"是"的位置)。例如:

(6)葛之覃兮,施于中谷,维叶莫莫。<u>是</u>刈<u>是</u>濩,为絺为绤,服之无斁。(《诗·周南·葛覃》。孔颖达疏引舍人曰:"是刈,刈取之。是濩,煮治之。"[6])

(7)谋之其臧,则具<u>是</u>违。谋之不臧,则俱<u>是</u>依。(《诗·小雅·小旻》。臧,善也。具,同"俱"。)

(8)凡厥庶民,极之敷言,<u>是</u>训<u>是</u>行,以近天子之光。(《尚书·洪范》)

(9)日,民献有十夫予<u>翼</u>,以于敉宁、武图功。(《尚书·大诰》)

(10)节彼南山,维石岩岩。赫赫师尹,民具尔<u>瞻</u>。(《诗·小雅·节南山》。具,同"俱"。)

值得注意的是,在上述格式的基础上,前置宾语和动词之间还可以添加"之"（构成"代宾+之+动"格式），其中指示性代词宾语不限于"是"，还可以是"此""彼""斯"。⑦例如：

（11）颍考叔，纯孝也。爱其母，施及庄公。《诗》曰："孝子不匮，永锡尔类。"其<u>是之谓</u>乎？（《左传·隐公元年》）

（12）诗云："殷鉴不远，在夏后之世。"<u>此之谓</u>也。（《孟子·离娄上》）

（13）语曰："唇亡则齿寒。"其<u>斯之谓</u>与？（《穀梁传·僖公二年》）

（14）野语有之曰："闻道百，以为莫己若者。"<u>我之谓</u>也。（《庄子·秋水》）

一般认为，"名宾（包括代宾）+之+动"格式产生的一个重要原因是由于名宾前置于动词后，强调的意味不明显，所以才在名宾后加上"之"（或者"是""斯"）来复指以起强化作用，使名宾成为句子的焦点。从这个角度说，"代宾+之+动"格式乃至"代宾+动"格式也是一样的，宾语提前是表达焦点信息的需要，是语用因素造成的，不是句法现象。

4 否定和焦点存在关联

4.1 "否定词+代宾+动"和"否定词+动+代宾"在语义上的差别

韩学重（1996）认为，虽然"否定词+代宾+动"和"否定词+动+代宾"在形式上只是语序的不同，但在语义上是有区别的。比如"不知己"（《庄子·人间世》）和"不己知"（《论语·学而》）、"弗知之"（《韩非子·奸劫弑臣》）和"弗之知"

（《墨子·鲁问》）、"莫如之"（《左传·文公十三年》）和"莫之如"（《左传·昭公十五年》），"未尝闻之"（《晏子春秋·内篇杂下》）和"未之尝闻"（贾谊《论积贮疏》）。在"否定词+动+代宾"格式中，"不"否定的是"动+代宾"这个动宾结构，即"不"是对这个动宾结构所表示的行为的否定（"代宾"是语音上无需重读）；而在"否定词+代宾+动"中，"不"重点是对"代宾"所表示的对象的否定（"代宾"在语音上是重读的）。换言之，前一种句式是单纯用来否定某种动作行为的，后一种句式是对行为的对象起强调作用的。从这个角度看，"否定词+代宾+动"仍是一种语用格式，其使用是受到语用因素的驱动。下面再举一个典型的例子：

（15）吾问无为谓，无为谓<u>不应我</u>，非<u>不我应</u>，不知应我也。吾问狂屈，狂屈中欲告我而不我告，非不我告，中欲告而忘之也。（《庄子·知北游》）

在上面的例子中，"不应我"是客观陈述，而"（非）不我应"虽然也是说话人对前文事实的重述，但还兼带强调语气（与后一句"不知应我也"对照），强调不是不回答我，而是不知道该怎么回答我。"非不我应"中，"非"是对"不我应"的否定，而"不"仅是对"我"的否定。如果这句话说成"非不应我"是不可想象的，否则是与前一句"（无为谓）不应我"前后矛盾的。

4.2 "否定词+代宾+动"中的"代宾"是焦点信息

韩学重先生所谓"否定词+代宾+动"格式是对行为的对象起强调作用，实际上表明了代宾是句子的焦点化信息。石毓智、徐杰（2001）明确提出代词在否定句中焦点化，所以代词和疑问代词一样，也是焦点，这一点我们是同意的。[8]

否定和焦点具有密切的关系。在英语中，当否定词位于句首表示强调时，助动词常常移至主语之前。例如：

(16) At no time *was* war as imminent as now.

Not even ten years ago *could* you see such a film.

With no coaching *will* he pass the exam.

徐杰、李英哲（1993）曾经指出，否定词除了具有否定功能 [+Neg] 外，还有强化焦点 [+F]（focus）的作用。否定词的这两种功能在双重否定句中可以更清楚地看出来。如：

(17) a. 他会知道。（肯定）

　　b. 他不会知道。（否定）

　　c. 他不会不知道。（双重否定）

　　d. 他是会知道（的）。（强调）

比较 a 和 c 就会发现，在 c 中，否定意义在双重否定中被抵消了，但它们的强调功能并没有被抵消，反倒加强了（一个变成了两个）。可见双重否定并不等于简单的肯定，这句话可以表示为：双重否定－简单肯定＝强调。

徐杰、李英哲（1993）还举过下面的例子：

(18) 且人之欲善，谁不如我？（《左传·僖公九年》）

在这个例子中，疑问代词"谁"做主语，由于它已是句子的焦点，所以后面的代词宾语"我"不可能再置于动词之前表示强调，因为一个单句中一般不可能有两个焦点。我们认为这一解释很有说服力。[9]

关于否定的焦点，吕叔湘（1985）指出："跟问句有疑问点一样，否定句也常常有一个否定的焦点。这个焦点一般是末了一个成分，即句末重音所在（即除去语助词，人称代词等）。但如果前边有对比重音，否定的焦点就移到这个重音所在。"沈家煊（1999：72）也有类似的表述："一般而言，句子中被否定的成分总是出现在否定词的后面，如果出现在否定词的前面，那就要加标志，例如加特殊重音。"吕、沈二位先生说的是现代汉语的情况，我们认为他们的表述也适用于上古汉语。熊仲儒（2005）把吕、沈二位先生的话做了更简洁的概括："否定的焦点即为句子的对比焦点或自然焦点"，"换句话说，否定算子（negative operator）跟焦点关联（association with focus）。"举一个现代汉语的例子：⑩

(19) a. 老王 [没来]。（"没来"是中性否定，"没"否定"来"）

b. [老王]_F 没来。（"老王"是焦点，重读，"没"否定的是"老王"，句子的预设是"有人来了"。）

c. 是 [老王]_F 没来。（与 b 相同，唯一的区别是焦点"老王"之前添加了焦点标记"是"。）

还有一个证据能够证明否定词不是单纯表否定。吕叔湘（1942/1990：272-273）在谈到上古汉语句末语气词"也"的应用范围时说："单独的肯定句用'也'字的，不及单独的否定句多。""否定句用'也'字比肯定句多，也许是因为否定句一般地比肯定句的语气强，更多确认的作用。"例如：

(20) 孟子曰："伯夷隘，柳下惠不恭。隘与不恭，君子不由也。"（《孟子·公孙丑上》）

(21) 君子之至于斯也，吾未尝不得见也。（《论语·八佾》）

根据以往的研究，上古汉语（主要是先秦汉语）中，否定句代词宾语提前有一定的规律性，代词宾语提前跟否定词的形式有关，也跟代词的形式有关。周光午（1959）通过考察上古汉语的语料，发现不同的代词跟不同的否定词相应时，便有不同的表现形式，其中有这样两点：在否定词"莫"字句和"未"字句里，逆序句式占最大优势，不过顺序句也有相当数量；在"不"字句里，代词宾语的顺序句比逆序句的数量几乎多到三倍，占压倒优势。另据杨伯峻、何乐士（2001：789-790）对《左传》中否定句代词宾语前置句的调查，在"未"字、"莫"字否定句中以宾语前置为主，而在"不""弗""勿"字否定句中，则以宾语后置为主。类似的意见也见于王力主编的《古代汉语》教材（第一册，264页，中华书局，1999年第3版），他认为"未""莫"字否定句中代词宾语前置很少有例外。

徐丹（2004：12）的统计资料与上述学者的结论相吻合。据她的统计分析，上古汉语中第一人称代词"我"和"不"搭配，有VO和OV两种语序；第二人称代词"尔""女"/"汝"和"不"搭配时，绝大多数场合是OV的形式。只能在宾语位置出现的第三人称"之"如果和"未""莫"同现，常见的形式是OV，但当"之"和"不"一起使用时，VO的形式是主流。具体情况见下表：

表1 人称代词与否定词在上古汉语里常见的搭配形式

	第一人称		第二人称	第三人称	
	OV语序	VO语序	OV语序	OV语序	VO语序
不	不我V	不V我	不尔V 不女（汝）V		不V之
未				未之V	
莫				莫之V	

值得注意的是"未之V"和"莫之V"两种句式。我们认为,当句子中的否定词是"未"和"莫"时,之所以代词宾语"之"一般都提至动词前,很少有例外,这与"未""莫"的语义特征有很大关系。我们知道,上古汉语的否定词"未"表示动作尚未完成(与"既"相对),但实际上它除了表示否定和包含时间性以外,还带有一定的主观性。如邢公畹(1948/2000)就认为,"这一个副词(笔者按,指'未'字)不但含有时间性,而且含有意志成分——它是一个对以往(过去以迄现在)表示否定,对将来却表示可能或愿望的副词。"董建交(2013)也赞同这一观点,他说:"'未'是主观的已然否定,相当于现代汉语普通话的'还没有',它不用于对过去客观事实的简单否定。"[11]与此语义特征相适应,上古汉语的否定词"未"虽然不能和"矣"共现,但经常与表示叙实语气的句末助词"也"共现("未……也"相当于现代汉语普通话的"还没有……呢")。如:

(22)今是长乱之道也。祸未歇也,必三年而后能纾。(《左传·襄公二十九年》)

(23)子曰:"由也升堂矣,未入于室也。"(《论语·先进》)

(24)未有仁而遗其亲者也,未有义而后其君者也。(《孟子·梁惠王上》)

(25)人固未易知,知人亦未易也。(《史记·范雎蔡泽列传》)

至于"莫"字,众所周知,它是个否定性无指代词(或叫"无定代词"),是对某一范围内周遍性的人、事物或事情的否定,相当于现代汉语普通话"没有谁""没有什么(东西或事情)",自然也有一定的主观性。

由于"否定词+代宾+动"格式是一种焦点化格式,在上古汉语中它经常出现在"非现实句"或惯常句中(虽然不是绝对的),主要包括:(ⅰ)祈使句;(ⅱ)包含情态词(如"能""得""敢""肯""或")、心理动词(如"忍")的主观情态句;(ⅲ)表示说话人的主观判断或评价的句子、假设或条件复句中表示推论的结果分句,即认识情态句。略举数例如下:

(26)惠公蠲其大德,谓我诸戎,是四岳之裔胄也,毋是翦弃。(《左传·襄公十四年》)

(27)我无尔诈,尔无我虞。(《左传·宣公十五年》)

(28)硕鼠硕鼠,无食我黍。三岁贯女,莫我肯顾。(《诗·魏风·硕鼠》)

(29)楚君之惠,未之敢忘,是以在此。(《左传·僖公二十八年》)

(30)保民而王,莫之能御也。(《孟子·梁惠王上》)

(31)从许子之道,则市贾不贰,国中无伪;虽使五尺之童适市,莫之或欺。(《孟子·滕文公上》)

(32)鲁人从君战,三战三北。仲尼问其故,对曰:"吾有老父,身死莫之养也。"(《韩非子·五蠹》)

(33)以吾一日长乎尔,毋吾以也。居则曰:"不吾知也!"如或知尔,则何以哉?(《论语·先进》)

(34)日月逝矣,岁不我与。(《论语·阳货》)

(35)骄而不亡者,未之有也。(《左传·定公十三年》)

(36)君子曰:"无节于内者,观物弗之察矣。欲察物而不由礼,<u>弗之得矣</u>。"故作事不以礼,<u>弗之敬</u>矣;出言不以礼,<u>弗之信矣</u>。(《礼记·礼器》)

5 结论

上古汉语中,疑问代词宾语和否定句中的代词宾语提前实质上都是焦点前移,两者的区别是前者在上古汉语中已经发展成一种强制性语法规则,几乎没有例外,因而是一种句法现象;后者由于没有强制性,且否定句中代词宾语提前与否定词的形式有很大关系,是可以进行解释的,因而是一种语用现象,或者说是一种没有完成语法化的现象。

附 注

① 上古汉语,尤其是先秦时期,疑问代词宾语后置的例子非常少见,在某些凝固结构(如"如何""若何""奈何")中以及充当介词"于/於"的宾语时可以后置。关于这个问题的详细讨论,可参见何乐士(2004:265—304)。

② 不过需要强调的是,我们认为上古汉语疑问代词宾语前置是焦点成分前置以后语法化的结果,而不是原始汉藏语SOV语序的残留。

③ 与此例类似的一个例子是:"汩余若将不及兮,恐年岁之不吾与。"(屈原《离骚》)"年岁之不吾与"意即"年岁之不与吾","时不待我"之意。"年岁之不吾与"作动词"恐"的宾语。

④ 梁银峰(2018:190)认为此例中"其谁"的"其"是由定冠词发展而来的构词成分。

⑤ 例如:"初,魏武子有嬖妾,无子。武子疾,命颗曰:'必嫁是!'"(《左传·宣公十五年》。"是",指"嬖妾")|"叔孙指楹,曰:'虽恶是,其可去乎?'乃出见之。"(《左传·昭公元年》。"是",指楹

柱）|"魏王使将军辛垣衍令赵帝秦，今其人在是。"（《战国策·赵策三》。"是"，这儿，指赵国都城邯郸）

⑥ 有的学者将"是"释为"乃"，则"是"为连词，非指示性代词（参见高亨《诗经今注》第3页，注［八］，上海古籍出版社，2009年5月），暂备一说。

⑦ 在上古汉语中，由前置指示性词代词宾语"是""此"构成的"是之谓""此之谓"逐渐成为一种凝固结构。

⑧ 但他们同时认为这两种特殊语序是一种语法手段而不是语用手段，我们是不同意的。

⑨ 在第十四届全国古代汉语学术研讨会（2018年8月14日—8月17日，陕西师范大学）上，有学者向笔者指出了下面的例子："天下为治第，令骠骑视之，对曰：'匈奴未灭，无以家为也。'"（《史记·卫将军骠骑列传》）后人把"无以家为"改为"何以家为"（更能体现出霍去病以国家兴亡为己任的豪迈气概）。"何"和"家"似乎都是焦点，"何以家为"中的"家"为焦点成分无疑，至于"何以"，笔者倾向于将它当作一个复音词，而不必再做内部结构分析。退一步说，即使把"何"分析为介词"以"的前置宾语，"何"也只是次焦点（与强焦点"家"相对而言）。

⑩ 此例转引自熊仲儒（2005），但我们的分析与熊文稍有差异，文字分析和说明图式做了改动。

⑪ 刘丹青（2005）指出，**现代某些华南方言根据预设区分客观已然否定和主观已然否定**。如在广州话中，"冇"表示客观报导的事件没有发生，"未"则表示某事件应发生而到说话时尚未发生（如"佢冇去"是客观叙述他没有去这一事件，而"佢未去"则表示他尚未去［但可能他将要去］）。

参考文献

丁邦新　1997　《汉语词序问题札记》，《中国境内语言暨语言学》第四辑《语言类型》，台北："中研院"历史语言研究所。

董建交　2013　《上古汉语否定词系统研究综述》，《语言研究集刊》第十一辑，上海：上海辞书出版社。

傅京起、徐 丹 2009 《SVO语言里的宾语前置》,《民族语文》第3期。

韩学重 1996 《先秦否定句中"否+代宾+动"结构的语法特点》,《北京大学学报》(哲学社会科学版)第6期。

何乐士 2004 《左传虚词研究》(修订本),北京:商务印书馆。

洪 波、曹小云 2004 《〈汉语语法化的历程〉商兑》,《语言研究》第3期。

梁银峰 2018 《汉语史指示词的功能和语法化》,上海:上海教育出版社。

刘丹青 2004 《先秦汉语语序特点的类型学观照》,《语言研究》第1期。

刘丹青 2005 《汉语否定词形态句法类型的方言比较》,(日本)《中国语学》252号。

路 广 2004 《古汉语宾语前置和焦点理论》,《南阳师范学院学报》(社会科学版)第10期。

吕叔湘 1942/1990 《中国文法要略》,见吕叔湘著《吕叔湘文集》(第一卷),北京:商务印书馆。

吕叔湘 1985 《疑问·否定·肯定》,《中国语文》第4期。

沈家煊 1999 《不对称和标记论》,南昌:江西教育出版社。

施春宏 2004 《汉语句式的标记度及基本语序问题》,《汉语学习》第2期。

石毓智、徐 杰 2001 《汉语史上疑问形式的类型学转变及其机制——焦点标记"是"的产生及其影响》,《中国语文》第5期。

王 力 1989 《汉语语法史》,北京:商务印书馆。

邢公畹 1947/2000 《〈诗经〉"中"字倒置的问题》,原载上海《大公报·文史周刊》三十六期,8月27日;另见邢公畹著《邢公畹语言学论文集》,北京:商务印书馆。

邢公畹 1948/2000 《〈论语〉中的否定词系》,原载《国文月刊》第66期;另见邢公畹著《邢公畹语言学论文集》,北京:商务印书馆。

熊仲儒 2005 《否定焦点及其句法蕴含》,《中国语文》第4期。

徐 杰 2001 《普遍语法原则与汉语语法现象》,北京:北京大学出版社。

徐 杰、李英哲 1993 《焦点和两个非线性语法范畴:"否定""疑问"》,《中国语文》第2期。

杨伯峻、何乐士 2001 《古汉语语法及其发展》(修订本),北京:语文出版社。

俞　敏　1981　《倒句探源》,《语言研究》第 1 期。

张伯江、方　梅　1996　《汉语功能语法研究》, 南昌: 江西教育出版社。

周光午　1959　《先秦否定句代词宾语位置问题》, 见中国语文杂志社编《语法论集》(第三集), 北京: 中华书局。

Bauer, Brigitte 1998 From Latin to French: the linear development of word order. Draft, University of Nijmegen, The Netherlands. (From internet)

Greenberg, Joseph 1966 Some universals of grammar with particular reference to the order of meaningful elements. In Greenberg, Joseph(ed.). *Universals of Language*. Cambridge: MIT Press.

Horvath, J 1986 *Focus in the Theory of Grammar and the Syntax of Hungarian*. Foris: Dordrecht (Holland) .

Xu Dan 2004 *Typological Change of Chinese Syntax*. Oxford: Oxford University Press.

汉语伴随到被动的语义演变模式[*]

龙国富

（中国人民大学文学院）

1 引言

德国著名语言类型学家马丁·哈斯普马特（Martin Haspelmath）教授认为伴随格（comitative）不太可能直接发展到表被动的施事格（agent），中间还可能存在一个工具格（instrument）阶段。（Heine & Kuteva，2012：106）Heine & Kuteva（2012：106）说："我们所举的语例全部来自西印度洋地区，需要更多语例进一步证明这一语法化过程。"Heine & Kuteva（2012：117）又说："虽然这些用例来自不同的语群，但是我们在非洲以外的语言中没有找到这一语法化过程的用例，需要更多用例以确定这一过程的概念内涵和地域分布。"本文有关汉语的案例初步证明，汉语史中存在伴随到被动的语义演变模式，中间不需要经过工具格的阶段。

---

[*] 本研究得到国家社科基金重大项目"近代汉语后期语法演变与现代汉语通语及方言格局形成之关系研究"（项目编号：19ZDA310）资助。

本文研究三个问题：一、汉语伴随到被动的语义演变模式；二、其他语言伴随到被动的语义演变模式；三、汉语伴随到被动语义演变模式的形成。本研究有关伴随介词到被动标记的语义演化模式可以为类型学提供证据。有关汉语伴随到被动的语义演变模式的形成规律和特征的讨论，对伴随格到被动格这一语义演变的类型研究具有借鉴意义。

2 汉语史中伴随到被动的语义演变模式

2.1 上古汉语伴随到被动的语义演变模式

汉语史中"与"的用法多样，存在多种语义演变模式，以往的研究已经注意到伴随动词到伴随格介词再到并列格连词的语义演变模式，（吴福祥，2003）伴随动词到伴随格介词到工具格介词再到方式格介词的语义演变模式，（吴福祥，2003；金小栋、吴福祥，2016；李小军，2022）以及给予动词到使役再到被动的语义演变模式（冯春田，2000；郑宏，2009）。除此之外，"与"还存在伴随到被动的语义演变模式，即由伴随动词到伴随格介词再到被动标记的语义演变模式。先看"与"的伴随动词用法。如：

（1）桓公知天下诸侯多与己也，故又大施忠焉。(《国语·齐语》)

（2）夫天下之报殃于无德者也，必与其民。(《大戴礼记·用兵》)

例（1），三国韦昭注："与，从也。"例（2），清王聘珍解诂："与，从也。"这类动作动词，表伴随。

再看"与"的伴随介词用法。如：

（3）其母曰："能如是乎？与女偕隐。"遂隐而死。(《左传·僖公二十四年》)

（4）且合诸侯而灭兄弟，非礼也；与卫偕命，而不与偕复，非信也。(《左传·僖公二十八年》)

（5）请召盟，许之，与魏锜皆命而往。(《左传·宣公十二年》)

例（5）指赵旃请求召请楚国人前来结盟，楚国人答应了。赵旃和魏锜都受命前去。以上用例中，"与"做伴随介词，与表伴随的"皆""俱"并举，引进动作行为的伴随者。这种用法中"与"跟"俱""皆"搭配使用组合成"与……皆（俱）"结构，表示事物的伴随，"与"做伴随介词。

有的句子为伴随格式，谓语动词表被动。如：

（6）阳州人出，颜高夺人弱弓，籍丘子鉏击之，与一人俱毙。偃，且射子鉏，中颊，殪。(《左传·定公八年》)

此例中的"籍丘子鉏击之，与一人俱毙"指籍丘子鉏击打颜高，颜高和另外一个人都被击倒在地上。这种用法中"与"跟"偕/俱"搭配使用组合成"与……偕/俱"结构，表示事物的伴随，同时谓语动词表被动。

最后看"与"的被动用法。如：

（7）吴王夫差栖越于会稽，胜齐于艾陵，为黄池之遇，无礼于宋，遂与勾践禽，死于干隧。(《战国策·秦策五》)

例（7）大意为吴王夫差把越王勾践围困在会稽山上，又在艾陵一役中大败齐国，后来在黄池主持诸侯会盟，对宋无礼，最后为勾践所擒，死在干隧。

（8）秦攻周，而周聚谓秦王曰："为王计者不攻周。攻周，实不足以利，声畏天下。天下以声畏秦，必东合于齐。兵獘于周。合天下于齐，则秦不王矣。天下欲獘秦，劝王攻周。秦与天下獘，则令不行矣。"（《史记·周本纪》）

例（8）"秦与天下獘"中的"獘"同"弊"，指疲惫。王引之《经传释词》引《战国策》云"言秦为天下所疲也。""与"均为引进行为施事的被动标记。此例中的"秦与天下獘"，在《战国策·西周策》中作"秦与天下俱罢"。它可以看作伴随义到被动用法的过渡用例。因为根据句法结构它既可理解为秦与天下诸侯都陷入疲惫之中（宋鲍彪释），而根据句法意义又可理解为秦被天下诸侯陷入疲惫之中（王引之释）。

可见上古汉语"与"存在伴随动词到伴随介词再到被动的语义演变模式。

2.2　汉译佛经中伴随到被动的语义演变模式

中古汉译佛经中，"与"字有伴随介词到被动的语义演变模式。如：

先看"与"的伴随介词用法。如：

（9）赢人便恶父喜母，已喜不喜增意生，当却是男欲独与赢人共乐。（东汉安世高译《地道经》）

（10）怛萨阿竭、阿罗呵、三耶三佛，与四部弟子共坐。（东汉支娄迦谶译《道行般若经》卷二）

（11）尔时四万天人与释提桓因共来大会。（东汉支娄迦谶译《道行般若经》卷二）

（12）法师意悔，不欲与弟子经，闻异国中谷贵，语受经人言："善男子知不？能与我俱至彼间不？"（东汉支娄迦

229

谶译《道行般若经》卷四）

以上用例中，"与"做伴随介词，引进动作行为的伴随者。这种用法中"与"跟表伴随的"共/俱"搭配使用组合成"与……共/俱+动词"结构，表示事物的伴随。

再看"与"的被动用法。如：（转引自周晓彦、龙国富，2020）

（13）于是文殊师利与诸菩萨大弟子及诸天人眷属围绕，俱入维耶离大城。（吴支谦译《维摩诘所说经》卷一）

此例中的"文殊师利与诸菩萨大弟子及诸天人眷属围绕"指文殊师被菩萨大弟子、天人以及仆从们所围绕。属于被动句，"与"表被动标记。

（14）佛出祇树，与大比丘及诸菩萨、天龙神鬼、眷属围绕。释梵四王，华香妓乐，于上供养，香汁洒地。（西晋竺法护译《生经》卷一）

（15）其土有佛，号离垢紫金宿华王如来、至真、等正觉，与无央数诸菩萨众眷属围绕，宣布导化。（西晋竺法护译《正法华经》卷九）

（16）是妙音菩萨摩诃萨，欲从净华宿王智佛国，与八万四千菩萨围绕，而来至此娑婆世界。（后秦鸠摩罗什译《妙法莲华经》卷七）

（17）一时佛游拘萨罗，在人间，与大比丘众翼从而行。（东晋僧伽提婆与僧伽罗叉译《中阿含经》卷一）

（18）时，婆罗门即下高楼，敕侍者严驾，与彼村人前后围绕，诣舍婆林。（后秦佛陀耶舍共竺佛念译《长阿含经》卷七）

（19）尔时善住大龙象王与彼八千诸龙象等前后导从，

还诣善住娑罗树林所。(隋阇那崛多等译《起世经》卷一)

这种用法也见于唐代汉译佛经中。如：

（20）王闻是信心甚欢喜，从宝座起，与诸臣佐及诸眷属前后翊从，诣无忧园。(唐地婆诃罗译《方广大庄严经》卷二)

汉译佛经中"为于"被动句与"与"字被动句存在相类似的语言环境，可以类比旁证"与"字被动用法。如：(转引自周晓彦、龙国富，2020)

（21）还如今日善思如来，为于大众、声闻、人、天恭敬围绕，听佛说法，信受奉行。(隋阇那崛多译《佛本行集经》卷一)

（22）尔时，菩萨为于彼等一切诸仙左右围绕，于前行至彼所居处，随意游行，观看种种坐起安禅苦行精进求道之处。(隋阇那崛多译《佛本行集经》卷二十)

下面用例"与"字被动句跟"为"字句共现。如：(转引自周晓彦、龙国富，2020)

（23）尔时，频头娑罗王在高楼上，与诸大臣围绕而坐，遥见菩萨，为诸大众前后导从，安庠而行，入王舍城。(隋阇那崛多译《佛本行集经》卷二十三)

"与"字与"为于"被动句及"为"字被动句互用，可以旁证"与"字为被动句用法。

上面"与……俱"表被动的用法可以进一步通过梵汉对勘证明。如：

（24）a. 于是文殊师利与诸菩萨大弟子，及诸天人眷属围绕，俱入维耶离大城。(吴支谦译《维摩诘经》卷一)

b. :atha   mañjuśrīḥ   kumārabhūtas tair   bodhisatvair
  Indec. m.sg.N.   m.Pl.I.   m.Pl.I.
  于是 文殊师利 （被）诸法王子 （被）诸菩萨

mahāsatvais taiś ca śrāvakais taiś ca
m.Pl.I. Indec. m.Pl.I. Indec.
（被）诸摩诃萨 和 （被）诸声闻弟子 和

śakrabrahmalokapālair devaputraiś ca parivṛto
m.Pl.I.   Indec. ppp.m.sg.N.
（被）诸释梵护世天王   和 被围绕

Vaiśālīṃ mahānagarīṃ praviśati sma//
m.Sg.Acc. f.sg.Acc. past.3.sg.
毗舍离 大城   进入

（引自黄宝生，2011）

此时文殊师利被这些菩萨声闻帝释梵天和护世天王以及天子们所围绕着，进了毗舍离大城。

mañjuśrīḥ k'umārabhūtas，指作为王子的文殊师利，主格。tair bodhisatvair mahāsatvais taiś ca śrāvakais taiś ca śakrabrahmalokapālair devaputraiś，指这些菩萨声闻帝释梵天和护世天王以及天子们，工具格，表示"被围绕"的施事。parivṛto:（pari-√vṛ）ppp.sg.nom. 被围绕。原文的工具格表示被动的施事，支谦译作"与……围绕，俱"翻译。[①] 梵汉对勘发现，"与"字被动句是从梵文原典表被动的过去被动分词翻译而来的。

汉译佛经中此类"与"字被动句有一定限制，谓语动词仅见"围绕""翼从""导从""翊从""供养""恭敬""尊重""赞叹"诸词。一般见于佛经经文开头部分，佛准备为众生说法前被众生围绕、供养、敬重的场景。句子表达积极、高兴的语义色彩，没有常规被动句消极、遭受的语义色彩。句子结构表示被动，"与"承担被动标记。句子主语为行为动作的受事者，宾语为行为动作的施事者，句法上表达一种施受关系。受事者为地位尊贵的一方，如"佛""菩萨""王""婆罗门"等。施事者则为地位稍低且多以群体形式出现的一方，如"弟子""比丘""臣""随从""大众"等。"与"字被动句语境单一，使用频率不高，始终未扩展至其他更大的语境，也未被中土文献所接受。

汉译佛经中"与"存在伴随介词到被动的语义演变模式。

3　其他语言伴随义到被动义语义演变模式

非洲西印度洋斯瓦希里语（Swahili）、塞舌尔克里奥耳法语（Seychelles CF）、罗得里格斯岛克里奥耳法语（Rodrigues CF）等，均存在有伴随格发展为介引施事的被动格。（参见 Heine & Kuteva, 2012）这一演化路径并不为汉语所独有，具有类型学意义。

据 Heine & Kuteva（2002）研究，世界语言中有伴随 > 被动施事（comitative>agent）的语义演变模式。非洲斯瓦希里语（Swahili）中的"na"（和……一起）有伴随格前置词 > 被动结构施事标记的演化过程。如：（引自 Heine & Kuteva, 2012：106）

（25）a. a-　　　li-　　　ondaka　na　　mke- we.
　　　1 类名词- 过去时- 离开　伴随格 妻子- 他的
　　　他和妻子一起离开了。

　　　b. a-　　　li-　　　it- wa　　na　mke- we.
　　　1 类名词- 过去时- 叫- 被动　被　妻子- 他的

他被妻子叫去了。

塞舍尔克里奥耳法语(Seychelles CF)(av)ek(和……一起)的通用前置词>被动句中的施事标记,(av)ek源于法语avec(和……一起)。如:(Corme, 1977: 71; 转引自 Heine & Kuteva, 2012: 106)

(26)a. mô　　　　　　koz　ek　　u.
第一人称:单数 谈　伴随格 第二人称:单数
我与你一起谈谈。

b. ban brâs i 　　　　n Kase ek divâ.
复数 树枝 第三人称:单数 完结体 折断 被　风
树枝被风吹断了。

(26a)中塞舍尔克里奥耳法语ek为伴随格标记,引进"谈"的对象第二人称"你",而(26b)中"ek"由伴随格标记变为被动标记,用于被动句中引进施事"风divâ"。

罗得里格斯岛克里奥耳法语(Robrigues CF)中的通用前置词(av)ek(和……一起)>被动句中的施事标记,(av)ek源于法语avec(和……一起)。如:(Corme, 1977: 164-165; 转引自 Heine & Kuteva, 2012: 106)

(27)a. mô　　　　　　koz ek　u.
第一人称:单数 谈 伴随格 第二人称:单数
我与你一起谈谈。

b. lisiê i 　　　　gaÿ morde ek 　pis.
狗　第三人称:单数 得到 咬　被　虱子
狗被虱子咬了。

(27a)中罗得里格斯岛克里奥耳法语ek为伴随格标记,引进"谈"的伴随者第二人称"你u",而(27b)中"ek"由伴随格标记变为被动标记,用于被动句中引进施事"虱子pis"。

非洲塞舍尔克里奥耳法语与斯瓦希里语不同之处在于:非被动句中,斯瓦希里语中伴随格"na"引进的是伴随者,著者称之为"伴随格前置词",而塞舍尔克里奥耳法语中伴随格"ek"引进的是动作的关涉对象,著者称之为"通用前置词"。最终两者都可以用于被动句,作为引进施事的被动标记。

前面所讨论的内容是带施事的被动用法,还有从伴随格发展而来的不带施事的被动用法。Kilian-Hatz(1992)研究,非洲巴卡语(Baka)"tɛ"(和……一起)由伴随格前置词发展为被动标记。如:(Kilian-Hatz, 1992:63;转引自Heine & Kuteva, 2012:117)

(28) bèlà à mɛɛ́lɛ tɛ.

   工作 体标记 做:过去时 被动:第三人称:单数

   工作做完了。

拉芒语(Lamang)nda(和……一起)由伴随格前置词发展为被动向后附着语素。如:(Wolff, 1983:171-172;转引自Heine & Kuteva, 2012:117)

(29) ndá da zùwì.

   被动 绳子 编:过去时

   绳子编好了。

可以看出,由伴随到被动的语义演变模式不仅出现于上古汉语和中古汉译佛经"与"字被动句中,也广泛出现于非洲西印度洋斯瓦希里语(Swahili)、塞舍尔克里奥耳法语(Seychelles CF)、罗得里格斯岛克里奥耳法语(Rodrigues CF)等语言中。由伴随到被动的语义演变特征具有鲜明的类型学特征。

4 汉语伴随到被动语义演变模式的形成

汉语"与"从伴随到被动语义演变模式的形成有其语义演化路径,也有其独特的语义演变特征。其演化路径为:伴随动词＞伴随介词＞被动标记。

先秦"与"可为"偕同、随从"义。如:

(30)赵王不听,与平阳君为媾。(《战国策·赵策三》)

鲍彪注:"与,从之也。""与"作动词,表伴随。

上古"与"表伴随义存在做动词和介词两可理解的用法。如:

(31)损益盈虚,与时偕行。(《易·损》)

(32)岂若卑论侪俗,与世沉浮而取荣名哉。(《史记·游侠列传》)

(33)蟬蛤龟珠,与月盛虚。(《大戴礼记·易本命》)

例(31)句意为变通趋时。"与"表伴随义,可看作动词,也可看作介词。例(33),孔广森补注引高诱曰:"与,犹随也。"此例"与"可做两可分析:既可看作动词,理解为"蟬蛤龟珠可以随着月亮盈亏而盛衰";如《孔子家语·执辔》:"蟬蛤龟珠,与日月而盛虚。"王肃注:"盛则蟬蛤之属满,月亏则虚。"也可看作介词,理解为"蟬蛤龟珠与月亮盈亏一起盛衰"。"与"在"主语＋与＋宾语＋动词"结构中,既可以看作主语的行为动作,也可以看作引介宾语的介词,作为动作的伴随,通过结构重新分析,"与"进一步虚化为表伴随的介词。如:

(34)盘庚乃告谕诸侯大臣曰:"昔高后成汤与尔之先祖俱定天下,法则可修。舍而弗勉,何以成德!"(《史记·殷本纪》)

（35）是日何时丧？予与女皆亡。(《史记·殷本纪》)

以上用例中，"与"做伴随介词，与表伴随的"俱/皆"组合成"与……俱/皆"结构，表示事物的伴随。例（35）属于司马迁引《今文尚书·汤誓》。"与"，《今文尚书·汤誓》中作"及"。司马迁用"与"替换"及"。钱宗武（2003）将"及"释作介词。

有时，"与……偕/俱"结构中的谓语可做被动用法。如：

（36）籍丘子鉏击之，与一人俱毙。(《左传·定公八年》)

此例中的"与一人俱毙"，杨伯峻（1990）注："谓颜高及其他一人俱被击而仆地。""毙"本作"獘"，本指倒地。《说文》："獘，顿仆也。"段玉裁注："獘本因犬仆制字，假借为凡仆之称。"[②]"毙"为自动词。如"多行不义，必自毙。"(《左传·隐公元年》)自毙指失败。例（36）中表被动的"毙"为他动词，它是怎么由自动词发展为他动词的？[③]"毙"是通过使动用法带宾语来实现自动词发展为他动词的。如：

（37）若欲得志于鲁，请止行父而杀之，我毙蔑也。(《左传·成公十六年》)

毙，为他动词，带对象宾语"蔑"，蔑，孟献子。"毙蔑"为使之死，指杀死他，或为被杀死。杨伯峻、徐提将"毙蔑"译作"杀死孟献子"。[④]陆德明释文："毙，婢世反。"再如：

（38）专则速及，侈将以其力毙，专则人实毙之，将及矣。(《左传·襄公二十九年》)

毙，带对象宾语，为他动词，使之死，指杀掉他，或为被别人杀掉。杨伯峻、徐提将"人实毙之"译作"别人就会要他的命"，[⑤]指别人就会杀掉他。陆德明释文："毙，婢世反。"支部。还有一读毗祭反，月部，不送气。再如：

（39）子射诸，射之，毙一人……又毙二人。每毙一人，掩其目。(《礼记·檀弓下》)

毙，带对象宾语，他动词，使动用法。"毙二人"指击毙二人。陆德明释文："毙，本亦作獘，婢世反。"再如：

（40）夫以卫赐之贤，一说而毙两国。(《后汉书·荀彧列传》)

李贤注："〈子贡〉至吴，请夫差伐齐。又之越，说勾践将兵助吴……故子贡一出，存鲁乱齐、破吴。""毙"带宾语，使动用法，"毙两国"指挫败两国，或两国被打败。

战国时期"与"存在伴随结构形式但句子语义为被动的共现用法。如：

（41）秦欲攻周，周最谓秦王曰："为王之国计者，不攻周。攻周，实不足以利国，而声畏天下。天下以声畏秦，必东合于齐。兵弊于周，而合天下于齐，则秦孤而不王矣。是天下欲罢秦，故劝王攻周。秦与天下俱罢，则令不横行于周矣。"(《战国策·西周策》)

此例"秦与天下俱罢"中的"罢"，《广雅·释诂一》："罢，劳也。"王念孙疏证："罢与疲同。"

"疲"，本为自动词，符羁切，歌部，送气浊音，指劳累、困乏。《说文》："疲，劳也。"《玉篇》："疲，乏也。"先秦发展出他动词用法，拍逼切，入声，职部，不送气清音。可带宾语，使动用法，指使之疲惫，亦指被人陷入疲惫之中。此例中的"罢秦"为使秦疲，"罢"为他动词，使动用法。"罢"是通过使动用法带宾语来实现自动词发展为他动词的。再如：

（42）取陵于大国，罢民而无功，罪及而弗知，侨之耻

也。(《左传·昭公十六年》)

杨伯峻、徐提在《白话左传》中将"罢民"译作"使百姓劳累"。⑥

(43) 亟肄以罢之,多方以误之。(《左传·昭公三十年》)
此段大意为:屡次突袭快撤使他们疲劳,用各种方法使他们失误。杨伯峻(1990)注:"罢之:使之疲劳。"

根据历史事实,例(41)中的"秦与天下俱罢,则令不横行于周"句意当为一旦当秦的国力随着众诸侯之合纵而被陷于疲惫之中,那么秦之号令也就不能施行于天下。"与……俱"结构本为表示伴随,而句子意义却表示被动,结构形式与句子意义出现矛盾。对此王引之《经传释词》云:"家大人曰:'与'犹为也。此'为'字读平声。"又说:"原本作'秦与天下罢',言秦为天下所疲也。今本作'秦与天下俱罢','俱'字乃后人不晓文义而妄加之。"⑦

其实,例(41)中"俱"并非王氏所说为后人所加,而是本有其字。所以不解其意,是因为他们是以传统训诂学的眼光理解词义,没有历史语言学理论的眼光。历史语言学理论关注语法意义区分以及句子语义和结构形式之关系变化。例(41)的正确理解需要有关现代语言学理论,即"与……俱"结构与动词结合时,其语义和结构形式之间的演变从平衡到不平衡再到平衡这样一种互动关系。春秋时期,"与……俱+动词"格式主要用于表伴随,其语义和结构形式之间是平衡的。到战国时期,"与……俱+动词"格式发展为表被动的构式义,如"秦与天下俱罢"(《战国策·西周策》),根据上下文意句子的语义有表示被动的意味,但结构形式仍然是表伴随的结构,其语义和结构形式之间出现不平衡。这造成句子理解上的矛盾。从结构形式理解,需看作伴随义,而从句子上下文语意理解,则需看作被动义。到汉代《史记》中,为了适应表示被动的需要，司马迁将《战国策》中的句子改为"秦与天下欙"（《周本纪》），"与……俱"格式中的"俱"脱落，只留下"与"用来表被动，"与"做被动标记。这又使得语义和结构形式恢复一致。语言演变就是这样由平衡到不平衡再到平衡而向前发展。

句子通过结构重组，"与"进一步虚化为表被动标记。上古已见"与+名词+动词"用于被动意义句子中。如：例（7）中的"与勾践禽"，王引之《经传释词》云："言为勾践所禽也。"[⑧] 例（8）"秦与天下欙"，王引之云："言秦为天下所疲也。"[⑨]"与"作引进行为施事的被动标记。

无独有偶，中古汉译佛经中亦出现伴随和被动有演变关系的句子。请看下例：

（44）a. 时善住象王与八千象王俱往至摩那摩池。(西晋法立共法炬译《大楼炭经》卷一)

b. 尔时善住象王，与八千象王俱前后围绕，还至善住树下。(西晋法立共法炬译《大楼炭经》卷一)

c. 尔时阿须伦王，自着种种具庄，取兵仗骑乘，与无央数百千阿须伦王围绕，从城出，往欲与忉利天共战斗。(西晋法立共法炬译《大楼炭经》卷五)

（45）a. 我遇十力，宿有余庆。得睹大圣，投身自归。前礼菩萨足，右绕三匝。与群臣俱严驾还国。(西晋竺法护译《普曜经》卷四)

b. 于时妙后衣毛为竖，技拭衣服，及涂香薰。身心欣喜，寻从坐起，与婇女俱前后围绕，从后宫出诣无忧树。(西晋竺法护译《普曜经》卷二)

c. 于是其父，与五百眷属围绕，执七宝盖，贡白

净王。(西晋竺法护译《普曜经》卷三)

例(44a)中,主语和"与"的宾语同为谓语动词的发出者,二者共同施行某一行为,"与……俱"结构代表句子表伴随。生活中人们往往要求语言表达丰富和精密,当说话人在一个表达伴随关系的句子中又需表达施受关系时,谓语动词则需采用"与"所引宾语作施事者独立发出动作的词,这样就会产生像例(44b)这样的例子。

例(44b)中,一方面,"与……俱"结构表伴随,主语"善住象王"和"与"所引伴随宾语"八千象王"构成伴随关系,句子可理解为"善住象王在八千象王前后围绕下回至善住树下";但另一方面,主语"善住象王"和"与"所引宾语"八千象王"之间具有特定的尊卑关系。当"围绕"进入谓语位置时,自然就是主语"善住象王"作受事,宾语"八千象王"作施事。作受事的主语"善住象王"和作施事的宾语"八千象王"构成施受关系。谓语"围绕"表被动,例(44b)又可理解为善住象王被八千象王前后围绕着,回至善住树下。

例(44c)中,"与……俱"结构消失,伴随语义随之隐退。主语只作受事,"与"的宾语只作施事,构成单纯的施受关系。表伴随的语义转化为被动语义,句子重组解读为被动句。此时"与"不能再解读为伴随介词,应该解读为引进施事的被动标记。例(45)的分析亦如此。

从上面用例的演变过程看,"与"字被动句之形成,可以归纳为以下三步:

第一步,是说话人希望在伴随关系句中表达带有施受关系的语义,引发谓语扩大范围,由表伴随的词发展到表施受关系的词。

第二步,由于交际需要,主语和"与"所引宾语的语义角色发生改变,由原来的伴随关系变为施受关系。一旦表施受的语义关系产生后,谓语动词表被动义提升为句子表被动义,句子由表伴随开始转化为表达被动。

第三步,"与……俱"变得多余,从而引发"俱"字脱落。句子伴随义消失,"与"伴随义消失而语义虚化。"与"字虚化,吸收句子的被动构式意,重新获得新的被动标记功能。

可见,"与"表被动义的产生是由谓语动词表被动上升到句子表被动以后,表被动的构式赋予"与"以新的功能。而此功能又是因"与"所引宾语与谓语动词产生独立的施动行为,此行为又直接作用于主语,使之转化为受事。而此施受关系的产生更深层的因素是主语和宾语之间在交际活动中所构成的长幼尊卑的社会人际关系所致。

"与"字被动义的产生,一个很重要的特征就是构式吸收(absorption of construction),即"与"字吸收了构式的意义。"与"由伴随义到被动义需要具备以下四个方面的条件:

其一,句子主语和"与"所引宾语之间需要具有长幼、尊卑、上下的等级社会关系,这是谓语动词的施事,由原来句子主语和"与"所引宾语共同做施事,转变为由宾语独立做施事的基础。

其二,谓语动词被动义需上升到句子构式被动义,这是"与……俱"结构脱落的前提,也是"与"引介伴随功能弱化的基础。

其三,"与"字引介伴随功能需弱化,这是诱发"与"产生被动义的关键。只有"与"原来语义弱化,才能吸收构式意义。

其四,"与"的语义与谓语动词以及"与"所引宾语三者之间需具有语义相宜性,即"与"表被动、谓语动词需具有表被动的语义、"与"所引宾语需是施事成员。

汉译佛经中伴随句法结构与被动句义共现的例子给我们以启示。如:

(46)尔时毗沙门大天王,念提头赖天王,提头赖天王即知之。合着种种具庄,取兵仗骑乘,与无央数提陀罗百千俱前后围绕,往至毗沙门大天王所,在前住。(西晋法立共法炬译《大楼炭经》卷五)

(47)尔时毗沙门天王,着种种具庄,取兵仗骑乘,与无央数百千诸鬼神俱围绕,及诸天王往与诸阿须伦共战斗。(西晋法立共法炬译《大楼炭经》卷五)

此类例子给我们的启示是:一般而言,一个句子只能表达一个完整的意义,不能既表伴随又表被动,而这两种用法共现的出现很好地反映"与"字伴随结构和"与"字被动结构之间的演变关系,即被动意义由伴随意义演变而来。

下面用例是同经异译对比。如:

(48)a.尔时世尊与四部众眷属围绕而为说经。(西晋竺法护译《正法华经》卷一)

b.尔时世尊,四众围绕、供养、恭敬、尊重、赞叹,为诸菩萨说大乘经。(后秦鸠摩罗什译《妙法莲华经》卷一)

例(48a)用被动句,(48b)用受事主语句,均指世尊被四部众及其徒从围绕,二者所译句法形式不同,但关系密切:一、二者都属于施受关系句,主语均为受事;二、谓语动词均凸显受事的被动行为;三、施事均在谓语左边;四、句意均含有被动意义。再如:

（49）a.于是世尊，明旦与诸菩萨及诸声闻眷属围绕，会迦梨讲堂。(西晋竺法护译《普曜经》卷一)

b.尔时世尊于晨朝时，诣迦罗道场敷座而坐，诸大菩萨及声闻众恭敬围绕。(唐地婆诃罗译《方广大庄严经》卷一)

例（49a）用被动句，（49b）用受事主语句，均指世尊受诸菩萨及诸声闻众围绕，二者所译句法形式同上，为被动句和受事主语句，二者关系密切。同经异译对比发现，"与"字属于被动句中的被动标记。

下面看梵汉对勘，揭示"与"字表被动义翻译源头语与目的语的关系。同经异译例（48a）和（48b）的梵汉对勘为：

（48c）tena　　　khalu　　punas　　samayena　　bhagavān
　　　dem.m.sg.I　adv.　　adv.　　N.m.sg.I　　N.m.sg.N
　　　此　　　　加强语气也　　时　　　　　世尊

catasṛbhis　pariṣadbhis
f.pl.I　　　f.pl.I
四部　　　　众

parivṛtas　　puraskṛtas　　satkṛtas　　gurukṛtas
ppp.m.sg.N　ppp.m.sg.N　　ppp.m.sg.N　ppp.m.sg.N
被围绕　　　被尊重　　　　被敬重　　　被尊重

mānitas　　　pūjitas
ppp.m.sg.N　ppp.m.sg.N
被尊敬　　　被供养

arcitas　　　apacāyitas　　mahānirdeśam
ppp.m.sg.N　ppp.m.sg.N　　m.sg.Acc.
被赞叹　　　被尊重　　　　无量义

nāma　　　　dharmmaparyāyam//（引自蒋忠新，1988）
m.sg.Acc.　m.sg.Acc.
名　　　　　法门

　　此时世尊被四众围绕、供养、恭敬、尊重、赞叹，为诸菩萨说大乘经。

此句有两个特点：

一、对于"世尊（受事）+四众（施事）+围绕、供养、恭敬、尊重、赞叹（动词）"，竺法护用"与"字被动句翻译，罗什用受事主语句翻译。其意义为世尊被四众围绕、供养、恭敬、尊重、赞叹。竺法护把此句译为"世尊与四部众眷属围绕"。"与"表被动义，译自梵语动词过去被动分词词尾 -ta。罗什用古汉语中已有的"受事＋施事＋动词＋之"受事主语句直译梵语"主语＋宾语＋动词"结构，删除句末的文言"之"，以增强口语性。佛经翻译推动了受事主语句发展。

二、"围绕、供养、恭敬、尊重、赞叹"五个词同义连用，起增强语势的作用，表示对佛的尊敬。多个同义近义动词连用现象汉语中少有使用，而印度文学作品中则广泛使用。罗什遵循梵语原典修辞形式，将同义近义连用词完整地直译成汉语。而竺法护则遵循汉语表达方式，只用一个动词"围绕"，删除了其他动词。

再看下面同经异译例（50a）和（50b）及其梵汉对勘：

（50）a. 彼时佛与若干百千之众眷属围绕，而为说经。（东汉支谦译《佛说维摩诘经》卷一）

　　　　b. 彼时佛与无量百千之众恭敬围绕，而为说法。（姚秦鸠摩罗什译《维摩诘所说经》卷一）

	c. tatra	bhagavān	anekaśatasahasrayā	parṣadā
	Indec.	m.sg.N.	n.sg.I.Num.	f.sg.I.
	那时	世尊	无量百千	眷属

parivṛtah	puraskṛto	dharmam
ppp.m.sg.N.	ppp.m.sg.N.	m.sg.Acc
围绕	恭敬	法

deśayati	sma // （转引自周晓彦、龙国富，2020）
caus.3.sg.P	indec.
宣说	过去时

那时佛被无数徒众恭敬围绕，为他们宣说佛法。

梵汉对勘发现，受事译于梵语主格，施事译于梵语具格，被动用法或译于梵语动词独立式，或译于主动语态，或译于施事与动词独立式一起构成复合词形式。表被动的"与"多译于梵语动词过去被动分词词尾 -ta，或译于具有被动意义的独立式。这表明"与"字结构多译自梵文具有被动意义的用法，中古汉译佛经中"与"字被动句多源于对梵文原典佛经被动语态翻译。

上面梵汉对勘的例子亦给予我们很好的启示：一般表伴随的"与……俱"译自梵语具格形式，而表被动的"与+施事+动词"结构中的施事也译自梵语具格。根据佛经翻译规则，被动句应由"为""被"等引介施事，但由于表被动的句子与表伴随的句子一样，做受事主语的佛仍然是由做施事宾语的众生伴随，只是以被动的形式出现，这更能凸显佛被众生伴随的方式。所以翻译者仍然选用伴随标记"与"作为被动标记。我们调查发现，这类伴随与被动同现的"与……俱+动词被动"结构均译自梵文表被动意义的句子，需理解为被动句。但在句子中因形式上存在有表伴随的

"与……俱"结构,这客观上给人们理解被动句增加了困难,而也为我们证明"与"字从伴随到被动提供了珍贵的材料。这种伴随与被动共现的例子可看作伴随到被动的"活化石",同时也反映佛经翻译对"与"字被动句的广泛使用起了重要作用。

5 结语

本研究表明,汉语历史语言中"与"存在由伴随介词到被动标记的语义演变模式。伴随义和被动义的使用广泛存在于汉语和世界多种语言之中,具有广泛的类型学意义。我们研究发现,上古汉语、中古汉译佛经中"与"由伴随介词到被动标记演化的案例,为这一语义演化模式提供类型学证据。这一证据对伴随格到被动格这一语义演变类型的研究具有重要意义。同时,世界语言中"伴随格＞被动施事格"这一语义演变模式的存在,也反过来证明了我们所论证的汉语"与"由伴随义发展为被动义这一语义演化过程的合理性。

汉语伴随到被动的语义演化模式的形成特征是构式吸收,即不是"与"字自身语义演变发展出被动义的,而是其伴随义弱化以后吸收所在构式意义而产生出新的被动义。有关汉语伴随到被动的语义演变模式形成的规律和特征的认识,对伴随格到被动格这一语义演变的类型研究具有借鉴意义。

附 注

① 根据汉语句法规则,此例中的"俱"宜位于"围绕"的前面。此例内容承蒙李博寒老师和友生沈致远提供,特此致谢。

② 引自段玉裁《说文解字注》,上海古籍出版社,第476页。

③ 此问题承蒙洪波先生指教，特此致谢。

④ 此例的语义，杨伯峻、徐提在《白话左传》中译作："晋国如果要在鲁国行使自己的意志，请留下行父而杀了他，我把莅杀死，事奉晋国，就没有二心了。"参见杨伯峻、徐提《白话左传》，岳麓书社，1993年。

⑤ 杨伯峻、徐提在《白话左传》中将此例译作："专横就会很快及于祸患，奢侈将会由于力量强大而死，专横别人就会要他的命，他将要及于祸患了。"

⑥ 杨伯峻、徐提在《白话左传》中将此例译作："招致大国的欺负，使百姓疲惫而没有功劳，罪过来到还不知道，这是我的耻辱。"

⑦ 引自王引之《经传释词》，黄侃、杨树达批本，岳麓书社，1982年，第2页。

⑧ 引自王引之《经传释词》，黄侃、杨树达批本，岳麓书社，1982年，第2页。

⑨ 引自王引之《经传释词》，黄侃、杨树达批本，岳麓书社，1982年，第2页。

参考文献

陈章太、李如龙 1991 《闽语研究》，北京：语文出版社。

冯春田 2000 《近代汉语语法研究》，济南：山东教育出版社。

黄宝生 2011 《梵汉对勘维摩诘所说经》，北京：中国社会科学出版社。

蒋绍愚 2002 《"给"字句"被"字句的来源——兼谈语法化、类推和功能扩展》，《语言学论丛》第26辑。

蒋忠新 1988 《梵文〈妙法莲华经〉写本》，北京：中国社会科学出版社。

金小栋、吴福祥 2016 《汉语方言多功能虚词"连"的语义演变》，《方言》第4期。

李方桂 1940 《龙州土语》，北京：商务印书馆。

李小军 2022 《试论汉语伴随格介词向工具格介词的演变》，《当代语言学》第1期。

龙国富 2014 《试论汉语"为"字被动式的构式语法化》，《古汉语研究》第3期。

钱宗武 2003 《今文尚书语法研究》，北京：商务印书馆。
施　思、梁银峰 2017 《中古汉译佛经中的"与+NP+俱"结构》，《语言研究》第 4 期。
唐钰明等 1985 《论先秦汉语被动式的发展》，《中国语文》第 4 期。
吴福祥 2003 《汉语伴随介词语法化的类型学研究——兼论 SVO 型语言中伴随介词的两种演化模式》，《中国语文》第 1 期。
吴福祥 2005 《汉语历史语法研究的检讨与反思》，《汉语史学报》第 1 期。
向　熹 2010 《简明汉语史》（修订本），北京：商务印书馆。
邢公畹 1989 《红河上游傣雅语》，北京：语文出版社。
杨伯峻 1990 《春秋左传注》（修订本），北京：中华书局。
叶蜚声、徐通锵 2010 《语言学纲要》，王洪君、李娟修订，北京：北京大学出版社。
张惠英 2002 《汉藏系语言和汉语方言比较研究》，北京：民族出版社。
张振兴 1992 《漳平方言研究》，北京：中国社会科学出版社。
郑　宏 2009 《近代汉语"与"字被动句来源》，《语文研究》第 3 期。
周晓彦、龙国富 2020 《汉译佛经由伴随到被动的"与"字被动句》，《古汉语研究》第 4 期。

Bernd Heine & Tania Kuteva 2002 World Lexicon of Grammaticalization. Cambridge: Cambridge University Press.《龙海平、谷峰、肖小平译语法化的世界词库》，洪波、谷峰注释，洪波、吴福祥校订，北京：世界图书出版公司北京公司，2012 年。

Heine, Bernd 1997 *Cognitive Foundations of Grammar*. Oxford: Oxford University Press.

Hopper, Paul J. & Traugott E. C. 2003 *Grammaticalization*. Cambridge: Cambridge University Press. 梁银峰译，《语法化学说》（修订本），上海：复旦大学出版社，2008 年。

Traugott, E. C. 2002 From etymology to historical pragmatics. In Donka Minkova and Robert Stockwell (eds.), *Studies in the History of the English Language: A Millennial Perspective*. 19—49. Berlin/New York: Mouton de Gruyter.

也谈宣城方言定语标记"个"和"的个"

龙海平　黄　阳

(中山大学外国语学院　西南交通大学人文学院)

1　引言

汪化云(2012)发现宣城方言(分布在安徽省南部原宣城县,今宣城市宣州区以及周边的夏渡、黄渡、向阳等乡镇)并存着三个定语标记,分别是"主要由新派使用,(七十岁以上的)老派也有使用"的定语标记"的"[[tiʔ];例(1)]、老派最常用的定语标记"个"[[kəʔ];例(2)]和"多为老派使用,新派也使用"的定语标记"的个"[[tiʔ·kəʔ];例(3)]。

(1)你写**的**文章不好讲_懂。

(2)你写**个**文章不好讲_懂。

(3)你写**的个**文章不好讲_懂。

汪化云(2012:168)认为这三个定语标记有以下形成过程:

宣城方言中并存的三个定语标记,分别代表了不同的发展层次,反映出其原属吴语而现为江淮官话的演变痕迹。该方言老派一般使用"个",这正是吴语底层的表现。新派一般使用"的",则是皖北等地移民所操江淮官话叠置的表现。"的个"……是老派的"个"和新派的"的"的叠置。

我们无意增补关于宣城方言定语标记的新材料,只打算对现有材料进行分析。本文主要讨论三个问题:

2 宣城方言定语标记"个"是否形成于底层语言影响?

底层语言影响(substratum influence)是由第一语言转用第二语言所引发的变化,典型表现是第二语言中保留第一语言的某些特征。(Thomason & Kaufman,1988:38-39)例如缅甸南部原为孟高棉语(Mon-Khmer)区域,现为缅甸语(Burmese)区域。受底层语言孟高棉语的影响,这一区域当前使用的缅甸语保留了孟高棉语的许多特征。上层语言影响(superstratum influence)是第二语言干扰第一语言所引发的变化,典型表现是第一语言受第二语言影响获得其特征。例如英国从 11 世纪开始的相当长时期都被法国统治,英语吸收了在政治上较为强势的法语的某些词汇和语法特征。(LaPolla,2009:228)

宣城方言隶属江淮官话。江淮官话的定语标记一般是"的",但在宣城方言中,七十岁以上的老派却主要使用定语标记"个",这理应解释为宣城方言在历史上跟使用定语标记"个"的吴语发生接触,从而导致定语标记的更迭。这是一个第二语言干扰第一语言的过程,符合 LaPolla(2009:228)有关上层语言影响的描述。因此宣城方言定语标记"个"更可能是上层语言影响的现象,而非底层语言影响的结果。

将宣城方言定语标记"个"解释为上层语言影响的结果需要弄清吴语是否具有成为上层语言的条件。郑张尚芳(1986)、刘颖（2011）、汪化云（2012）考证发现太平天国运动期间以后曾有大批江淮官话人口迁至宣城，民国年间调查发现宣城地区外籍人口约占总人口的百分之九十。一般来说上层语言模式语是经济、政治、文化、人口等一个或多个方面处于优势地位的语言。太平天国运动以后宣城地区的吴语人口只占总人口的10%左右，而且在经济、政治、文化、认可等方面并不处于明显优势地位，这一时期宣城地区的吴语似乎没有成为上层语言模式语的条件。

我们认为要厘清这个问题的答案需要重新审视这次方言接触。郑张尚芳（1986：9）指出，19世纪后期皖南地区的移民主要集中在广德、郎溪、宁国、宣城四地，往北高淳、芜湖、繁昌等各县至今仍主要是吴语范围。这一时期的方言接触很大程度上是移民官话深入吴语区的方言接触过程，吴语区在面积和人口数量上比移民官话区大得多，具有成为上层语言的条件。除此之外，还有两方面的证据支持我们的观点：张小燕（2005：45）发现钱乃荣（2002）所收集的163条北部吴语特征词中，有35条见于宣州吴语，这35条中又有31条见于宣城地区的江淮官话。说明宣城周围的吴语（包括宣州吴语）在方言接触过程中确实发挥了上层语言的作用。刘颖（2011：18）则发现宣城方言老派的定语标记"个"不用作转指标记、形容词后缀或语气词，作者的解释是宣城方言定语标记"个"原来具有这些用法，后来被逐步淘汰。根据史料可知从19世纪后期江淮官话人口大量迁入宣城地区到20世纪30年代宣城方言老派出生，其间不过短短数十年时间，宣城方言定语标记"个"不太可能在这么短的时间内发展出上述用法后又迅速淘汰。我们认为更合理的解释是在19世纪末的方言接触过程中江淮官话人口并未习得吴语定语标记"个"

的所有用法，这一解释同样支持在这一方言接触过程中宣城周围的吴语是上层语言的说法。

3 方言接触如何形成宣城方言定语标记"个"和"的个"？

为了生存必须沟通交流，19世纪后期宣城地区的江淮官话移民努力使自己的方言更加接近当时皖南地区的强势语吴语，具有较高使用频率的定语标记首当其冲。我们推测这一接触过程可能存在两种模式：一是借用模式（Campbell，1993；Heine & Kuteva，2005：248），二是叠置模式（龙海平、闻静，2015；Haig，2017：397）。

借用模式是用吴语定语标记"个"取代江淮官话定语标记"的"。宣城方言老派使用的定语标记"个"更可能继承自他们的父辈甚至祖父辈，这些人从江淮官话区域迁入吴语区，受更强势语言吴语的影响，用吴语的定语标记"个"直接取代原来江淮官话的定语标记"的"。

叠置模式是将江淮官话定语标记"的"和吴语定语标记"个"叠置，形成叠置定语标记"的个"。这种模式在语言接触过程中并不少见，鄂东南大冶金湖话的叠置定语标记"的个"［例（4）］、赣南于都客家话具有强调功能的叠置定语标记"个的"［例（5）］都采用了这种模式。例如：

（4）大冶金湖话（汪国胜，1991：213）

光溜**的个**萝卜／长长**的个**脸

（5）于都客家话（田野调查）

底**个**书是俺买**个的**。

例(4)大冶金湖话的叠置定语标记"的个"是江淮官话受赣语影响的结果;例(5)于都客家话的叠置定语标记"个的"则是赣语受普通话影响的结果。

在19世纪后期以至20世纪初宣城地区的方言接触过程中,借用模式和叠置模式合流,进而继续扩散(diffuse)到江淮官话中,并最终规约化(conventionalized)。当移民人口的儿孙辈(即宣城方言的老派)开始习得宣城方言的时候,他们很自然地接受规约化的定语标记"个"和"的个",觉得宣城话的定语标记就是"的""个"和"的个"三者的并存状态。

4 宣城方言定语标记"的个"有什么样的存在理据?

我们认为观察其他方言中叠置定语标记"的个"的状态有利于找到这个问题的答案。从20世纪90年代至今,大冶金湖话的叠置定语标记"的个"迅速消失,同时在方言调查我们发现大冶金湖话的年轻一辈已经不再使用这一定语标记。与此形成对照的是皖南全椒话在《儒林外史》时代就使用叠置定语标记"的个"[例(6)],而且目前仍然使用(地藏堂贞二,2000)。[①] 是什么原因造成了这种差异呢?

(6)全椒话

(公孙)因心里喜他殷勤,就把收的王观察**的个**旧枕箱把与他盛花儿针线,又无意中把遇见王观察这一件事向他说了。(吴敬梓《儒林外史·第十三回》)

我们观察到,在《儒林外史》的8例含定语标记"的个"的语例中,中心词都是单数定指的。同样以例(6)为例,《儒林外史》第八回有这样的描述：

（7）王惠又道："我除了行李被褥之外，一无所有，只有**一个枕箱**，内有残书几本。此时潜踪在外，虽这一点物件，也恐被人识认，惹起是非；如今也拿来交给世兄，我轻身便好逃窜了。"蘧公孙应诺。他即刻过船，取来交待，彼此洒泪分手。

上例中的"一个枕箱"证明例（6）中的"旧枕箱"是单数且定指的，《儒林外史》其他"的个"构成的定中结构语例中，中心词同样都具有单数定指性特征。这绝非偶然：我们的方言调查显示鄂东南黄冈话（江淮官话）和孝感话（江淮官话）的使用者也认为这两个方言中由定语标记"的个"组成的定中结构的中心词为单数定指的［例（8）］。

（8）黄冈话和孝感话（田野调查）

　　我开的个车／我买的个书

与全椒话、黄冈话和孝感话"的个"定中结构不同的是，大冶金湖话的"的个"定中结构并不要求中心词具有单数定指性特征。因此我们推测这正是大冶金湖话叠置定语标记"的个"迅速消失的主要原因。

定语标记"的个"的语法功能决定其能否在一个方言中长期存在这一现象，从语言经济性角度很容易解释：根据龙海平、闻静（2015：193-198），一个语言没必要长期同时使用两个功能完全相同的定语标记；如果一个语言中两个定语标记长期共存，那么二者应当具有不同的功能。全椒话、黄冈话和孝感话的定语标记"的个"具有标识单数定指性功能，区别于定语标记"的"（或"个"），因此能够在这三个方言中长期存在；赣南于都客家话的定语标记"个的"具有标示强调语气的功能［例（5）］，它区别于另一并存的定语标记"个"，因此也具有长期存在的条件。大冶金湖话的定语标记"的个"则不同，"的个"和定语标记"的"（或"个"）的语法功能并无差别（汪国胜，1991），在该方言中难以长期存在。

宣城方言叠置定语标记"的个"与定语标记"的"（或"个"）并无语法功能方面的差别（方言调查；另见刘颖，2011；汪化云，2012），因此其命运很可能和大冶金湖话叠置定语标记"的个"类似。20世纪后期的方言接触无疑会加速宣城方言叠置定语标记"的个"的消亡：这次方言接触是用定语标记"的"取代定语标记"个"，它跟叠置定语标记"的个"的形成过程相反。相信当前操宣城方言的年轻人已经很少使用定语标记"个"，他们没有理由继续使用与定语标记"的"功能完全重叠的叠置定语标记"的个"。由此可见，"的个"消亡的命运难以避免。

附　注

① 皖南全椒话以及下文鄂东南黄冈话、孝感话的定语标记"的个"可能并非叠置定语标记（汪化云，1996、2001；夏军，2009），不过这并不影响本文的论述。

参考文献

〔日〕地藏堂贞二　2000　《从语言的角度看〈儒林外史〉的作者问题》，《中国语文》第1期。
刘　颖　2011　《宣城方言结构助词及其相关成分研究》，浙江财经大学硕士学位论文。
龙海平、闻　静　2015　《双关系小句标记现象分析》，见吴福祥、汪国胜主编《语法化与语法研究》(七),北京:商务印书馆。

钱乃荣 2002 《北部吴语的特征词》,见李如龙主编《汉语方言特征词研究》,厦门:厦门大学出版社。

汪国胜 1991 《大冶金湖话的"的""个"和"的个"》,《中国语文》第3期。

汪化云 1996 《黄冈方言量词的单用》,《语言研究》第2期。

汪化云 2001 《这些"个"不是吴语成分》,《中国语文》第2期。

汪化云 2012 《宣城方言的"的、个、的个"》,《中国语文》第2期。

夏 军 2009 《语音叠置省略误作句法省略现象刍议——以"的个"为例》,《信阳师范学院学报》(哲学社会科学版)第6期。

张小燕 2005 《宣城方言词汇比较研究》,南京师范大学硕士学位论文。

郑张尚芳 1986 《皖南方言的分区(稿)》,《方言》第1期。

Campbell, Lyle 1993 On proposed universals of grammatical borrowing. In Robert Jeffers (ed.) *Selected Papers of the Ninth International Conference on Historical Linguistics*. 91—109. Amsterstam/Philadelphia: John Benjamins.

Haig, Geoffrey 2017 Western Asia: East Anatolia as a transition zone. In Raymond Hickey (ed.) *The Cambridge Handbook of Areal Linguistics*. 396—423. Cambridge: Cambridge University Press.

Heine, Bernd & Tania Kuteva 2005 *Language Contact and Grammatical Change*. Cambridge: Cambridge University Press.

LaPolla, Randy J. 2009 Causes and effects of substratum, superstratum and adstratum influence, with reference to Tibeto-Burman languages. *Senri Ethnological Studies* 75: 243—253.

Thomason, Sarah. G. & Terrence Kaufman 1988 *Language Contact, Creolization, and Genetic Linguistics*. Berkeley: University of California Press.

河南济源方言"了"的分化

乔艳敏

(南京大学文学院)

1 引言

济源市,位于河南省西北部。东邻沁阳、孟州,北隔太行山,与山西晋城相接,西距中条山,与山西运城交界,南隔黄河与孟津、新安相望。其方言属于晋语邯新片获济小片(《中国语言地图集(第二版)》,2012),处于晋语与中原官话的过渡地带。

"了"在汉语普通话和方言中一直是研究的热点和难点,学者们从"了"的分合、语义、句法限制、来源及演变等角度对"了"进行了多维研究。晋语区"了"的相关研究也颇多,如温端政(2002)、邢向东(2006)、吴云霞(2002)、史秀菊等(2011)、沈慧云(2003)等。济源方言"了"与其他晋语区及普通话中的用法有着较大差异。如:

(1)他吃了[liɔ⁵¹]_完饭都去学唻。
(2)把作业写了唠,再出耍。
(3)夜个_{昨天}上课唻,哪儿也没去。
(4)我买^D肉唻,你不用再买唻。

（5）今个_{今天}一下刨^D一布袋红薯。

（6）买苹果时候都不看，坏⁰不少。

（7）我编⁰一顺口溜_{我编了一个顺口溜}，你一听都_就明白。

（8）前晌在家光洗⁰洗衣裳，其他啥也没干。

上述例句均表示动作行为已完成，但所采用的手段不尽相同。例（1）使用动词"了"，例（2）使用"唠"，例（3）使用"唻"，动词"上"不发生变韵，例（4）使用"唻"，动词"买"发生变韵。与普通话"V+了+O"相比，例（5）（6）（7）（8）缺少词尾助词"了"，且例（5）（6）"刨""坏"发生动词变韵，例（7）（8）动词"编""洗"既不变韵也不变调，即动词零形式。贺巍（1989）、赵清治（1998）、王森（1998）、辛永芬（2006）等分别对河南获嘉、长葛、荥阳、浚县的动词变韵的用法进行了考察。而目前学界对济源方言中"了"的用法及动词变韵进行系统研究的较少。

语义演变与语音变化存在一种互动关系，语义变化往往外化为语音形式的变化。"了"在普通话中只有一个语音形式，但在济源方言中，分化为"了_动[liɔ⁵¹]""唠""唻"、动词变韵、动词零形式。那么，这些不同的语音形式分别表示何语法意义？本文拟考察其分布的对立条件，分析其时体意义。文中"唠"音[lɔ⁵¹]，"唻"音[lɛ⁰]，V^D表示动词变韵，V⁰表示动词的零形式，即动词后省略了词尾助词"了"，"了_动"表示动词"了"，音[liɔ⁵¹]。

2 动词"了[liɔ⁵¹]"的用法

动词"了[liɔ⁵¹]"，有两个用法，一意"完毕、结束"，表完结；二表示可能性。

2.1 表完结

强调受事宾语被动作行为彻底影响，耗尽；或强调动作行为的完结。句法分布上，一单独做谓语；二附着于动词之后，做结果补语。用于"V+了$_{动}$""V+了$_{动}$+哝""V+了$_{动}$+唠""V+了$_{动}$+O"结构。此时，动词"了"具有实义。如：

（9）你呐事儿<u>了</u>哝没有_{你的事情完了吗}？

（10）那活儿，我大概五点钟能<u>干了</u>_{干完}。

（11）那事儿我都<u>处理了</u>哝_{处理完了}。

（12）赶紧写作业，<u>写了</u>唠_{写完了}，咱们出耍。

（13）他<u>结了</u>婚_{结完婚}都出国哝，在家都没住几天。

动词"了"着重于强调事件的完结，不管是现实［如例（11）(13)］还是非现实［如例（9）(10)(12)］都可以用动词"了"。但"V+了$_{动}$+O"结构中，"O"具有条件限制。"O"须是非量化宾语，包括无定无指的宾语，如例（14），或是有定有指的宾语（包括指量宾语），如例（15）(16)。如：

（14）他吃了 [liɔ^{51}] 饭_{吃完饭}都去学哝，早走哝。

（15）从医院看了 [liɔ^{51}] 咱婆婆_{看完咱姥姥}，我都回家哝。

（16）我吃了 [liɔ^{51}] 这两碗饭_{吃完这两碗饭}都走。

"V+了$_{动}$+O"结构中"O"不能单独受数量值修饰，如例（17）；不能是时量、动量等准宾语，如例（18）(19)。

（17）*我吃了 [liɔ^{51}] 两碗饭都走。

（18）*去年冬天，在闺女家<u>住了</u> [liɔ^{51}] 一^H_{一个月}。

（19）*这电影，<u>看了</u> [liɔ^{51}] 一次，还想再看第二次。

受事宾语若受数量值修饰，加上指示代词才能接受，如例（16）。

2.2 表可能性

表可能性，如：

（20）因为疫情，去不<u>了</u>北京唻。

（21）吃<u>了</u>吃不<u>了</u>？

例（21）有两个意思，一表示吃完吃不完，二表示是否能够吃完。

3 "唻 [lɛ⁰]"的语法意义及使用条件

"唻 [lɛ⁰]"位于句末或分句末，既可做体助词，也可做语气词[①]，其单一语音形式兼有多种语法意义，文中分别记作"唻₁""唻₂""唻₃"。

与四十余年前相比，其语音形式发生了变化。贺巍（1981）记录济源方言句末助词"了"，音 [la⁰]。如：

（22）不早<u>了</u>，快走吧！ pə?³ tsau⁵⁴ **la**, kʰuai¹³ tsəu⁵⁴ pa!

（23）他吃罢饭<u>了</u>，你吃罢饭了没有？ tʰa⁵⁴ tʂʰə?⁴⁴ pa¹³ fan¹³ **la**, ni⁵⁴ tʂʰə? pa¹³ fan¹³ **la** mə? iəu⁵⁴?

今 [lɛ⁰] 是 [la⁰] 弱化的结果。

3.1 完整体"唻₁"

3.1.1 "唻₁"的时体意义

"唻₁"用于句末，黏附在整个句子上。聚焦 [+事件的完结]。只用于过去时，用于指明某一事件是曾经发生的、过去完成的。"唻₁"管辖整个命题，具有事件完结的功能。"唻₁"还具有完句功能。请比较：

A 组	B 组
（24）a. 甲：你在菜地干啥唻₁？	（24）b. 甲：你去菜地干啥呀？
乙：栽⁰葱唻₁。	乙：去栽葱呀。
（25）a. 甲：你啥时候回来唻₁？	（25）b. 甲：你啥时候回家呀？
乙：夜个_昨天_。	乙：明个_明天_。

A 组与 B 组相比，B 组句末助词为"呀"，询问或陈述的是将来的动作行为；A 组句末助词为"唻"，询问或陈述的均是过去的动作行为，说话时该事件已完结。如例（24）a 询问的是过去在菜地干什么了？"栽葱"的动作行为发生在过去。例（25）a "回来"发生在过去，在说话时刻已到家，而例（25）b 还未回家。

因此，句末"唻₁"，相当于给句子添加上一个"曾经"的标志，表示动作行为在参照时间前均已完结。"唻₁"具有完整体的功能。

3.1.2 "唻₁"的使用条件

但并非所有的事件发生在过去，且已完成时，均使用"唻₁"。"唻₁"的使用具有一定的限制条件。具体如下：

第一，"唻₁"不能用于静态 VP 句，用于表示曾经存在的事情或存在的状态。如：

（26）*我<u>以前</u>是老师<u>唻</u>₁。

（27）*这_这儿_<u>以前</u><u>有</u>一小学<u>唻</u>₁。

（28）*以前他可胖<u>唻</u>₁。

（29）*研究生呐时候是四人一间<u>唻</u>₁。

第二，"唻₁"用于过去时，不能用于动作未曾发生的包含"没"或"没有"的动作行为未实现的否定句中。如：

（30）*夜个_昨天_六点钟，我还<u>没</u>吃饭<u>唻</u>₁。

（31）*我夜个_{昨天}没在图书馆见你唻₁。

例（30）"吃饭"的动作行为，在参照时间"六点"未实现，故不能使用"唻"。例（31）同理。

第三，宾语具有[+数量]成分时，句末不可以使用"唻₁"。如：

（32）*我晃_{下午}跑去城买⁰两件衣裳唻₁。

（33）*去年卸⁰一编织布袋核桃唻₁。

此时，句末无"唻"。如：

（34）我晃_{下午}跑去城买⁰两衣裳。

（35）去年卸⁰一编织布袋核桃。

之所以会有如此的分布，是因为数量短语具有表量的功能，例（34）（35）语义重心在数量短语"两衣裳""一编织布袋核桃"。而句末"唻"管辖过去一段时间内的整个事件，语义重心在说明过去一段时间内完成的事情。

3.2　"唻₂"：表事态发生变化

"唻₂"位于句末，黏附在整个句子上。聚焦于[+事件变化]，一肯定事态出现变化，二表示动作行为或新情况的变化即将开始。与普通话句末"了"相比，只是语音形式上的差异，不再赘述。如：

（36）我买^D肉唻₂，你不用买唻₂。

（37）我呐作业终于了_动[lio⁵¹]唻₂。

（38）我不去唻₂，你们去吧。

（39）明个_{明天}这时候都_就到家唻₂。

（40）夜个这时候我呐作业都写了唻₂，今个唻，都半夜唻，我还没写了_动。

（41）核桃熟唻₂，能卸核桃唻。

263

（42）<u>上午唻₂</u>，还不回吃饭嘞？

（43）<u>快下雨唻₂</u>，赶紧回家吧。

（44）<u>马上都放假唻₂</u>，再坚持坚持。

例（36）—（41）肯定事态出现变化，如例（36）动词"买"变韵，表示"买"的动作行为已实现，句末"唻"表示前后状态的变化。例（43）（44）句中"快""马上"等词，表示动作行为即将开始或新情况即将出现。其他同理。

3.3 "唻₃"：表事件的持续

"唻₃"聚焦于事件进行中，为事件的部分测量，而不是整个事件。表示动作行为已发生，但说话时还在进行，常跟后续小句。动词后常跟时量宾语、动量宾语、数量宾语等，句末"唻"暗含主观量大。请比较：

（45）a. 这一点儿地叫我<u>浇⁰一中午唻₃</u>，还没浇完。

b. 这一点儿地叫我<u>浇⁰一中午</u>浇了一中午。

（46）a. 这黑米我都<u>淘⁰两次唻₃</u>我就淘了两次了，咋还是这么黑。

b. 我<u>淘⁰两次</u>我淘了两次都把放锅□ mæ⁰唻₁，估计淘干净唻。

（47）a. 我都<u>吃⁰三碗米饭唻₃</u>我已经吃了三碗米饭了，还没吃饱。

b. 我<u>吃⁰三碗米饭</u>我吃了三碗米饭，才吃饱。

a组与b相比，b句末无"唻"，动作行为均已完成，不再继续，而a事件未结束。例（45）b"浇⁰一中午"表示已经浇完，例（45）a"浇⁰一中午唻"还未浇完，在说话时刻该动作还在进行。此用法同普通话中的双"了"句，与普通话相比，济源方言缺少词尾"了"。故不再赘述。

但是，"V⁰+数量+（O）+唻"结构中，句末"唻"，表示数量多，超出主观预期。因此，若量度较小，则不成立。如：

（48）甲：你在那儿干啥**唻**_{你在哪里干什么了}？

乙：*看⁰一会儿电视**唻**。

（49）*我都**敲一下**唻，都有人开门唻。

（50）*夜个_{昨天}**才**来三人**唻**。

例（48）"一会儿"时量短，"一下"动量小，均不能与表示主观大量的"唻"搭配。例（50）"'才'无论是表示时间还是数量、程度，核心意义都是'不及'、'没有达到预设限度（时间、数量、程度）'。其意象图示突显'不及'预设标准。"（陈忠，2009：33）因此，"才"没有超过主观预期，不能与"唻"共现。

普通话"了₂"有一个表"了_{近将来}"的功能〔范晓蕾（2021）〕，如：

（51）我挂电话了，再聊啊！（普通话）

（52）甲：你去打球不？（普通话）

乙：不去，我吃饭了啊，家里快做好了。

表将要进行的动作行为时，济源方言句末使用助词"呀"，这个将来时标记的使用具有强制性。如：

（53）我挂电话**呀**，再聊吧！

（54）甲：你去打球不去？

乙：不去，我吃饭**呀**，家里快做好了。

范晓蕾（2021）认为："普通话了₂的时体功能至少要分为两组——变化义和单独过去。"从济源方言的材料看，句末"唻"的不同功能，印证了范晓蕾（2021）的观点。具体用法见下表。

表1　济源方言"唻"的功能及用法

	语法意义	时态	事件完结与否	限制条件
唻₁	完整体	过去	事件完结	[−数量成分]
唻₂	事态变化	过去、现在、将来	事件开始/事件结束	[±数量成分]
唻₃	发生且持续	过去、现在	事件未完结	[+数量成分]

4 "唠 [lɔ⁰]"的句法分布和语法意义

"唠"用于不同的句法环境中,具有不同的语法意义,文中分别记作"唠₁""唠₂""唠₃""唠₄"。

4.1 "唠₁"表事件的实现

"唠₁"用于句末,表将然的实现或已然的实现。

4.1.1 "唠₁"表将然的实现

"唠₁"表将然实现,用于单一事件句中。

①用于非处置句句末。如:

(55) a. 她早都嫁<u>唻</u>。

b. 那你赶紧嫁<u>唠</u>吧 那你赶紧嫁了吧。

例(55)a"嫁唻"表明嫁的行为已发生,例(55)b"嫁唠"表示嫁的动作行为在将来实现。

②用于处置句

"唠₁"用于处置句中,表将然的动作行为,请求、命令或嘱咐别人完成或实现某种动作行为,语气强烈。适用的句法环境为句中无结果补语。此时"唠"具有完句的功能,不可缺省。请比较:

A	B
（56）a. 去把饭吃唠。	（56）b. 去把饭吃了_动。
（57）a. 去把鸡 ^Z _鸡子杀唠。	（57）b. 去把鸡 ^Z _鸡子杀了_动。
（58）a. 把药喝唠。	（58）b. 把药喝了_动。

A组与B组相比，A组读 [lɔ^{51}]，B组读 [liɔ^{51}]。语义的弱化伴随语音的弱化。B组"了_动"强调受事彻底被耗尽完，A组"唠"强调动作行为在将来的实现，受事并不一定彻底完结。如例（56）a说话时刻，吃饭的动作行为并未进行，言者强调的是在将来去吃，例（56）b则表示"饭"要被吃完。例（57）a"把鸡杀唠"，言者强调的是由"未杀"变为"杀"，"杀"动作行为的实现，可能为一只鸡，也可能为很多鸡。例（57）b"杀了_动"，表示很多鸡 ^Z ，把所有的鸡 ^Z 都杀掉。其他同理。

此用法为新派用法，老派句末无"唠"，动词"吃、喝、杀"发生变韵，与"V+唠"具有相同的语法意义。如：

（59）把饭吃 ^D （tʂʰo^{55} < tʂhəʔ^5）[2]。

（60）把鸡 ^Z 杀 ^D （sɔ^{55} < səʔ^5）。

（61）把药喝 ^D （xɔ^{55} < xəʔ^5）。

例（59）—（61）与例（56）a—（68）a语义相同。

③"唠_1"用于未然的否定祈使句

用于未然的否定祈使句中，句中有无结果补语，均可。多表示劝告、提醒，提醒动作行为在将来不要实现。试比较：

（62）看好明明，别叫他偷偷儿抽烟唠。

（63）端好唻，别撒唠_端好了，别撒了。

（64）赶紧吃，别把肉放坏唠。

句末使用"唠"，"抽烟"的动作行为未发生，言者意在提醒抽烟的动作行为在将来不要实现。其他同理。动作行为未发生，故使用"唠"，不能使用"唻"，如：

(65)* 项庄到底是<u>没</u>把刘邦杀唻。

(66)* 我<u>没</u>有在这儿偷偷儿耍手机唻。

4.1.2 "唠$_1$"表已然实现，用于过去时，多用于祈使句的"把"字句中，如：

(67) 白生生呐馍_{白白的馒头}，萱萱不吃，<u>把扔唠</u>，浪费粮食唠有她嘞_{浪费粮食唠有她的时候有她的}。

例(67)在说话时刻，馒头已被扔掉，但句末依然使用"唠"，表示动作行为"扔"已发生且完结，同时表达了言者强烈的不满。若不使用"唠"，使用"唻"，则无法凸显强烈的语气，只是陈述一个已然事件，如：

(68) 白生生呐馍_{白白的馒头}萱萱不吃，她<u>把扔唻</u>。

4.1.3 "唠$_1$"用于动作行为未实现的否定句中，如：

(69) 项庄到底是<u>没</u>把刘邦杀唠。

(70) 我<u>没</u>有在这儿偷偷儿耍手机唠。

与其他方言相比，有差异，如邢台方言：

(71) 赶紧吃咾那碗饭吧。(邢台，范晓蕾，2018)

(72) 俺_我明儿咾_{明天}杀咾他去。(同上)

济源方言只使用如下说法：

(73) 赶紧把那碗饭吃唠。(济源)

(74) 我明个把他杀唠。(济源)

4.2 "唠$_2$"表将然事态的实现，还具有界限功能

"唠$_2$"用于多事件的连接，形成"小句（+唠），小句"的结构，表示前一事件动作完成后再发生后一事件。使用的句法环

境为句中有结果补语或其他句法成分，蕴含事件已实现或达成某种状态。"唠$_2$"聚焦于整个背景事件将然的实现，一定程度上具有界限功能。此时，"唠$_2$"可自由隐现。如：

（75）吃了$_动$饭**唠**再吃药。

（76）等这^H_{这个}衣裳洗干净**唠**再穿。

（77）等你睡着**唠**，我再走。

（78）等你有钱**唠**，你再还我钱。

（79）我夜个说等不下**唠**_{我昨天说等不下雨了}，你再走，你不听，你非走，淋感冒咪吧。

例（75）表示"吃了$_动$饭"这个事件是在将来实现的。同理，例（78）"有钱"这个状态是在将来实现。其他同理。句末使用"唠"，用显性的标记表示整个背景事件将然的实现。

我们把背景信息记作事件$_1$，前景事件记作事件$_2$。此时的"唠"还具有界限功能。如例（75）达到"吃了$_动$饭"这个界限后，才能进行前景事件"吃药"。同理，例（77）达到"睡着"这个界限后，才能进行前景事件"我走"。"唠"相当于两个事件的界限。因此，"唠"在一定程度上具有界限功能。上述例句"唠"也可隐去，使用"唠"语气缓和，无"唠"语气强烈。

例（75）—（77），句中皆有结果补语，动结式谓语指称有内在过程的终结性的事件，获得蕴含的完结义，因此"唠"可以省去。

有的事件$_1$达到界限后，事件不再进行，如例（75），不再吃饭，例（79）"雨不再下"语义指向事件的结束。而有的事件$_1$达到界限后，事件还将持续进行，如例（77）还将继续睡。因此，"唠"表示将来某一时点动作行为的实现，整个事件并一定

269

完结。

需要注意的是，只有单一事件，而非多事件句时，则不可使用"唠₂"，如：

（80）a. *明个_明天_□□ tsai³⁵ fər²¹³ _现在_都到学校唠。
b. 明个_明天_□□ tsai³⁵ fər²¹³ _现在_都到学校唻。
c. 明个_明天_到学校唠，我再去注册。

例（80）a 到学校，虽是在将来时刻实现，但例（80）a 不成立，例（80）b 成立。是因为例（80）a 只是单一事件。例（80）c，到学校是背景事件，前景事件是"去注册"，此时使用"唠"则成立。

这种用法在安阳方言、汕头方言中也存在，且既可以用于已然，也可以用于未然。

（81）你用罢我嘞书咾₂还给我。（未然）（安阳，王琳，2010）

（82）你搬过来咾₂咋不吭一声儿_你搬过来之后怎么不说一声呢_？（已然）（同上）

（83）缀伊雪半年了正来唻_跟他学半年再说_。（未然）（汕头，施其生，1996）

（84）嫁过去了无两年，个翁就去过番_嫁过去不到两年，丈夫就下了南洋_。（已然）（同上）

与其他方言不同的是，济源方言只能用于未然。

4.3 "唠₃"表可能

"唠₃"表未然情状的可能性。如：

（85）甲：这小小呐车 ᶻ，坐下你们这几 ᴴ 人呀_这么小的车子，坐得下你们这几个人啊_？

乙：坐下唠_能坐下_。

（86）甲：你一下^{Z}搬这些些书，你搬动唠_{你一下子搬这么多书,你能搬动啊}？

乙：**搬动唠**_{能搬动}。

此时的"唠"虽然表示可能，但本质上还是表示事件将来能不能够实现。

4.4 "唠₄"表假设

"唠₄"用于假设条件句中，位于前一分句句末。"VP 唠"做背景小句，假设某种状态的存在，或假设某动作行为正在进行，或假设某事件的结束，后续前景小句，常表示某种结果。相当于普通话的"……的话"。如：

（87）你要是一直看电视（**唠**）_{你要是一直看电视的话，我都就走咪}。

（88）你要是不会（**唠**）_{你要是不会的话，我教你}。

（89）我要是把药喝**唠₁（唠₄）**_{把药喝了的话，你叫我吃一}一个^{H}棒棒糖。

例（89）两个"唠"不一样，"唠₁"表动作行为的实现，"唠₄"表示假设处于某种条件下。

4.5 "唠₅"表假设将然实现

"唠"还常常和"动"共现，常用于"V 动 + 唠 + 小句""V 动 +O+ 唠 + 小句""AP+ 动 + 唠""NP+ 动 + 唠"以及"Num+ 动 + 唠"等结构中。相当于普通话的"……的时候"，用于未然事态和惯常性事态。如：

（90）**下动雨唠**_{下雨的时候}，不要把车^{Z}放树下，不安全。

（91）我把肉放冰箱口 mæ^{55}_{冰箱里}咪，**吃动唠**_{吃的时候}拿出来热热都中咪。

（92）**天热动唠**_{天热的时候}，把拿出来多晒晒，都不会生虫咪。

（93）生_{生日}动唠_{生日的时候}，你们都来。

（94）十五动唠_{十五的时候}，咱们去庙里烧香吧。

（95）每次吃动饭唠，都得三遍五遍呐叫_{每次吃饭的时候，就得三遍五遍地叫}。

例（90）—（94）为未然事态，例（95）表惯常表行为。

我们把"动"前的成分记为"X"，整个结构称为"X动"，此结构在晋语区较普遍。学界普遍认为，"动"具有表绝对时的功能（邢兴东，2006；王芳，2014；邱闯仙，2012；吴建生，2003）。但陈鹏飞、张雪平（2018）则认为，"X动"本身并不具有表示绝对时制的功能和意义，而是表示相对时制功能的时点结构，表示特定事件发生的时点。本文同意陈鹏飞、张雪平（2018）的观点。

在同为晋语区的安阳、林州、平遥等地还可用于过去时，如：

（96）"文革"动，他挨过批。（林州，陈鹏飞、张雪平，2018）

（97）昨天你上课动儿，睡觉啦吧？（安阳，王芳，2014）

（98）兀家夜来_{昨天}动弹_{干活}动把钱儿也丢啦。（平遥，邱闯仙，2012）

但在济源方言中，"X动"必须和"唠"共现，只能用于将来时，不能用于过去时。本文认为，表将然是"唠"带来的，"动"表示事件发生的时点，如例（91）"吃动唠"指"吃"这一动作行为将要开始的时刻，例（90）"下动雨唠"既可以指向下雨将要开始的那一时刻，也可以指整个下雨的过程。其他同理。

因此，"X动（O）唠"表示假设动作行为发生在参照时间之后的某一时刻实现，或假设惯常行为在将来某一时刻的实现，并整体为句中另一个前景事件提供时间参照（reference time）。

需要注意的是，背景事件须具有过程性，若无过程性则不可以。若为VP，则指向事件的开始或事件的进行，而不能是事件的结束。因此，能够进入该结构中的VP必须是无界动词，有界动词则不可以。形容词须具有［＋动态变化］的特征。如：

（99）*<u>炖好动肉唠</u>，放点料酒，去腥。

例（99）不成立，是因为结果补语"好"，标示事件的完结。

"唠"的不同义项之间具有密切的联系。本文认为"唠"来自动词"了"。

河南郑州、商水方言，有如下说法：

（100）衣裳晒干了 **[liau⁵⁵]** 就收进来吧。

（101）放学早 **[liao⁰]** 你等我一会儿。

（102）你要是回来早 **[liao⁰]** 我都走。

上述例句，济源方言中说法如下：

（103）衣裳晒干唠 **[lɔ⁵¹]** 都收进来吧。

（104）放学早唠 **[lɔ⁵¹]** 你等我一会儿。

（105）你要是回来早唠 **[lɔ⁵¹]** 我都走。

商水方言中动词"了"音 [liao⁵⁵]，[liao⁰] 为弱读形式。从语音形式上看，从河南郑州、商水、到济源方言，动词"了"的语音形式不断弱化。音与义是协同演变的，济源方言中，若强调彻底完结，使用"了动"；若只强调作行为的实现，不再强调彻底完结，使用"唠"。

一个事件的完结，是另外一个事件发生的时间，于是就获得了标示两个事件之间的先后时间关系的时意义，也就具有了向条件句转化的可能性。(陈玉洁,2014)如"洗干净唠再穿","再穿"的前提条件,必须是在衣服洗干净这个事件实现,完结之后,才可以。

据施其生(1996)考察,这种用法,在南北朝已初露端倪,与唐以后颇常见的表示"完毕"的"了"相当接近。

> 晨朝起来洗手面;盥洗了吃茶;吃茶了佛前礼拜;佛前礼拜了和尚主事处问询;和尚主事处问询了僧堂行益;僧唐行益了上堂吃粥;上堂吃粥了归于下处打睡。(《景德传灯录》卷二十六)(转引自施其生,1996)

因此,用于多事件的"唠₂"还是来自动词"了"。

此外,济源方言有"拿了动拿不了动"的说法,有两个意思,一表示拿完拿不完,二表示拿得动拿不动,表可能性,其实质还是表示实现。因此,表可能性的"唠₃",还是来自动词"了"。

表可能的"唠₃"和表假设的"唠₄"之间也存在着密切的联系。"如果从句只表示'可能'实现的事件,那么从句末的助词就有可能因整个从句的功能而沾染上表假设的意义,从而语法化为表假设的语气。"(邢向东,2006:193)

(106)甲:这些些饭你吃了动唠这么多饭你能吃完啊?

乙:吃了动唠能吃完。

甲:吃了动唠能吃完,你都就吃吧,慢慢吃,别噎住唠。

例(106)"你都吃吧"在"吃了唠"的前提下进行的。因此表可能的"唠₃"也推动了表假设的"唠₄"。

济源方言句末助词具有表时的功能。如句末"嘞",表动作行为正在进行,"唻"表已然,"呀"表将来未实现,"唠"表将然实现。如：

(107) a. 咱小姨夜个_昨天来咱家干啥唻?

b. 咱小姨夜个_昨天来咱家干啥嘞?

c. 咱小姨来咱家干啥呀?

例（107）a 使用"唻"，是向"干啥"的参照时间"夜个_昨天"之前发问。例（107）b 使用"嘞"，是向"干啥"的参照时间"夜个_昨天"之中发问。例（122）c 使用"呀"，是询问将来未实现的动作行为。因此"X动"表相对时中，事件进行的时点，而表将然实现时，则需要与"唠"组合。

5 济源方言词尾助词"了"隐现的条件

普通话"V+了+O"结构中，词尾助词"了"广泛使用，济源方言词尾助词"了"缺失。请比较（a 例为普通话，b 例为济源方言）：

(108) a. 我今天中午吃了三十个饺子。

b. 我今个_今天中午吃⁰三十饺子_吃了三十个饺子。

(109) a. 我买了包子，我不去食堂吃饭了。

b. 我买有包子，我不去食堂吃饭了。

(110) a. 我昨天卖了那辆旧自行车。

b. 我夜个_昨天把那辆旧自行车卖唻。

(111) a. 别熬夜，熬坏了身体怎么办?

b. 别熬夜，熬坏身体唠，咋办?

(112) a. 回来换了换衣服，又走了。

b. 回来换⁰换衣裳，又走唻。

275

济源方言词尾助词"了"缺失具有一定的条件。同时，词尾助词"了"经历了与动词产生合音，使动词发生变韵的阶段，此用法保留在部分老派中。如：

（113）我买^D（mɛ^{51} < mæ^{51}）有包子，我不出吃唻，你们去吧。

（114）夜个黑嘞冻死我唻，三人盖^D（kɛ^{24} < kæ^{24}）一条被^Z 盖了一条被子。

（115）我今个今天一下薅^D（xɯ^{55} < xɔ^{55}）一下午草薅了一下午草。

根据宾语是否具有[+数量]成分，"V+了+O"在济源方言中，分化为两种情况，即：

$$V+了_{助}+O \begin{cases} V^D(有)+O+唻 \to V^0(有)+O+唻 \\ V^D+数量(+O) \to V^0+数量(+O) \end{cases}$$

今天大部分济源人韵母已不发生变韵，变同基本韵母，受普通话的影响，将来有词尾助词"了"再度使用的趋势，即又回归到"V+了$_{助}$+O"结构。

限于篇幅，词尾助词"了"缺失的条件及动因，本文暂不讨论。

6 结语

济源方言中"了"有"了$_{动}$""唻""唠""动词变韵/动词零形式"等不同变体。制约这些不同形式的因素是什么？

第一，语义的不同。动词"了"表示彻底的完结，凡是强调动作行为彻底完结的，则使用动词"了"；强调将然动作的实现，但未必彻底完结时，使用"唠"；表示假设语气、可能性以及时间上的先后关系时，使用"唠"；若聚焦于整个事件在过去时间的完结，则使用"唻₁"；强调事件前后的变化时，使用"唻₂"；若聚焦于事件部分测量，而未完成时，则使用"唻₃"。

第二，济源方言中现实/非现实的范畴分界是很明显的。非现实情态则多使用"唠"，现实情态使用"唻"。普通话"把它扔了"具有歧义，济源方言分化为"把它扔唻"和"把它扔唠"两种形式，从而消除歧义。

第三，与普通话相比，济源方言词尾助词"了"缺失，其缺失具有一定的条件。实际上，词尾助词"了"的使用，在济源方言中形成了三个层次。部分80岁以上的老人，当动词韵母为[æ ua ɔ ci ɑ]时，动词发生变韵，分别变为[ɛ uɛ ɯ iɯ ɜ]，表示已然，其他韵母采用零形式，这是底层的。40—80岁的济源人，动词后无词尾助词"了"，采用动词零形式表示已然。40岁以下的年轻人受普通话影响，则越来越趋向于使用助词"了"。

济源方言中动词"了"，有三个演化方向：一演化为补语；二是在句尾语法化为表完整体的"唻₁"，表事态变化的"唻₂"，表持续性的"唻₃"；三是在句尾演化为表将然实现、表界限和先时功能、表假设语气的"唠"。

附　注

① 语气词的用法，如"萱萱在我们班，个ᶻ最高唻"，本文暂不讨论。

② "<"左边表示变韵，右边表示基本韵。下同。此用法只有部分老派使用，新派动词已不变韵，须动词后加"唠"。

参考文献

曹广顺　2014　《近代汉语助词》，北京：商务印书馆。

陈鹏飞　2007　《组合功能变化与"了"语法化的语音表现》，《河南社会科学》第 2 期。

陈鹏飞、张雪平　2018　《河南林州方言的相对时结构"X 动"》，《殷都学刊》第 1 期。

陈玉洁　2014　《商水方言 liao^{55} 和 le^0 的功能》，2014 年"语言的描写与解释"国际学术研讨会。

陈　忠　2009　《汉语时间结构研究》，北京：世界图书出版公司。

邓守信　1986　《汉语动词的时间结构》，见编委会编《第一届国际汉语教学讨论会论文选》，北京：北京语言学院出版社。

邓思颖　2013　《再谈"了$_2$"的行、知、言三域——以粤语为例》，《中国语文》第 3 期。

邓思颖　2019　《形式汉语句法学》（第二版），上海：上海教育出版社。

范晓蕾　2018　《邢台话"了$_1$"的两个变体》，《语言暨语言学》19（3）。

范晓蕾　2021　《普通话"了$_1$""了$_2$"的语法异质性》，北京：北京大学出版社。

谷向伟　2006　《河南林州方言中表可能的情态助词"咾"》，《殷都学刊》第 4 期。

谷向伟　2007　《河南林州方言的"动"和"动了"》，《方言》第 2 期。

贺　巍　1981　《济源方言记略》，《方言》第 1 期。

贺　巍　1989　《获嘉方言研究》，北京：商务印书馆。

侯精一、温端政主编　1993　《山西方言调查研究报告》，太原：山西高校联合出版社。

金立鑫　2003　《"S 了"的时体意义及其句法条件》，《语言教学与研究》第 3 期。

李　讷、石毓智　1997　《论汉语体标记诞生的机制》，《中国语文》第 2 期。

李小凡　2001　《现代汉语词尾"了"的语法意义再探讨》，见中国语文杂志社编《语法研究和探索》（十），北京：商务印书馆。

李小军　2016　《汉语语法化演变中的音变及音义互动关系》，北京：中国社会科学出版社。

李兴亚　1989　《试说动态助词"了"的自由隐现》,《中国语文》第5期。

林若望　2017　《再论词尾"了"的时体意义》,《中国语文》第1期。

刘勋宁　1985　《现代汉语句尾"了"的来源》,《方言》第2期。

刘勋宁　1988　《现代汉语词尾"了"的语法意义》,《中国语文》第5期。

刘勋宁　1990　《现代汉语句尾"了"的语法意义及其与词尾"了"的联系》,《世界汉语教学》第2期。

刘勋宁　1999　《现代汉语的句子构造与词尾"了"的语法位置》,《语言教学与研究》第3期。

刘勋宁　2002　《现代汉语句尾"了"的语法意义及其解说》,《世界汉语教学》第3期。

陆俭明　1990　《"VA了"述补结构语义分析》,《汉语学习》第1期。

吕叔湘主编　1999　《现代汉语八百词》(增订本),北京：商务印书馆。

马大忠　1987　《大同方言的"动词+顿儿"》,《中国语文》第2期。

马希文　1983　《关于动词"了"的弱化形式 /lou/》,《中国语言学报》第一期。

梅祖麟　1981　《现代汉语完成貌句式和词尾的来源》,《语言研究》创刊号。

裴泽仁　1988　《明代人口移徙与豫北方言——河南方言的形成（一）》,《中州学刊》第4期。

朴珍玉　2020　《"Vi+了+O"的句法——语义特征及数量成分的制约作用》,《汉语学习》第6期。

邱闯仙　2012　《平遥方言的助词"动"和"嗓"》,《语文研究》第2期。

沈慧云　2003　《晋城方言的助词"吒"和"咭"》,《语文研究》第4期。

沈家煊　1995　《"有界"与"无界"》,《中国语文》第5期。

沈家煊　2016　《认知与汉语语法研究》,北京：商务印书馆。

施其生　1996　《汕头方言的"了"及其语原关系》,《语文研究》第3期。

史秀菊　2011　《山西晋语区的事态助词"来""来了""来嘅"》,《语言研究》第3期。

史有为　2003　《汉语方言"达成"貌的类型学考察》,《语言研究》第3期。

〔日〕太田辰夫 1987 《中国语历史文法》，蒋绍愚、许昌华译，北京：北京大学出版社。

田希诚 1996 《晋中方言的时态助词"动了"和"时"》，见陈庆延、文琴、沈慧云、乔全生主编《首届晋方言国际学术研讨会论文集》，太原：山西高校联合出版社。

王 芳 2014 《河南安阳方言的时间助词"动儿"》，《安阳工学院学报》第1期。

王 力 1980 《汉语史稿》，北京：中华书局。

王 琳 2010 《安阳方言中表达实现体貌的虚词——"咾"、"啦"及与"了"的对应关系》，《语言科学》第1期。

王 媛 2018 《事件分解和持续性语义研究》，上海：中西书局。

王 森 1998 《郑州荥阳（广武）方言的变韵》，《中国语文》第4期。

温端政 2002 《忻州方言"了$_1$""了$_2$"和"了$_3$"》，《忻州师范学院学报》第6期。

吴福祥 1996 《敦煌变文语法研究》，长沙：岳麓书社。

吴福祥 1998 《重谈"动+了+宾"格式的来源和完成体助词"了"的产生》，《中国语文》第6期。

吴建生 2003 《山西方言的助词"动"》，见戴昭铭主编《汉语方言语法研究和探索——首届国际汉语方言语法学术研讨会论文集》，哈尔滨：黑龙江人民出版社。

吴云霞 2002 《万荣方言语法研究》，厦门大学博士学位论文。

武继生 1990 《不止是大同方言说"动+顿儿"》，《中国语文》第2期。

肖治野、沈家煊 2009 《"了$_2$"的行、知、言三域》，《中国语文》第6期。

辛永芬 2006 《浚县方言语法研究》，北京：中华书局。

邢向东 2006 《陕北晋语语法比较研究》，北京：商务印书馆。

于雅哲 2022 《郑州方言中的"了[liau^{55}]"》，《常熟理工学院学报》第4期。

张伯江主编 2019 《现代汉语语法的功能、语用、认知研究》（二），北京：商务印书馆。

赵金铭　1979　《敦煌变文中所见的"了"和"着"》,《中国语文》第1期。

赵清治　1998　《长葛方言的动词变韵》,《方言》第1期。

赵元任　1979　《汉语口语语法》,北京:商务印书馆。

朱德熙　2011　《语法讲义》,北京:商务印书馆。

Joan Byee & Revere Perkin 2017《语法的演化——世界语言的时、体和情态》,陈前瑞等译,北京:商务印书馆。

Labov, William 1990 On the adequacy of natural languages I. The development of tense. In Singler, John Victor (eds). *Tense/Mood/Aspect Systems*. 1—58. Amsterdam, Netherlands: John Benjamins Publishing Company.

Li, Charles N., Sandra A. Thomspson, & R. M. Thompson 1982 The discourse motivation for the perfect aspect: The Mandarin Particle *LE*. In Hopper, Paul J. (eds.) *Tense-aspect Between Semantic and Pragmatics*. 19—44. Amsterdam, Netherlands: John Benjamins Publishing Company.

语义类推与古汉语词义演变

宋亚云　母尚帆

（北京大学中文系）

1　类推及语义类推

类推（analogy）也称为类比，结构主义语言学家把类推作为重要的语言变化因素。布龙菲尔德在《语言论》中关注类推和词的关系，明确指出类推和语义以及词形之间的关系。

类推一定程度上和隐喻相关，这就为用类推考察语义发展提供了可行的契机。从思维方式上看，隐喻是类推的一种，隐喻是类推在特殊领域表现，类推本身是普遍领域的认知机制。正如Joan Bybee谈到领域普遍性和领域特殊性指出，语言使用的多项实例体现了领域普遍性认知过程的作用，能够衍生出自然语言语法的结构性现象。（Bybee，2020）

类推从发生过程中来看是基于相似性的，使系统中不同的成员可以根据模板进行复制，从而产生新的语义功能，促进系统的协调性，为系统发展的方向提供可解释的依据。索绪尔认为类推的发生必须要有一个基本的模型，类推发生就是对模型进行有规则的模仿。（索绪尔，1980：227-228）语义类推在认知学的观点中被认为是映射（也称投射）。映射涉及的过程包括源域、目标域以及映射原型。类推的过程就是目标域实现了对源域的创造性发展过程，形成了相似的图式。

关于语义类推内在机制和驱动力，朱彦（2011）系统阐述了语义类推的认知本质和动因，指出语义类推的三个心理制约：结构的一致、对关系的聚焦及系统性。朱彦认为语义类推本质上是一个跨域的系统投射过程，其动因是不同概念域中语义关系的同构。语义类推是一种原型范畴，当中存在着代表性等级。语义类推和引申是两个相邻的原型范畴，而区分语义类推的关键是"触点"的作用，即核心带动因素。

语义类推在古汉语词义演变中起到了哪些作用，还需要进一步研究。语义类推是把历时演变切分成无数个演变过程，演变的发生是渐进的，但是每一个点上体现的是投射性的相互影响。语义类推的节点上，很难准确地描述究竟哪一个成分是促使类推发生的原始推动力。因此，考察语义类推的视角并不是找出那个具体发生相互影响的元素，语义类推的发生并不是机械的一个成分影响另一个成分，而是从一个成分或几个成分中抽象出一个原型，然后再对原型进行模拟和复制。在语义发生演变的过程中，最终的结果是出现了词义平行或者规则化，这是作为类推的体现。

语义类推在词义演变中的作用如图：

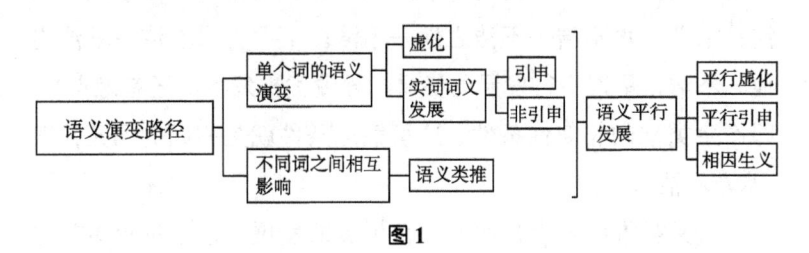

图1

朱彦（2011）认为在复杂的汉语词义演变中有真正的类推，也有自然的引申。类推、引申是词义体系扩展的机制（mechanism）、途径，而平行引申、相互引申、词义交叉是词义体系扩展的过程和后果，不可混为一谈。从类推作为一种发展机制的角度来看，这个观点是正确的，必须把类推和引申区分开来。词义的平行发展在朱文中不被认为是类推的结果，主要是考虑对于每一个词来说词义的发展是线性的引申，而我们把平行引申和发展作为语义类推的一种，是考虑不同词在自身词义发展脉络上呈现了平行的线条，这种平行结果在过程上一定存在相互影响，是一种类推的结果。从共时和历时来看，我们所认为的语义类推是在承认纵向的发展即每个词的词义历时演变基础上，考察不同词之间在每一个共时节点上的相互影响。

关于语义类推的机制，前人已经做过相关的描述和解释。语义类推的基本过程是从具体到抽象再到具体的过程，这是本文对于语义类推的新的认识。我们以同义词平行引申的一组词"污、秽、浊"，进行简单说明。

类推过程的起点是源域。源域是在某个发展节点上词或者词群的全部词义。源域就包含"污、秽、浊"这三个词的全部词义。其次是目标域，就是在现有节点上表现出的平行格局和新词义的产生。在词义演变过程中，"秽"：草不洁—不洁之地—不洁；"浊"：水不洁—不洁之地—不洁；"污"：水不洁—不洁之地—不洁，呈现平行发展的格局。导致类推发生的还有触点[①]，即产生类推的相似性条件。这里触点条件就是相同的词义，即"水草不洁"。

语义类推的发生是源域向目标域的发展，这个过程中首先是从源域中抽象出一个"原型"，在源域不同的词所包含的词义序列中抽象出一条符合认知发展的基本词义发展规律。在例词中即：水草不洁—不洁之地—不洁。在触点的作用下，源域中的其他词开始接纳原型规律，产生词义的复制[②]形成目标域中的词义关系。需要说明的是，我们并不认为原型一定是来源于某一个词的词义体系，而是在复杂的词义序列中抽象演绎的一条符合认知习惯的可能规律。

2 语义类推和语法化

2.1 概述

类推一直被认为是语法化发展的一个机制，但是关于类推在语法化中的作用仍然没有完全讲清楚。本文关注的语法化现象是与实词演变到虚词的部分，从对象上不涉及构式的语法化以及虚词的二次高度语法化。这部分研究内容在传统的汉语词汇研究中被称为"虚化"。

在汉语虚词中，存在一批功能相同或者相近的虚词，从来源上看，这些虚词可能是由一些同义词在相应的句法条件下平行虚化产生。洪波（1999）定义了平行虚化，认为平行虚化是指不同的词汇单位因为分布在相同的句法环境中受到了相同的影响产生了方向相同的虚化。洪波（1999）总结了解惠全（1987）和刘坚等（1995）的观点，认为汉语实词虚化机制主要包括两个方面，认知因素和句法语义因素，认知因素具有随机性，并强调了句法语义因素的重要性。

认知因素和句法语义因素并不是两个平行的因素，而是相互作用的。承认句法语义因素在平行虚化中的作用,不能以承认认知因素具有随机性为代价。在发生平行虚化的过程中,语义类推是虚化发展的基本机制。我们把句法语义因素整合到语义类推的过程当中,这种类推的触点是这组词之间的相似性,即具有相同的词义或者出现在特定的句法语义位置。类推发生的原型是基于这组词现有发展阶段的基本情况抽象出来的发展路径,并不是以具体某个词的发展路径作为模板。语义类推基于原型实现目标域的整合,最终呈现平行的格局。在继续的发展中,平行的格局也可能被打破,在更大的词汇范围内形成新的序列,或是平行的链条被延长,更多处在发展线条上的点会被发现。我们将结合不同的虚词发展中的平行例证,对语义类推的机制进行进一步说明。

2.2 部分介词的平行虚化与语义类推

平行虚化在古汉语介词语法化过程中的表现突出。"共、连、同、和、跟"这几个介词可以表达相近的语法意义,都来源于动词,演变过程中有相同的语法条件。

从语义来源上看,引介动作协同对象的介词,都来源于包含一个[+协同]义素的动词。太田辰夫(1958)介绍了"和、同、跟"在近代汉语中的使用情况,王力(1989)讨论了"和、同、跟"的来源。刘坚(1989)系统讨论了引介动作协同对象的一系列介词。孙锡信(1992)也谈到了"和、跟、同、连"的来源问题。相应的还有吴福祥(1996)、冯春田(2000)、马贝加(2002)等都对这一组词的演变情况进行了深入的研究。这些研究基本梳理清楚了这一组词的历史演变过程,描述了一组平行虚化的序列。在这个基础上,语义类推的引入可以解决具体的发展机制和演变原因。

根据前人的研究成果[③],这组词分别都是由具体的动词演变成为介词,演变的条件是出现在"(N)XNV"的格式中。[④]演变发生的时间是基本是在六朝时期及以后,在时间上体现了一定的兴替关系:

(1)吾共诸君踰越险阻,转战千里,所在斩获,遂深入敌地,至其城下。(《后汉书·吴汉传》)

(2)余注此经以来,一千七百余年,凡传三人,连子四矣。(《葛洪:神仙传》)[⑤]

(3)人同黄鹤远,乡共白云连。(卢照邻《送幽州陈参军赴任寄呈乡曲父老》)

(4)看人左右和身转,举步合成会礼仪。(《敦煌变文集》)

(5)摆下刑具,监中提出陈三、翁八,审问情由,只是供称:"跟伊家人苗青同谋。"(《金瓶梅词话》)

这组词演变过程中在时间上具有先后,最早的"共"在六朝时期已经有介词的用法,而"连"在六朝时期的用例仍然带有动词性。"同"、"和"在隋唐以后也形成了介词用法。最终都形成了从实体动词[+协同]虚化为介词的平行格局。

在语义演变的时间格局上,源域处于平行格局彻底形成之前。这时候不同的动词处于不同的演变阶段,比如"共"可能已经发生虚化,但其他动词仍然在演变过程中,因此源域就包含所有这类动词。类推的原型就是在综合分析源域不同动词的演变阶段的基础上概括出来的一条基本演变序列:具有[+协同]义素的动词X因为处于(N)XNV的格式中,最终演变成为引介动作协同对象的介词。原型并不是仅因为"共"率先完成演变就以"共"的演变格局为模板,而是综合考虑不同动词的演变阶段,确定这样的原型具有类推的可能性。比如上（2）例中"连"虽然发生了演变，但是六朝时期，这种演变格局并不明确，还存在两可解读，这却给原型在筛选过程中提供了一定的参照，帮助原型更好地被抽象出来。语义演变的触点条件就是演变发生的句法语义条件，也即这组呈现平行虚化的词本身的相似性：具有相同的一个义素，可以出现在相同的句法格式中。触点的存在就保证了抽象的原型能够最终促进源域向目标域的发展。最终，目标域就是在介词中出现了一组功能相同相近的介词，它们在来源上具有高度的平行特征。

同义介词在历时过程中有消长兴替，一方面是基于语言的经济性原则，表达同一功能的虚词的冗余会发生再次的选择。另一方面是因为语义类推被定义在一个更大的时间范畴中，目前材料支撑的类推过程只是大格局中的一部分，也就是动态语言演变中相对静止的一段。

随着更多的研究着眼于宏观的历时演变路径，这种语义类推的链条也在延展，平行的格局在进一步增加。这组从动词类推到介词的平行虚化路径进一步发展，形成在连词功能上的平行格局。发生语义类推的原型变成了：动词（［＋协同］）—介词—连词。以类型学研究的成果佐证，这种语义类推的原型在很多语言中都存在，这也证明语义类推的过程是基于人的普遍认知能力筛选形成的，符合人对于语言的基本感知。

在汉语历史词义演变中，介词呈现平行词义演变的格局并不是个别现象，涉及的介词还包括引介处置对象的介词和引介动作施事的介词等。从基本发展路径上看，都是从动词虚化为介词，如下表：

表1 动词—介词平行虚化例

源域	触点	原型	目标域
具有[＋支配]义素的动词："将、把、捉、拿"	都有[＋支配]，都可以出现在"N_1+将+N_2+V_1+N_3"格式	动词[＋支配]—处置标记	"将、把、捉、拿"都可以引介处置对象
具有[＋遭受]义素的动词："为、被、吃"	都有[＋遭受]，都可以出现在"X+N+V"格式⑥	动词[＋遭受]—被动标记	"为、被、吃"都可以引介施事

2.3 部分助词的平行虚化和语义类推

"却、将、取、得"是近代汉语中比较有代表性的一组动态助词，在演变模式和虚化路径上有相似之处。这组助词语法化过程的研究很多，包括曹广顺（1995）、刘坚（1992）、李讷、石毓智（1997）、太田辰夫（1991）等。这些研究对厘清这组词的历时演变具有重要意义。

"却"是由趋向动词虚化成助词的，它从在连动式中充当并列动词到在述补结构中充当趋向补语再变为充当结果补语。根据前人的研究成果，这一组词基本都经历了"动词（[＋完成]）—动词义抽象虚化（趋向补语—结果补语）—动态助词"的演变模式，在语法功能上都经历了作为连动式的第二个动词到V+X到V+X+O的基本模式。这类动词的演变时间大体发生在魏晋以后，唐代比较集中。

（6）

沛公自度能却项羽乎？（《史记·留侯世家》）

夷甫晨起，见钱阁行，呼婢曰："举却阿堵物。"（《世说新语·规箴》）

见一老妪，挟将飞见北斗君。（《幽明录》）

复有一身，疑是狐狸之类，因跪急把取，此物却还床后，大怒曰："何敢嫌试都。"（《幽明录》）

孟孙猎而得麑，使秦西巴持之。（《韩非子·说林上》）

（7）

待收陕州，斩却此贼。（《旧唐书·史思明传》）

领将陵母，髡鬓齐眉，脱却沿身衣服，与短褐衣，兼带铁钳，转火队将士解闷。（《敦煌变文集·汉将王陵变》）

衡阳刷羽待，成取一行回。（刘禹锡《喜俭北至送宗礼南行》）

嫁得梁鸿六七年，耽书爱酒日高眠。（白居易《答谢家最小偏怜女》）

第（6）组例子中，"却""将""取""得"基本都是出现在连动式第二个动词的位置，再带宾语，这是这一类词能虚化成为动词词尾的共性条件。

第（7）组例子里虽然语法格式相同，但是宾语指向句子第一个动词，同时第一个动词在语义上不受限，代表着虚化的完成。

我们需要回答的问题不仅是什么时候在什么条件下发生了演变，还要回答为什么在这种条件下会发生演变，处于这种条件下的动词为什么会产生如此集中地变化，它们中既有相似时间的演变，也有历时兴替关系。

语义类推就是要回答这一系列问题。"却"的研究具有代表性，演变时间也比较早。我们并不认为"却"的演变就是基本模板，原型应该是来源于具有相同句法语义条件的这一系列动词在一个时间段内的具体演变规律。正是因为在这个封闭的时间段内，这些具有共性的动词演变的阶段不同，构成了数个抽象演变原型的点，串联抽象成一个线段。这一组动词从先秦到六朝时期基本都是动词，都可以带宾语，在语义上都有完成义。如果把时间范围选定在从魏晋到唐代，此时不同的动词表现出不同的阶段，比如"却"已经虚化，"将"还处于虚化过程中，这就帮助语言的使用者抽绎出一个"完成义动词—词义抽象性虚化—动态助词"的基本原型。这段时间不同的动词表现出这个原型某个阶段的特点。但是这个过程中始终存在共性条件：动词词义共性，即都带有[＋完成]的义素；都可以出现在连动结构的第二个动词的位置，还可以带宾语或者补语。这些共性的语法条件就是发生类推的触点。在源域中，各个动词演变阶段不平衡，在触点的带动下开始向着原型整合，最终在唐宋基本完成了平行的格局。在唐宋以后，部分助词开始式微，明清之后很多助词不再使用，平行的格局再次被打破，这也是因为语言的经济性原则造成的系统调整，放在更大时间序列中，这是语言演变的过程之一，平行的格局只是在演变的一段时间中形成；在更宏观的演变中，可能存在更大的平行，语言的动态发展造成了从规整到不规整的长期演变。

2.4 语义类推是机制还是动因

关于语义类推在语法化中的作用还需要再澄清一下。长期以来，研究者关于类推在语法化中的具体作用还是存在争议。类推是语法化的机制还是动因？所谓机制指的是语法化如何发生，所谓动因是为什么会发生。通过语义类推和平行虚化之间的关系研究，为考察这个问题提供了一定可能性，即语义类推既是平行虚化的机制，也是平行虚化的动因。

语义类推是平行虚化的机制。类推和重新分析一般认为语法化的两个机制，认为语法化分为两部分，先重新分析，再类推扩展。同样也有学者对这样的模式表示怀疑，李明、姜先周（2012）认为这种模式不能说明所有的语法化，有些突变的语法化过程与隐喻有关，不能纳入这个模式。当然该文也回应了Hopper & Traugott（2003）的观点，认为也不应该把语法化中的类推认为是一种重新分析。语义类推和重新分析并不是一个递进的关系，不是一定谁先发生谁后发生，而是从不同的视角解释语法化现象发生的过程。对于一个词来说，其语法化的机制就涉及重新分析，一组词都有相似平行的语法化路径，这个过程就是类推。因此语法化的机制分为两部分，一部分是解释每一个词的语法化过程，一部分解释整体现象发生的过程。与前人不同的是，我们认为重新分析并不一定发生在类推之前，这和语义类推的过程有关。语义类推源域中的词并不是在原型的基础上直接复制，而是进入框架中开始逐步演变最终向目标域结果靠拢，这个过程是不断动态调整的，是一个投射过程，不是直接复制成型。

语义类推也是语法化的动因。李明、姜先周（2012）通过引用Traugott & Trousdale（2010：38）和Fischer（2010：285）等学者的观点引出了这个问题，并认为类推在多大程度上成为语法化的演变动因是值得怀疑的，哪怕是不以具体词为模板的抽象模式（即本文所说的"原型"）也很难证实类推作为语法化演变的动因有多大。一般认为类推诱发语法化是指重新分析的发生是由以往已经存在的模式诱发的。其实，在语义类推和平行虚化的研究中，我们一直在强调的一个观点是，应该把语法化放在语言演变的宏观视角中去看待，在考虑平行的时候只是选定了一个特殊的阶段，而在宏观的演变中，作为动因的语义类推确实促使了平行结果的产生。对于这个演变模式中的某一个词来说，发生演变的动因可能只是句法环境的改变，但是在宏观来看，是语义类推促使了源域中的词在触点的带动下向目标域转化，甚至是发生重新分析。我们并不笼统地认为就是类推导致重新分析，二者之间是纠缠发生的。选择不同的视角看到的动因就会不同，语义类推的存在确实让源域中的词有机会向目标域的结果发展。

至于类推作为语法化的动因有多大，这个问题需要从两个方面回答。首先是"原型"类推的作用。诚然，每个词都可能独立创新，与类推无关，但是在语法化中存在大量平行例证，这些例证都具有一些共同点，这很难用独立创新回答。其次，如果认为每个词都是独立的，那么具有共性特征的词为什么一部分发生了平行变化，一部分没有发生，一部分变得快一部分变得慢，甚至有兴替关系。正是因为存在语义类推作为动因，它促使源域中的每个词都参与演变，在演变框架中不断发展。在发展过程中又受到其他因素的影响，促使一部分展示出目标域的平行现象，一部分早早产生平行后又消失（历时上的平行），一部分甚至没有完成就因为在过程中发生兴替而结束了。我们认为类推作为演变动因的作用不能夸大，但也不能忽略。语义类推本身就是基于认知的一致性，是在语言发展中不断筛选出了符合认知方式的原型，促进类推的发生。

3 实词内部词义演变和语义类推

3.1 概述

古代汉语的词义衍生的途径大致可以非引申和引申序列分

为两类，这是针对一个独立的词内在词义关系的发展来说的。近三十年来，古汉语词义演变的研究已经实现了从纵向的独立的词义发展研究向横向的相互作用转向，学者们开始关注相关语词在词义演变过程中的相互影响。宋亚云（2005）归纳了前人研究，总结出十余种提法，认为这些研究都与索绪尔的关于组合关系和聚合关系的思想有着密切的联系，因而有着重要的理论价值和方法论意义。本文论述仍然遵从"组合同化"和"聚合同化"的分别，组合同化具有一定的特殊性，因此需要单独探讨，在这里主要考察聚合同化相关。

我们则是在这些研究的基础上，试图解释出现聚合同化这类现象的机制和动因。我们认为，这种相互影响产生的底层逻辑就是语义类推。相比于语法化过程，实词内部的"原型"更加难以抽离出来，它贯穿在实词词义发展的各个阶段。实词内部的"原型"是只有起始端没有终点端的射线状，它可以或长或短，在词义发展中不断自我协调、自我纠正，最后体现在目标域中一些词出现词义平行的发展脉络。语义类推和引申在实词词义发展中处理的是不同的问题，针对的是不同对象。词义引申处理的是一个词词义发展的序列，语义类推处理的是不同词之间词义发展序列的平行性特征，二者之间并不矛盾，反而互相补充，这也是我们可以把整个聚合同化的内容一起处理的关键。

3.2 平行引申和语义类推

"平行引申"是借用孙玉文（2008a、2008b）、陈秀然（2017）的说法，用以概括基于横向聚合影响而发生的词义引申序列，回避词义衍生中的时间序列问题。同组词产生相同的词义引申序列的现象在时间上并不是对等或者完全同步，但在延伸出现的结果上呈现出平行的状态。⑦

考察平行引申自身的发展机制,就要回到语义类推。既然一个词可以在一个义项上发展出这样的脉络,另一个在这个义项上的同义词为什么不能独立发展出同样的链条?

两个词在同一个义项上有同义关系,并不代表这两个词的功能完全相同;不同的词有同一个义项一般有不同的来源,继续发展也可以有多种方向选择,既可能往不同方向发展,也可能往相同方向发展。但是如果发展过程中出现了大量的平行现象,这就很难再用独立发展来解释。首先,同义词在语言中往往承担不同的具体分工,语言系统本身拒绝大规模的冗余现象。其次,发生词义平行发展的不只是同义,还包括类义、近义、反义等相关关系,从类型和规模上来说,这些现象都很难解释成独立的词义发展。平行引申的底层就是基于触点的语义类推。

词义发展的不断自我调整最终产生了一个符合语言社群认知习惯的词义发展模式,这就是"原型"。正因为"原型"的诞生和自我校准⑧始终贯穿在词义发展的整个脉络中,"原型"的类推能力就更加强大。促使类推发生的"触点"就是聚合关系,也就是源域中词在某一个义项上的相互关系,这种关系既包括历时的同源关系,也包括共时的同义和反义,以及更广泛的类义和近义关系。"触点"的存在能够让源域的词顺利进入"原型"序列,向原型的方向进行发展。另一方面这些词同时动态地参与"原型"的校准。平行引申的序列是无界序列,这个链条可长可短,甚至在某一阶段会出现断裂,这是由于"原型"和具体词义之间的交互作用,具体词参与原型校准,原型也在不断筛选词,一旦出现脱轨,就会导致断裂。所以平行格局被限定在一个具体的时间段中。

杨琳（2011：94）认为基于类推的发展只是对词义成因的一种主观猜测，并没有探究出实质，认为这是基于相同的心理和认知能力产生的词义引申现象，而和类推无关。其实文章已经发现了共同认知基础的作用，之所以归结到引申，还是以考察具体词的词义发展为主。语义类推是一种领域普遍性的认知机制，比如不同语言中表示看的动词都有"看""认为""当作"等语义，对于每一个词来说是引申发展，但是这组词都有这个发展趋向并且具有跨语言普遍性，证明存在一个共同的机制作用，类推就是促使具有"观看"义的动词平行引申的动因。

总体而言，语义类推就是作为平行引申的机制，也是平行引申发生的动因。通过具体考察语义类推对平行引申现象的作用，我们对平行引申的现象进行了简单的分类，主要是基于触点关系分类，在分类的基础上简要举例说明语义类推的运行。

3.2.1 同义（近义）词[9]的平行引申和语义类推

同义词的平行引申现象从数量规模上来看是比较突出的一类。同义词平行引申的框架中，源域的范围被大幅度扩充，进入源域的词受限较小，平行的线条增多。同义词在词义发展上"原型"的诞生具有更加丰富的基础，原型的可类推性更强，平行的链条更多也更长。

"危、险、殆"在"危险"义上是一组同义词，在词义发展中，产生这个义项的过程各有不同，在这个义项之外的词义发展也各有不同，但是在发展过程中都存在：危险—几乎、差不多（副词义）。同时，在词义关系中"危"和"险"都有：危险—高峻—副词义，这样的词义发展线索。"危"和"殆"同时又有：

危险—畏惧—副词义。

"危"的**本义**是"**高**",《论语·宪问》:"邦有道,危言危行。"郑玄注:"危,犹高也。"引申出"**恐惧,畏惧**"义。《荀子·解蔽》:"处一危之,其荣满侧。"杨倞注:"危,谓不自安,戒惧之谓也。"又引申出"**危险**"义。《左传·昭公十八年》:"小国忘守则危,况有灾乎?"从"危险"义又引申出**副词义"几乎、差点儿"**,《尔雅·释诂》:"几,危也。"《汉书·宣元六王传·东平思王刘宇》:"我危得之。"颜师古注:"危者,犹今之言险不得之也。"

"险"的本义是"**险阻**",《诗·小雅·正月》:"终逾绝险,曾是不意。"由这个意义分别引申出不同词义,引申出"**高峻**"义,《玉篇》:"险,高也"。又引申出"**危险**"义,《国语·周语》:"夫事君者险而不怼。"韦昭注:"在危险之中不当怼。"进而引申为副词义"**几乎,险些**",这个意义产生的比较晚,宋人侯寘《满江红·老矣何堪》:"失意险为湘岸鬼,浩歌又作长安客。"

"殆"的本义是"**危险**",《说文》:"殆,危也。"从这个意义引申出"**畏惧**"义,《管子·度地》:"人多疾病而不止,民乃恐殆。"又引申出**副词义"差点儿,几乎"**,《荀子·王制》:"若是,则大事殆乎弛,小事殆乎遂。"《广韵·海韵》:"殆,近也。"王引之《经传释词》:"殆者,近也,几也。将然之词也。"

在这一组词义发展的系统中,从"危险"义到副词义是一个基本的原型,这条原型的产生比较统一,在三个词中都是相同的,这也代表这个原型的可类推性比较高。其他"危"和"险"之间的类推原型,本身并没有一个非常固定的顺序,"危"从"高"引申有"险","险"则是从"险"义引申有"高"义,这是很有趣的现象。假如只有同义互训的话，它们之间共性意义只有"危险"义项上的互训，很难解释为什么会有整齐的格局，这就是语义类推的作用：认知机制在考察词义演变的过程，抽象出来"高"—"险"这样一个基本的原型，强调其在词义发展中的高共现性。因此，无论引申的方向如何，这条原型都会在源域词中进行类推，促使义项的出现。"危"和"殆"的"畏惧"义的来源也不相同，"危"的畏惧义来源于本义"高"，而"殆"的"畏惧"义来源于本义"危险"。虽然来源不同，但是在词内部是引申发展，都和另一个义项"危险"共现，从而发生了原型抽离，即"畏惧"—"危险"这样的类推原型出现。

同义词的平行引申现象很多，涉及的语义类推现象也比较复杂。比如：

"通、毕"：穿透—通晓—明显—抵达—普遍—完毕

"族、众、列、庶"：族：丛聚—众多——一般；众：人多—众多—分解；列：分解—行列—一般；庶：屋下众—众多

"秽、浊、污"：秽：草不洁—不洁之地—不洁；浊：水不洁—不洁之地—不洁；污：水不洁—不洁之地—不洁

这一类中还有很多同源词也表现出平行发展的特征，如下表：

表2　同源词词义平行引申例

源域词项	平行词义序列
根、基	基本义——始源义
更、革	改变义——消除、除去义
久、旧	长久义——陈旧义
起、兴	兴起义——起身义——升起义
志、识	标记义——记录义——记述义

在同义词的平行引申中，因为引申的方向不同，产生的词义也比较复杂，因此类推原型的出现也比较多样，甚至各种类推原型交错出现，导致出现平行引申现象更是多元复杂。同时，因为词义的发展方向多元，引申的线条更长，一方面导致语义类推的类推性更广，源域中更多的词在类推作用下发生平行引申；另一方面也造成了语义类推的不稳定性，不同的类推原型造成多样化的平行，甚至大的语义类推的约束能力会破裂，形成更小的源域和目标域。

3.2.2 反义词的平行引申和语义类推

反义词的平行引申格局是语义类推存在的又一重要证据，反义关系的系统性出现，证明虽然词义本身是通过引申产生的，但是引申的方向是受到了类推的推动，出现了词义平行的反义链条。同时，反义词的语义类推也提示了原型的性质。原型从本质上说并不是具体的词义，并不是完全由某种链条决定新词义是什么（这在同义类很难直接观察），原型的本质是一种关系，是词义之间的关系，即一个词义和其他词义的多方面关系。在同义相关的平行引申中，语义类推发挥的作用是，把原型中出现的词义系列抽象成一个线段，同时保持不同词在不同节点上词义的相同；在反义相关的平行引申中，语义类推发挥的作用是，既把相关词义聚合在一起，又要保证在各个节点上的反义。因此，我们认为语义类推的原型是：$A(A_1A_2A_3Ax)—B(B_1B_2B_3B_x)—C(C_1C_2C_3C_X)—X(X_1X_2X_3X_X)$[10]。

"厚"和"薄"是一组反义词。"厚"的本义就是"扁平物上下两面之间的距离大，与'薄'相对"（孙玉文，2015：417），《庄子·养生主》："彼节者有间，而刀刃者无厚。"在这个意义上引申为分别表示"重、大、多"等意义。《左传·宣公二年》："厚敛以雕墙。"《战国策·秦策》："大王又并军而致于战，非能厚胜之也。"高诱注："厚，大也。"《吕氏春秋·辩士》："必厚其靯。"高诱注："深也。"也引申为"浓厚"，《韩非子·扬权》："厚酒肥肉。""薄"的本义是"草木密集丛生处。"《说文》："薄，林薄也。"假借表示与"厚"相对的概念，《诗·小雅·小旻》："如履薄冰。"引申为表示"轻微、小"的意义，《易·系辞下》："德薄而位尊。"也引申为"少"，《汉书·东方朔传》："令待诏公车，俸禄薄，未得省见。"也有表示"浓度低"的意义，《庄子·胠箧》："鲁酒薄而邯郸围。"这样，"厚"和"薄"就产生了一个在各个节点上都相反的词义发展序列：

厚：重—深—多—浓；

薄：轻—浅—少—淡。

在这个语义类推的过程中，原型是：

厚（薄）—深（浅）—多（少）—浓（淡）

相较于同义和类义等平行引申，反义词平行引申的源域比较狭窄，一般就是成对出现的两个词，这两个词产生类推原型的过程也是考察其分别在相反义项的时间节点的全部词义发展，整合相应的义项产生一系列不断对应的义项组，同时随着词义自身的引申，继续产生新的对立义项组，直到词义发展方向偏移，平行的对立义项组消失，语义类推结束。其结束的标志是触点作用失效，即相反关系在义项群中不突出。

反义词的平行引申虽然源域中词的数量并不多，但是因为其可类推性较高，产生平行引申的现象不少，链条也相对比较长。比如：

好：女子之美——一切之美——喜爱；

恶：女子之丑——一切之丑——憎厌。

黑和白本来是表示颜色的反义词，"缁素"和"黑白"有相同的意思，后来引申为僧侣和在家修行之人。

3.3 "相因生义"和语义类推

正式提出"相因生义"说的是蒋绍愚先生。蒋绍愚（1979）分析了"任—信""曾—旧"两组例子词义产生的方式，将这种词义引申的方式总结为"相因生义"。"相因生义"说的提出为词义的训诂研究提供了很多新的思路。随着理论的不断成熟和完善，在词义训释、词义关系、古文字词义解释等各个研究领域都产生了非常积极的影响。

蒋绍愚（1979）指出："从某种意义上说，'相因生义'也可以说是一种错误的类推。"罗积勇（1985）认为相因生义的机制是汉语词义演变中存在的语义类推。周俊勋、吴娟（2008）认为"相因生义"的机制是类推。"相因生义"理论同样引起了一些质疑，比如朱城（1991）、杨琳（2009）等。

"相因生义"现象的存在是肯定的，即便忽略有争议的例子，同样还存在一部分词的新义无法用引申解释，比如"庄"和"严"的"打扮"义。不过，我们认为这样的现象是不多的。通过考察相因生义的机制来解决这个问题可能更清楚一些。相因生义的底层逻辑是类推，这一点前人已经多有论述，但是由于类推发生的过程还缺少描写，反而会引起对于类推机制的怀疑。

关于引申和语义类推以及"相因"之间的关系在前文也有述。首先，引申解决的是一个词内部的词义相关关系，即内部的词义发展是引申。类推则是考察不同词在词义发展上的相互影响。因此,语义类推在实词内部的词义发展中就可以根据单个词本身的词义发展分为两类:一类是单个词内部词义呈现引申发展的链条,这最终就产生了平行引申的格局;另一类就是单个词词义发展和引申无关,属于假借、外部因素以及一词多义现象等,这最终产生的就是相因生义,"相因"描写的是相互关系。因此,关于相因生义的批评如果只从单个词的词义发展来质疑,并没有完全影响到相互关系,也无法反驳类推的存在。所质疑的相关词义即便可以用引申来解释,不同词之间最终呈现的具有平行关系的词义格局仍然是需要解释的。这类可以用引申解释的单个词词义发展,最终如果形成了平行格局,我们可将其归入平行引申。

语义类推是"相因生义"的机制和动因,"相因生义"是一种特殊的语义类推。这里源域其实和平行引申中同义词相似,[11]是在一个义项上具有同义关系的一组词,包含这组词的所有可能义项。触点就是一个义项上的同义关系,这种触点的聚合能力很强,类推性很强,可以强制原型在具体词上落脚。同义关系具有很强相似性,制约着认知整合。需要关注的是这类演变的"原型"。在"平行引中"的相关章节中,原型序列不一定就是具有某种先后顺序的纵向词义发展,原因是:一方面,词义发展的先后顺序很难具体把握;另一方面,强调先后顺序其实并不影响原型的类推作用。引申序列上的各个词义节点在原型诞生的时候,被整合的是一段时间内同时出现的相关关系,映射的是这种关系而不是具体线条上的位置。

"相因生义"的类推原型类推的也是一个关系,即一个词中同时存在的不同义项,这些义项之间不具有引申关系。相比平行引申来说,这种关系更像是对共现关系的类推。我们一直强调语义类推的产生并不是基于一个词影响其他词,在"相因生义"中似乎有些不同,至少从表面上是一个词基于另一个词的词义关系产生新义,语义类推并不是单向的,而是体现在相互影响中;哪怕有一个词在类推前已经有原型序列存在,在语义类推过程中,它的词义发展也会不断被检视。

"相因生义"的典型例子主要是一个词内部的词义发展方式,包括一词多义、假借和其他外部因素。用"引"和"信"之间的词义关系来举例可能更明晰。"信"的本义是指"言语真实,不说谎",从这个意义上辗转引申出来"凭证"义,《墨子·号令》:"大将使人行,守操信符。信不合及号不相应者,伯长以上辄止之。""信"又经常作为"伸"的假借字出现,表示"伸展"义,《易·系辞》:"尺蠖之屈,以求信也。"长期使用之后就固定下来一个义项。"引"的本义就是"开弓",《说文》:"引,开弓也。"从本义又引申出"伸展"义,《易·系辞》:"引而伸之。""引"也有后起的"凭证"义,《西游记》:"清投馆驿注明上薄,待下官执名奏驾,验引还乡。""引"的"凭证"义在其整个词义群中非常特殊,基本找不到和其他词义的联系,也无法通过假借等解释。"信"和"引"之间存在语义类推的触点条件,都有"伸展"义。"信"的"伸展"义是假借义,和其本身的词义引申序列共现,而"引"的"伸展"义出现很早,后来产生一个特殊的"凭证"义,这种词义的产生来自类推原型"伸展—凭证"的要求,促使词义平行共现。

相应的例子还有因为避讳产生新词义并和其他词义产生强制共现的类推原型,比如"庄"和"严"。"相因生义"现象虽然不多,但也存在一些,如下表:

表3 "相因生义"例表

词项	相因词义序列	相因类型
若、及	"若"有"及$_1$（比得上）"义，就有了"及$_2$（至）""及$_3$（与）"义	引申分化[12]
言、谓	"言"有"谓$_1$（说）"义进而获得了"以为"和"为"（假借）义	假借和引申分化
暂、初	"暂"有"初$_1$（刚才）"义，因此有"初$_2$（语气词）"义	无关义项
代、世	"代"有"世$_1$（当代）"义，就有了"世$_2$（辈）"义	避讳

"相因生义"作为语义类推的一个特殊分类，丰富了语义类推作为一种考察不同词之间词义相互影响机制的具体内涵。值得关注的是语义类推的原型是具体词义之间的关系，这种关系既有线性的引申发展，也有横向的强制共现，语义类推的发生是对关系的复制。关于相因生义的批评和质疑也不应该只停留在通过对于具体词内部的词义关系探索，从而反对类推的出现，应该具体观察词义发展中相互影响的现象。诚然，一些例子在传统研究中认为是相因生义，实则每个词的词义发展都可以用引申解释，这也只是把问题带回平行引申。在不同词的发展中，也是因为类推作用促使引申方向平行发展。

4 结语

语义类推的研究是考察词义发展视角的改变。首先是对词义发展过程中不同词之间相互关系的考察，虽然考察词的相互关系的研究已经成为研究的热点，但是语义类推是对各种平行发展现象背后的机制和动因的认识。其次是通过语义类推和词义平行发展的相关研究，重新强调语言的动态发展和语义发展的复杂性。语义类推的逻辑提示了对于词义发展的关注要兼顾更宏观的发展历史，词义呈现的平行发展格局只是在一个发展的阶段，语义类推的视角则是考察一个包含平行阶段的更大的时间阶段。语义类推不是发生在语源上的过程，也不是发生在一个点上的剧变，是漫长的词义发展过程中的渐变。同样，平行格局也不是在某个点就全部出现，也包含一个时间段内先后出现的平行。语义类推同样不是词义发展的唯一因素，词义发展还包括不同的因素，类推让语言元素趋同发展的同时，还存在其他因素制约着语言多方向发展，这种相互作用促进了语言复杂发展格局。

语义类推的研究整合了一部分词义发展现象，把词义发展产生的平行格局进行统一考察，这也统一了长期以来相关研究中相互交叉和模糊的地方，关键在于把单个词内部的词义发展和词与词之间的相互作用促进词义发展现象分析出来，避免对其中一部分内容的质疑影响到另一个视角的词义发展机制的解释。把语法化和实词内部的词义考察结合起来，证明了语义类推实际上是一个领域普遍性的认知机制，在广泛的语言实践中都存在，在句法格式构式的研究中也可以考虑把语义类推纳入，一种句法格式的出现可能也存在句法成分之间关系的类推，从而产生新格式。

当然，关于语义类推在语义发展中的研究仍然存在没有解决的问题。我们把语义类推看作一种认知机制还需要考察人类领域普遍性的认知功能在语言中具体的发生过程，其作用有多大，这些都是需要相关研究进行证明的。就本文来说，只是在前人关于词义发展的实践中，通过不同研究成果，用类推的理论重新梳理了相关现象，对现象的发生机制做了初步的推论。

附 注

① 借用朱彦（2011）中"触点"的设置，我们认为"触点"只是促使两个词义系统发生关系的那个相关条件，比如两个词义系统在某个具体词义节点上的相同或者相反。

② 这种复制不是词义的直接复制，不经过引申等，也可能是对引申的方向的复制。

③ 引例都来自于相关研究，不随例句——注出。

④ X 指的是具体动词。

⑤ "连"的例子往往动词性很高，这个例子仍然存在动词性明显的问题。

⑥ 处于这个句法格式下不一定就要发生虚化，与"被"有相同发展轨迹的"受、遭、荷"等就没有虚化成介词。进入源域的词在触点的作用下发生语义类推要经历复杂的漫长的发展过程，这个过程中词汇的使用情况以及同义词的竞争情况都会影响其类推发生。

⑦ 在下文中"平行引申"统称此类词义衍生的途径。

⑧ 在类推过程中，原型并不是一开始产生就固定下来，而是在发展中不断纠正、自我完善，最终形成的一个抽象的发展序列。这种原型的自我调整、原型链条节点的选择过程我们就称为"校准"。

⑨ 下文都称同义词，包含同义和近义。

⑩ 这个原型指的是存在一个词义发展的线条，并且各个节点上的词义关系等于触点。

⑪ 反义词类基本都可以找到引申序列，因此归入平行引申。

⑫ "引申分化"是指不同的词义之间来源于同一词义不同引申方向产生的下位词义，因此没有直接联系。

参考文献

〔法〕贝罗贝 1989 早期"把"字句的几个问题，《语文研究》第1期。
曹广顺 1995 《近代汉语助词》，北京：语文出版社。
曹广顺、遇笑容 2000 《中古译经中的处置式》，《中国语文》第6期。

曹兆兰　2002　《金文中方言"嬭"与雅言"母"的相因生义》,《方言》第2期。

陈秀然　2017　《根据同义词词义平行的例证来区分词义引申和用字假借》,北京大学博士学位论文。

程丽霞　2004　《语言接触、类推与形态化》,《外语与外语教学》第8期。

邓　明　1997　《古汉语词义感染例析》,《语文研究》第1期。

邓　明　2001　《古汉语词义感染补证》,《古汉语研究》第2期。

董为光　1991　《词义引申组系的"横向联系"》,《语言研究》第2期。

董志翘　1989　《中世汉语"被"字句的发展和衍变》,《河南师范大学学报》(哲学社会科学版)第1期。

杜春艳、张　磊　2010　《论"和"与"同"的相因生义》,《语文学刊》第7期。

〔瑞士〕费尔迪南·德·索绪尔(Ferdinand de Saussure),1980,《普通语言学教程》,高名凯译,北京:商务印书馆。

冯春田　2000　《近代汉语语法研究》,山东:山东教育出版社。

洪　波　1999　《论平行虚化》,《汉语史研究集刊》第1期。

洪　诚　1958　《论古汉语的被动式》,《南京大学学报》第1期。

江蓝生　1989　《被动关系词"吃"的来源初探》,《中国语文》第1期

江蓝生　2000　《相关语词的类同引申》,见江蓝生著《近代汉语探源》,北京:商务印书馆。

蒋绍愚　1979　《关于古汉语词义的一些问题》,《语言学论丛》第7辑,北京:商务印书馆。

蒋绍愚　1989　《古汉语词汇纲要》,北京:北京大学出版社。

蒋绍愚　1994a　《论词的"相因生义"》,见蒋绍愚著《蒋绍愚自选集》,郑州:河南教育出版社。

蒋绍愚　1994b　《近代汉语研究概况》,北京:北京大学出版社。

蒋绍愚　1997　《把字句略论——兼论功能扩展》,《中国语文》第4期。

蒋绍愚　1999　《元曲选中的把字句》,《语言研究》第1期。

李　明、姜先周　2012　《试谈"类推"在语义演变中的地位》,《汉语史学报》第12辑。

李　讷、石毓智　1997　《论汉语体标记诞生的机制》,《中国语文》第2期。
李宗江　1999　《汉语常用词演变研究》,上海：汉语大词典出版社。
刘　坚　1989　《试论"和"字的发展,附论"共"字和"连"字》,《中国语文》第6期。
刘　坚　1992　《近代汉语虚词研究》,北京：语文出版社。
刘　坚、曹广顺、吴福祥　1995　《论诱发汉语词汇语法化的若干因素》,《中国语文》第3期。
刘　坚、江蓝生、白维国等　2013　《近代汉语虚词》,北京：商务印书馆。
刘子瑜　2002　《再谈唐宋处置式的来源》,见宋绍年、张猛、邵永海、刘子瑜编《汉语史论文集》,武汉：武汉出版社。
龙　丹　2008　《魏晋核心词研究》,华中科技大学博士学位论文。
罗积勇　1985　《试论汉语词义演变中的"相因生义"》,武汉大学硕士学位论文。
马贝加　2002　《近代汉语介词》,澳门：中华出版社。
梅祖麟　1990　《唐宋处置式的来源》,《中国语文》第3期。
申红义　2012　《聚合同化对古汉语词汇言语义的影响——以简帛文献中"殁"有"善终"义为例》,《语文学刊》第14期。
宋亚云　2005　《古汉语词义衍生途径新说综论》,《语言研究》第1期。
孙锡信　1992　《汉语历史语法要略》,上海：复旦大学出版社。
孙雍长　1985　《古汉语的词义渗透》,《中国语文》第3期。
孙玉文　2008a　《汉藏诸语言词汇比较中的词义对应问题》,《中国语言学》第1辑。
孙玉文　2008b　《谈根据同义词词义平行的例证区别词义引申和用字假借》,《汉语教学与研究》(第9辑),(韩国)首尔：首尔出版社。
孙玉文　2015　《汉语变调构词考辨》,北京：商务印书馆。
〔日〕太田辰夫　1958/2003　《中国语历史文法》,东京：江南书院。
〔日〕太田辰夫　1991　《汉语史通考》,江蓝生、白维国译,重庆：重庆出版社。
王　力　1957　《汉语被动式的发展》,《语言学论丛》第一辑,北京：商务印书馆。

王　力　1958　《汉语史稿》，北京：中华书局。

王　力　1985　《中国现代语法》，北京：商务印书馆。

王　力　1989　《汉语语法史》，北京：商务印书馆。

王云路　2010　《中古汉语词汇史》，北京：商务印书馆。

魏培泉　1997　《论古代汉语中几种处置式在发展中的分与合》，《中国境内语言暨语言学》第4辑。

吴福祥　1996　《敦煌变文语法研究》，长沙：岳麓书社。

吴福祥　1997　《唐宋处置式及其来源》，《东亚语言学报》（法）第4期。

伍铁平　1984　《词义的感染》，《语文研究》第3期。

肖贤彬　1993　《词义浸润：一种词义演变的新方式》，见申小龙、李耀楠、赵世举编《中国语言与中国文化论集》，香港：亚太教育书局。

解惠全　1987　《谈实词的虚化》，《语言研究论丛》第4期。

许嘉璐　1987　《论同步引申》，《中国语文》第1期。

杨　琳　2009　《词例求义法新论——兼谈相因生义说的问题》，《南开语言学刊》第2期。

杨　琳　2011　《训诂方法新探》，北京：商务印书馆。

袁　宾　1987　《近代汉语特殊被字句探索》，《华东师范大学学报》（哲学社会科学版）第6期。

张　博　1995　《词的相应分化与义分同族词系列》，《古汉语研究》第4期。

张　博　1999　《组合同化：词义衍生的一种途径》，《中国语文》第2期。

张振羽　2010　《〈三言〉副词研究》，长沙：湖南师范大学出版社。

周俊勋、吴　娟　2008　《相因生义的条件》，《南京社会科学》第6期。

朱　城　1991　《〈古汉语的词义渗透〉献疑》，《中国语文》第5期。

朱庆之　1989　《佛典与中古汉语词汇研究》，台北：佛光山文教基金会。

朱　彦　2011　《从语义类推的新类型看其认知本质、动因及其他问题》，《世界汉语教学》第4期。

祝敏彻　1957　《论初期处置式》，《语言学论丛》第1辑，北京：新知识出版社。

Bybee, Joan　2020　《语言、使用与认知》，李瑞林、贺婷婷译，北京：商务印书馆。
Bybee, Joan, Revere Perkins & William Pagliuca 1993 *The Evolution of Grammar: Tense, Aspect and Modality in the Languages of the World*. Chicago: University of Chicago Press.
Fischer, O. 2010 An analogical approach to grammaticalization. *Grammaticalization Current Views & Issues*. 119(2). 181—219. John Benjamins Publishing Company, Holland: Amsterdam.
Heine, Bernd 1993 *Auxiliaries: Cognitive Forces and Grammaticalization*. Oxford: Oxford University Press.
Hopper, Paul J. & Elizabeth Traugott 2003 *Grammaticalization*. Cambridge: Cambridge University Press.
Traugott E. C. & Trousdale G. 2010 *Gradience, Gradualness and Grammaticalization*. John Benjamins Pub. Co.

汉语动词系统的界及其呼应："了₁"完成体

孙朝奋

(美国斯坦福大学东亚语言文化系)

1 引言

本文论述界点（telicity）为汉语动词语法系统的核心概念，其重要性与英语的时态标记相当。汉语语法系统没有对过去式、现在式、人称呼应、定冠词等这些语言类型学中常见的语法编码形式，没有相应的程序性语法标记，这些语言类型学的语法概念都不是汉语语法的核心概念，相关的解读可能都是一种副现象（epiphenominal）（Traugott & Trousdale，2010：34）。在国际汉语教学中，学生常常把完成体"了₁"和过去式混为一谈（Wen，1995；Tong & Shirai，2016），造成学习障碍。本文用构式语法的观点，用语言事实自下而上地讨论汉语动词系统中最常用的语法标记——"了₁"，进一步说明完成体"了₁"的基本功能与动作发生的时间无关（朱德熙，1982：69），其编码语法功能为呼应所在情状完成终结点的位置。

根据 1985 年北京语言学院语言教学研究所的《汉语词汇的统计与分析》，在十个应用频率最高的词汇中，语法标记"了"（含"了$_1$"和"了$_2$"）的使用频率为 2.44057%，排行第二，仅次于排行第一的名词性结构助词"的"（使用频率 5.38720%）。在这十个高频词中，排行第八的是动词词缀"着"（不含动词"着"或补语"着"），使用频率为 0.98514%。由此可见，作为动词非自由语素，完成体标记"了$_1$"和非完成体标记"着"是使用频率最高、语法化程度最高的动词程序性标记[①]，所以这两个原核构式 atomic（Traugott & Trousdale, 2010）表达的概念可能就是本文所说的汉语动词系统最核心的语法概念。

文献中，专家学者对"了$_1$"有很多不同的分析与看法。陈前瑞（2008）说高名凯先生早在 1948 年就把动词词尾"了"分析作完成体。Chao（1968：246）英文原文说"了$_1$"是 perfective，中文（吕叔湘主编，1980）译作"完成态"。朱德熙（1982）认为"了$_1$"只表示动作完成，与动作发生时间无关。吕叔湘主编（1980）说"了$_1$"表示完成，但不能独立成句，如句子"#我吃了饭"不能独立成句，动词后的名词"饭"假如没有数量短语"一碗"，就必须有其他标记，例如表示现时体（currently relevant state）（Li & Thompson, 1981）的句尾词"了$_2$"，所以说汉语有完成体"了$_1$"和现时体"了$_2$"之别（吕叔湘，1980），前者有独立成句的限制，后者则是自由的。虽然完成体"了$_1$"和现时体"了$_2$"有同音合并（haplology）（Chao, 1968）的现象，本文重点关注完成体"了$_1$"的语法功能。

(1) #我吃了$_1$饭[②]　我吃（了$_1$）饭了$_2$。　我吃了$_1$一碗饭。

英语中没有和汉语完成体"了$_1$"功能完全吻合的语法标记，

Smith（1997）说英语的完成体就是动词的过去式，汉语与 eat 现在式和 ate 过去式相对应的形式都是相同的"吃"，可见汉语没有对时态 tense 进行语法编码，没有现在式和过去式之别，只有动词原形和完成体标记"了$_1$"。

（2）汉语：吃　　吃　　吃

英语：eat 现在式　ate 过去式　shall/will/be going to eat 将来式

与英语形式相比，句尾现时体"了$_2$"的语义与英语的 perfect 相近（Comrie，1976），但是，二者却有差异，例如"我吃饭了$_2$"有歧义。在某语境中可以有附带性的回指（anterior）语义，语义与英语的 perfect aspect 较近，说话人回指说话时间之前发生的事件时，可用"了$_2$"。吕叔湘主编（1980）指出一般只有光杆名词的"V+N"动名构式不能和"了$_1$"组合独立成句，但是在"我吃（了$_1$）饭了$_2$"句中的"了$_1$"是可以省略的（龚千炎，2000：74），在形式上省略了完成体"了$_1$"以后，该小句依然可能保留回指完成的功能。但是，"了$_2$"编码语义指向是说话时间（即本文的现时体），因此"了$_2$"既可以回指一个已经完成的相关事件，也可以指一个尚未发生的相关事件。"我吃（了$_1$）饭了$_2$"在语义上与英语的 perfect 的回指功能相近，小句可以翻译成英语 perfect aspect 的 I have eaten。但是"了$_2$"和英语 perfect 回指相近的功能，可能只是来自语境（context）的副现象，因为"了$_2$"的编码语义不是回指，在另一个语境中，没有省略完成体"了$_1$"时，"了$_2$"没有回指的可能，小句语义就和英语 perfect 的语法概念相去甚远了，如"我吃饭了"可以指一个尚未发生的事件，该句翻译成英文就不能说 I have eaten，只能说 It is time for me to eat（我吃饭时间到了），或者用将来式 I am going to eat。

可见"了₂"编码语义为小句说话时间的时点，即现时体（Li & Thompson，1981）。假如简单地把"了₂"当作是英语的 perfect，就无法解释为什么"了₂"还可以指尚未发生的事件。

除此之外，完成体标记"了₁"是个动词后缀，必须黏附在动词之后，"了₂"不是动词后缀，是个动词短语的附着词[③]（Sun，1996），可以和只有光杆名词的"V+N"动名构式组合独立成句，如"我吃饭了"。由于文献中对这两个"了"有很多不同的看法，为了行文方便，笔者按照吕叔湘主编（1980）的方法，把完成体动词后缀叫作"了₁"，把句尾附着词现时体称作"了₂"，以做区别。

本文第二节论证汉语动词系统没有类似英语的时态（tense）编码语法形式。第三节讨论文献中对完成体标记"了₁"功能具有较大影响力的一些观点，提出"了₁"的基本语法功能为呼应标记（Sun & Teo，2017），标示情状完成的终结点位置。第四节为全文总结。

2　汉语动词系统无编码时态标记

龚千炎（2000）说，汉语与印欧语都能表达过去、现在、将来等时间概念，如"我上班"因不同的时间修饰语"昨天、今天、明天"而分别表达过去、现在或将来发生的事件。可是，通过英汉对比，笔者认为这两个语言的动词语法系统有很大的区别。龚先生称 tense 为时制[④]，英语作为印欧语一个典型的时制语言，过去和现在的时间概念由语法编码形式过去式和现在式表达，英语每一个动词都有现在式和过去式，如 eat 和 ate、work

和 worked 有形式上的区别。作者认为汉语语法系统没有时态（即龚先生的时制）编码形式，汉语动词没有过去式和现在式，无论是在昨天、今天或明天吃饭或上班，动词的形式不变，分别都是"吃"和"上"，汉语没有标示现在或过去的编码语法形式，既然如此，即使要说汉语是个"半时态语言"（朴珉娥、袁毓林，2020）也有不可逾越的困难。

（3）我昨天上班。

   I worked yesterday/*I work yesterday.

  我今天上班。

   *I work today/I am working today/I worked during the day.

  我明天上班。

   *I worked tomorrow/I will work tomorrow.

  我天天上班。

   I worked every day/I work every day.

英语受时间词 yesterday 修饰时，动词 work 只能用过去式 worked；受 tomorrow 修饰时，只能用将来式 will work。可是受 today 修饰时，却一般不能用简单的现在式 work，必须用现在式进行体表示正在工作或用过去式指当天已经发生的动作。可见时间词"今天"没有英语现在式的功能。在当天下班后说这句话时，时间词"今天"不和现在式相对，必须用过去式 worked，表示说话时间之前当天发生过的事件。因此，即使是英语，时间词 today 也没有一对一的关系，用现在式或过去式取决于说话时间。

  英语时态编码形式的主语参照点是说话时间（speech time），不是时间词，汉语的时间词更加没有标示现在式或过去式的时态功能，"今天"在不同的语境中，可以隐指过去、现在、或将来的事件或情状，汉语根本就没有时态编码形式。Reichenbach（1947）和Smith（1997）都采用了三个时间概念来解读语言的时间系统：说话时间（speech time）（SpT），参照时间（reference time）（RT）和情状时间（situation time）（SitT）。例如，英语动词原型work语义为"工作"，同时是现在式，如果参照时间RT、情状时间SitT和说话时间、SpT相同（RT=SitT=SpT）时，必须使用现在式。如说话人说"天天上班"时every day RT=SitT=SpT，现在式表示一个在说话时间习惯性的行为，I work every day。当说话人指发生在说话时间之前某时间段习惯性情状"天天上班"时，参照时间和情状时间every day相同，但都发生在说话时间之前：RT=SitT；SitT < SpT，用过去式I worked every day，用原型动词work的过去式是worked，时间词"天天"和时态标记无一对一的关系。原型动词work的将来式是shall/will work，假如情状时间和参照时间同为tomorrow，发生在说话时间之后SpT > SitT；RT=SitT，用将来式I will work tomorrow。

由此可见，英语动词的语法形式因说话时间和情状时间不同的参照时间而变，时态标记有固定的程序性语法意义，具体用什么形式，取决于事件/情状时间和说话时间的关系（参照时间）。每个句子发生的瞬间[5]为说话时间，时间词today"今天"不等同参照时间，英语肯定句中的动词的形式，随着不同语境中三个时间关系的不同，用不同的形式。行为动词单纯现在式一般表示RT=SitT=SpT，指一个习惯性动作，*I work today的说法略有不妥，是因为说话人用时间词today"今天"时，隐指上班不是说话人天天沿袭的行为，所以，用进行体现在式I am working today 更妥帖，避开习惯性的解读。相比之下，汉语"我今天上班"中的时间词"今天"明显和说话时间没有类似必然的内在联系。例如，假如说话人在下班后说这句话，三个时间的关系是：RT=SitT；SitT < SpT，英语用过去式 worked，英语的时间词用 during the day 较 today 好，可是，汉语则不然，RT、SitT 和 SpT 三个时间之间的关系来自上下文语境，和英语时间词 today 所对的"今天"仅仅提供了一个时间位置，和 Reichenbach（1947）的三个时间没有必然的语法关系，因为汉语对说话时间和情状时间之间不同参照时间的关系没有语法编码形式，在不同的语境中，动词短语"上班"形态不变，和"今天"连用时，可以自由指当天过去、现在或将来发生的事件。

可见，不能假设时间词为汉语的时态编码形式，也就是说，这三个时间完全是通过上下文来表达或解读。在没有时间词或其他特定语境的条件下，当动词为一个非行为动词如例（4）"要"，"我要一个桌子"的常态值（default）是 RT=SitT=SpT，表示说话人当下的一个意愿和英语译文 I want a table 相似。但是，在没有时间词或其他特定语境的条件下，当动词为一个无时间标记的行为动词如"搬"，汉语小句"我搬一个桌子"的常态值是将来，RT=SitT；SpT > SitT，翻译成英语，只能用将来式 I will move a table。该句不可以用现在式，要用现在式必须是复数的 tables（我搬桌子），英语译文的 ##I move a table 中的 a table 为单数，现在式的语法意义是一个不可理喻的习惯性情状，即一般正常人不会习惯性地时时刻刻重复搬某一个桌子。这几个汉语句子再一次表明汉语没有时态编码语法形式，不同的时值来自词义和上下文的互动，不是来自严格的过去式、现在式或将来式的时态语法规则。

（4）我要一个桌子。　　I want a table.
　　　我搬一个桌子。　　#I move a table/I will move a table.
　　　我搬桌子。　　　　I move tables.
　　　我搬了一个桌子。　I moved a table.

"了$_1$"为完成体标记，表示一个时间概念。但是正如朱德熙（1982）所说，和动作发生的时间无关，它的语法编码语义和到界完成相关。在例（5）"我明天吃了$_1$饭就回家"中的"了$_1$"不是过去式，"吃了$_1$饭"的 SitT 在"回家"的 SitT 之前，"回家"在 SpT 之后的明天，英语用将来式 will go home；在"我昨天吃了$_1$饭就回家"中，"吃了$_1$饭"和"回家"的时间关系与明天句相同，但"回家"的 RT 和 SitT 在 SpT 之前的昨天，英语用过去式 went。相比之下，汉语两个句子除了"昨天"和"明天"，句中无论是动词和其他形式没有任何差异，可见朱先生四十余年前的深刻见解，完全正确，"了$_1$"只表完成，和动作发生的时间没有关系。

（5）我明天吃了$_1$午饭就回家。

I will go home after I have eaten lunch tomorrow.

我昨天吃了$_1$午饭就回家。

I went home yesterday after I had eaten lunch.

既然"了$_1$"不是个过去时态标记，"我搬了一个桌子"一般指一个过去的事件，这又是为什么呢？第一，一般完成的事件，大多在说话时间前发生，自然就有"了$_1$"和过去事件相关的副现象。我们还是必须认清，汉语语法没有编码时态概念。如例（6）"这杯酒我喝了"[⑥]和"那杯酒我喝了"两句可以有不同时间的解读。指示词的编码语法语义不是专指现在时或过去时,用"这"还是用"那",取决于所指事物与上下文语境中的指称特点。用指示词"这"时,该句可能有歧义,在特定的语境中,可指尚未发生的事件,如朋友给我敬酒,我说"这杯酒我喝了!"表示我即将喝这杯酒。而且,喝完酒后,我还可以指着酒杯,不需改动一个字,照说"这杯酒我喝了$_1$!"表示喝酒的动作已经完成,可见该句中的"了$_1$"不可能是个过去式时态标记。相比之下,用"那"时,该句一般无歧义,多指完成的事件。

(6) 这杯酒我喝了$_{1/2}$!

I will drink this glass/I drank this glass!

那杯酒我喝了$_{1/2}$!

*I will drink that glass/I drank that glass!

所以,笔者称"了$_1$"为完成体标记,不是过去式,汉语没有时态语法标记。

3 完成体标记"了$_1$"

文献中比较一致的看法是"了$_1$"的语义和时间概念有关,除了这个比较笼统的认识,各家各有具体不同的观点,连对源自斯拉夫语 perfective (Jakobson, 1932; Smith, 1997; Smith & Erbaugh, 2005) 的这个语法概念,都有不同的译法。陈前瑞(2008) 把 perfective 和 imperfective 分别译作完整体和未完整体,英语的 perfect 体译作完成体。虽然 Comrie (1976) 说,汉语句尾的"了$_2$"和英语的 perfect 时体语义最近,笔者认为汉语没有与英语相当的 perfect 时体,句尾的"了$_2$"为现时体(Li &

Thompson，1981），"了₂"表示一个从说话时间看某一事件的概念。本文采用"了₁"较传统的译法，perfective=完成体（Chao，1968；吕叔湘主编，1980；朱德熙，1982）。3.1节讨论所谓"实现（to actualize）"的（刘勋宁，1988、2019；Lin，2003；等等）的说法，笔者认为这个说法忽略了词汇概念和语法概念本质上的区别，刘勋宁说实现和完成体的区别，只是语义表面上的区别，没有区别词汇概念的任意性和语法概念的程序性。完成体标记"了₁"的编码语法功能为呼应确认界点的位置（Sun & Teo，2017）；3.2节讨论Smith（1997）完成体"了₁"和沈家煊（1995、2004）完整体"了₁"两个说法的优缺点；3.3节是作者对Smith完成体"了₁"界定的修正，Smith所谓的完成（completion）和完结（termination）的区别来自不同事件和上下文互动的结果，"了₁"在不同的语境中与情状完成界点，标示状态改变或完成终结点的位置。

3.1 完成和实现

刘勋宁（1988、2019）说"了₁"的语义为"实现"，不是"完成"。例如，虽然"吃了饭去"中的"了₁"和"吃完饭去"语义相当，可以互换，但是"大了一寸"符合语法，"*大完一寸"不符合语法，所以"了₁"的语义不是完成，而是实现。Lin（2003）赞成这个说法，并翻译成英语的to actualize。

虽然这个说法很有意思，提出了"了₁"和"实现"有关，但是这个说法还是不能有效地解决问题，例如，在"大了₁一寸"中的"了₁"虽然的确不能和"完"互换，但是，要说这个"了₁"的语义为"实现"，同样不符合逻辑，动词"实现"需要一个有意（volitional）的施事。可是，在"这件衬衫的领子大了一寸"

中的"领子"是无生命物体,不可能是形动词(即形容词做动词用)"大"的有意施事。

所以,"了₁"表"实现"的说法仍有商榷的余地,笔者认为这里无论是完成或实现的说法,都是词汇语义层次的表面想象。"了₁"和"完"是两个语法地位不同的语素,前者属汉语动词系统最核心的语法概念,后者则不仅不代表同一个核心语法概念,还带有一定的词汇性质。动词词缀"了₁"是一个语法标记,"了"是现代汉语使用频率第二高的语素(北京语言学院语言教学研究所,1985),仅次于名词短语标记"的","完"作为一个动词后缀,使用频率在该语料库中排行第214,虽然也是个常用语素,但是和"了"不在同一个数量级。此外,还有大量"完"语素,分别用作动词前缀,如"完毕、完成、完好、完结、完了、完美、完全、完善、完整"等,不一而足,"了₁"较单一,只能做动词的后缀。"完"作为一个语素,不像程序性语法标记"了₁",还负有较大的词汇任意性。作为完成体标记,"了₁"的语法意义和时间概念"终结点"有关(Smith,1997,见3.2节)。虽然"完"的语义也和时间概念终结点有关,但还有相当的词汇性,不同的词汇组合具有较大的任意性搭配限制,如有"吃完"的说法,没有"*死完/*饿完/*大完"的说法,不能和这些词表示实现或完成的语义,能产度远不如"了₁",如"死了、饿了、大了"等,没有汉语程序性语法标记最高的能产度(Brinton & Traugott,2005),可以做绝大部分汉语动词的后缀。[⑦]

完成体标记的"了₁"用在形动词"大"之后,标示状态改变的位置,甚至可带量度单位,如"大了₁一寸"中的"一寸"。比较句"这双鞋比那双鞋大(了₁)一码"中,虽然完成体

"了₁"可有可无,但是假如所指的比较基准"那双鞋"是40码,"这双鞋"所指就是41码,可见尺码是比较的基点。在"大了₁一寸"中,完成体"了₁"所含的时间"终结点"被用作范式(exemplar),错配转喻空间性质的量度基点,所以这类句子中的完成体标记,归根到底还是个和界点相关的用法,与尺码基点相呼应,不是单纯实现不实现或完成不完成的问题。

3.2 Smith 对"了₁"的界定

现代汉语语法化程度最高、最典型的动词后缀为"了、着、过"(朱德熙,1982;Smith,1997;陈前瑞,2008;张斌,2010;等等),本文主要关注跨构式的程序性标记完成体"了₁"。Comrie(1976)说完成体(perfective)观察某情状的外部整体,而未完成体(imperfective)则观察某情状的内部结构。Smith(1997)的时体系统分为两部,一部为语法性质的观点体(viewpoint),另一部为以 Vendler(1957)动词时间结构为基础、词汇性的情状体[⑧],下面是 Smith 双部体系统中,观点体中完成体"了₁"的定义[⑨](Smith,1997:266):

Temporal schema for the —le Perfective

a. *I F/E*

 ////////(RVC)

"了₁"完成体的时相图式

I= 起始点   F= 终结点   E=*single stage event* 单时段事件
////////= 情状所在时间区   RVC= 动结式

b. *Le* (S) makes visible a situation S at interval I. For times $t_{i,j}$, t_n, included in I: there is a time t_i that coincides with *I* and a time t_j that coincides with *F*, or a time t_j that coincides with *E*.

There is not time t$_{i-1}$ in I that precedes *I/E*.

"了₁"（S）显示处于时间区 I 的 S 情状，I 包含时点 t$_{i,j}$，t$_n$：时点 t$_i$ 和 *I* 重合，同时时点 t$_j$ 和 *F* 重合。或者时点 t$_j$ 和 *E* 重合，I 中没有时点 t$_{i-1}$ 和先于 *I/E*。

换言之，完成体"了₁"表示某情状（即 I）的时间结构为有界，可以用在有起始点 I 和终结点 F 的持续性情状，也可以用在起始点和终结点重合的瞬间情状 E。因此，笔者假设无论某情状时间区（interval）的内部结构为持续还是瞬间，汉语完成体"了₁"与情状整体特征的界点都相呼应，如例（7）"吃一碗饭"是一个内部结构为持续性的情状，如可以用进行体"（正）在"标示，"我（正）在吃一碗饭"。动结式 RVC"吃完"的时间结构为瞬间的 E，起始点和终结点重合，一般不用进行体"（正）在"，"#正在吃完一碗饭"，用"刚（刚）"为妥，"刚刚吃完一碗饭"。但是"吃"和"吃完"都可以和完成体标记"了₁"一起用。

（7）吃了₁一碗饭　　　　吃了₁饭去

　　 吃完（了₁）一碗饭　　吃完（了₁）饭去

Smith（1997）和刘勋宁（1988、2019）都忽略了"散步"可分离的组合，无界的"吃饭"和有界动结式"#吃完饭"两个构式事件词汇语义的区别，"吃饭"的内部时间结构是无界的，可以独立成句，而动结式的时间结构是完整有界，却不能独立成句。而且更有意思的是，当本来可以独立成句的构式加上"了₁"以后，"#散了步/#吃了饭"就和动结式一样，也不能独立成句了，带完成体的"#吃了饭"和动结式"#吃完饭"都不能独立成句。可见 Smith（1997）根据类型学普遍性为汉语完成体所做的界定，还是不能充分解释"了₁"的功能，汉语语法除了与类型学精髓有一致的地方，还有很多不可忽略的自我逻辑，需要进一步探讨。

Smith（1997）的定义完全没有考虑到完成体"了₁"把无界的"吃苹果"变成一个有界情状后，"#吃了苹果"就不能独立成句，有界的"#吃完苹果"和"#吃完一个苹果"也都不能独立成句。可见，动词词缀"了₁"的功能不仅仅是标示完整有界。在下列符合语法各句中除了有"了₁"，还有额外的界点标记（bounders）(Smith & Erbaugh, 2005)。例（8）瞬间动词"吃完"的词汇意义内含终结界点；"吃一个苹果"的事件意义同样内含吃某苹果的起始点（第一口）和终结点（最后一口）；现时体"了₂"更以说话时间为界点；动词"去"代表完成"吃苹果"事件界点之后紧接下来的事件。各情状除了"了₁"均有一到两个额外的界点标记，所以，完成体"了₁"还有一个与另一个界点相呼应的功能（Sun & Teo, 2017），而 Smith 对"了₁"的界定完全忽略了这一点。

（8）吃完#（了₁）一个苹果　　他吃（了₁）一个苹果
　　他吃了₁苹果#（了₂）　　他吃了₁苹果#（去）

Verkuyl（1972、1993）说时体（aspect）有一个合成性（compositionality）的特点，也就是说，带有完成体的动词和相关的名词语义组合成句，那么为什么"#吃了饭"就不能简单地组合成句呢？为什么相关的名词还必须带上个数量构式"一碗"才可以独立成句呢？沈家煊（1995、2004）提出了一个近年较有影响的观点，他说"吃了苹果"是一个黏着结构式，在动作认知域内，在词组的层面上代表一个无界的不完整事件，如"吃了苹果又吃梨"。他还说"吃了一个苹果"和"吃了一个苹果了"是自由结构式,在事件的认知域内,代表有界的完整事件。"吃了"为有界动作不能和无界事物"苹果"相匹配,"吃了"有个终结点,必须跟上一个有界事物"一个苹果",或者在句末再加上一个"了$_2$",这样终结点才有着落,有了这个实际的终止点,句子才表示完整的事件,见例(9)。

(9) #他吃了$_1$苹果。

他吃了$_1$一个苹果。

他吃了$_1$苹果了$_2$。

沈家煊所说的动名匹配现象,原则上和Verkuyl说的合成性一致,但是,虽然"#散了$_1$步"正如沈家煊所言在所谓的事件认知域不匹配,但是"我在海边散了$_1$步"却可以独立成句,完全符合语法。"吃苹果"和"散步"都是无界的活动类(activity)事件,为什么在事件认知域内的句子中,有界的"散了"无须和带数量构式的有界事物相匹配而"吃了"却需要呢?不得而知。

陆俭明(2014)说沈家煊的两个认知域不易理解,最好还是要落实到语言形式上。的确,用动作认知域黏着结构式和事件认知域自由构式来解释类似构式在不同语境中的相反用法,笔者认同有较大的任意性,不易理解。动词语义和事件的时间结构紧密相关,其实很难用非循环论证的方法区别出词汇认知域和事件认知域。陆先生说要解释"了$_1$"的功能,"从时间参照的角度去解释,将更容易让学生明白,更容易让学生接受"(2014:41)。

在语言类型学上,呼应是动词语法系统的一种普遍现象。在语言类型学中,一般认为动词除了表示时态(tense)、时体(aspect)和情态(modality)(Givón 2009),还普遍有个呼应的现象（Moravcsik，1978），英语的动词除了时态还有主宾语、人称和单复数的编码标记互为呼应，如英语连系动词现在式有三种：主语为第一人称单数是用 am，复数用 are；主语为第二人称单复数都用 are；主语为第三人称单数用 is，复数用 are。过去式还有形应的 was 和 were。除了时态、人称、主语和单复数，动词还可以和其他语义相呼应，如美洲西北部印第安语 Halmomelem 的动词系统没有时态编码标记，却有与处所相呼应的 *i* 表示近处、*li* 表示远处的编码标记。如：

（10）í　　qw'eyílex tútl'ò
　　　PROX　dance　　he
　　　'He is/was dancing [here].'

　　　lí　　qw'eyílex tútl'ò
　　　DIST　dance　　he
　　　'He is/was dancing [there].'

（Grano，2017：290）

汉语语法系统虽然没有时态、处所、人称、单复数与主宾语互为呼应的语法标记，但是"了₁"有个较特别的呼应功能（详情见下），编码标示终结界点的位置。汉语的瞬间动词"吃完、死"等和改变状态形动词"好"等，都像"吃了一个苹果"一样，内含有界，可是有界的动补式"吃完"带有数量构式"一个苹果"的时候，句子如没有"了₁"，也不能独立成句。如：

（11）吃完#（了₁）一个苹果
　　　死#（了₁）一年
　　　好#（了₁）很多

Fillmore（1977）说语义是相对于情景而言，来自生活中感知、记忆、经验、行为等认知的理想化。汉语完成体的呼应功能同样来自交际功能的需要。"吃完一个苹果"的词汇意义（即 Smith 词汇性质的情状体）表示一个有界情状，其中的动词补语"完"和数量构式都指向一个有界情状，但是由于汉语没有时态标记，没有"了₁"的话，听者无从判断该有界的瞬间动词是否完成[10]，所以说"了₁"的基本编码语法意义为完成体呼应标记，与有界情状语义相呼应，表示终结点的位置。不及物动词"死"和做动词用的形容词"好"都表示瞬间动作，虽然内含起始点和终结点同步的瞬间语义，还必须和"了$_{1/2}$"[11]组合成句。逻辑上，无时态标记的瞬间动词完全可以指已经发生或尚未发生的事件，该类动词就必须和其他形式相呼应，表明含完成语义的事件到界完成。例如（12），不及物瞬间动词"死##（了$_{1/2}$）"内含完成义，可是没有与其相呼应的完成或未完成的语言形式，也不能独立成句。情态助词"该"标示一个有界情状的终结点位于一个非已然状态，"该"明确表明有界的瞬间动词的终结点位于一个意愿之中，"该死"的语义就完整了，可以独立成句。否定这个无必然到界完成的意愿时，既可以用无否定完成义的"不"也可以用有否定完成义的"没（有）"（朱德熙，1982），可根据特定语境而选用"该死的不死"或"该死的没死"。此外，例句中"不该死的"指一个不应该完成的有界瞬间情状，副词"倒"标示一个与其相反的情状，也就是指一个已经到界完成的情状，其后不能没有一个与其相呼应的"了$_{1/2}$"。

（12）死##（了$_{1/2}$）

    该死！该死的不/没死，不该死的倒死#（了$_{1/2}$）。

可见，内在有界的瞬间动词不能单独成句，应用的限制是通过呼应表明事件是否完成。在3.3，笔者进一步讨论完成体"了₁"呼应的语用限制。本节的重点是说明，完成体"了₁"除了表示有界情状之外，还有一个呼应的语法功能，表示到界完成界点的位置。

3.3 "了₁"和小句焦点的互动

语用是情景所在之处，汉语完成体标记表示到界的呼应功能，还必须考虑到小句的信息结构。上文提到符合语法的"我在海边散了₁步"中的名词"步"，不是有界事物，但是"散了₁步"是有界动作，有界动作和无界事物在特定的语境中可以组合成句。陆俭明（2014）注意到虽然"#吃了苹果"不能独立成句，只要加个副词"只"就可以说"我只吃了苹果"了，其中光杆名词"苹果"前并没有沈家煊（2004）所说的数量结构式。笔者认为在陆先生句中的光杆名词"苹果"，指称语义为类指（generic），接近有定（definite）。该句用语义为"单独/极少"的副词"只"，此句的已知信息应该包括苹果和其他事物，未知信息为"谁吃了已知的食物"。所以，在"只吃了₁苹果"的语境中，"只"和"苹果"一起和"了₁"相呼应，表示"吃了"的动作的终结点止于苹果，不及其他食物。

Lambrecht（1994）、张伯江和方梅（1996）、Van Valin & LaPolla（1997）说小句的焦点有常规焦点和窄焦点的区别。一般动宾语言的常规焦点的范畴指小句的谓语部分（动词短语），如问者说"What has happened to her?"时，已经知道她出事了，只是不知道发生了什么事，问句的焦点是小句谓语，答者句子的焦点为小句的谓语（常规焦点）has got a headache。（Lambrecht, 1994；Van Valin & LaPolla, 1997）但是问句"Where did you go yesterday?"不是对整个谓语提问,已经知道听者昨天去了某地,只是对某地 where 提问,答句中的焦点不包括整个谓语,焦点范畴只含 to the theater,称之为窄焦点。

(13) What has happened to her?   Where did you go yesterday?
     She (has got a headache).   We went (to the theater).

虽然一般"#吃了₁苹果/#吃了₁饭"都不能独立成句,但是当小句焦点不含动词,焦点在"苹果/饭"时,即"吃了₁"不在句子焦点范畴之内时,"吃了₁苹果、吃了₁面、吃了₁饭"就可以独立成句了,其中的"苹果、面、饭"为类指,并且是小句的窄焦点。其中"了₁"和上文问句中的"午饭"相呼应,表示动作终结点的位置在"午饭"时间。

(14) #吃了₁饭   你午饭吃了₁什么? 我吃了₁饭。

同样,虽然"#散了₁步"一般不能独立成句,但是当小句有窄焦点"在海边","散了₁步"中的"步"为泛指,却也可以成句。成句的条件,完成体标"了₁"与窄焦点相呼应,表示事件到界完成的终结点位置在海边。

(15) #散了₁步   你在哪儿散了₁步? 我在海边散了₁步。

可见沈家煊(2004)所说的有界动作和有界事物匹配,实际上是汉语一种语法呼应现象,体标记和小句界点相呼应。

Smith(1997:67)说在活动情状,完成体表示终止(termination),而在结束体(accomplishment situation type),完成体表示完成(completion)。但是有不少学者(Chu,1976;Tai,1984;Smith,1997)认为,完成体"了₁"在汉语的结束体中,既可表示终止,也可以表示完成。如:

(16)我昨天写了一封信。

不过笔者认为，终止的语义来自完成体标记"了₁"和小句焦点"昨天"的呼应，表示终结点的位置在昨天，不是写完一封信的自然终结点，可以有终止的解读。当这个句子没有时间词"昨天"时，该句只有完成的语义，表示终结点的位置在自然终结点，所以"我写了一封信，##可是没写"是自相矛盾，一般不符合语法。[12] 如：

（17）我写了一封信，##可是没写。

我写了信了，##可是没写。

又例如电影《色戒》有抗日地下工作者邝志明暗杀汉奸易先生的情节，在小句"邝志明杀了₁易先生"中，名词"邝志明"和"易先生"的指称性都是有定，有界动词"杀"和有界人物"易先生"相匹配。"了₁"直接和有界动作"杀易先生"相呼应，表示到界完成的自然终结点，不能用"没杀成"来否定。可是当同样的句子有窄焦点"几次"，"了₁"和整个谓语都不在小句的焦点范畴之内，有界动作"杀易先生"却没有到达自然终结点，可以用"没杀成"来否定，因为"了₁"和"几次"相呼应，表示终结点的位置在"几次"，不在自然终结点，"杀易先生"的动作终止了几次，没有完成任务。

（18）*邝志明杀了₁易先生，都没杀成！

邝志明杀了₁易先生几次，都没杀成！

由此可见，完成体"了₁"的功能不是简单的"完成"或"实现"，我们不能忽略汉语完成体的语用功能，必须对 Smith（1997）"了₁"不全面的定义进行修改，还必须考虑到呼应的终结点可能在上下文之中。汉语完成体标记"了₁"的呼应终结点在自然终结点时，表示完成（completion）；当呼应终结点不在自然终结点（或用于无界情状），表示终止（termination）。

4 完成体标记的功能

本文回顾了国内外文献中对汉语完成体"了₁"的各种说法[Smith(1997)说英语的完成体就是动词的过去式],提出"了₁"是为一个完成体呼应标记,表示终结点位置的编码语法标记。这个理论实事求是、精准地说明汉语完成体标记的语法功能,不仅简单明了,更无须依靠任意性较高的词汇认知域和事件认知域,无须牵强附会地把没有时态标记的汉语分析成看不见时态标记的时态(tense)语言。与此同时,呼应(agreement)是人类语言中普遍的现象,绝非闻所未闻、笔者异想天开的怪说,只是人们之前没有考虑到汉语完成体标记呼应的语用特点。汉语的语法系统虽然有别于印欧语,人类不同语言的语法系统来自不同族群的生活经历,不同语言就有约定俗成不同的过程。英语的动词系统有过去式和现在式,时态(tense)是英语的核心语法概念,汉语的动词系统有完成体与非完成体,界点(telicity)是汉语的核心语法概念。下面再用本文讨论过的几个例子来归纳总结汉语动词系统的核心语法概念。

"#吃(了)苹果"不能独立成句是因为"苹果"是无界事物,小句没有与完成体标记"了₁"相呼应的界点。相比之下,"吃苹果了₂"可以独立成句,因为虽然现时体"了₂"可以和完成体"了₁"相呼应,但是"了₂"本身不是个呼应标记。

沈家煊的理论需要假设两个无形式标记的认知域来说明为什么"#吃了苹果"不能独立成句,比较难理解。如果真有动作认知域,在词组的层面上的"吃了苹果又吃梨"是一个无界的不完整事件,"了₁"无须和有界名词相匹配,这就不知如何解释没有"了₁",为什么"#吃苹果又吃梨"在口语中又有不能独立成句的问题。用笔者的呼应假设来解释汉语的完成体标记,就无须两个认知域,因为两个动作"吃苹果"与"吃梨"相连,一先一后,"吃了₁苹果(又)吃梨"意思是吃完苹果吃梨,完成体标记"了₁"和第二个动作相呼应,因为"吃苹果"的终结点在"吃梨"的起始点。

例(19)"吃完饭去"和"吃了₁饭去"也是以第二个动作"去"为界,"吃饭"的终结点是动作"去"的起始点,有了连动式,句中的完成体"了₁"就有了呼应界点。

(19)吃完饭去　　　　　　　　　　吃了₁饭去 ⑬

连动式中的第二个事件的起始点为第一个事件的终结点,所以"吃了₁苹果吃药"同样符合汉语完成体的呼应要求。时间词"天天"表示一个习惯性事件,既可表示过去的习惯,也可以表示现在的习惯,"了₁"不是个时态标记,仅仅表示"吃苹果"的动作习惯性地在"吃药"之前完成。如:

(20)(天天)吃完苹果吃药　(天天)吃了₁苹果吃药

此外,"吃(了₁)一个苹果"句中的完成体标记与有界事件"吃一个苹果"的自然终结点相呼应,并且表示动作完成。没有"了₁","吃一个苹果"一般用在未完成或表示习惯的语境。"吃完"是一个瞬间动词,其中"完"是动补构式中的补语,词汇意义为有界,但不是个呼应标记。所以"吃完"和"一个苹果"都表示有界的词汇或事件语义,"#吃完一个苹果"不能独立成句是因为瞬间动词都需要有个呼应标记,表示该情状是否完成,"吃完了一个苹果"表示事件的终结点为事件的自然终结点,在"我想吃完一个苹果"句中,"想"表示一个想象中的未然事件,终结点的位置无须或无法明确。所以应用"吃完、死、好"这些瞬间动词时,都不能独立成句,要有标示动作完成与否的语言形式。

最后,例(21)"#我散了₁步"的完成体标记在这个构式中无呼应界点,同样不能独立成句。地点状语"在海边"在"我在海边散了₁步"句中,和完成体标记相呼应,表示情状终结点的位置在海边。"我昨天在海边散了₁步"中,完成体除了可以和"在海边"相呼应,还可以和时间词"昨天"相呼应,表示终结点"昨天在海边"发生。但是,时间词"天天"表示一个无界习惯性动作,与完成体和界点相呼应的功能有悖,所以"#我天天在海边散了₁步"不能独立成句。只有当"天天"的修饰范畴包括一个连动式,其中"在海边散了₁步"为独立背景信息,完成体"了₁"和"在海边"相呼应,"天天"与"才回家"相呼应,表示一个习惯性的动作。而且,因为这是一个连动式,第二个动作"回家"的起始点为第一个动作"散步"的终结点,也可以是完成体标记"了₁"的呼应界点,处所状语"在海边"就又变成可有可无了。

(21)我#(在海边)散了₁步。

我昨天在海边散了₁步。

#我天天在海边散了₁步。

我天天(在海边)散了₁步才回家。

附 注

① "着"表示与完成体标记"了₁"相对应的无界结果状态(Smith,

1997），笔者在人大 6 月 8 日的讲座中说该语法标记可用在动态或静态的持续情状，还有确认无界的语法呼应功能。

② 在本文例句中，带 # 号的句子为在一般情况下有问题的用例；带 * 号的句子为不符合语法的用例。

③ 本文的"了₂"亦常被称为"了₁"的同音句尾语气词。（朱德熙，1982：72）

④ 龚先生的时态指本文中的时体 aspect。

⑤ 本文中每个句子的说话时间即 Klein（1992）的话题时间（topical time），在叙事文体（narrative）或话语片段中，说话时间可以为故事中的叙事时间（narrative time），每个句子都有话题时间。

⑥ 根据 Chao（1968）的说法，处于句尾的动词后缀"了 1/2"，可能是 haplology 同音合并，兼"了₁"和"了₂"的功能。

⑦ 汉语完成体标记"了₁"只不能用在"是、以为、觉得、认为、等于……"（刘月华等，2004；郭锐，2004；等等）动词之后，笔者认为这些动词都是状态不可变的无界动词。

⑧ Vendler（1957）、陈平（1988）、Smith（1997）、Xiao & McEnery（2004）等所说的情状体，毫无疑问汉语的构式中也有大量的共同点，但是汉语语法没有时态标记，和这些以印欧语情状体为出发点的看法有着较多的差异。因为篇幅的限制，本文暂不详细讨论。

⑨ 所有英语汉译文为笔者所作。

⑩ Dowty（1979）用达界完成（culmination）讨论持续性的 accomplishment situation，本文所说的瞬间动词不是 accomplishment 情状，更似 Vendler（1957）的 achievement 情状。

⑪ Chao（1968）说在普通话句尾动词后的"了 1/2"是同音合并。笔者第一语言为广东话，和普通话相对的两个语素分别为完成体"咗"和现时体"啦"，如"死了！＝死咗啦！"

⑫ 在做调查时，大部分北方人认为"我写了一封信，## 可是没写完"和"吃了一个苹果，## 可是没吃完"这类句子不可接受。可是很多南方人（Tai，1984；等等）却认为可以否定。笔者怀疑这可能是受到南方方言语法的影响，例如，闽南语没有动词词缀完成体标记（杨秀芳，

1991）。

⑬ "吃饭去"和"去吃饭"同义，只是信息重点不同。所以，带完成体的"吃了₁饭去"和"吃饭去"是两个不同的构式。

参考文献

北京语言学院语言教学研究所　1985　《汉语词汇的统计与分析》，北京：外语教学与研究出版社。
陈　平　1988　《论现代汉语时间系统的三元结构》，《中国语文》第 6 期。
陈前瑞　2008　《汉语体貌研究的类型学视野》，北京：商务印书馆。
龚千炎　2000　《汉语的时相、时制、时态》，北京：商务印书馆。
郭　锐　2004　《现代汉语词汇累研究》，北京：商务印书馆。
刘勋宁　1988　《现代汉语词尾"了"的语法意义》，《中国语文》第 5 期。
刘勋宁　2019　《现代汉语时态标记"了"的研究》，（日本）东京：日本侨报社。
刘月华、潘文娱、故　桦　2004　《实用现代汉语语法》，北京：商务印书馆。
陆志韦　1957　《汉语的构词法》，北京：科学出版社。
陆俭明　2014　《关于"有界/无界"理论及其应用》，《语言学论丛》第五十辑，北京：商务印书馆。
吕叔湘主编　1980　《现代汉语八百词》，北京：商务印书馆。
朴珉娥、袁毓林　2020　《汉语是一种"无时态语言"吗？》，汉语堂 2020 年 4 月 22 日。
沈家煊　1995　《"有界"与"无界"》，《中国语文》第 5 期。
沈家煊　2004　《再谈"有界"与"无界"》，《语言学论丛》第三十辑，北京：商务印书馆。
杨秀芳　1991　《从历史语法的观点论闽南语"了"的用法：兼论完成貌助词"矣"（"也"）》，《台大中文学报》第 4 期。
张　斌　2010　《现代汉语描写语法》，北京：商务印书馆。
张伯江、方　梅　1996　《汉语功能语法研究》，南昌：江西教育出版社。
朱德熙　1982　《语法讲义》，北京：商务印书馆。
Brinton, Laurel & Elizabeth Traugott　2005　*Lexicalization and Language*

Change. Cambridge/England: Cambridge University Press.

Chao Yuanren 1968 *A Grammar of Spoken Chinese*. Berkeley and Los Angeles: University of California Press.

Chu, Chauncey 1976 Some semantic aspect of action verbs. *Lingua* 40: 43—54.

Comrie, Bernard 1976 *Aspect*. Cambridge: Cambridge University Press.

Dowty, David 1979 *Word Meaning and Montague Grammar*. Dordrecht: Reidel.

Fillmore, Charles 1977 The case for case reopened. In P. Cole (ed.), *Syntax and Semantics 8: Grammatical Relations*. 59—81. New York: Academic Press.

Givón, T. 2009 *The Genesis of Syntactic Complexity: Diachony, Ontogeny, Neuro-cognition, Evolution*. Amsterdam. The Netherlands: John Benjamins Publishing.

Grano, Thomas 2017 Finiteness contrast without tense? *Joural of East Asian Linguistics* 26: 259—299.

Jakobson, Roman 1932 Zur Struktur des rusischen verbums. In *Selected Writings of Roman Jakobson (Word and Language)* 2: 3—15. The Hague: Mouton, 1971.

Klein, Wolfang 1992 The present perfext puzzle. *Language* 68: 525—552.

Lambrecht, Knut 1994 *Information Structure and Sentence Form*. Cambridge: Cambridge University Press.

Li, Charles & Sandra Thompson 1981 *Mandarin Chinese: Functional Reference Grammar*. Bereley and Los Angeles: University of California Press.

Lin, Jo-Wang 2003 Selectional restrictions of tenses and temporal reference of Chinese bare sentences. *Lingua* 113-3: 271—302.

Moravcsik Edith A. 1978 Agreement. In Greenberg, Joseph (ed.) *Universals of Human Language*. Vol 4. Stanford, CA.: Stanford University Press. 331—374.

Reichenbach, Hans 1947 *Elements of Symbolic Logic*. London: Macmillan.

Smith, Carlota 1997 *The Parameter of Aspect*. Dordrecht: Kluwer Academic Publishers.

Smith, Carlota and Mary Erbaugh 2005 Temporal interpretation in Mandarin

Chinese. *Linguistics* 43—4: 713—756. Walter de Gruyter.

Sun, Chaofen 1996 *Word-Order Change and Grammaticalization in the History of Chinese*. Stanford: Stanford University Press.

Sun, Chaofen & Ming Chew Teo 2017 Temporally closed situations for the Chinese perfective LE. In Giora and Haugh (eds.) *Doing Intercultural Pragmatics: Congitive, Linguistic, and Sociopragmatic Perspetives on Language Use*. Berlin and Boston: de Gruyter Moutons. 233—255.

Tai, James H-Y. 1984 Verbs and times in Chinese: Vendler's four categories. In Teste, David Veena Mishra and Joseph Drogo (eds.) *Papers from the Parasession on Lexical Semantics*. Chicago: Chicagor Linguistic Society. 289—297.

Tong, X., and Y. Shirai 2016 L2 acquisition of Mandarin *zai* and *-le*. *Chinese as a Second Language Research* 5: 1—25.

Traugott, Elizabeth, and Graeme Trousdale 2010 *Constructionalization and Constructional Changes*. Oxford, England: Oxford University Press.

Van Valin, Robert D., and Randy J. LaPolla 1997 *Syntax: Structure, Meaning and Function*. Cambridge: Cambridge University Press.

Vendler, Zero 1957 Verbs and times. *Philosophical Reveiw. Linguistics in Philosophy*. Ithaca: Cornell University Press. 1967.

Verkuyl, Henk 1972 On the compositional nature of aspects. *Foundations of Language Supplementary Series* 15. Dordrect, Holland: Reidel.

Verkuyl, Henk 1993 *A Theory of Aspectuality: The Interaction between Temporal and Atemporal Structure*. Cambridge: Cambridge University Press.

Wen, X. 1995 Second language acquisition of the Chinese particle *le*. *International Journal of Applied Linguistics* 5-1: 45—62.

Xiao, Zhonghua & Anthony McEnery 2004 *Aspect in Chinese*. Amsterdam: John Benjamins.

（本文原载《世界汉语教学》2021年第6期）

晋语复数词尾"每(弭、们)"的多功能性

吴福祥

(北京语言大学历史语言学研究中心)

1 引言

在晋语部分方言里,人称代词及指人名词的复数词尾"每(弭、们)"可以用作第一人称代词(邢向东,2002、2006、2014;史秀菊,2010a、2010b),这种多功能模式罕见于其他方言。本文尝试对这种现象进行解释,着重要回答两个问题:(1)前述多功能模式是通过什么样的演变形成的,(2)应该怎样看待这种演变的性质。

2 词尾"每(弭、们)"的多功能模式

据初步考察,人称代词词尾"每(弭、们)"的多功能性主要见于晋语吕梁片和五台片的部分方言,有下述两种基本的多功能模式。

2.1 人称代词复数词尾兼做第一人称代词的亲属领属式

据李小平（1998、1999），临县方言的人称代词词尾"弭"[mi^{24}]可以做第一人称代词的"亲属领属"形式。例如：

（1）临县方言"弭"的功能（李小平，1998、1999）

a. 复数词尾：我弭 [ŋɜ^{312} mi^{24}]｜他弭｜咱弭家｜伢弭家｜己儿弭｜人弭

b. 领属代词[①]：弭爹｜弭妈｜弭哥｜弭嫂｜弭婆姨_{我妻子}｜弭老汉_{我丈夫}｜弭儿｜弭女

值得注意的是，这里的"弭"作为领属代词指的是一种"专职表示亲属领属关系"的代词形式（李小平，1998）。李小平（1998：57、1999：278）敏锐地注意到临县方言的这种亲属领属代词"弭"跟第一人称代词复数排除式"我弭"的相关性：第一，"弭"具有复数性，其含义是"我弭"而非"我"，因而本质上是复数第一人称代词。第二，形式上"弭"是由"我弭"省略而来的。下面我们会看到，李小平（1998、1999）的这一观察和判断非常重要。

此外，据邢向东（2006），陕西境内吕梁片佳县方言以及五台片神木万镇和贺家川方言的"弭"也有相同的多功能模式。例如：

（2）佳县方言"弭 [mi^2]"的功能（邢向东，2006）

a. 复数词尾：我弭 [ŋo^3 mi^2]｜咱弭 [tsʻa^2 mi^0]｜□弭 [nie^3 mi^0]｜他弭 [tʻa^{1}mi^0]｜谁弭 [ʂu^{2}mi^0]

b. 领属代词：弭爹｜弭妈｜弭娘娘｜弭爷爷｜弭婆姨_{我妻子}｜弭老汉_{我丈夫}

2.2 人称代词复数词尾兼做第一人称代词领属式和第一人称代词复数排除式

这种多功能模式见于吕梁片的柳林、吴堡以及五台片的五台、定襄。据邢向东（2014），陕西吴堡方言中，人称代词复数词尾"每"[mɛe²¹³]可以兼做第一人称代词领属式和第一人称代词复数排除式。例如：

（3）陕西吴堡方言"每"[mɛe²¹³]的功能（邢向东，2014）

a. 复数词尾：我每 [ŋʏu⁴¹mɛe²¹³] | □每 [niɑ²⁴ mɛe²¹] | 他每 [tʰɑ²⁴ mɛe²¹]

b. 领属代词：**每**爹、**每**妈、**每**爷爷，都是受苦人

c. 复数代词[②]：**每**都是些老实人，你可不敢哄**每** | **每**一共去了三十个人

康彩云（2012：109）提到，柳林方言里，"弭"[mi²¹³]除了人称代词复数词尾外，也用作第一人称代词领属式和第一人称代词复数排除式。例如：

（4）柳林方言"弭"[mi²¹³]的功能（康彩云，2012：109）

a. 复数词尾：我弭 [ŋɔ³¹³ mi²¹³] | 咱弭 [tsʻʌ⁵⁵mi⁰] | 你家弭 [niʌ²⁴mi⁰] | 那家弭 [nə²¹⁴tɕʌ²⁴ mi⁰]

b. 领属代词：**弭**爹 | **弭**叔叔 | **弭**姨 | **弭**老师 | **弭**村 | **弭**柳林

c. 复数代词：**弭**来坐车呀，你不用送了。

据孙小花（2001）和韩沛玲、崔蕊（2015），五台方言的"们"[mən²¹³]也同样具有复数词尾、第一人称代词领属式和第一人称代词复数排除式这样的多功能模式。例如：

（5）五台方言的复数词尾"们"[mən²¹³]的功能（孙小花，2001）

a. 复数词尾：他们 | 谁们 | 老师们

b. 领属代词：们妈 ｜们师傅｜们村长｜们学校｜们县城

c. 复数代词：甲：□ [nie²¹³]（你们）去队里呀不两？
乙：们不去两。

此外，范慧琴（2007：50-52）的研究表明，山西定襄方言里"们 [məŋ²¹⁴]"除用作复数词尾外，还做第一人称代词，其基本的用法是表示第一人称复数排除式，也用作第一人代词亲属领属式。例如：

(6) 定襄方言的复数词尾"们"[məŋ²¹⁴]的功能（范慧琴，2007：50-52）

a. 复数词尾：他们 [tha²¹⁴⁻⁴² məŋ⁰] ｜ 谁们 [sei²¹məŋ²¹⁴] ｜ 众人们 [tsəŋ⁵³ zəŋ⁰ məŋ⁰]

b. 领属代词：们妈妈 ｜们村儿

c. 复数代词：们先走，□ [nie²¹⁴] 后底慢慢儿来哇。

3 可能的演变过程

上述方言的人称代词词尾"每（哶、们）"何以有第一人称代词用法？目前比较一致的看法是，第一人代词复数亲属领属式和排除式的"每（哶、们）"实则是第一人称代词复数排除式"我每（哶、们）"的省略，也就是说，用作人称代词的"每（哶、们）"实际负载的是第一人称代词复数排除式"我每（哶、们）"的意义。③目前所知，最早提出这种看法的是李小平（1998、1999）。其后，孙小花（2001）、邢向东（2002、2006、2014）、范慧琴（2007）和康彩云（2012）均持相同的观点，尤其范慧琴（2007）通过跨方言比较详细论证了上述结论。本文赞同这一看法，不过还要追问：在"每（弭、们）"同时具有第一人称代词复数排除式和第一人称代词亲属领属式两种功能的方言里，"我每（弭、们）→每（弭、们）"这种删略是发生在论元位置（主宾格）上还是领属语位置（领格）上？换句话说，"每（弭、们）"是先用作非领格代词（主宾语代词），然后扩展到领格代词（亲属领格代词），还是相反？范慧琴（2007：61）似乎主张前者，她认为"每（弭、们）""这类成分最基本的用法是做第一人称复数，没有任何语义、语用限制，而做第一人称单数以及亲属领格都是有条件限制的，是它的引申用法"。[④] 本文的看法则与之相反，我们认为"每（弭、们）"首先用作"亲属领格（亲属领属）"的第一人称复数代词，然后扩展到主宾格的第一人称复数代词（排除式）。我们的理由有二：一是"每（弭、们）"的功能蕴涵关系。考察发现，"每（弭、们）"的主宾格第一人称代词复数（排除式）功能蕴涵"亲属领格"第一人称代词功能，也就是说，如果一个方言的"每（弭、们）"具有人称代词词尾、主宾格第一人称代词复数（排除式）功能，则该方言"每（弭、们）"也具有"亲属领格"第一人称代词功能，而反之则不然。如表1所示。

表1 部分晋语"每（弭、们）"的语法功能[⑤]

方言	语法功能			材料来源
	复数词尾	亲属领格第一人称代词	主宾格第一人称复数代词	
佳县	弭 mi²/⁰	弭 mi²		邢向东，2006
神木万镇	弭 mi⁴⁴/²¹	弭 mi²¹³		邢向东，2002
神木贺家川	弭 mi⁴⁴/²¹	弭 mi²¹³		邢向东，2002

（续表）

方言	语法功能			材料来源
	复数词尾	亲属领格第一人称代词	主宾格第一人称复数代词	
临县	弭 mi$^{24/0}$	弭 mi^{24}		李小平，1999
吴堡	每 mɛe$^{213/21}$	每 mɛe^{213}	每 mɛe^{213}	邢向东，2014
柳林	弭 mi$^{213/0}$	弭 mi^{213}	弭 mi^{213}	康彩云，2012
五台	们 mən^{0}	们 mən^{213}	们 mən^{213}	孙小花，2001
定襄	们 mən^{0}	们 mən^{214}	们 mən^{214}	范慧琴，2007

如果我们假设"我每（弭、们）"删略为"每（弭、们）"这种演变，首先发生在主宾格第一人称代词复数排除式上，那就无法解释临县、佳县等方言的"弭"为什么具有亲属领格第一人称代词功能，而缺乏主宾格第一人称代词复数排除式功能。相反，如果假设"我每（弭、们）"删略为"每（弭、们）"这种演变，首先发生在亲属领格第一人称代词功能上，然后进一步扩展到主宾格第一人称代词复数排除式，那我们就可以说临县、佳县等方言的"弭"具有亲属领格第一人称代词功能而缺乏主宾格第一人称代词复数排除式功能，体现的是这个演变过程的第一阶段，其复数代词功能尚未扩展到主宾格第一人称代词复数排除式；而吴堡、定襄等方言"每（弭、们）"同时具有亲属领格第一人称代词和主宾格第一人称复数代词功能，反映的是这个演变过程的第二个阶段，即"每（弭、们）"通过删略而获得的第一人称复数代词功能由亲属领格扩展到主宾格。

我们的第二个理由是"亲属领格"这一槽位（slot）为删略提供了句法条件。前文提到的"亲属领格（或亲属领属）"是汉

343

语很多方言尤其晋语和中原官话中一种很特别的领属代词形式。在这种领属代词所涉及的领属结构式中，表示被领有者的核心语通常是亲属称谓词（如父母、爷爷、奶奶、妻子、丈夫等）、社会关系称谓词（如师傅、领导、老师、同学）以及家庭、单位、机构等集体名词（如家、学校、班、单位、村）。因为这类"亲属—集体名词"的"私有化程度"相对较低（陈玉洁，2008），所以表示领有者的第一、二人称代词需用复数形式。比如普通话的"我父亲/母亲"和"你班/村"在具有这种"亲属领格"范畴的方言里需要说成"我每（弭、们）爹/妈"和"你家（每、弭、们）班/村"，而不能说"我爹/妈"和"你班/村"。唐正大（2014）从形态和句法角度把"亲属领格"的这种语法特性概括为"复数—并置"限制：人称代词采用复数形式；领者和属者直接并置（juxtapose），其间不能插入领属标记。也就是说，在这种领属结构式里，表示领有者的人称代词无论其所指为单个或多个，都必须是复数形式，其后紧跟表示被领者的核心名词，二者之间不加其他标记。按照唐正大（2014：403）的说法，这种"复数—并置"限制的一个直接后果是"使得整个领属表达多少有些词汇化、整体固化的性质"。因为这类领属结构式具有固化和词汇化倾向，所以当双音节的领属代词"我每"和"你家"直接与单音节的"爹/妈"这类亲属名词组合时，出于韵律因素的制约，双音节的领有代词"我每"和"你家"就有缩减为单音形式的压力，以便使整个领属结构变成双音节的自然音步。而双音节缩减为单音节的主要方式是删略和合音，所以在上述方言里，第一人称复数代词"我每（弭、们）"通过删略而缩减为"每（弭、们）"，第二人称复数代词"你家"则普遍融合为"niɛ、 nia、niA"等单音形式。相反，如果我们假设"我每（弭、们）"删略为"每（弭、们）"这种演变首先发生在主宾格第一人称复数代词上，那我们就无法从形态句法角度来解释用作主宾语的"我每（弭、们）"为什么要删略为单音节的"每（弭、们）"。此外，还有一个间接证据也可以作为上述假设的一个重要旁证：在我们考察的所有具有"亲属领格"范畴的方言里，第三人称复数代词"他每（弭、们、家、都、些）"罕见有删略或合音现象。我们推断其中的一个重要原因是，在具有"亲属领格"范畴的方言里，第三人称代词充当领属语时没有"复数—并置"限制，因为没有这种形态、句法和语义限制，所以充当领属语的第三人称复数代词就没有缩减为单音形式的压力。⑥

假如上面的分析可以成立，那么我们可以把部分晋语"我每（弭、们）"的演变过程表述如下：

（7）（i）我每（弭、们） → 每（弭、们）/__ 亲属-集体名词

　　　　　　　　　　　↓　去除（i）的条件

　　　（ii）每（弭、们）_领格_ → 每（弭、们）_非领格_

（7）包含的两条规则表征的是演变的两个不同阶段：规则（i）是说第一人称复数代词"我每（弭、们）"在与"亲属—集体名词"组合时删略为单音节的"每（弭、们）"，体现的是演变的第一阶段。临县、佳县等方言"每（弭、们）"的多功能模式正是这一演变阶段的共时结果。规则（ii）表述的是，通过去除规则（i）的条件（"__ 亲属-集体名词"），"每（弭、们）"由领格第一人称复数代词扩展为非领格第一人称复数代词，反映的是演变的第二个阶段。吴堡、定襄等方言"每（弭、们）"的多功能模式是这一演变阶段的共时结果。需要说明的是，规则

345

(ii)描述的扩展是个渐变的过程,事实上具有规则(ii)的不同方言,其演变速率不尽相同。在有些方言里,"每(弭、们)"由领格扩展为非领格后,"每(弭、们)"作为主宾格复数代词排除式跟原来的主宾格复数代词排除式"我每(弭、们)"并存。比如吴堡方言里第一人称代词复数排除式有"我每"[ŋʏu⁴¹ mɛe²¹³]、"每"[mɛe²¹³]两种形式。而在另外的方言里,这种非领格代词"每(弭、们)"有可能逐渐替代"我每(弭、们)",成为第一人称复数代词排除式的主要形式甚至唯一形式。比如五台方言里,"们"是第一人称复数代词排除式的主要形式,而"我们"的使用频率很低,且限于老派。(孙小花,2001;范慧琴,2007)另一方面,在定襄方言里"们"业已成为第一人称代词复数排除式的唯一形式。(范慧琴,2007)

4 共时变异的解释

在普通话以及绝大多数汉语方言里,人称代词的复数形式通常是在单数形式的基础上增加复数词尾,比如北京话"我—我们"、广州话"你—你哋"等。不难看出,通过这种加缀法产生的复数形式与作为词根的单数形式之间是一种"同根(词根相同)"交替的形态关系。但在部分晋语里,第一、二人称代词单数形式和复数形式之间往往呈现一种"异根"交替关系。已有的研究(如史秀菊,2010a、2010b;赵变亲,2012)表明,这种"异根"交替现象的产生主要源于合音、删略、变调等过程。因此,我们上面描述的演变规则及过程,一定程度上有助于解释部分"异根"交替的共时变异现象。下面举例说明。

4.1 兴县方言的"我"与"弭些"

据史秀菊等（2012）和杨瑞萍（2014），兴县方言的第一人称单数代词是"我"，第一人称复数代词排除式是"弭些 [mi^{324}ɕie^{55}]"。"弭些 [mi^{324}ɕie^{55}]"是由词根"弭"附加词尾"些"而成，其中"弭"也用作第一人称代词亲属领格以及复数词尾。例如：

（8）兴县方言"弭 [mi^{324}]"和"弭些 [mi^{324}ɕie^{55}]"的功能（史秀菊等，2012）

　　a. 复数词尾：我**弭**_{我们}｜你家 nie^{324} **弭**_{你们}｜他**弭**_{他们}｜谁**弭**｜老师**弭**｜领导**弭**

　　b. 领属代词：**弭**_我爸比**弭**_我妈大下一轮咧。｜**弭**_{我们}村勒村儿考上些些_{许多}大学生。

　　c. 复数代词：**弭些**_{我们}吃了饭咧，你家 nie^{324} 弭吃咧没？｜你有甚好事了可不要忘了**弭些**_{我们}啊。

既然兴县方言的非领格第一人称代词复数排除式"弭些"是通过加缀法而成，那么也就意味着词根"弭"本身曾有过非领格第一人称代词复数排除式的功能，而"弭"的这种功能自然源自第一人称代词复数（排除式）"我弭"的删略。也就是说，历史上兴县方言的"弭"跟吴堡方言"每"一样，也应有过复数词尾、非领格第一人称代词复数排除式以及亲属领格第一人称复数代词这样的多功能模式，只是后来派生形式"弭些"产生之后，"弭"失去了非领格第一人称代词复数排除式功能。可见，兴县方言第一人称代词单复数"我"与"弭些"的异根交替现象，跟第一人称复数代词"我弭"的删略密不可分。

4.2 高平方言的"我"与"每/每都"

据白静茹等（2005），高平方言的第一人称代词是"我

[vɑ²¹²]",第一人称代词复数排除式是"□ [mee³³]"和"□都 [mee³³ tʌu³³]","□ [mee³³]"也用作第一人称代词亲属领格,而这个方言的复数词尾则是"都 [tʌu³³]"。例如:

(9)高平方言"□ [mee³³]"和"□都 [mee³³ tʌu³³]"的功能(白静茹等,2012)

　　a. 复数词尾:□都 [mee³³ tʌu³³]_{我们}｜咱都 [tʂɑ²¹² tʌu³³]_{咱们}｜他都 [tʻɑ²¹² tʌu³³]_{他们}｜□都 [nie³³ tʌu³³]_{你们}

　　b. 领属代词:□ [mee³³] 爸 / 妈 / 老师 / 学校 / 单位

　　c. 复数代词:□都 [mee³³ tʌu³³] 在门口等你｜你在门口等□ [mee³³]

(9)中的"□ [mee³³]",史秀菊(2010b)记作"每 [mee³³]"。如果"□ [mee³³]"的本字确是"每",那么高平方言第一人称代词单复数形式的异根交替也跟删略有关:这个方言的第一人称代词复数排除式原先应是"我每","我每"在亲属领格位置上删略为"每"后,进一步扩展到主宾格位置,变成非领格第一人称代词复数排除式,此后在"每"的基础上后附复数词尾"都"产生"每都",这样就造成了第一人称代词单复数形式"我"与"每 / 每都"的异根交替。

4.3 中阳方言的"我"与"弭家"

据蒋文华、高晓慧(2018)和乔全生、王晓燕(2003),中阳方言的第一人称代词单数形式是"我 [ŋɤ⁴²³]",第一人称代词复数排除式有"□ [miɛ²⁴]""我□ [miɛ²⁴]""□ [miɛ²⁴] 咱""□ [miɛ²⁴] 家"等形式。其中"□ [miɛ²⁴]"也用作第一人称代词亲属领格,而该方言的复数词尾是"弭 [mi⁰]"和"家 [tɕiA⁰]"。例如:

（10）中阳方言的"□[miɛ²⁴]"和"弭[mi⁰]"的功能（蒋文华、高晓慧，2018）

  a. 复数词尾：咱弭 [tsʰA²⁴ mi⁰]｜你家弭 [niA²⁴ mi⁰]｜他弭 [tʰA²⁴ mi⁰]

  b. 领属代词：□[miɛ²⁴] 妈｜□[miɛ²⁴] 叔叔｜□[miɛ²⁴] 老师｜□[miɛ²⁴] 邻居

  c. 复数代词：□[miɛ²⁴] 今吃油糕嘞。｜你不要老是磕打_{欺负}□[miɛ²⁴]。

（10）中的"□[miɛ²⁴]"，蒋文华、高晓慧（2018）写作"弭"，史秀菊（2010a）则记作"弭家 [miɛ²⁴]"，认为是"弭家"的合音，我们赞成史秀菊（2010a）的看法。既然中阳方言的亲属领格代词和主宾格复数代词的"弭家 [miɛ²⁴]"是由词根"弭"和词尾"家"派生而成，那么更早的时候，该方言的"弭"应该具有复数词尾、亲属领格第一人称复数代词和主宾格第一人称复数代词排除式等功能，而"弭"本身则自然源于第一人称代词复数排除式"我弭"的删略。由此可见，中阳方言第一人称代词单复数形式"我"与"弭家"的异根交替，源于删略和合音的共同作用。

4.4 襄垣方言的"我"与"□[mei²²]"

据邢颖（2017a、2017b），襄垣方言第一人称单数代词是"我"，第一人称代词复数排除式则有"□[mei²²]"、"□[mei²²]们"、"□[mei²²]都"、"□[mei²²]都们"等形式，而该方言的复数词尾则是"们"和"都"。例如：

（11）襄垣方言的"□[mei²²]"的功能（邢颖，2017b）

  a. 领属代词：这饭是□[mei²²]_我妈做的。

349

　　　　b. 复数代词：□[mei²²]_{我们}吃开饭啦。

假如"□[mei²²]"的本字是"每"，那么这个"每"也应源于更早的第一人称代词复数排除式"我每"的删略。"每"通过删略而获得代词功能之后，又作为词根陆续派生出新的复合代词形式"□[mei²²]们"、"□[mei²²]都"、"□[mei²²]都们"等。可见，襄垣方言第一人称代词"我"与"□[mei²²]"的异根交替也极有可能是"我每"删略的产物。

　　4.5　平顺方言的"我"与"□[tɕieʔ²²]"

　　据许丽庆（2019），平顺方言的第一人称代词是"我[uɣ⁵³]"，第一人称代词复数排除式则有"□[tɕieʔ²²]""□都[tɕieʔ²² təu²²]""□都都[tɕieʔ²² təu²² təu²²]"等三种形式，其中"□[tɕieʔ²²]"也用作第一人称代词亲属领格形式，而该方言的复数词尾则是"都[təu²²]"。例如：

　　　　（12）平顺方言的"□[tɕieʔ²²]"的功能（许丽庆，2019）

　　　　a.领属代词：□[tɕieʔ²²]爸/哥/闺女/老师/老板/村/学校

　　　　b.复数代词：□[tɕieʔ²²]自己去哇。| 你管□[tɕieʔ²²]了……

（12）中的"□[tɕieʔ²²]"，许丽庆（2019）记作"<u>这家</u>[tɕieʔ²²]"，认为是"这家"的合音；而王锡丽、吴继章（2015）和史秀菊（2010a）均记作"家[ɕiʌʔ²²]"。我们比较赞同王锡丽、吴继章（2015）和史秀菊（2010 a）的意见。假如"□[tɕieʔ²²]"的本字的确是"家"，那么它应该是来自第一人称代词复数排除式"我家"的删略。可见，平顺方言第一人称代词单复数形式"我"与"□[tɕieʔ²²]"的异根交替也与删略操作有关。

4.6 河曲方言"我"与"ma^{13} mə$^{2^3}$"

据史秀菊（2010a、2010b），河曲方言第一人称代词单数形式是"我 [vv^{213}]"，第一人称代词复数排除式（主宾格）和第一人称代词亲属领格形式均为"<u>弭家每</u> [ma^{13}mə$^{2^3}$]"，而该方言的复数词尾是"每 [mə$^{2^{33}}$]"和"家 [tɕiɛ^{21}]"。"<u>弭家每</u> [ma^{13} mə$^{2^3}$]"显然是词根"ma^{13}"附加词尾"每 [mə$^{2^{33}}$]"而成，如果"[ma^{13}]"确为"弭家"或"每家"合音而成，那么河曲方言里"每（弭）"本身当来源第一人称复数排除式（主宾格）"我每（弭）"的删略。可见，河曲方言第一人称代词单复数"我"与"<u>弭家每</u> [ma^{13}mə$^{2^3}$]"的异根交替，也应是删略与合音共同作用的产物。

4.7 屯留方言的"我"与"□ [mæ^{53}] 都"

据张振铎、刘毅（1991）以及笔者的调查，屯留方言的第一人称代词单数是"我 [uo^{313}]"和"□ [mæ^{53}]"，第一人称代词复数亲属领格是"□ [mæ^{53}]"，第一人称代词复数排除式（非领格）是"□都 [mæ^{53} təu^0]"，复数词尾是"都 [təu^0]"。例如：

（13）屯留方言的"□ [mæ^{53}]""□□ [mæ^{53} təu^0]"（张振铎、刘毅，1991；笔者调查）⑦

a. 复数词尾：tsan^{13} təu^0 咱们｜niɛ^{53} təu^0 你们｜他**都**他们｜学生**都**学生们

b. 第一人称单数：□ [mæ^{53}]我拿动咾，他拿不动。

c. 第一人称亲属领格：□ [mæ^{53}] 爸/哥/老师/媳妇/村/学校

d. 第一人称复数排除式：你先去，□□ [mæ^{53} təu^0]我们等一会再去。

（13）中的"□ [mæ^{53}]"，史秀菊（2010b）记作"每 [mɛi^{53}]"。

351

如果"□[mæ⁵³]"的本字的确是"每",那么它应当也是双音形式"我每"删除"我"而成。不过跟其他方言不同,屯留方言的"每[mæ⁵³]"作为第一人称代词,在非领格位置表达的是单数而非复数功能。"每[mæ⁵³]"的第一人称单数代词功能,是由第一人称亲属领格代词直接经过重新分析而来,还是由第一人称亲属领格代词先扩展为第一人称代词复数排除式,然后进一步单数化为第一人称单数代词,我们目前还不能肯定。不过可以肯定的是,屯留方言第一人称代词单数"我[uo³¹³]"与复数排除式"□都[mæ⁵³ təu⁰]"的异根交替同样也跟代词"我每(乿、们)"的删略密不可分。值得注意的是,随着屯留方言"每[mɛi⁵³]"第一人称代词单数功能的逐渐发展,这个方言又重新建立起第一人称代词单复数"每[mæ⁵³]～每都[mæ⁵³təu⁰]"这种规则性的同根交替,比如在张振铎、刘毅(1991)记录和笔者调查的语料里,第一人称代词单数几乎只用"每[mɛi⁵³]","我"则极少使用。

5　演变的性质:逆语法化抑或语法化

上面的讨论是想证明,临县、定襄等方言的"每(乿、们)"之所以具有复数词尾和人称代词的多功能模式,是因为这些方言的第一人称代词复数排除式"我每(乿、们)"在亲属领格的位置上发生了"我每(乿、们)→每(乿、们)"这样的删略,从而使得这些方言产生了"每(乿、们)"这种新的亲属领格代词;不仅如此,在有些方言里删略而来的亲属领格代词"每(乿、们)"进一步扩展为非领格的复数代词(排除式)。如果纯粹从演变的结果看,这些方言的"每(乿、们)"似乎发生了"复数词尾＞人称代词"这样的语法演变。那么如何看待"每（弭、们）"由复数词尾到人称代词这种演变的性质呢？既然黏着的复数词尾语法化程度明显高于自由的人称代词，那么是否可以把"每（弭、们）"由复数词尾到人称代词这种演变视为一种"逆语法化"（antigrammaticalization）现象呢？我们的回答是否定的。首先，"我每（弭、们）"→"每（弭、们）"这类演变中，并不是复合代词"我每（弭、们）"中词尾"每（弭、们）"本身演变为人称代词，而是整个复合代词"我每（弭、们）"演变为"每（弭、们）"，换句话说，这些方言中第一人称代词"每（弭、们）"并不是由"我每（弭、们）"中词尾"每（弭、们）"通过自然的形式和功能演变而成的，而是由整个复合词"我每（弭、们）"删略而来的。也就是说，在这种删略导致的语法演变中，演变的"输入端"（input）是整个复合代词"我每（弭、们）"，而不是其中的复数词尾"每（弭、们）"。其次，跟语法化一样，逆语法化也是一个渐变的过程，通常具有过渡阶段。而我们这里讨论的"我每（弭、们）"→"每（弭、们）"这种删略导致的语法演变，本质上是一种非自然的特异性（idiosyncratic）演变，一般没有中间的过渡阶段。

不仅如此，既然人称代词"每（弭、们）"的语源是整个复合词"我每（弭、们）"而非其中的复数词尾"每（弭、们）"，那我们有理由把"我每（弭、们）"→"每（弭、们）"这类删略性演变视为一种语法化现象。因为删略造成的新的人称代词"每（弭、们）"较删略前的"我每（弭、们）"，形式更短，音系更为弱化，因而语法化程度更高，所以是比较典型的"形式语法化"（formal grammaticalization）。正是在这个意义上，吴福祥

（2021）将这类由删略导致的语法演变称之为"删略导致的语法化"，因为这种删略的结果使得特定语言或方言产生了一个新的形式上更为弱化的语法成分。

6 结语

近年来的研究显示，晋语在人称代词范畴上有两个显著的特点，一是有些方言里人称代词的复数词尾可以用作人称代词，比如史秀菊（2010b：16）注意到山西晋语及官话中"复数词尾形式有'家''们''每''弭''满'等，其中'们''每''弭''满'又可以充当专职的领格代词"。另一个显著特点是部分方言里第一人称代词的单复数呈现不规则的"异根"交替，这方面史秀菊（2010a、2010b）和赵变亲（2012）均有比较详尽的描写。本文的研究表明，晋语人称代词的这两个特点均跟第一人称代词复数排除式"我每（弭、们）"的删略有关：第一人称代词复数排除式"我每（弭、们）"在亲属领格位置上发生了"我每（弭、们）→每（弭、们）"这样的删略，从而使得这些方言产生了"每（弭、们）"这种新的亲属领格代词形式；不仅如此，在有些方言里这种删略而来的亲属领格代词"每（弭、们）"还进一步扩展为非领格的复数代词（排除式）。这种演变过程在共时层面的体现就是我们看到的有些方言的"每（弭、们）"具有复数词尾、亲属领格人称代词以及非领格人称代词复数排除式这样的多功能模式。另一方面，删略而来的亲属领格人称代词"每（弭、们）"一旦扩展到非领格位置、获得独立的第一人称复数代词排除式功能后，如果进一步替代了原先的排除式复数代词"我每（弭、们）"，那么就会造成这些方言里第一人称代词单复数形式呈现不规则的"异根"交替现象。

附 注

① 这里的"领属代词"及下文的"第一人称代词领属式"均特指第一人称代词"亲属领属"形式，下同。

② 这里的"复数代词"指的是非领格第一人称代词复数排除式，下同。

③ 也有学者提出不同看法，比如史秀菊（2010a：363）认为定襄方言复数人称代词 [mən^{213}] 是"<u>每们</u>"的合音，而不是"们"。韩沛玲、崔蕊（2015：96）对五台方言第一人称代词的本字是"们"表示存疑。理由有二："首先，在语音形式层面，复数标记为轻声，第一人称代词为曲折调 214，二者声调不同；第二，后缀虚语素'们'兼做实义指代词在汉语方言中罕见，而且从语法化角度看，一个意义较虚的成分演化为实义成分不太符合语法化的一般规律。"韩沛玲、崔蕊（2015）提出的声调问题并不难解释，在有些方言里"每（弭、们）"作为第一人称代词复数（排除式）词尾时声调跟作为其他人称代词和指人名词的复数词尾有所不同，譬如临县方言（李小平，1999）里，"我弭 [ŋɜ^{312} mi^{24}]"中词尾"弭"的调值同于领属代词"弭"，而"弭"用作其他人称代词和指人名词的复数词尾时则为轻声。如例（2）—（4）所示，佳县、柳林等方言的"弭"作为复数词尾也有类似的声调差别。至于五台和定襄方言第一人称代词"们"的调值，极有可能是受第二人称复数代词"□ [nie^{213}]/ □ [nie^{214}]_{你们}"类化而形成的，就像神木南乡方言的人称代词"弭"一样（邢向东，2006：560）。韩沛玲、崔蕊（2015）质疑的第二点，我们会在下文有所涉及。

④ 范慧琴（2007）所说的"每（弭、们）"用作第一人称单数的用法，指的是"每（弭、们）"在五台和定襄等方言里可用作主宾格第一人称单数代词，但有非常明显的语用色彩。因为这种用法语用上有标记（pragmatically marked），所以我们不视为"每（弭、们）"语法上编码（grammatically coded）的功能。

⑤ 表1中"/"表示特定的复数词尾在与不同的人称代词（以及指人名词）组合时有不同的调值。

⑥ 当然，频率因素也可能是第三人称复数代词"他每（哶、们、家、都、些）"未见删略或合音的原因，因为实际话语中第三人称代词的使用频率通常没有第一、二人称代词高。

⑦ 屯留方言"□[mæ]"的调值，张振铎、刘毅（1991）记做"534"，这里按照笔者的调查改为"53"。

参考文献

白静茹、原慧艳、薛志霞、张　洁　2005　《高平方言研究》，太原：山西人民出版社。

陈玉洁　2008　《人称代词复数形式单数化的类型意义》，《语言教学与研究》第5期。

范慧琴　2007　《定襄方言语法研究》，北京：语文出版社。

康彩云　2012　《山西柳林方言的人称代词》，《晋中学院学报》第4期。

韩沛玲、崔　蕊　2015　《晋语五台方言中的"们"——兼谈人称代词复数形式指称单数概念的动因及机制》，《南开语言学刊》第2期。

蒋文华、高晓慧　2018　《山西中阳方言的人称代词》，《山西大同大学学报》（社会科学版）第5期。

李小平　1998　《山西临县方言的人称代词及其特点》，《语文研究》1998年增刊。

李小平　1999　《山西临县方言亲属领格代词"哶"的复数性》，《中国语文》第4期。

乔全生、王晓燕　2003　《中阳方言的人称代词》，《山西大学学报》第1期。

史秀菊　2010a　《山西方言人称代词复数的表现形式》，《方言》第4期。

史秀菊　2010b　《山西晋语区与官话区人称代词之比较》，《晋中学院学报》第4期。

史秀菊、双建萍、张　丽　2012　《兴县方言研究》，太原：北岳文艺出版社。

孙小花　2001　《五台方言的人称代词"们"》,《山西教育学院学报》第2期。

唐正大　2014　《认同与拥有——陕西关中方言的亲属领属及社会关系领属的格式语义》,《语言科学》第4期。

王锡丽、吴继章　2015　《冀南晋语人称代词复数标记"-都"历史探源》,《河北师范大学学报》第6期。

吴福祥　2021　《试谈删略导致的语法化》,未刊稿。

邢向东　2002　《神木方言研究》,北京：中华书局。

邢向东　2006　《陕北晋语语法比较研究》,北京：商务印书馆。

邢向东　2014　《陕北吴堡话的代词》,见李小凡、项梦冰主编《承泽堂方言论丛——王福堂教授八秩寿庆论文集》,北京：语文出版社。

邢　颖　2017a　《山西襄垣方言的复数人称代词》,《小说月刊》12月刊。

邢　颖　2017b　《山西襄垣方言语气词研究》,河北师范大学硕士学位论文。

许丽庆　2019　《平顺方言代词研究》,山西大学硕士学位论文。

杨瑞萍　2014　《山西兴县方言代词研究》,山西大学硕士学位论文。

张振铎、刘　毅　1991　《屯留方言志》,太原：山西高校联合出版社。

赵变亲　2012　《晋南中原官话的人称代词》,《方言》第2期。

（本文原载《语文研究》2022年第3期）

青海甘沟话"坐"义动词用作持续体助动词[*]

杨永龙

（中国社会科学院语言研究所）

甘沟话是青海民和回族土族自治县甘沟乡的通用语言，因处于汉语与阿尔泰语、安多藏语接触的前沿地带，呈现出一系列接触性语言特征，如 SOV 语序，用后置格标记等。对此，Zhu 等（1997）、杨永龙（2015、2019）、张竞婷、杨永龙（2017）、赵绿原（2021）等曾做过一些研究。本文将揭示甘沟话"坐"义动词用作持续体助动词现象，并结合周边少数民族语言探索其来源和演化路径。汉语"坐"义动词用作持续体标记以往鲜有关注，但是 Heine 和 Kuteva（2002）归纳有如下语法化路径：SIT（to sit, to stay）> CONTINUOUS。那么，甘沟话中"坐"义动词用作持续体助动词是汉语自主演变的结果还是与语言接触有关？这也是本文要讨论的问题。

---

[*] 本研究得到国家社科基金重点项目"历史语法视角下的青海甘沟话语法研究"（14AYY014）的资助。本文初稿曾在"第十一届汉语语法化问题国际学术讨论会"（2021 年 10 月）和一些高校宣读，写作中曾与罗端、雷汉卿、高顺全、莫超、雒鹏、敏春芳、王双成、马玉红、张竞婷、赵绿原、韩玉忠等同行讨论，并就蒙古语有关问题请教过呼和教授，谨在此一并致以诚挚谢意！

本文材料除特别注明者外皆依据甘沟话录音转写语料和田野调查问卷，并得到了韩玉忠、李英子、石登文等甘沟话母语使用者的大力帮助。

1 "坐"所在句法格式和"坐"的语法属性

在青海甘沟话中有个读去声的 [tsuə˥]，处于"V+着+tsuə˥"格式中，表示动作进行或状态持续。根据下文考证，这个 tsuə˥来源于动词"坐"，为叙述方便下面直接写作"坐"。例如：

（1）嗳傢昨儿个后晌电视看着坐了。（他昨天下午一直在看电视。）

（2）嗳傢电视看着坐着哩。（他一直在看电视。）

（3）嗳傢明朝儿电视看着坐哩。（他明天将要一直看电视。）

（4）嗳傢电视看着坐着哩吗？（他是不是一直在看电视。）

（5）嗳傢电视没看着坐。（他不是一直在看电视。）

甘沟话是动词居末的 SOV 语言，上面句子主干部分是由 V 构成的小句"嗳傢电视看"（他看电视）。"坐"用在谓语动词之后，其间必须有"着"连接。"坐"后面一般要带上时体助词"了""着哩""哩"等[①]，如前三例；时体助词后面可以再加语气词，如（4）；在祈使句和否定句中"坐"可以结句，如（5）。本来句子主干加时体助词或语气词就可以独立成句，所以上面例子中"着坐"可以删除而不影响句子的成立，当然意思会有变化。

那么，"着"和"坐"的性质是什么？

甘沟话中"着"有个常见用法是附着在次要动词或状语从句之后，连接次要动词与主要动词或状语从句与主句，构成"$V_{1(次}$

要动词)着+V$_{2(主要动词)}$"或"C$_{1(状语从句)}$着+C$_{2(主句)}$"。因为动词居末,"C$_{1(状语从句)}$着"形式上也是"V$_{1(次要动词)}$着"。这类"着"可称作副动词标记。副动词(converb)是阿尔泰语言研究中常用的一个术语,指动词的非限定形式(non-finite),主要用作状语性从属成分,[②]具有一般动词的语法特征,如带宾语、受副词修饰,但是不能做简单句或主句的谓语。阿尔泰语言有丰富的副动词标记,在河湟汉语中连用动词或小句之间往往也有副动词标记来连接,常用的有"着"和"是"[③]。如甘沟话:

(6)嗳傢车开着县上去了着桌子个买着来了。(他开车去县城买来了一张桌子。)

(7)尼么是丫头一天饿着不成是,园子里看去是,苞谷两个种下着说。(那样的话,有一天姑娘饿得不行,就去园子看,看见种了两棵玉米。)

就"V+着+坐"格式而言,在"坐"虚化之前"着"属于副动词标记,表明其前动词是副动词,其后的"坐"才是主要动词。如例(1),不计"昨个后晌",句子主干是"嗳傢坐了";而"电视看着"是状语,不同语境中可表示伴随状态、方式、目的等。句子原本意思可能是"他坐着看电视了",或者"他为了看电视而坐"。因此,其原本的句法结构是:

(8)嗳傢 [[[[电视看] 着] 坐] 了]
　　　主　状语从句　-副动　谓　时体标记

但实际上本文所讨论的"坐"已经语法化,没有具体实在的词汇意义;句子的主要动词是前面小句中的动词,"坐"只是表示持续、进行的功能词。如例(1)要表达的意思是,昨天下午他一直处在看电视的状态之中,跟坐不坐没有必然联系。一个很好的证明是，这类句子"坐"前动词可以在语义上与"坐"义相抵牾，同时主语所涉及的是不会坐的事物。如"亮灯、下雪"与"坐"抵牾，"灯"和"雪"也不会坐：

（9）教室的灯一晚夕亮着坐了。（教室里的灯一晚上都在亮着。）

（10）雪下着坐着哩。（雪一直下着呢。）

虽然"坐"已经语法化，但其前身的句法特征还是带了过来，如后面可跟时体助词，前面已经提升为主要动词的 V_1 后面还带着原来的副动词标记"着"。因此，我们把"坐"看作助动词。从跨语言角度看，助动词在表达功能意义的同时携带与谓语相关的形态信息，如标记区别的人称、数、时体情态、否定等；而与助动词一起使用的词汇动词则可能是非限定形式，常带有名词化、不定式、分词或动名词标记。（Heine，1993：23-24）作为基本语序是 SVO 的汉语普通话，助动词用在词汇动词之前，如"能去""可以吃"，助动词与词汇动词都没有形式变化。但同样是 SVO 语言的英语，在 She is sleeping 中，表达时体的助动词 is 有人称、时态变化，其后的词汇动词 sleep 则是非限定形式（sleeping）。在 SOV 语言中，助动词后置于主要动词，词汇动词同样可用非限定形式，而语义上已经虚化了的助动词则用限定形式。如保安语（布和、刘照雄，2009：356；对译和标注略有增补；下同）：

（11）mənə　təruŋ　etə-sər　sou　nə.（我的头仍在疼。）
　　　我的　头　疼-副动　坐　现在时

保安语这里有一个表持续的助动词 sou"坐"，前面的词汇动词带副动词标记，sou 的后面则有时体成分。下文还将谈到，甘沟话周边的土族语等也都是这样。这句话用甘沟话说就是："我的头疼着坐着哩。"结构上正好与保安语平行。

把"坐"看作助动词，还有一个内证和一个旁证。内证是否定词的位置，前述例（5）是把否定词加在动词前；其实也可以直接加在"坐"前，能被否定正是助动词的特点之一：

（12）嗳傢电视看着没坐。（他不是一直在看电视。）

旁证是，甘沟话的情态表达也用类似句法结构（杨永龙、赵绿原，2021），如：

（13）你这个吃是成哩，尼个吃是不成。（你可以吃这个，不可以吃那个。）

"你这个吃"是主宾谓，"是"是副动词标记，"成"是助动词，其后可以有时体标记"哩"，其前可以受"不"修饰。

可见，甘沟话已经虚化的"坐"是助动词，"着"是副动词标记或非限定标记。其所在句法结构是：

（14）嗳傢 [[[[电视 看] 着] 坐] 了]
　　　 主　 宾　　　谓　 副动　助动词　时体标记

2 "坐"的语法功能

"坐"的语法功能是强调动作的持续进行或状态持续不变，本文统称为持续。从"坐"所搭配的动词的语义特征看，"V+着+坐"的V可以是[+动态][+持续]的活动动词、[-动态][+持续]的状态动词、形容词，如：

（15）风一直刮着坐了。（风一直在刮。）

（16）尼个画墙上挂着坐着哩。（那幅画一直挂在墙上。）

（17）唉㑚家的羊见天少着坐着哩，一天一个遗着哩。（他家的羊每天都在减少，一天丢一只。）

但不可以是[＋动态][－持续]的终结动词，如"死"：

（18）*尼个鸡娃死着坐着哩。（那一只小鸡在死。）

这与现代汉语表持续的"着"所处句法环境相同（参看戴耀晶，1997），也与甘沟话的"着哩"基本一致（赵绿原，2021）。问题是，"坐"可以与"着哩"同现，那么是不是持续意义的承担者可能是"着哩"而不是"坐"？检验的办法是把"着哩"去掉或换成别的时体标记之后，句子是不是还具有持续体意义。如下面两例，分别换成表已然的"了"、表未然的"哩"。其结果是有"坐"就有持续义（a句），没有"坐"则没有持续义（b句），这说明"坐"确实具有表持续的功能。

（19）a. 我昨个后晌电视看着坐了。（我昨天下午一直在看电视。）

b. 我昨个后晌电视看了。（我昨天下午看电视了。）

（20）a. 明朝后晌我电视看着坐哩。（明天下午我将一直看电视。）

b. 明朝后晌我电视看哩。（明天下午我将看电视。）

一般来说持续与完成是矛盾的，前者属于未完整体，是从事件的内部来观察事件的进程；后者属于完整体，是把事件作为一个整体从外部来观察（Comrie，1976：3、16；戴耀晶，1997：7）。但是（19a）既有表持续的"坐"又有表已然的"了"，似乎是矛盾的。原因是甘沟话的"了"兼有时意义的过去和体意义的完成，这里更突出的是过去时意义，是把过去持续了一段时间的事件作为一个整体来加以描述。而（20）则涉及将来发生的未然事件，正与（19）在时间意义上相对。从时制的角度看，"坐"表持续既可用于现在，也可用于过去和将来。

既然"坐"和"着哩"都表示持续，那么二者有什么区别？大体上说，"着哩"相当于普通话的"在"和"着"，而"坐"相当于普通话的"一直在"。"坐"更强调动作持续之"不断"或状态持续之"不变"，是主观性层面对持续的强化。例如：

（21）a. 门关着哩。（门处于关闭状态）

b. 门关着坐着哩。（门一直处于关闭状态）

"门关着哩"是说门处于关闭状态，而"门关着坐着哩"则是强调门一直处于关闭状态，似乎持续时间更长。[④] 当然这个"持续时间更长"是主观的，是说话人的感觉。有时候如果说话者感觉时间太长，超出预期的量，可能还会有不满或负面评价意义。如：

（22）个娃娃一后晌家门上耍着坐着哩，啥也不做。（这小孩下午一直在家门口玩，啥也不做。）

但是"坐"本身与不满或负面评价无关，只是主观上强调动作持续不断或状态持续不变。因此，同样的句子在另外的语境中则可能有正面评价义。如：

（23）个娃娃一后晌家门上耍着坐着哩，阿妈啊不磨结。（这小孩下午一直在家门口玩，不磨他妈。）

动作本身一直延续会占去某一时间段的全部，以至于没有时间进行别的动作。例如：

（24）a. 电视看着嫑坐。（不要一直看电视。）

b. 电视看着坐。（你一直看电视吧。）

（24a）意思是不要老看电视，而不去做家务、做作业等；而（24b）则是要求听话人一直处于看电视的状态中，不必去干别的事情。比如家里来了客人，主人去准备饭菜，让客人自自在在地看电视，不用帮忙，不要拘谨之类，就可以说（24b）。

如前所述，"坐"可以被否定。从意义上看，这个否定不是对持续加以否定，而是对持续的强化加以否定。[5] 如下面的对话，"看着没坐"否定的是一直看，而不是看着。

（25）甲：嗳傢电视看着坐着哩吗？（他是不是一直在看电视？）

乙：看是看着哩嘛，看着没坐。（看是在看，但不是一直在看。）

"坐"还有一个相关用法，即表示动作频繁发生或事件出现频率高，相当于"经常""总是"，可称之为"频现体"（frequentative）。频现与持续既有关联也有区别，如动作持续，往往是指一个动作延续不断，而频现则是一组动作一个一个地出现。比如看电影，一部电影两小时，从头看到尾，这是持续；而一个月中很多次去看电影，这是频现。因此有：

（26）a. 今儿个上午嗳傢电视看着坐着哩。（今天上午他一直在看电视。）——持续

b. 这个月嗳傢一老电视看着坐着哩。（这个月他老是看电视。）——频现

所以"坐"经常与副词"一老"（总是）、"见天"（每天）同现，当然这些副词并不是必需的。例如：

（27）阿妈啊一个不看去是，我也阿妈啊见天思想着坐着啊。（要是不去看一下妈妈的话，我天天想念。）

前面曾说"V+着+坐"中V不可以是[+动态][-持续]的终结动词，如"死"等，那是就个体而言的。如例（26）"尼个

鸡娃死着坐着哩"不能说,但是如果就群体而言,有一群小鸡,频繁发生小鸡死掉的事件,就可以说。此时不是指具体某只鸡处于"死"的持续状态之中,而是一群鸡频繁出现死的情况。如:

(28)嗳傢家的鸡娃们(一老/见天)死着坐着哩。[他家的那些小鸡(总是/每天)不停地死。]

"敲(锣)、打(鼓)"等作为单一动作往往不能一直持续,这一点很像"死"一类的终结动词。但是"死"不能频现或反复,"敲(锣)、打(鼓)"可以。当普通话说"打着鼓"时,其实不是一个具体动作的持续,而是"打"的动作频繁发生。如果把频繁发生的一组动作看作一个整体,从内部加以观察,那也可以算作持续。因此学者们一般也把"打着鼓"看作动作持续(戴耀晶,1997:84-88)。可见持续与频现、反复都是密切相关的,而且可以源自相同的词汇形式(Bybee等,1994)。甘沟话的例子如:

(29)尼个李家的上去着演是,我嘣嘣嘣的打着坐着呗。
(要是李家村的人上去演的话,我就嘣嘣嘣地一直打。)

"坐"强调持续和频现不仅见于甘沟话,也见于河湟地区的其他方言,据初步调查,青海的乐都、循化、互助、化隆、大通,甘肃的唐汪、临夏、临潭等地都有这种用法的"坐"。[⑥]而且在河湟地区的一些少数民族语言中也有"坐"义动词兼表持续的现象。当然各方言或各语言在具体语法意义和用法方面可能并不完全相同。

3 "坐"的来源

为什么说甘沟话表持续的 tsuə˧ 来源于"坐",而不是别的,比如"做"? "做"虚化为助动词或助词,在世界其他语言和中国少数民族语言中都很常见，如英语的助动词 do。但是，有两个证据显示它应该不是"做"而是"坐"，一个是语音上的，一个是语义上的。

3.1 语音证据

从语音看，动词"坐"中古音为从母果韵，"做"是精母简韵。在甘青地区二者语音关系有三类：一是音同，如青海循化、同仁、甘肃兰州等地都读 [tsuə˒]。（张成材，2006：30）二是音异，如青海西宁、湟中、湟源、大通、平安、互助、门源、化隆、贵德、乐都等地，"坐"读 [tsu˒]，⑨而"做"读 [tɕy˒] 或 [tsʅ˒]（张成材，2006：30）；甘肃的许多地方也不同音，"坐"读 [tsuo˒] 或 [tsʰuo˒]，"做"读 [tsu˒] 或 [tsou˒]（雒鹏教授见告），包括唐汪话也是"坐"[tsuo]"做"[tsu] 不同音（罗端先生见告）。三是交叉，甘沟话"坐"音 [tsuə˒]，"做"有文白两读，文读为 [tsuə˒]，如"大领导做着"（做大领导）；白读为 [tsu˒]，如"饭做着"（做饭），甘肃的临潭话与甘沟话一致。调查发现，在"坐""做"音异地区，如果有持续体标记，这个标记与"坐"同音，如乐都、唐汪；在"坐""做"交叉的地方，如果有持续体标记，这个标记与动词"坐"同音，同时和"做"的文读同音而与白读不同，如甘沟、临潭。这说明可以排除持续体标记"坐"源于"做"。至于是不是源于"坐"，同音只是基础，还需要看是否有语义上的关联。

3.2 语义关联

从语义关联看，河湟汉语周边阿尔泰语系的蒙古语、土族语、保安语、东乡语、东部裕固语，都可以见到"坐"义动词用作持续体助动词现象。相关论述如：

蒙古语："sɑγuqu 这个动词做为实义动词用时表示'坐'，'住'，'落'等等。如果用在实义动词副动形式后边充当助动词，则具有'继续体'的语法意义。"（清格尔泰，1991：353）

土族语："作为主要动词，sao 义为'坐'或'居处'，助动词 sao 有两个语义功能，其中之一是作为继续、持续事件的标记。"（Slater，2003：136）

保安语："情貌助动词 uărə-'完了'，sou-'正在'，是由动词 uărə-'完毕，完结'，sou-'坐，住'意义虚化而来的。……sou- 表示某个行为状态的持续。"（布和、刘照雄，2009：358）

东乡语："sɑu-'坐，住'，与蒙古书面语 sɑγu-'坐，住'同源，当作助动词时，用在并列副动词后面，表示正在进行的过程。"（布和，1986：178）

东部裕固语："在东部裕固语的动词中，还有部分动词在句子里不表达具体的词汇意义，而只表达某种抽象的语法意义，不单独作句子成分，而是作助动词用。""suu-'住，坐'，用于词干或顺序体副动词之后。"（照那斯图，2009a：406-407）

这些语言都属于蒙古语族，"坐"义动词 sɑγuqu、sao、sou、sɑu、suu 应有共同来源，虽然语音可能略有区别，但都是从"坐"义动词演变为持续体标记。在突厥语族的维吾尔语、哈萨克语中，不仅"坐"义动词可以演变为持续体标记，而且"躺""站""走"也都可以用作持续体标记。尤其值得注意的是，这些词尚保留着比较明显的词汇意义。如相关论述：

维吾尔语："tur'站、立'这个助动词主要表示动作的持续、反复、瞬时或短暂性。……oltur'坐'同 tur 表示的

意义基本相同。它一般多表示持续性的动作是在坐着进行的。"（赵相如、朱志宁，2009：69）

哈萨克语："哈萨克语中的动词 otər '坐'，tur- '站'，dʒyr- '走'，dʒɑtər- '躺'（来自 dʒɑt- '躺'）用作助动词时也可称为不完全助动词，即它们在和副动词结合时在赋予主要动词以持续色彩的同时，还表明动作之主体在进行该动作时所持的状态或是坐着，或站着，或走着，或躺着。"（耿世民、李增祥，2009：195）

从更大范围来看，Bybee 等（1994：127-133）已经注意到一些语言的进行体标记来源于"坐"义动词，如南美希瓦罗语（Jivaro），北美达科他语（Dakota）、奥哈姆语（O'odham），澳洲阿利亚娃拉语（Alyawarra）等。Heine 和 Kuteva（2002）归纳有"SIT (to sit, to stay) > CONTINUOUS" ["坐"（坐，居处）> 持续体]的演变路径，涉及的语言有十余种，如约尔努语（Yolngu）、津巴语（Djinba）等，这说明从"坐"义动词演变为持续体标记现象在世界语言中相当常见。当然，相对于这些一般人既难听说也不知处于何地的语言来说，河湟汉语周边的少数民族语言中存在相同的来源则显得更为直接和弥足珍贵。这促使我们推断，甘沟话以及河湟汉语中表持续的"坐"正是来自动词"坐"。

4 演变路径

4.1 两种可能的路径

持续体助动词"坐"是直接从"坐"义动词演变而来，还是要经历中间阶段？前一种路径是："坐"义动词 >"坐"义动词 /

持续体助动词＞持续体助动词。从维吾尔语和哈萨克语的情况来看，这种路径可能是存在的。"坐"表持续仍与"坐"的状态有关，"站""躺""走"也类似。如维吾尔语的 oltur（坐）（引自赵相如、朱志宁，2009：69）：

(30) ular　seni　saqlap　oltur-idu.
　　　他们　把你　等候　　（助动词）
　　　他们正在（坐着）等着你呢。

另一种路径是要经过中间的泛化阶段。"坐"属于姿势动词（postural verb），词义很具体。词义越具体越不容易语法化，越抽象越容易语法化。汉语持续体标记的来源大多是处所类词语，如"在""里""在里"以及吴语的"勒里""勒浪"等（吕叔湘，1941）。汉语持续体标记虽然有的源自"定""紧""稳"之类意义比较具体的形容词，但那是在特定句式中虚化为动相补语之后才进一步语法化为持续体标记的。（杨永龙，2005）我们从赵明鸣（2015）讨论维吾尔语动词 yat "躺"演变为持续体标记的论述中可以看到，在古代文献中 yat 除了"躺、卧、睡"这个义项外，还有一个义项是"在，位于，逗留，居住"。从"在、位于"演变为持续体标记是跨语言普遍存在的现象，也是东南亚语言中常见的演变路径。Matisoff（1991：415）曾根据汉语、缅甸语等七种语言的共时表现，概括出东南亚语言持续体的语法化路径：

(31) 居住、处在（dwell, be in/at a place）＞持续/进行体 continuative/progressive → "在"义前置词（in/at）

这个路径的前端 dwell（居住）和 be in/at a place（处在）可以分开，"处在"比"居住"更为虚化。后端从"持续/进行体"到"前置词"与语法化的一般路径也不太一致。因此，吴福祥

（2010）通过更多语料的考察对此进行了修订："藏缅语的'居住'义语素的演化路径是'"居住"义动词＞处所/存在动词＞持续体标记'，而非藏缅语的演化路径是'"居住"义动词＞处所/存在动词＞处所介词＞持续体标记'。"Matisoff 和吴福祥没有涉及阿尔泰语言和西北汉语，也没有涉及"坐"义动词到持续体的演化。有意思的是，在西部地区，"坐"和"居住"可以联系起来。

4.2 坐住同词

在河湟地区"坐"义动词与"居住"义动词是不分的，"坐"也表示居住。这种现象可称之为"坐住同词"。如甘沟话没有"住"这个词，虽然作为词素可以在"暂住证""住所""住院部"中出现，读 [tʂu²]，但属于近期从普通话借过来的。平时"在哪儿住""在县城住"，就说："阿里坐？""县上坐。"西宁、兰州，甚至成都、贵阳、昆明等地都可见到"坐住同词"现象。如昆明：

（32）他家坐东寺街。（许宝华、官田一郎，1999：2780）

近代汉语"坐"也可当居住讲：

（33）柳应规以儒素进身，始入省便坐新宅，殊不若且税居之为善也。（赵璘《因话录》）| 燕子时来往，从坐不经冬。（《敦煌变文集·燕子赋》）（引自江蓝生、曹广顺，1997：467）

"坐住同词"在河湟地区少数民族语言之中也普遍存在，上节已经显示，蒙古语的 sɑɣuqu、土族语 sao、保安语 sou、东乡语 sɑu、东部裕固语 suu 都用作"坐"义动词，同时也表示"居住"义。不仅阿尔泰语言如此，在藏缅语族中也能见到。下表除藏语玛曲话据周毛草（2003）外，皆整理自孙宏开等（2017）。

表 1 藏缅语族语言"坐住同词"表

语言	坐	住
藏语阿里克话	wdat	wdat
藏语巴塘话	nduʔ^{231}	nduʔ^{231}
藏语拉萨话	tɛ^{132}	tɛ^{132}
藏语玛曲话	ndək	ndək
尔龚语道孚话	ndzu	ndzu
尔苏语则洛话	ne^{33}zi^{53}	ne^{33}zi^{31}
嘉戎语卓克基话	kɑ ɲi	kɑ ɲi
拉坞戎语观音桥话	rje^{53}	rje^{53}
拉坞戎语业隆话	rje^{55}	rje^{55}
木雅语六巴话	mbi^{53}	mbi^{53}
哈尼语绿春话	dzo^{55}	dzo^{55}
哈尼语墨江话	tʃv̩^{55}	tʃv̩^{55}
纳西语大研镇话	dzŋ̍^{21}	dzŋ̍^{21}
怒苏语棉谷话	ɲi̩^{33}	ɲi̩^{33}
彝语撒尼话	n̩^{33}	n̩^{33}
仙岛语仙岛寨话	nai^{55}	nai^{55}

"坐"是具体的身体姿势,而"居住"则离不开处所,"坐"跟"住"完全是两个不同的概念。但是在居无定所、逐水草而居的远古时期或者游牧民那里,坐在哪儿、住在哪儿、待在哪儿是密切相关的。因此"坐住同词"可能是游牧文化在语言中的活化石。

4.3 从姿势动词到持续体标记

从"坐"义动词演变为持续体标记,这个问题不仅与本文论题相关,也牵扯到更为普遍的跨语言的演变路径问题。Bybee 等

（1994）5.1节概括出进行体的五类来源：处所、"是"+非限定形式、位移、重叠、其他（另有未知来源一类）。其中处所类在世界范围内最为普遍，表达形式有助动词和前后置词。他们指出，助动词可能源于"坐""站""躺"等特定姿势动词，或义为处在某处而不涉及姿势的动词如"在"（be at）"处在"（stay），或具体一些的"居住"（live）、"定居"（reside）类动词。他们似乎是把这三类动词看作进行体的不同源头，但是，从中国西北汉语和东南亚语言来看，三类动词之间可以两两关联，甚至用同一个词表示这三个意义。Matisoff（1991）把"居住"（dwell）和"在、处在"（be in/at a place）放在一起，赵明鸣（2015）把"在、位于、逗留、居住"归为一个义项，加上前面讨论的"坐住同词"，都表明了三者的密切联系。在汉语史上"居"就兼具有这三个义项，下面是《汉语大词典》的解释：

（34）❶ 踞坐；坐。《论语·阳货》："居！吾语女。"邢昺疏："居，由坐也。"

❷ 居住。《易·系辞上》："君子居其室。"

❹ 处在、处于。《易·乾》："是故居上位而不骄，在下位而不忧。"

但"居"没有演变为持续体标记。而甘沟话的"坐"可以表示坐这个姿势，可以表示居住这种行为，还可以表示处于、待在那儿这样一个比较抽象的状态，还可以表示持续。因此，我们认为甘沟话的"坐"从姿势动词发展为持续体助动词的路径是：

（35）坐（sit）＞居住（dwell）＞处于（stay/ be in）＞持续/进行体（continuous/progressive）

5 "坐"表持续与语言接触的关系

"坐"在唐代就有"居住"义,但没有变成持续体标记;西北以外的汉语方言也没有从"坐"义动词到持续体标记的演变;历史上的"居"有坐、居住、处于义,但是没有走到体标记这一步。"坐"能够在河湟地区用作持续体标记,除了语言内部的原因之外,与语言接触这种外力的促成有没有关系?答案是肯定的。

如前所述,表持续的"坐"所处的句法结构是:"主+宾+谓+副动词标记+助动词'坐'+时体标记",这种结构在非SOV语序的汉语方言中难以见到,但是在河湟少数民族语言中是常规标配。除了前述保安语外,也见于周边阿尔泰语系的其他语言,如:[8]

(36) ude xuainonaa saɢə-dʐə sauu.(在门后守吧。)
(土族语;照那斯图,2009b:206)
   门 后   守-副动 坐
 甘沟话:门后守着坐。

(37) hə ki-də-nə uarada-dʐu sao dʐuwo.
(他在自己家里叫喊着。)(东乡语;刘照雄,2009:146)
   他 家-位格-反身领属 喊-副动 坐 进行体
 甘沟话:嗳傢家里囊喊着坐着哩。

(38) onoon dʒundə bu χoonə adla-ʁa suu wa.(今年夏天我放羊了。)(东部裕固语;照那斯图,2009a:408)
   今年 夏天 我 绵羊 放-副动 坐 过去时
 甘沟话:今年夏天我羊哈放着坐了。

与"坐"相关的否定词，土族语中也可以直接放在助动词之前，与甘沟话一致。如（清格尔泰，2010：184）

（39）tɕə bos-a: bi: sau.（你不要站着。）
　　　你　站-副动　不要　坐

甘沟话：你站着覅坐。

在藏语中这种结构见于更早的材料。据王志敬（2010），敦煌藏语文献中居住义动词mchi、bzhugs、vdug用在"V_1+关联词+V_2"中V_2的位置，用作持续体和频现体标记。如mchi：

（40）gleng zhing mchis（陈王）（说着）
　　　说　　关联　　住

（41）prinyig dang skyesrangs rgyundu vdrul zhing mechis.（经常运送信件和礼物）
　　　信件　和　礼物　　经常　运送 关联 住

藏语也是SOV语序，其关联词类似于阿尔泰语言的副动词标记。王志敬（2010）用"住、居、待"解释mchi、bzhugs、vdug的词义，但有一处用"坐"来对译bzhugs。这说明古藏语中这些动词也是兼有"坐""住""待"义，同时又可用作持续体标记。

由此可见，甘沟话以至河湟汉语方言"坐"义动词用作持续体标记，无论从语义关联模式还是从句法结构看，都与周边的SOV语言有关，相当于直接把周边藏语和阿尔泰语言的语义关联模式和句法格式一并复制到汉语之中。这种复制更为深层的动因就是该地区长时期的深度接触，具体来说是因为Thomason（2001）所说的语言转用导致的干扰（shift-induced interference）。语言深度接触最终可能导致一些少数民族母语使用者不说母语而转用汉语，在转用汉语的过程中，由于不完全习得，便把母语中的多义模式及其相关表达格式带到了汉语之中。复制及转用干扰是甘沟话"坐"义动词用作持续体助动词最重要的外部原因,也是河湟汉语一些接触性语法特征产生的重要原因。(杨永龙,2019)

当然,这种复制也绝不是完全照搬,而是要根据汉语自身的特征加以调整和选择。这在我们以往讨论的甘沟话语法现象中多有所见。从本文也可以看到,在复制过来的"坐"与北方汉语常用的"着哩"之间需要调整,使得二者各司其职:"着哩"是助词层面体标记,是表示一般意义的持续/进行;而"坐"则是助动词层面的体标记,具有主观强化功能。在与持续体相关的否定句中,否定成分位置有两类:一是放在助动词之前,如例(18)"嗳傢电视看着没坐",这显然更接近被复制语原来的句法结构,反映出更明显的混合状态和较早的层次;一是放在主要动词之前,如(5)"嗳傢电视没看着坐",这更加符合汉语的句法结构,反映了较晚的层次。两类结构并存一段时间之后,可能会选择更符合汉语的句法结构。

附 注

① 甘沟话的"哩"可以单独用作时体助词,有两类,其一是未完整体标记,其二是将来时标记。"哩"还可用在"着哩 [·tʂʅ·li]"中一起表示时体,且常合音为 [·tʂəi]。在语料转写中 [·tʂəi] 也常写作"着"(参看赵绿原,2021)。

② Haspelmath(1995:3)把副动词定义为"主要功能是标记状语性从属成分的非限定动词形式"。

③ "是"多用在状语从句之后,所以我们也称之为"状语从句标记"。(张竞婷、杨永龙,2017)

④ 在甘沟话中,为了强调持续的时间长,在形式上还可以进一步通过"坐"的重叠来体现。如:

（1）嗳傢电视看着坐着坐着哩。（他一直在看电视。）

（2）这个暑假我工打着坐着坐了。（这个暑假我一直在打工。）

这种现象还需要进一步考察和解释。

⑤ 高顺全（2003）指出，汉语的进行体、持续体没有专门的否定形式，甘沟话"V着哩"也是如此，但是"V着坐"有专门的否定形式。

⑥ 青海的几个方言点承蒙雷汉卿教授代为核实，雷教授是青海乐都人；甘肃的几个点承蒙敏春芳教授代为核实，敏教授是甘肃临潭人。

⑦ 中古果摄和入声铎末等一系列普通话读 uo 韵的字，如"多、夺、拖、脱、左、坐、座、作、搓、错、挪、罗、落"等这些地方都读为 u 韵。（张成材，2006：27-35）

⑧ 不同著作记音形式不尽相同，如土族语的"坐"，有 sau、sauu、sao 的不同，引用时一仍其旧。

参考文献

布　和编著　1986　《东乡语和蒙古语》，呼和浩特：内蒙古人民出版社。

布　和、刘照雄编著　2009　《保安语简志》，见《中国少数民族语言简志丛书》编委会编《中国少数民族语言简志丛书》（修订本·卷陆），北京：民族出版社。

戴耀晶　1997　《现代汉语时体系统研究》，杭州：浙江教育出版社。

高顺全　2003　《进行体、持续体的否定及相关问题》，《世界汉语教学》第4期。

耿世民、李增祥编著　2009　《哈萨克语简志》，见《中国少数民族语言简志丛书》编委会编《中国少数民族语言简志丛书》修订本·卷伍，北京：民族出版社。

江蓝生、曹广顺编著　1997　《唐五代语言词典》，上海：上海教育出版社。

刘照雄编著　2009　《东乡语简志》，见《中国少数民族语言简志丛书》编委会编《中国少数民族语言简志丛书》（修订本·卷陆），北京：民族出版社。

吕叔湘　1941　《释〈景德传灯录〉中"在""着"二助词》，见《华西协和大学中国文化研究所集刊》一卷三期；另见吕叔湘著《汉语语法论文集》(增订本), 北京: 商务印书馆, 1984。

罗竹风主编　1986—1993　《汉语大词典》, 上海: 汉语大词典出版社。

清格尔泰　1991　《蒙古语语法》, 呼和浩特: 内蒙古人民出版社。

清格尔泰(编著)　2010　《土族语和蒙古语》, 见清格尔泰著《清格尔泰文集》(第七卷), 赤峰: 内蒙古科学技术出版社。

孙宏开、丁邦新、江荻、燕海雄主编　2017　《汉藏语语音和词汇》, 北京: 民族出版社。

王志敬　2010　《藏语动词语法化研究》,《西藏大学学报》(社会科学版)第4期。

吴福祥　2010　《东南亚语言"居住"义语素的多功能模式及语法化路径》,《民族语文》第6期。

许宝华、〔日〕宫田一郎主编　1999　《汉语方言大词典》, 北京: 中华书局。

杨永龙　2005　《从稳紧义形容词到持续体助词——试说"定"、"稳定"、"实"、"牢"、"稳"、"紧"的语法化》,《中国语文》第5期。

杨永龙　2015　《青海民和甘沟话的语序类型》,《民族语文》第6期。

杨永龙　2019　《甘青河湟话的混合性特征及其产生途径》,《民族语文》第2期。

杨永龙、赵绿原　2021　《青海甘沟话的情态表达与相关形式的来源》,《当代语言学》第4期。

张成材编著　2006　《中古音与青海方音字汇》, 西宁: 青海人民出版社。

张竞婷、杨永龙　2017　《青海民和甘沟话的状语从句标记"是"及其来源》,《语文研究》第2期。

赵绿原　2021　《青海民和甘沟话的三分时体系统》,《方言》第4期。

赵明鸣　2015　《维吾尔语动词yat-"躺"的语法化》,《民族语文》第3期。

赵相如、朱志宁编著　2009　《维吾尔语简志》, 见《中国少数民族语言简志丛书》编委会编《中国少数民族语言简志丛书》(修订本·卷伍), 北京: 民族出版社。

照那斯图编著　2009a　《东部裕固语简志》, 见《中国少数民族语言简志丛书》编委会编《中国少数民族语言简志丛书》(修订本·卷陆), 北京: 民族出版社。

照那斯图编著 2009b 《土族语简志》,见《中国少数民族语言简志丛书》编委会编《中国少数民族语言简志丛书》(修订本·卷陆),北京:民族出版社。

周毛草 2003 《玛曲藏语研究》,北京:民族出版社。

Bybee, Joan L., Revere D. Perkins and William Pagliuca 1994 *The Evolution of Grammar: Tense, Aspect and Modality in the Languages of the World*. Chicago: University of Chicago Press. 中译本《语法的演化:世界语言的时、体和情态》,陈前瑞等译,北京:商务印书馆,2017。

Comrie Bernard 1976 *Aspect*. Cambridge: Cambridge University Press.

Haspelmath, Martin 1995 The converb as a cross-linguistically valid category. In Haspelmath, Martin and Ekkehard König (eds.) *Converbs in Cross-linguistic Perspective: Structure and Meaning of Adverbial Verb Forms-Adverbial Participles, Gerunds*. 1—55. Berlin & New York: Mouton de Gruyter.

Heine, Bernd 1993 *Auxiliaries: Cognitive Forces and Grammaticalization*. New York: Oxford University Press.

Heine, Bernd and Tania Kuteva 2002 *World Lexicon of Grammaticalization*. Cambridge: Cambridge University Press. 中译本《语法化的世界词库》,龙海平、谷峰、肖小平译,北京:世界图书出版社,2012。

Matisoff, James A. 1991 Areal and universal dimensions of grammatization in Lahu. In Elizabeth C. Traugott and Bernd Heine (eds.) *Approaches to Grammaticalization*. Vol. II. 383—453. Amsterdam: Benjamins.

Slater, Keith W. 2003 *A Grammar of Mangghuer: A Mongolic Language of China's Qinghai-Gansu Sprachbund*. London and New York: Routledge Curzon.

Thomason, Sarah G. 2001 *Language Contact*. Edinburgh: Edinburgh University Press.

Zhu, Yongzhong, Üjiyediin Chuluu, Keith Slater and Kevin Stuar 1997 Gangou Chinese dialect: A comparative study of a strongly Altaicized Chinese dialect and its Mongolic neighbor. *Anthropos* 92: 433—450.

(本文原载《中国语文》2022年第4期)

重动式"(S)VO₁V 到 O₂"的构式化及其历时演变[*]

赵林晓　杨荣祥

（天津科技大学文法学院　北京大学中文系）

0　引言

重动式"(S)VO₁V 到 O₂"产生于宋代并一直沿用至今，是重动式中比较特殊的一类，体现为重复使用同一个动词，前一动词带一个宾语，后一个动词带补语"到"后又带另一个宾语。现代汉语中该构式依据其中 O₂ 的性质可以分为五大类七小类：

Ⅰ. 处所类

a. 位移动词次类

（1）送郎送到碗架边，隔夜冷饭用手抟。（《人民日报》1994 年）

---

[*] 本文研究得到国家社科基金项目"类型学视野下近代汉语小句整合现象的历史演变研究"（编号：20BYY156）的资助。本文曾在第十一届汉语语法化问题国际学术讨论会（2021 年 10 月，首都师范大学）宣读，会后根据与会专家及《语文研究》匿名审稿专家的修改建议，又进行两次修改，后刊载于《语文研究》2022 年第 4 期，收入此文集又有删节，谨此一并致谢。

b1. 非位移动词次类,"O_2"为施事到达的处所。

(2)小痾痾跟着他爸讨饭讨到了苏州。(陆文夫《人之窝》)

b2. 非位移动词次类,"O_2"为受事到达的处所。

(3)你们读法律读到狗肚子里去啦。(柏杨《暗夜慧灯》)

Ⅱ.抽象空间类

(4)我的头脑正清醒,正写作写到顺畅之处。(艳齐《永世情人》)

Ⅲ.时间类

(5)后来我们聊天聊到中午,在朋友家吃饭。(林清玄《林清玄散文集》)

Ⅳ.表量级名词性短语类

(6)老外学中文学到这地步了,不容易呀!(BCC语料库·微博)

Ⅴ.表程度谓词性短语类

(7)开车开到想哭。(BCC语料库·微博)

Ⅰb类的两个次类,b1中"O_2"是施事(S)到达的处所,b2中O_2是受事("O_1")到达的处所。对于独立的"V到O"构式,前人的研究普遍认为,伴随着"O"从处所词扩展为时间词再到表示程度的名词性或谓词性短语,整个"V到O"构式的语法化程度提高,符合人类认识世界从具体到抽象的顺序"空间＞时间＞性质"(刘子瑜,2006;杜轶,2012)。"V到O"构式中的"到",有学者认为是介词(赵元任,1979:336;张赪,2002:132),有学者则认为是动词(吕叔湘,1980:142;朱德熙,1982:130)。崔应贤(2013)认为"到"的词性是一个语法化连续统,不能一概而论:"动词 > 介词 > 助词 > 词缀"。刘丹青(2019)证明,吴语中"到"有如下语法化轨迹:"动词 > 准介词 > 高量级标记 > 条件标记 > 主观大量标记"。我们认为,"(S)VO$_1$V 到 O$_2$"构式中的"到",在不同小类中词性并不一致(详见下文),本文暂且都称之为动词的补充成分。

重动式"(S)VO$_1$V 到 O$_2$"与独立的"V 到 O"构式语法化路径是否完全一致?上列"(S)VO$_1$V 到 O$_2$"五大类是按从 I 到 V 的顺序依次产生的吗?"(S)VO$_1$V 到 O$_2$"五大类在演变过程中有何关联?重动式"(S)VO$_1$V 到 O$_2$"产生的动因是什么?该构式有何独特表达功能?对这些问题目前还没有专门的讨论。本文尝试基于对近代汉语白话文献的调查,借鉴构式化理论回答以上问题。

1 "(S)VO$_1$V 到 O$_2$"的构式化与构式演变

崔山佳(2010)指出,重动式"(S)VO$_1$V 到 O$_2$"在明代产生,宾语多为处所词和时间词。赵林晓、杨荣祥(2016)提出,"(S)VO$_1$V 到 O$_2$"构式至迟在宋代已有,由分散小句"(S)VO$_1$"和"V 到 O$_2$"整合而成,但对其构式化与演变过程未展开讨论。Traugott & Trousdale(2013:35、46)将构式化定义为"一个形式新-语义新(组合)符号的产生",并将构式化前后的几个演变阶段区分为先构式化、构式化和后构式化。据此,我们将重动式"(S)VO$_1$V 到 O$_2$"的构式化与演变过程分为四个时期,分别对应构式演变的三个阶段,如图 1 所示:

```
分散小句  →  独立构式"VO₁V到O₂" →  内嵌构式   →   习语式
   |              |                    |              |
先构式化演变（宋）  构式化（宋）    构式化（元明）  后构式化演变（明清）
```

图1 "(S)VO₁V到O₂"构式化的三个阶段与四个时期

1.1 "(S)VO₁V到O₂"的先构式化演变

"(S)VO₁V到O₂"的先构式化演变宋代已发生。"(S)VO₁"和"V到O₂"原本是两个分散的小句，后来两个小句发生了整合，它们的整合主要发生在"VO"做次话题的论说语体中，常见的是"话题-评价"类话语结构或"VO₁须/须是V到O₂"结构。如：

（8）今人说学，便都说到行处去。（《朱子语类》卷二四）

（9）读书须读到不忍舍处，方是见得真味。（《朱子语类》卷一〇四）

（10）做善须是做到极尽处，方唤做善。（《朱子语类》卷六〇）

（11）做一件事直是做到十分，便是诚。（《朱子语类》卷九六）

（12）做人也不须做到孔孟十分事，且做得一二分也得。（《朱子语类》卷五六）

"V到O"构式中的V起初多使用位移动词，整个构式表示"到达某具体处所位置"。但"(S)VO₁V到O₂"的先构式化演变却发生在V是非位移动词的情况下，如上例中的"说、读、做"等，"O₂"多为抽象的处所或空间位置，有的甚至与空间无关，而是指代某种程度/高度/量级，其中的"到"类似高量级标记，如例(12)。刘子瑜(2006)指出,"V到O"在宋代语法化程度增强,体现在"O"不再限于处所义名词,而是按以下序列扩展:时间名词>数量短语>强调程度的名词性词组>强调程度的谓词性词组,此时"V到"语法化为表示动作行为结果达成的结果义趋向述补结构。而"(S)VO₁V到O₂"的先构式化演变正是在"V到O"构式高度语法化的条件下发生的,其中"到"的语义距离其本义"到达某具体处所位置"较远。

高增霞(2005)提出,在汉语小句整合过程中,从句会逐渐失去陈述性特征。Traugott & Trousdale(2013:174)在Lehmann的基础上提出"缩减和依赖性增强的语法化模式",认为构式化通常伴随着六种语法性参数的变化:a.整合性;b.聚合/范例性;c.聚合/范例性变异;d.结构范围;e.黏合性;f.组合可变性。参数a整合性的变化主要体现为构式或构式组成部分经过语义磨损,由大量语义特征变为少量语义特征。"(S)VO₁V到O₂"的先构式化演变阶段,"VO₁"作为谈论的话题,其语义量减少且丧失了时体特征,整个结构用于讨论抽象问题,与现实世界的时间关联度较低。其来源结构中"VO₁"的语义磨损和降级体现在:"VO₁"前可用数量结构修饰,整个"VO₁"指称化,副词、时体标记等修饰成分多加在"V到O₂"前面。如:

(13)(金莲道:)"谁家<u>一个拜年,拜到那咱晚</u>!"(《金瓶梅词话》七九回)

(14)如说学,只<u>说到说处住</u>,以上不用说。(《朱子语类》卷三一)

(15)伊川说那禅让征伐,也<u>未说到这个</u>。(《朱子语类》卷七三)

（16）赶人不过百步，你赶我怎么直赶到这里来？（《三宝太监西洋记通俗演义》七回）

（17）乐和唱这个词，正唱到"望天王降诏早招安"，只见武松道……（《水浒传》七一回）

1.2 "(S)VO$_1$V 到 O$_2$"的构式化

1.2.1 抽象空间类和时间类"(S)VO$_1$V 到 O$_2$"的构式化

"(S)VO$_1$V 到 O$_2$"的构式化至迟在宋代已完成，最初产生的是第Ⅱ类抽象空间类和第Ⅲ类时间类构式，"O$_2$"分别由抽象空间位置短语和时间短语充当。如：

（18）至云："看《孟子》已看到七八章。见孟子於义利之辨，王霸之辨，其剖判为甚严。"（《朱子语类》卷五一）

（19）莫学某看文字看到六十一岁，方略见得道理恁地。（《朱子语类》卷一一五）

（20）（净）昨夜灯前正读书。（末）奇哉！（净）读书直读到鸡鸣。（末）一夜睡不着。（《张协状元》二出）

例（18）中数量短语"七八章"代表固定序列上的一个抽象空间位置。例（19）"六十一岁"是名词性短语，例（20）"鸡鸣"是谓词性短语，语义上都表示时间点。副词往往用在"VO$_1$"和"V 到 O$_2$"之间。宋代"(S)VO$_1$V 到 O$_2$"构式的主要功能在于描摹"VO$_1$"到达某个抽象空间位置或时间点的过程，但这种描摹并非客观描述，而是带有说话人的态度，往往是有意拉长动作的动程，凸显动作持续进行并到达某个时间点的过程。与分散小句的先构式化演变阶段相比，该阶段的"(S)VO$_1$V 到 O$_2$"黏合性更强，"VO$_1$"与"V 到 O$_2$"已在同一语法层次内。

第Ⅱ类"(S)VO₁V到O₂"抽象空间类构式在明清时期继续使用,所用动词仍是非位移动词,"O₂"形式上多为"X处/N次/半截/一半"等,整个构式用来描摹活动到达的抽象空间位置,此时该构式通常为非完句形式,后面跟有后续小句。如:

(21)诗人<u>评此二君评到个去处</u>,说刘项者,固当世之英雄,不免为二妇人,以屈其志气。(《金瓶梅词话》一回)

(22)<u>行文一时行到平淡处</u>,无可出色,故借此作笑耳,不必真有之。(《金圣叹全集·金批〈水浒〉》三三回)

(23)偏撞着知县又是个耐烦琐碎的冤家,<u>请人请到四五次</u>不来,也索罢了,偏生只管去缠帐。(《醒世恒言》卷二九)

(24)<u>他办事老是办到半截儿</u>,既要办,总得办成了。(《〈燕京妇语〉等八种·急就篇》)

(25)<u>十岁小儿吃粽子吃到一半</u>,忽然嬉戏,把半只粽儿落入坑中。(《惜谷兔灾宝卷》光绪刻本)

该构式的许多用法其实都带有主观评价义,如例(22)(24)可以看作说话人对"行文/办事"达到的水平或程度进行评价,如果不是特别关注"O₂"的形式特点,也可将其归为第Ⅳ类构式,这显示出第Ⅱ类与第Ⅳ类构式之间具有一定的关联性。

第Ⅲ类时间类"(S)VO₁V到O₂"构式在明清时期进一步发展成熟,其中"VO"多数由双音化复合词充当,构式的整合度进一步提高,但较少有内嵌构式的用法。如:

(26)请佛入到殡前,吹螺打钹,播鼓撞磬,<u>念经念佛直念到明</u>。(《朴通事谚解》)

(27)绍闻<u>看书看到闷</u>时,便吩咐双庆、德喜儿浇灌花

草。(《歧路灯》三七回)

(28)骂一声泼贱人,我<u>受气受到何时尽</u>?(《聊斋俚曲集·俊夜叉》)

(29)这冷秀才现放着几十万银两,坐在庙中,毫不怜念,<u>等他放赈等到几时</u>?(《绿野仙踪》三九回)

(30)生得一子,名唤程炘,生来资质鲁笨,<u>念书念到十七八岁</u>,总不明白。(清·佚名《新刻小说幻中游醒世奇观》卷一)

1.2.2 表量级名词性短语类"(S)VO$_1$V到O$_2$"的构式化与构式内嵌

第Ⅳ类"(S)VO$_1$V到O$_2$"构式在明代真正产生,它由第Ⅱ类抽象空间类经由主观化过程演变而来,"O$_2$"多由表量级的普通光杆名词性充当,没有"X处"等空间位置标记,整个构式表示说话人主观上认为"VO$_1$"这一行为已经达到"O$_2$"那样的程度或量级。如:

(31)王匠说:"你说话好欺人,<u>我读书读到《孟子》</u>,难道这三个字也认不得,随你叫谁看。"(《警世通言》卷二四)

上例中说话人用"《孟子》"指代自身文化水平达到的程度,与上文第Ⅱ类构式的例(18)"看《孟子》已看到七八章"描摹活动到达的抽象空间位置"(第)七八章"相比,显然加进了说话人的主观评价。

第Ⅳ类"(S)VO$_1$V到O$_2$"构式在构式化过程中经历了聚合/范例化演变,在五大类构式中主观性最强,相比于前几类构式,语义整合得更加紧密,构式的黏合性增强,由可独立的并列小句

到合并为整体。这种黏合性体现在语法功能上,就是经常整体上作为内嵌构式,充当宾语、定语等句法成分。如:

(32)看他作诗直作到此田地。(《金圣叹全集·唱经堂杜诗解》卷二)

(33)写张生直写到此田地时,须悟全不是写张生,须悟全是写双文。(《金圣叹全集·金批〈西厢记〉》卷二)

(34)女人心上想道:"事已到此,乐得翻供翻到底,看他将奈我何。"(《官场现形记》二三回)

(35)他果然有了血气,也不至于怕老婆怕到这种样儿。(《九尾龟》五〇回)

此外,第Ⅳ类构式在清代常作为一个独立命题论断,整体上做句子的话题,后续小句再对其进行评价。如:

(36)今传其自叹四句云:"做官做到布政也不小,买田买到万亩也不少。亲手买来亲手卖,连我自己也不晓。"(清·金埴《不下带编》)

(37)做官做到你这地位,不愧民之父母。(清·俞达《青楼梦》五四回)

(38)耳边只听得那些汉口人说甚么,吃醋吃到这个样子,才算是个会吃醋的。(《二十年目睹之怪现状》五一回)

可以看出,第Ⅳ类构式所用的"O_2"主要有两类,一类是普通光杆名词,这些名词指代行为活动达到的量级,如上例(31)(36)中的"《孟子》、布政"分别代指文化水平和官衔达到的量级。另一类是指示代词"此/这"加上表量级的名词("田地/地位/地步/水平/样子")构成名词性短语,指示代词使得表量级的名词具体化有界化,但其实"此田地/这地步/这种样儿"

所表示的具体程度所指仍比较模糊，带有说话人极强的主观性色彩。

1.2.3 表程度谓词性短语类"(S)VO₁V 到 O₂"的构式化

第 V 类表程度谓词性短语类"(S)VO₁V 到 O₂"构式由第Ⅲ类构式发展而来，在明代完成其构式化过程，"O₂"由谓词性短语充当，整个构式也可简写为"(S)VO₁V 到 VP"，谓词性短语指代"VO₁"达到的程度，构式中的"到"语义进一步磨损，功能上类似于助词或者程度补语的标记，有的"到"可替换为"得"且句义不变。此类构式到清代仍有较多用例，现代汉语中也有较强的生命力。如：

（39）<u>写武松杀张都监，定必写到杀得灭门绝户</u>，方快人心。（《金圣叹全集·金批〈水浒〉》三〇回）

（40）郭大郎<u>正打那李霸遇直打到血流满地</u>，听得前面头踏指约，喝道："令公来。"（《古今小说》卷一五）

（41）<u>做官做到清如水</u>，百姓感仰不非轻。（清·佚名《八宝双鸾钗宝卷》）

（42）<u>一生念佛念到天花乱坠</u>，见天不是天，见地不是地，水不是水，这是大彻大悟的境界了。（清·莲航居士《九品莲台》，乾隆刻本）

1.2.4 处所类"(S)VO₁V 到 O₂"的构式化

前人有研究由于缺乏细致考察，对第Ⅰ类处所类"(S)VO₁V 到 O₂"构式往往仅凭"V 到 O"构式"空间＞时间＞性质"的演变规律，就判定此类构式也应该是"(S)VO₁V 到 O₂"五大类构式的源形式。但实际上第Ⅰ类处所类"(S)VO₁V 到 O₂"构式直到明代才产生，而且它所用的动词绝大多数是非位移动词，整个构式的主观化程度很高,并不侧重描摹活动持续进行并到达某处所,而是表达说话人对活动"VO_1"与施事/受事到达某处所"到O_2"这一结果之间关系的主观猜测或评价。此外,该构式末尾经常添加"来/去"等趋向动词构成"(S)VO_1V 到+处所+来/去",表明说话人对活动的评价和对活动方向的主观判断。其中,非位移动词Ⅰb1类构式在明代已产生,"O_2"是施事(S)到达的处所。如:

(43)小姑姑,你昨夜游方游到柳秀才房儿里去。是窍,是妙?(《牡丹亭》二九出)

(44)你看月看到小姐房里去,你早则招了,如今又倒抵赖。(明·孟称舜《节义鸳鸯冢娇红记》二〇出,转引自崔山佳 2010)

上例中"O_2"虽为施事到达的处所,但与所用动词关系不大,整个构式并不是客观描摹"游方/看月"这一活动持续进行并到达了特定处所的过程。例(44)"到小姐房里去"不是表达"看月"持续进行并到达"房里",而是说话人的主观断定:"看月"这一活动导致了出人意料的结果"到了小姐房里去",或者说施事"你"以"看月"为借口"到了小姐房里去",重复的动词"看"作为联系项,表明说话人对"VO_1"和"到O_2"之间关联的主观断定。

清代时,非位移动词Ⅰb1类构式中"VO_1"多由凝固的双音节复合词充当,整个构式的整合程度进一步增强。如:

(45)姑娘们把我丢下来了,要我碰头碰到这里来。(《红楼梦》四一回)

(46)是本庵一个长老募缘募到敝乡,对着舍下的门终

日参禅打坐。(清·李渔《十二楼》)

（47）一日做戏做到一个地方，地名叫作□□埠。(清·李渔《连城璧》一回)

例（45）"碰头"意为"磕头"。以上三例中Ⅰb1类构式的用法都是凸显说话人对"VO_1"和"到O_2"之间因果关联的判定，即因为从事"VO_1"这一活动，所以到了"O_2"这一处所，重复的第二个动词作为关联项居中。

非位移动词Ⅰb2类构式在明代也已产生，其中表示的"O_2"是受事成分"O_1"到达的位置。如：

（48）母亲说话说到舌尖，怎么不说了？既不相从，在那里去了？(《古本戏曲丛刊·新刻原本王状元荆钗记》卷二)

上例中"舌尖"是"话"到达的位置，但整个构式并不是描摹受事到达了什么位置，而是指"说话说到一半"，表达说话人的主观判断。而且Ⅰb2类构式的主观化程度比Ⅰb1类更高，整个构式还可以用隐喻的手段表达说话人的主观评价。如：

（49）一面想一面骂轿班走得慢："你们吃老爷的饭都吃到哪里去了？腿也跑不动了？"(《二十年目睹之怪现状》一〇〇回)

（50）陆里晓得姚奶奶觉也勿曾觉着，拍马屁拍到仔马脚浪去哉。(《海上花列传》二三回)

由于主观化程度较高，Ⅰb1和Ⅰb2类构式显示出高度的整合性。"V到O_2"若脱离构式整体则无法成立，整个构式的含义也无法从其构成部件中推得。如以上例句中，"V到O_2"都不能单独表义。

由上可知，Ⅰb类并非五大类构式的源形式。那构式Ⅰa类构式为何不能看作五大类构式的源形式呢？和"V到O"构式不同，"(S)VO₁V到O₂"构式从产生起就用于表达主观描摹和主观判断评价，位移动词极少用于该构式。这可能是因为宋代"V到O"进入重动式时早已语法化，不是以"位移到达某个具体位置"的意义与"VO₁"融合。明代产生了"(S)送O₁送到O₂"的用法，但比较受限，其出现的语体多为民歌、戏曲等韵文，在其他语体中极少使用。如：

（51）<u>送郎送到五里墩</u>，再送五里当一程。（明·冯梦龙《山歌》）

（52）那姜女<u>送寒衣送到长城</u>，其夫杞梁已死。（明·郑之珍《新编目连救母劝善戏文》，万历刻本）

我们认为这种用法是在其他小类的"(S)VO₁V到O₂"发展成熟后，通过类推产生的。它的使用带有说话人的态度，即说话人通过重复动词拉长了动作的动程，显得时间更长、难度更大。若单纯表达送人义，最自然的结构是"S把NP送到N_L"。到清代，Ⅰa类构式还发展出更凝固的习语式用法"送佛送到西（天）"，整个构式表达一种隐喻，即做事情做到最后。如：

（53）姐姐原是为救安公子而来，如今自然<u>送佛送到西天</u>。（《儿女英雄传》九回）

1.3 "(S)VO₁V到O₂"的后构式化演变

1.3.1 习语化构式"(S)VOV到底"的产生与演变

明代，随着"(S)VO₁V到O₂"构式的成熟，经由类推发展出了习语化构式"(S)VOV到底"。"(S)VOV到底"中的"V到底"本义指到达某一处所位置，在此构式中指动作达到"完结/

终了"的程度。"(S)VOV到底"作为类似熟语的结构，常用的动词起初只有"救、为、穷"等几个，整个构式意为"做一件事情做到最后/彻底"，通常在引语结构中使用，无法或不需要补出主语。如：

（54）郭槐，你死也不认，只道刘皇后便了。自古<u>为人为到底</u>，杀人杀见血。(《明成化说唱词话丛刊·仁宗认母传》)

（55）古云：<u>救人救到底</u>，望师父解开衣带，与奴对合片时，腹疾即愈。(明·余象斗《北游记》)

（56）教咱改业心如醉，只道<u>穷经穷到底</u>，□符梦里登科记。(明·毕魏《古本戏曲丛刊（二集）·滑稽馆新编三报恩传奇》二〇出)

在清代，"(S)VOV到底"继续发展演变，表现在三个方面：一是该构式使用的范围更加广泛，形式更加自由，除了明代常用的"救人、为人"等固定用法外，其他述宾短语也能出现在"VO"位置，而且大都能够补出主语，与其来源结构习语化的紧缩复句有本质区别。如：

（57）华云龙一听，吓得惊魂千里，说："杨大哥，你<u>救我救到底</u>。陆通他一瞧见了我，就要把我脑袋揪了去。"(清·郭小亭《济公全传》七六回)

二是构式整合程度更高，经常嵌入其他构式内，整体上做某种句法成分，通常是做宾语。如：

（58）惟有<u>穷板子穷到底</u>，<u>爱穷板子直爱到底</u>，此一段识力磊磊落落，真如当世卓荦丈夫。(清·傅山《霜红龛集·挈娃从石生序》)

三是"VOV到底"还类推出一种"A+N+A+到/至+底/此"的特殊构式。其中,"A+N"不是述宾结构,而是句子的主语,整个结构也非重动式,但在该构式中,形容词被赋予了动词的持续性特征,整个构式用来评价形容词A具有的性质持续到了何种程度,这从一个侧面证明了"VOV到底"构式的成熟,如上例(58)"穷板子穷到底"。再如:

(59)妙人妙至此,真乃妙不可言。(《金圣叹全集·金批〈水浒〉》六六回)

(60)爽大喜曰:"司马公本无害我之心也!"遂不以为忧。毛批:愚人愚到底。(《毛宗岗评改本〈三国演义〉》一〇七回)

(61)到今朝,一旦风波好惨凄,何故痴心痴到此,轻将性命赴沟渠。(《再生缘全传》卷三)

1.3.2 类推构式"(S)VO$_1$V在O$_2$"的使用

清代,产生了"(S)VO$_1$V在O$_2$"构式,我们认为这是由"(S)VO$_1$V到O$_2$"构式类推,"在"替换"到"形成的。如:

(62)送郎送在大路西,手拉着手舍不的。(《霓裳续谱》,乾隆刻本)

(63)您送行送在那儿?昨儿送在永定门就回来了。(《〈燕京妇语〉等八种·中国话》)

(64)老王,你抬人抬在天上,灭人灭在地下。(《聊斋俚曲集·增补幸云曲》)

(65)直把个随凤占同前任羞得无地自容,也深悔自己孟浪,如今坍台坍在他们这一班奴才手里。(《官场现形记》四四回)

例（64）"抬"和"灭"分别表示吹捧和打击，"天上"和"地下"分别代指动作达到的程度。例（65）"坍台"意为"丢脸、出丑"，整个句式表示主观评价："由于这一班奴才而造成丢脸/出丑的结果"。

2 "(S)VO$_1$V 到 O$_2$"构式的演变规律

2.1 从描摹到主观评价：知域范畴内的演化链条

前人在研究"V 到 O"构式的演变时，多引用 Heine 等（1991）提出的认知域序列："空间＞时间＞性质"来进行解释。我们在上文提到，"(S)VO$_1$V 到 O$_2$"构式与"V 到 O"构式的演变差异很大。自宋代产生以来，该构式中的"O$_2$"大多并非处所词，所用的动词也大都非位移动词。"(S)VO$_1$V 到 O$_2$"构式一般用在口语语体中，属于说话人推断、评价、揣测等"知域"范畴。该构式多数不属于"行域"范畴，即并不侧重客观描述对应现实世界的具体事件或时间结构。"(S)VO$_1$V 到 O$_2$"的先构式演变和构式化过程都发生在抽象心理空间，与说话人的心理认知有密切的联系，该构式的演化链条可归纳为从描摹到主观评价序列。其演变规律可总结为图 2：

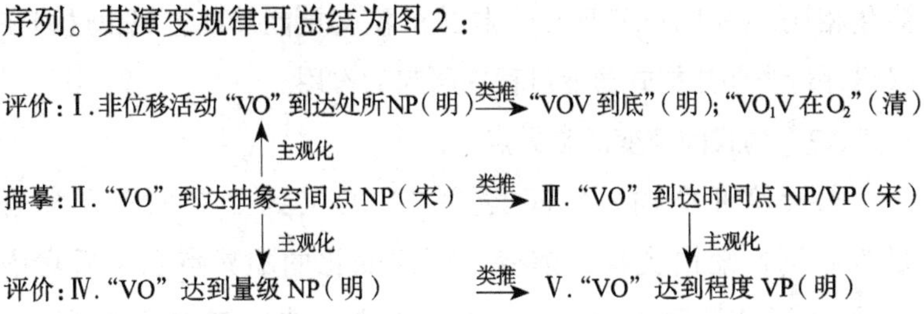

评价：Ⅰ.非位移活动"VO"到达处所 NP（明）$\xrightarrow{类推}$"VOV 到底"（明）；"VO$_1$V 在 O$_2$"（清）

　　　　　　　　　　　　↑ 主观化

描摹：Ⅱ."VO"到达抽象空间点 NP（宋）$\xrightarrow{类推}$ Ⅲ."VO"到达时间点 NP/VP（宋）

　　　　　　　↓ 主观化　　　　　　　　　　　　　↓ 主观化

评价：Ⅳ."VO"达到量级 NP（明）$\xrightarrow{类推}$ Ⅴ."VO"达到程度 VP（明）

图 2 "(S)VO$_1$V 到 O$_2$"构式的演化链条

用图2来对应文章开头提出的"(S)VO₁V到O₂"的五大类构式,其产生顺序应为:Ⅱ>Ⅲ>Ⅰ>Ⅳ>Ⅴ。如图2所示,"(S)VO₁V到O₂"构式由宋代到清代逐步产生并完善,下属各小类逐步发展成熟。宋代的Ⅱ类和Ⅲ类是基本的两大类,Ⅱ类主观描摹"VO"这一活动持续进行并到达某一抽象空间点的过程。经由类推产生Ⅲ类,主观描摹"VO"持续进行并到达某一时间点的过程,该时间点往往不是具体的时点,而是带有说话人的主观烙印,如上例(27)(28)中的"O₂""闷时、何时"等。这两个基本类所用的动词都是非位移动词,多数动词与认知活动有关,如"看、读、参"等。第Ⅱ类经由主观化产生Ⅰb类,表达说话人对"VO"和施事/受事"到O₂"两者之间因果关联等关系的判定。Ⅰb类经由类推产生习语化构式"VOV到底",又经由词汇替换产生"VO₁V在O₂"。明代第Ⅱ类经由主观化发展出第Ⅳ类,评价"VO"达到某种量级/水平,第Ⅲ类经由主观化产生第Ⅴ类评价"VO"达到某种程度。"(S)VO₁V到O₂"构式按照"到达抽象空间点>到达时间点>非位移活动到达处所NP>达到某种量级/程度"的序列演变,反映了说话人在感知评价客观世界时,心理空间中发生的一系列变化。与"V到O"构式的演化相比,(S)VO₁V到O₂"构式的演变更能体现主观化过程在汉语评价类句法构式演变过程中所起的作用。

2.2 构式间演变的临界点

宋代第Ⅱ类抽象空间类"(S)VO₁V到O₂"向第Ⅳ类表量级名词性短语类构式演变,构式变化的临界点在于后宾语"O₂"由可作两种解读的抽象名词短语充当,该构式也可作两种解读。如:

（66）圆悟师翁道：<u>参禅参到无参处</u>，参到无参始彻头。（《五灯会元》卷二〇）

此例可以理解为主观描摹"参禅"这一活动的全过程（由开始至到达"无参处"这一抽象空间点），也可以理解为评价"参禅"达到了最高水平/境界（"无参处"为代指量级的NP），后一种理解是主观化的结果。这种两可的分析正体现了"（S）VO$_1$V到O$_2$"构式化过程中的关键环节，整个构式经历了"聚合/范例化"，从较为松散的描摹说话人观念中的抽象过程，即"VO"到达某个抽象空间/时间，凝结为更为紧密整合的主观评价构式，即评价"VO"达到了某种量级/水平。

在第Ⅲ类时间类经由主观化演变为第Ⅴ类表程度谓词性短语类的过程中，临界点在于由谓词性短语充当的后宾语"O$_2$"可以表示时间点，如上文"读书直读到鸡鸣"中的"鸡鸣"。如果加进了说话人的主观评价，该谓词性短语也可以理解成说话人对活动持续时间较长所做的评价和所持的态度。如：

（67）<u>我做媒婆做到老</u>，不曾见这般好笑。叵耐一个秀才，老婆与他不要。（明·《六十种曲·琵琶记》一八出）

（68）烧香烧在天堂路，<u>磕头磕到佛门开</u>。高到送九各成全，上凤飘下一佛船。（清·佚名《蚕花斗宝卷》）

例（67）中"做媒婆做到老"中的"老"，可理解为时间点"老年"，也可以解读为表示程度的谓词"老练、经验丰富"，作后一种理解句子的意思是"做媒婆做得老练/经验丰富"。例（68）"佛门开"可以理解为时间点，也可以理解为达到的程度。这种两可解释显示出第Ⅲ类"（S）VO$_1$V到O$_2$"构式经由主观化可以发展出第Ⅴ类。

3 "(S)VO₁V 到 O₂"构式与同义构式的互动关系

3.1 重动式"(S)VO₁V 到 O₂"与前代"(S)VO₁ 到/至 O₂"构式的差异

重动式"(S)VO₁V 到 O₂"产生之前，表达同样含义多用"(S)VO₁ 到/至 O₂"构式。这种构式早在西汉时就产生了，所用的动词早期以位移动词为主，宋代以后也可用非位移动词。历代的用例如：

（69）以骑渡河南，送汉王到洛阳，使北迎相国韩信军于邯郸。(《史记·樊郦滕灌列传》)

（70）看理到快活田地，则前头自磊落地去。(《朱子语类》卷九)

（71）当日饮酒到一更时分，妻妾俱各欢乐。(《金瓶梅词话》二一回)

（72）我到请教你二位，待要怎的个帮助我，又要帮助我到怎的个地位，才得心满意足呢？(《儿女英雄传》三〇回)

前代的"(S)VO₁ 到/至 O₂"构式既然能表达活动到达某个空间/时间点，也能表达活动达到某个抽象空间位置的含义，那为何还要产生重复动词的构式"(S)VO₁V 到 O₂"呢？是不是西汉以来的"(S)VO₁ 到/至 O₂"构式衰落了，都被重动式"(S)VO₁V 到 O₂"替代了？或者前代的单一动词"到"在明清都被"V 到"替代了？答案都是否定的。"(S)VO₁ 到/至 O₂"构式并没有衰落，在现代汉语中"送他到车站"和"送他送到车站"都是常见的表达。陈忠（2012）指出，与同义构式相比，重动式采取拉长视域、反复扫描的认知方式，拉长并凸显动作的进程。我们将重动式"(S)VO₁V到O₂"与"(S)VO₁到/至O₂"构式的主要差异归纳为下表1：

表1 "(S)VO₁V到O₂"与"(S)VO₁到/至O₂"构式的差异

	"(S)VO₁到/至O₂"构式	"(S)VO₁V到O₂"构式
认识概念域	描摹客观事件（行域）	评价客观事件（知域）
认知方式	普通视域，单次扫描	拉长视域，反复扫描，有意为之
表达功能	描摹"VO"到达某个处所、时间或阶段点	评价"VO"达到某种水平或程度
句子信息	提供背景信息，搭配后续小句	提供前景信息，可独立完句

前代的"(S)VO₁到/至O₂"构式侧重于客观描摹，所以多不能独立完句，而是经常作为前一分句，提供句子的背景信息。由于能够凸显说话人的主观评价，重动式"(S)VO₁V到O₂"往往能独立完句，表达完整含义，提供句子的前景信息。试对比下面例句：

（73）但要作诗到古人地位，殊不知古人未有不读书者。（宋·魏庆之《诗人玉屑》卷五）

（74）做诗做到这个地步，真可谓之苦吟了。（清·李渔《笠翁传奇十种·意中缘传奇》卷上）

（75）你这一生只为风流，如今受苦到此地位，旧性还不改俚。（明·屠隆《修文记》卷上）

（76）若不然，受罪受到何时勾！（《聊斋俚曲集·磨难曲》）

（77）行化至月氏国，大作佛事。（《祖堂集》卷二）

（78）他叫化叫到我家来，我对他痛哭道……（清·李渔《连城璧》三回）

3.2 重动式"(S)VO₁V 到 O₂"的独特表达功能

重动式"(S)VO₁V 到 O₂"构式的产生,可以弥补前代"(S)VO₁ 到/至 O₂"构式在表达上的一些局限性,具有更丰富的表达功能。主要体现在以下四个方面:

一是当"O₂"指受事"O₁"到达的处所,而非施事到达的处所时,前代的"(S)VO₁ 到/至 O₂"构式无法成立,如"*读书到狗肚子里去了、*说话到舌尖"必须说成"读书读到狗肚子里去了、说话说到舌尖"。

二是当"O₂"是处所短语时,重动式"(S)VO₁V 到 O₂"整体上可以表示说话人的某种隐喻或主观评价。这是前代的"(S)VO₁ 到/至 O₂"所不具备的。如上文"送佛送到西天""吃老爷的饭都吃到哪里去了""拍马屁拍到马脚上去",并非用来描述客观世界行域的范畴表达,而是发生在说话人知域范畴内的隐喻现象,带有说话人强烈的主观评论色彩。由于重动式"(S)VO₁V 到 O₂"的这种主观化表达功能,清代以来构式后通常使用凸显说话人态度的"来/去"和凸显主观判断的语气词"了/吧"等。如:

(79)大哥<u>扫地扫到阴沟里去了</u>,若是败漏出来,那还了得!(《梨园集成》,光绪刊本)

(80)高静之,<u>你读书读到牛肚子里头去了</u>。(巴金《春》)

(81)收租,俺,<u>收租收到李家大嫂床高头去了吧</u>。(《张天翼小说选集》)

(82)革你娘那脚!<u>革命革到女人的肚子上来了</u>?(李佩甫《羊的门》)

三是当"O₂"由表示量级的普通名词短语充当时,"O₂"大多只是动作的受事,与"到"的关联很弱。如上文"读书读到《孟子》""做官做到布政""买田买到万亩","《孟子》、布政、万亩"是动词"读、做、买"的宾语,代指行为活动达到的量级。"到"只起辅助动词凸显宾语量级或补充说明动作新涉及对象的作用。前代的"(S)VO$_1$到/至O$_2$"构式无法表达这种意义,所以文献中没有"*读书到《孟子》、*做官到布政、*买田到万亩"的用法。

四是当"O$_2$"由表示程度的谓词性短语充当时,前代的"(S)VO$_1$到/至O$_2$"构式难以成立,如上文"做官做到清如水"不能换为"*做官到清如水","念佛念到天花乱坠"不能变换为"*念佛到天花乱坠"。

4 结语

综上所述,通过考察重动式"(S)VO$_1$V到O$_2$"的构式化过程,可以清晰地显示汉语经由小句整合途径产生新构式的演变脉络。"(S)VO$_1$V到O$_2$"构式并非"VO$_1$"与"V到O$_2$"两个构式的简单相加,其演变过程也与"V到O$_2$"构式并不完全一致。五大类"(S)VO$_1$V到O$_2$"的产生顺序为:"Ⅱ > Ⅲ > Ⅰ > Ⅳ > Ⅴ",它们在演变中互相制约影响。与前代构式"(S)VO$_1$到/至O$_2$"相比,重动式"(S)VO$_1$V到O$_2$"属于表达说话人主观评价的知域范畴,它采取反复扫描的认知方式,当使用位移动词时能拉长动作动程,当使用非位移动词时更侧重评价非位移活动达到了某种程度/量级。它具有四个方面的独特功能,弥补了前代同义构式表达的局限,因而在宋代产生之后迅速发展成熟并沿用至今。

参考文献

陈 忠 2012 《"结构-功能"互参互动机制下的重动句配置参数功能识解》,《中国语文》第3期。

崔山佳 2010 《动词拷贝句补说五题》,《蒲松龄研究》第3期。

崔应贤 2013 《"V到N"中"到"的重新分析归属问题》,《河南师范大学学报》(哲学社会科学版)第4期。

杜 轶 2012 《"V到"格式的语义关系演变》,《对外汉语研究》第8期。

高增霞 2005 《从非句化角度看汉语的小句整合》,《中国语文》第1期。

蒋绍愚 1999 《"抽象原则"和"临摹原则"在汉语语法史中的体现》,《古汉语研究》第4期。

刘丹青 1994 《"唯补词"初探》,《汉语学习》第3期。

刘丹青 2019 《"到"字语法化的新去向:吴江同里话的条件标记及主观大量标记"到"》,《语文研究》第2期。

刘子瑜 2006 《试论粤方言"V到C"述补结构的语法化及其与"V得C"述补结构的互补分布》,《语言研究》第3期。

吕叔湘主编 1980 《现代汉语八百词》,北京:商务印书馆。

罗耀华、姚文彪 2017 《"V+至"结构的词汇化及相关问题研究》,《语文研究》第1期。

沈家煊 2003 《复句三域"行、知、言"》,《中国语文》第3期。

杨荣祥 2005 《近代汉语副词研究》,北京:商务印书馆。

俞 琳、李福印 2018 《事件融合视角下"V到"构式的动补类型嬗变》,《外语与外语教学》第1期。

张 赪 2002 《汉语介词词组词序的历史演变》,北京:北京语言文化大学出版社。

张海涛 2019 《互动构式语法视域下"V在/到+目标域"构式群研究》,《语言教学与研究》第5期。

赵林晓、杨荣祥 2016 《近代汉语重动句的来源及其分类》,《民族语文》第4期。

赵元任 1979 《汉语口语语法》,吕叔湘译,北京:商务印书馆。

周 红 2018 《"V+到"的图式特征及其语义演变》,《鲁东大学学报》

（哲学社会科学版）第 4 期。

朱德熙 1982 《语法讲义》，北京：商务印书馆。

Heine, B. et al. 1991 *Grammaticalization: A Conceptual Framework*. Chicago: The Chicago University Press.

Traugott, Elizabeth. C. & Graeme Trousdale 2013 *Constructionalization and Constructional Changes*. Oxford: Oxford University Press. 中译本《构式化与构式演变》，詹芳琼、郑友阶译，北京：商务印书馆，2019。

（本文原载《语文研究》2022 年第 4 期）

汉语方言的非现实性代词复指型处置式

朱嫣红

（深圳大学人文学院）

汉语方言中有一类代词复指型处置式，学界报道较多，如黄伯荣（1996：656）、麦耘（2003：516）、朱冠明（2005：256）、黄晓雪（2011：67）等。一般认为，这类代词复指型处置式继承自中古汉语。（曹广顺、遇笑容，2000：559；朱冠明2005：257）不过，在形式之外，这类代词复指型处置式在语义范畴上与一般狭义处置式同样存在差异，呈现较为显著的非现实倾向，过往对此关注较少。[①]本文将从汉语方言非现实性处置式出发，考察其形式与语义的分布和来源，关注第三人称代词在句末位置的特异发展，即其语法化的另一过程和方向（第三人称代词＞非现实标记），并结合跨方言的数据归纳人称直指向语气标记演化的路径与规律。

1 一般处置式与复指型处置式

根据动宾组合之后（通常是句末位置）是否有一个复指代词形式，汉语中的狭义处置式可被分为两类：一般处置式和复指型处置式。两种处置式的语义分布略有差异。

1.1 一般处置式

1.1.1 介词型

汉语中的介词型一般狭义处置式"Pre+O+V(+C)"通常既可表现实情态,叙述已经或正在发生/存在的情况,又可表非现实情态,叙述可能发生/存在但并未或尚未发生/存在的情况。[②] 如普通话中,"把饭吃了/把门打开"既可用于陈述已经或正在发生的事件,表示"(已经)把饭吃了/(正在)把门打开",又可用于表达尚未发生的事件,表示"(要求某人)把饭吃掉/把门打开"等意义。方言中这类采用处置介词的一般狭义处置式具有同样的功能。

1.1.2 无介词标记型

主要动词为处置动词且受事前没有介词的"N+V(+C)"和"V(+C)+O"式,其处置意味相对较弱,我们将其视作无标记的处置式。在汉语中,无标记的一般处置式同样可以用于现实句和非现实句。

1.1.2.1 N+V(+C)式

在普通话中,该式可用于陈述已经发生的事件,如"门打开了";也可用于祈使句或疑问句,表示尚未发生或不确定发生与否的事件,如"门打开(一下)"或"门打开(了)吗"。

汉语语序以VO为主,方言中OV语序相对较少(张振兴,2003:111)。[③] 在浙江义乌话和苍南灵溪方言中,受事有前置于谓语动词的情况,如:

(1) a. 渠饭烧熟罢 | 阿拉午饭食过罢。

　　b. 侬信写过未?(浙江义乌,方松熹,2000:267)

(2) a. 恁母猪饲好了。

b. 你糜食了未？（浙江苍南灵溪，温端政，1991：148）

如上所示，浙江义乌话和苍南灵溪方言中的"N+V(+C)"式均能用于现实句，如例（1a）和（2a）分别陈述"饭已经烧熟""已经吃了午饭"和"猪已经喂好"的事实；也可以用于非现实句，如例（1b）、（2b）表达了说话人对"你写了信""你吃了饭"的不确定。

1.1.2.2　V(+C)+O式

普通话中，"V(+C)+O式"既可用于陈述已发生的现实，如"吃完饭了"；也可用于对未发生之事的祈请或预测，如"吃饭吧"。

方言中也有可用于现实句和非现实句的"V(+C)+O"式。如粤语：[④]

（3）食咗啲水果|（啱啱）交咗封信

（4）食嚟啲水果|（你）交咗封信

例（3）表示"已吃了水果/（刚刚）已交了那封信"，是对已发生的事件的陈述；而例（4）则表示对某人提出处置"这些水果/这封信"的要求，在说话的时刻，这些事件应是尚未发生的。

总之，无论有无处置标记，汉语中的非复指型一般处置式通常兼表现实和非现实情态。

1.2　复指型处置式

1.2.1　介词型

这类狭义处置式的主要动词及其补语之后有一个代词形式（"他/佢/其"等），与一般狭义处置式构成"Pre+O+V(+C)+Pro"式。使用介词的复指型处置式通常只见于方言中。这类代

词复指型处置式通常不表已然或一般陈述,而只能用于祈请、意愿、预测、虚拟或疑问等未然或不确定的语境中。如:

(5)表祈请、建议:

把作业做完他。(湖北武汉,李崇兴、胡颖,2006:72)

把门关哒它|把这些椅子摆整齐它。(湖北公安,朱冠明,2005:256)

把衣裳洗脱佢。(安徽宿松:黄晓雪,2011:67)

拿旧书旧报侪卖脱伊。(上海,许宝华、汤珍珠,1988:482)

汝爱将惹字写好其。(中山客家,甘甲才,2003:258)

相同的用法在湖北英山话、鄂南话、孝感话(黄伯荣,1996:659、662;左林霞,2001:78)及湖南常德话(易亚新,2003:288)等方言中也能见到。

(6)表意愿:

我想把这封信烧了它|我要把房子卖了它(四川简阳,张健康,1988:63)

我把你气死它。(湖北英山、孝感,黄伯荣,1996:659)

(7)表预测:

他想把我们饿死它。(河南罗山,王东、罗明月,2007:84)

有病不诊,把身体搞垮了佢啊。(江西九江,干敏,2011:148)

(8)表假设或虚拟:

将条颈链卖咗佢,唔系有钱啰。(广州,李新魁等1995:571)

再哭就把你卖它。(河南罗山,王东、罗明月,2007:84)

从语义上看,这类处置式存在一个共性,即它们所描述的动作行为往往是并未或尚未发生的,具有未然性或不确定性。而"未然""未定",正是非现实句的典型语义特征(张雪平2012:452)。

普通话中一般不用"Pre+O+V(+C)+Pro"式,其代词复指型处置式只限于无介词标记的处置句。

1.2.2 无介词标记型

1.2.2.1 N+V(+C)+Pro 式

主要动词具有处置性的"N+V(+C)+Pro"式多见于方言中。如:

(9)饭食了嘚佢(广东廉江,林华勇等,2019:90)

地扫佢!|饭吃佢!|说的话莫忘记佢!|作业做佢!(江西九江,干敏,2011:147)

火车票买哒他|血流干他|他送走他|鸡杀开他时?(湖南汨罗,陈山青、施其生,2011:144;陈山青,2016:296)

年画贴它|锅砸它|地下扫它|婚结它(河南罗山,王东、罗明月,2007:85)

这些"N+V(+C)+Pro"式中的动词通常具有[+非现实性]的限制,即该式只能表述未然或不确定的情况。[5]一些学者认为这类复指型处置式只存在于方言中[6],但实际上普通话中也有。如:

(10)这三个混小子你最好别理他

这几个烂苹果我还是扔了他(吧)[7](袁毓林、徐烈炯,2004:46)

根据Xu(1999)、袁毓林等(2004)等,这些句子中的动词必须具有[+处置性][+完结性][+非现实性][+施动性]等特征。相应地,表示事件已经发生则不能使用该式,如普通话中例(11)就不能说。

(11)*这几个烂苹果我已经扔了他。

1.2.2.2 V(+C)+O+Pro 式

处置性的"V(+C)+O+Pro"式较为少见。粤语一般动宾祈使句之后加一个复指"佢",可获得很强的处置义(李新魁等,1995:572),如例(12);汨罗湘语中也有一个表处置的复指代词"他"(陈山青,2016),如例(13):

(12)洗净件衫佢|唔该你锁埋道门佢|饮晒啲啤酒佢啦(李新魁等,1995:572;麦耘,2003:515)

(13)洗开澡他|唔去买房他(湖南汨罗,陈山青,2016:296、299)

粤语中这类"佢"字句的主要功能是表达"非现实的主观处置"(林华勇等,2019:92),而湘语中这个"他"也主要用于未然句(陈山青,2016:300)。

综上,两类处置式在汉语中的功能分布情况如表1。

表1 两类处置式在汉语中的形式—功能分布

	一般处置式		代词复指型处置式	
	普通话	方言	普通话	方言
介词型	Pre+O+V(+C)	Pre+O+V(+C)	—	Pre+O+V(+C)+Pro
	现实/非现实	现实/非现实	—	非现实
无介词标记型	N+V(+C)、V(+C)+O 等	N+V(+C)、V(+C)+O 等	N+V(+C)+Pro	N+V(+C)+Pro、V(+C)+O+Pro 等
	现实/非现实	现实/非现实	非现实	非现实

由表1可见,凡非复指型的一般处置式,无论有无介词标记,均可兼表现实和非现实情态;而凡代词复指型处置式,无论有无介词标记,均只限于表达非现实情态。[8]

基于此,我们或许可以将汉语复指型处置句句末的代词视作非现实标记。根据沈家煊(1999:23),无标记项的分布范围通常比有标记项大,而无标记项所表意义往往包含有标记项。这类句末代词作为非现实标记出现的语境受限,且无标记的非复指型处置式能够兼表现实与非现实意义,符合标记论的的规律。

2 汉语复指型处置式的来源

这类句末代词发展出强处置性和非现实性的限制,不太可能是独立于汉语史的新发展。

汉语狭义处置式萌芽于中古时期(曹广顺等,2000;吴福祥,2003,等等),"Pre +O+V+ 之"式是其中较为常见的一种格式。如:[9]

(14) 高祖持御史大夫印弄之。(《史记·张丞相列传》)
丁常言:"将我儿杀之,都不复念。"(《三国志》裴注156)
是时流离王,即时拔剑,取守门人杀之。(《增壹阿含经》二十六)

中古文献中动词后代词与介词后宾语同指的"Pre +O+V+ 之"式或"Pre +V+ 之"式,其全句语态主要表陈述、已然,如例(14)中的"持御史大夫印弄""将我儿杀""取守门人杀"等均为说话时正在发生或已经发生的现实事件。中古"Pre +O+V+ 之"也用于表要求、建议或意愿的句子中,这种情况很少,例如:[10]

(15) 复兴恶念,我要取沙门瞿昙杀之。(《增壹阿含经》四十七)

当持是经典为诸沙门一切说之。(法坚译《太子须大拏经》, 3/424a)

三年春，可将英、叶卖之。(《齐民要术》243)

(16) 汝将此人，安徐杀之，勿损皮肉。(后秦《佛说长阿含经》7)

不过，例(15)中"Pre +O+V+ 之"式前均有可表主观意愿或强制的情态词，如"要""当""可"等，因而句子中的非现实性可能由此而来，而不一定是句式义。而例(16)中，由于"将"也可理解为"执持"义动词，这个例子其实也可作复句解，即"你抓住此人，然后慢慢地杀他"(魏培泉，1997：573)。

总之，中古"Pre +O+V+ 之"式多用于现实性表达。一般来说，相较于没有明确对象的叙述性话语，在对话性的句子中，说话人主观性的意愿或建议、命令更为普遍，因而其中的非现实性也就相对更显著。而中古文献中的该式，即使在对话性的句子中，也可表现出现实性，如上例"将我儿杀之，都不复念"。由此，中古"Pre +O+V+ 之"式的非现实性有限，该式更倾向于表现实性。

一般认为，方言中的"把 +O+V(+C)+ 他/它"是中古处置式"将/取/持 +O+V+ 之"的残留。(曹广顺、遇笑容，2000：559；朱冠明，2005：257)主要动词后带补足语，这在中古处置式中并非规则，动词单用的情况反而更多(曹广顺、遇笑容，2000：556)；而在近代和现代汉语中，狭义处置式的动词后通常都带补足语(王力，1980：416；魏培泉，1997：558；曹广顺、遇笑容，2000：557)。从"Pre+O+V+Pro"式到"Pre+O+V+C+Pro"式，应与汉语处置式同动结式的互动有关。[⑪]

中古狭义处置式"Pre+O+V+Pro"中的主要动词为二价动词，通常只关涉一个宾语，即介词引出的成分（魏培泉，1997：558；曹广顺、遇笑容，2000：557等）；而动结式"V+C"的功能相当于一个动词，当表现为可及物性时，"V+C"就能够进入已有的处置式"Pre+O+V+Pro"中，填补其中动词的位置，在扩展机制的作用下形成新形式"Pre+O+V+C+Pro"，即：

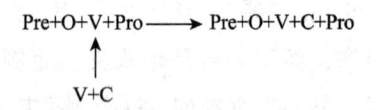

$$Pre+O+V+Pro \longrightarrow Pre+O+V+C+Pro$$
$$\uparrow$$
$$V+C$$

图1 处置式与动结式的互动

一般处置式应当也有同类演变，即：Pre+O+V → Pre+O+V+C。这样，汉语处置式中动词后有补足语就成为常态。处置式在隋以后逐渐多用，尤其"把"字句在唐宋以后开始大量使用（魏培泉1997：576、578；王力1980：413）；而汉语动结式兴起于隋唐，到元明时期发展成熟[12]（太田辰夫，1987：197）。这也解释了为何近代汉语中的新形式"Pre+O+V（+C）+他"晚至宋元以后才出现。[13]

从结构上看，现代方言中这类代词复指型处置句主要动词后常带补语，且结果补语更为常见。[14]从这一点看，现代方言"Pre+O+V（+C）+他"式更接近近代汉语的情况。

此外，这一过程中该式还经历了从"之"到"他/它"、从"将/取/持"到"把"的词汇替换。不过，尽管"之"的衰落以及"他"做第三人称代词都发生在中古（王力，1980：269；吕叔湘，1985：9；朱冠明，2015：24），但"将/取/持+O+V+之"式并未在中古就发展出"Pre+O+V（+C）+他"式；事实

上,前者衰落与后者出现之间间隔了相当长的时间。明清以前的"Pre+O+V(+C)+他"式中,"他"的指称并不明确。如:

(17)莫教官锦行家见,把此文章笑杀他。(唐·《全唐诗》)

(18)暗将往事思量遍,谁把多情恼乱他。(宋·辛弃疾《鹧鸪天·困不成眠奈夜何》)

(19)把手牵他行不得,惟人自肯乃方亲。(元·释清珙《石屋禅师山居诗》卷五)

例(17)中"他"如果指代"此文章","把"做介词,则整个句子即为代词复指型"Pre+O+V(+C)+他"式;但"他"如果指代"官锦行家",则"笑杀他"为一般动宾句,"把此文章"表示"笑杀"的工具。同样地,例(18)中"他"如果指"多情","把"作介词,则整个句子即为"Pre+O+V(+C)+他"式;但"他"如果另有指称,则"恼乱他"为一般动宾句,"把多情"表示"恼乱"的工具。例(19)也是同样的情况,其中"把"可能是表方式的动词或介词。在明清小说中,确切的代词复指型"Pre+O+V(+C)+他"式才开始在对话中出现。如:

(20)看我把这厮和大虫一般结果他。(《水浒传》第二十九回)

(21)那十三妹把眼皮儿挑了一挑,说道:"如此,好极了,你就先把这一院子死和尚给我背开他。"(《儿女英雄传》第九回)

(22)如今我们大家都喜,把那往事再不要提他,只往好处看。(《醒世姻缘传》第二十一回)

(23)小鸭儿从腰里取出皮刀,说道:"且先杀了淫妇,

413

把这个禽兽叫他醒来杀他,莫要叫他不知不觉的便宜了!"(《醒世姻缘传》第十九回)

近代文献中发现的这些"Pre+O+V(+C)+他"式主要表非现实情态。如上例(20)主语是第一人称,句中处置式表达了"我"的意愿,而句首的"看"则显示事情即将发生、尚未发生;例(21)—(23)中"把这一院子死和尚给我背开""把那往事再不要提""把这个禽兽杀"等事件在说话时均未发生,表达的是说话人的建议或命令。明代小说中甚至出现了表未然的"把+O+V(+C)+他"式与表已然的"把+O+V(+C)+了"式对立的情况[15],如例(23)和例(24)。

(24)他已把他杀了,还是他甚么汉子哩?(《醒世姻缘传》第二十回)

尽管例(23)(24)的情况并不普遍,但仍在一定程度上反映出这一时期"Pre+O+V(+C)+他"式用于非现实句的倾向性。这与现代汉语方言中该式的情况更为一致。

这样,从中古至现代方言中"Pre+O+V(+C)+Pro"式结构与语义变化如表2。

表2 中古至现代方言中该式结构与语义变化

中古		近代	现代方言
Pre+O+V+之	Pre+O+V+之	Pre+O+V(+C)+他	Pre+O+V(+C)+他
现实性倾向	现实性倾向	非现实倾向	非现实

如表2,从中古的"Pre+O+V+之"式到现代方言"把+O+V(+C)+他"式,其间除了处置介词和代词的替换以外,在近代还有新的发展:结构上,动词后常出现补足语成分,构成"Pre+O+V(+C)+他";语义上,由原先的主要表现实情态发展

为主要表祈请、意愿或疑问等非现实情态。现代方言"Pre+O+V（+C）+Pro"式应是近代汉语这一新句式的留存。

基于此，中古狭义处置式"Pre+O+V+之"应有两条发展路径：

```
                  代词脱落
                 ┌────────→ Pre+O+V(+C)
Pre+O+V+之 ──────┤
                 └────────→ Pre+O+V(+C)+Pro
                  代词保留
```

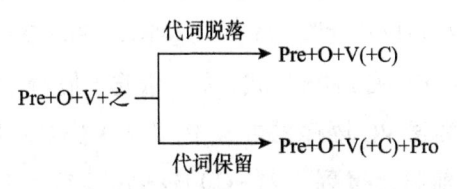

图2 "Pre+O+V+之"的发展路径

路径一的标志是复指代词"之"的脱落。由于"Pre+O+V+之"中"之"是一个不负载任何命题意义或语用功能的赘余成分，因此在其后的演变中，"之"被删去，得到"Pre+O+V"结构（吴福祥，2003：6），最终发展为官话中最常见的介词型处置式。而另一路径的标志则是复指代词的保留。在汉语中，前者是强势结构，使用频率较高；常用的成分不加标志或采用简短的组合形式，这显然是出于经济或省力的考虑，即语言的经济原则。也正是在这一原则的作用下，代词复指型处置式在功能上被挤压，在近代汉语中形成限表非现实的"Pre+O+V（+C）+Pro"式。

中古汉语"Pre+O+V+之"式在书面文献中一直沿用，而近代汉语非现实性"Pre+O+V（+C）+他"式则较少在官话中看到。可能的原因是，后者所在的非现实句更多应用于口语语境，特别是对话场景，因此多在方言中保留并发展。汉语中"持执义"来源的处置介词有"将""把""拿"等，而人称代词也有"他""其""佢""伊"等。因此，通过词汇替换，由"将/把+O+V（+C）+之"又可类推扩展出其他形式，如"把/将+O+V（+C）+他/佢/其""拿+O+V（+C）+伊"等，见第一节各例。

415

限表非现实的"Pre+O+V（+C）+Pro"式可能通过省略、移位等手段发展出"N+V（+C）+Pro""V（+C）+O+Pro"等变式。这样，方言"N+V（+C）+Pro""V（+C）+O+Pro"等式中复指代词带来的较强处置性很可能正是来自有介词的框式处置式"Pre+O+V（+C）+Pro"式。当介词脱落，"Pre+O+V（+C）+Pro"式就变成"N+V（+C）+Pro"式，如"饭吃了他 / 碗饭食晒佢"[16]。而在粤语这类强 VO 语序的方言中，"N+V（+C）+Pro"式中动词可能发生前移，得到"V（+C）+O+Pro"式，如"搬走嗰张台仔佢"[17]。并非所有方言中都保留了全部相关格式，一些格式可能在方言的发展中丢失。如广州话中有"Pre+O+V（+C）+Pro"（"将张台搬走佢"），而廉江粤语中就没有；但广州话和廉江粤语中都有最晚发展出的"V（+C）+O+Pro"式，如"广州话：洗净件衫佢 | 廉江粤语：食了饭（来）佢"（林华勇等，2019：89、90）。

3 复指型处置式中非现实性的形成

3.1 在语境中获得强制义和意愿义

结构上的变化导致意义上的变化。"Pre +O+V + Pro"处置式和"V +C"动结式原本分别表示"对某对象进行处置"和"说明动作行为及其结果"，组合后得到的新形式获得重组后的意义"对某对象进行处置并达到某种结果"。这一变化使得新形式更容易出现在表示说话人的意愿或说话人对他人的要求、建议等表达中[18]：当句中施事主语是第一人称时，该式描述施事对实施某一行为的主观意愿（desire），如例（6）；当句子的施事主语是第二人称时，该式表达某种迫使施事去完成谓语行为的情境，即强制语气（obligation），如例（5）及例（21）—（23）。[19]

在汉语中，反复出现在命令、建议、请求等强制语境中，则强制性可能固化为句式的意义。与强制性不同的是，早期这类句子中的意愿义还有一部分是由某些动词或助动词（如"要""想"等）带来的，如例（6）；当句子中不出现这类表"意愿"的词时，意愿义就成了该句式结构义的一部分。如例（20）及：

（25）（我）把腿打断他。（武汉，李崇兴、胡颖，2006：73）

（26）老子把桌子掀他。| 我把书还了他。（武汉）

总之，"Pre+O+V(+C)+Pro"式可在语境中获得强制义和意愿义。如前文所述，"Pre+O+V(+C)+Pro"式的形式与非现实倾向均产生于近代汉语，因此，这一过程应是在近代汉语中完成的。

3.2 从强制义、意愿义到预测义

跨语言研究表明，强制义可发展出"预测"义（Heine & Kuteva, 2012：155；Traugott, 1972：198；Bybee et al., 1994；等等）。当主语为第一人称时，表强制性的句子往往蕴含了说话人的某种意图；而当主语是第三人称时，该句中所蕴含的"意图"就会变成说话人的"预测"（prediction），即"强制 obligation＞意图 intention＞预测 prediction"。（Bybee et al., 1994：257、264）意愿（desire）同样也是一种常见的"预测"义来源。（Bybee et al., 1994：254）当主语为第一人称时，表意愿的句子往往蕴含着某种意图，经过反复使用，这一蕴含义就成了意愿情态（desire modal）的一部分；而当主语是第三人称时，这一含义就会成为说话人的预测，即"意愿 desire、will、willingness＞意图 intention＞预测 prediction"。（Bybee et al.，1994：256）

这样，当重组后的复指型处置式"Pre+O+V（+C）+Pro"获得了强制义和意愿义后，就有了进一步发展出预测义的可能。这一过程通常促发于与人称直指相关的语境（Heine & Kuteva，2012：296）。当主语为第一或第二人称时，句子中的强制或意愿语气含义一般能够得到保留，如例（27）（28）。

（27）（老子把）腿打断他！（武汉，李崇兴、胡颖，2006：73）

（28）（你把）门关他（同上）

但当主语为第三人称时，该句式就能够表达预测义，如：

（29）他口干，肯定要把你这杯喝他。（武汉话）

（30）他爸看到了，不把他腿打断他？（武汉话）

例（29）中"要把你这杯喝"是根据"他口干"推断的结果；而例（30）则假设了"他爸看到了"这一场景，由此做出"把他腿打断"的推测。两例后半句均为说话之后可能发生但尚未发生的事件，前后句的关联中体现了说话人的主观确定性。[20]

从语义特征来看，"祈使、意愿、义务"等均属于限时义非现实性范畴（张雪平，2012：451），而"推测"则属于认识域非现实性范畴。当说话人基于某种假设性的虚拟条件做出推断时，推断语义在句子层面表现为假设句或条件句。从时间特征上看，假设句或条件句所述事情一般是未然的。[21]而当说话人对所述之事并不确定，需做出估测或提出疑问时，则这种预测就会表达为可能句或疑问句，如"他可能要把你这杯喝了他"。总之，由预测（推断、推测）发展出的假设、条件、疑问或可能等，在语义上具有非现实性的"未然"或"未定"共性，因此均可归入认识域的非现实句。

由此，汉语复指型处置式"Pre+O+V(+C)+Pro"在强制义和意愿义的基础上发展出预测义，实现了从时间域非现实性向认识域非现实性的扩张，并在此基础上，发展出假设、条件、疑问等非现实义。即：

```
┌─────────────┐        ┌──────────────────────────┐
│             │        │      ┌─ 推断：假设、条件   │
│  强制、意愿  │  →    │ 预测 ┤                    │
│             │        │      └─ 推测：疑问、可能   │
└─────────────┘        └──────────────────────────┘
  时间域非现实性              认识域非现实性
```

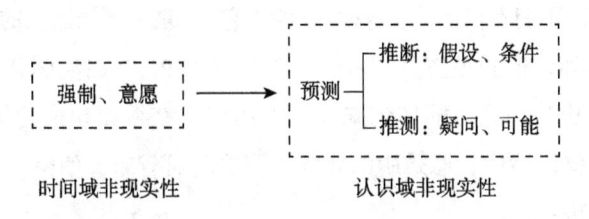

图3 汉语复指型处置式从时间域非现实性向认识域非现实性的扩张

根据张雪平（2012：455），认识域非现实句是典型的非现实句，其主观性较强，具有很高的非现实性；而时间域非现实句则是不典型的非现实句，其非现实性远低于"推测""推断"类认识域非现实句。由此看来，汉语中这类复指型处置式的非现实性是逐渐增强的。

总之，语义的扩张强化了"Pre+O+V+Pro"出现于非现实语境中的规律，也为复指代词的后续演变提供了必要的语境条件和使用频率。

4　复指型处置式中代词的语法化

从语义上看，"Pre+O+V(+C)+Pro"式中句末代词本就是赘余的成分。当被处置的对象为第三人称时，如例（5）及例（20）—

(23),"他"尚可理解为第三人称代词,复指"把"后宾语"作业""门"及"这厮""那往事"等;而当被处置的对象为第一或第二人称时,如例(7)中的"他想把我们饿死它"以及例(31):

(31)你把我打死它|我把你气死它。(湖北孝感,左林霞,2001:78)

句末"他(它)"前没有第三人称复指对象,因此不再具有指称性,已不能看作代词。这时,"他(它)"就有了语法化的可能。

此外,框式处置式"Pre+O+V(+C)+Pro"在实际运用中脱落部分成分,也可能使句末代词在语境中获得原句式的结构义。如在具体语境中,原式中的介词和宾语均可省略,使得"V+Pro"单独出现:

(32)甲:饭好多呀,我吃不完了。

乙:不行,吃他!(武汉,李崇兴、胡颖,2006:71)

例(32)答句中"吃他"可补全为"把饭吃他",表示说话人的主观强制性和意愿。这样,代词"他"就脱离了把字框式处置式,并有可能因此获得句式义"非现实性"和"处置性",成为独立的语气标记。

代词的语法化在"V+Pro"中进一步发生。由于来自狭义处置式,"Pre+O+V(+C)+Pro"式中主要动词通常是具有[+处置性]的二价动词;而部分方言中不具有[+处置性]的不及物动词也可以进入省略式"V+Pro"。如:

(33)这件事办砸了你就去死他|你听得不耐烦就溜他|你没有长脚?你不晓得跑他?(武汉,李崇兴、胡颖,2006:71)

(34)兀日子过不得啊,死佢算了。(江西九江,干敏,

2011：147）

（35）爷娘走开他好些|我病开他就好得。（湖南汨罗，陈山青，2016：297、301）

例（33）—（35）表示命令、建议、意愿或假设、虚拟，均表达非现实性；其中"死""溜""跑""走""病"等均为不及物动词，因此其后的"他"或"佢"不太可能仍是复指代词。这些代词形式脱离了处置动词的限制，可被重新分析为语法化程度更高的非现实性标记。[22]

5 余论

人称代词的来源和演变是学界历来关注较多的议题，其来源很多，如"人（PERSON）""这儿（HERE）""方所格（LOCATIVE）""指示词（DEMONSTRATIVE）"等（Lehmann，1985；Heine & Kuteva，2012：444；Heine & Song，2010；等等）。不过，人称代词语法化的另一个方向，即基于人称代词用法进一步的演变，关注相对较少。同时，第三人称代词语法化的下一步通常被认为是"一致标记（AGREEMENT）"或"系动词（COPULA）"（Heine & Kuteva，2012：320、321）。基于我们的分析，第三人称代词语法化的另一可能路径是非现实性标记。即：

人称直指（第三人称代词）> 非现实标记（irreal）

与此同时，他称代词在现代汉语方言中则发展出强调标记用法，如湖南新邵话的"别个"以及陕西凤翔话、山西定襄话、内蒙古丰镇话及山西武乡话中他称代词"人家"的合音词（史素芬，2002：124；周敏莉、李小军，2018：473）。这样看来，当人称直指失去称代功能时，语气标记或是其语法化的下一步，即：

人称直指（第三人称代词、他称代词）> 语气标记（modality）

其发展路径有两种类型，其中第三人称代词进一步虚化为表祈使、命令或疑问、预测的非现实标记，而他称代词则虚化为强调标记。

附 注

① 林华勇等（2019）、林华勇等（2021）等注意到了粤方言中句末助词"佢"即有表非现实的用法。

② 现实与非现实是一组相对的情态范畴，前者指说话人认为相关命题所表达的是现实世界中已经/正在发生或存在的事情，后者指说话人认为相关命题所表达的是可能世界中可能发生/存在或假设的事情（张雪平，2012：450）。

③ 王森（1993）、张安生（2000）、张成材（2001）、任碧生（2004）等报道了甘肃、青海、宁夏一带方言中有 N+V(+C) 式，不过这一特征可能是与北方阿尔泰语接触的结果。

④ 本文方言例句出处见例句前后标注，个别武汉话例句稍有改动，所有改动均经母语者校准；未标注者均来自相关方言母语者。

⑤ 参见干敏（2011：147）、陈山青等（2011：144）、林华勇等（2019：92）。

⑥ 石毓智等（2008：53）认为现代汉语普通话的受事话题化结构不能再在动词之后加上回指代词，如"*书我已经看完了他"不能说。这一结论忽略了动词或语境的差异与限制：当动词事件是现实性的，则不能使用该句式；但当动词事件是非现实性的，这类句子是可以说的，如前例可表达为"书我看完他"。

⑦ 其中"这几个烂苹果我还是扔了他"中的"我"可以省略，类似的还有"这锅汤赶紧喝了他"；而"这三个混小子你最好别理他"中

"你"则一般不能省去,因为省去后会导致歧义。

⑧ 从句式上看,一些方言"Pre+O+V(+C)+Pro"式中的句末代词可以去掉,去掉前后语义基本不变(如湖北荆沙话,"把头剃了它"可以说成"把头剃了",王群生,1994:268)。这正是因为非复指型的一般处置式在"现实/非现实"的表达上包含了代词复指型处置式的功能。

⑨ 下例来自魏培泉(1997:570)、刘子瑜(2002:151)、曹广顺等(2000:558、563)。

⑩ 下例来自曹广顺等(2000:558)、朱冠明(2004:355)、刘子瑜(2002:149)、魏培泉(1997:573)等。

⑪ 王力(1980:415)指出,使成式和处置式的关系非常密切,现代汉语中二者往往结合使用,而这一用法至晚产生于宋代。

⑫ 根据梁银峰(2006:232),该阶段一个及物动词和一个不及物动词可以自由进入"Vt+Vi+O"式构成动补结构(如"背开他")。

⑬ 此外,由于代词"之"衰落的时间早于动结式兴起的时间,而第三人称代词"他"在唐以后就很常见了(吕叔湘,1985:9),因此我们在历史文献中没见到"Pre +O+V+C+ 之"式,却能看到"Pre +O+V+ 他"和"Pre+O+V+C+ 他"两式。

⑭ 参见麦耘(2003:517)、朱冠明(2005:257)、黄晓雪(2011:65)。林华勇等(2019:93)也总结粤语中此类"佢"字句除了"非现实的主观处置",也表达"某结果或状态变化"。

⑮ 这种对立也存在于现代方言里,如武汉话,参见李崇兴等(2006)。

⑯ 有时处置介词和宾语同时省略,即"V(+C)+Pro",如武汉话:"吃了他""喝他"。

⑰ 粤语例句来自林华勇等(2019:90)。

⑱ 这与前文所述其历史变化一致:从"Pre +O+V+ 之"式到"把+O+V(+C)+ 他"式,语义上由原先的现实倾向发展为非现实倾向。

⑲ 关于主观意愿(desire)和强制语气(obligation)的讨论,参见Bybee et al.(1994:178)。

⑳ 强强制性表达往往蕴含了显著的意图义(Bybee et al.,1994:264),也因而更容易语法化。这样,汉语中类似例(24)这类强强制性

的句子更可能是预测义的来源。

㉑ 即使句中带有已然标记,对说话人来说也并不能确定该事情是否已经发生,如:"他要是早上已经动身的话,这时候也该到了。"参见张雪平(2012:453)。

㉒ 除了武汉话、广州话和江西九江话以外,上海话中也有已发展为非现实标记的句末第三人称代词,如:下去走伊_{下去走走}|我立立伊好来_{我站着就行}(上海话,金耀华,2016:422)。

参考文献

〔法〕贝罗贝 1989 《早期"把"字句的几个问题》,《语文研究》第1期。
曹广顺、遇笑容 2000 《中古译经中的处置式》,《中国语文》第6期。
陈山青 2016 《汨罗湘语中的"他"字复指句》,《方言语法论丛》第七辑,北京:商务印书馆。
陈山青、施其生 2011 《湖南汨罗方言的处置句》,《方言》第2期。
方松熹 2000 《义乌方言研究》,杭州:浙江省新闻出版局。
干敏 2011 《九江方言中的处置式"佢"字句》,《现代语文》(文学研究)第7期。
甘甲才 2003 《中山客家话研究》,汕头:汕头大学出版社。
黄伯荣 1996 《汉语方言语法类编》,青岛:青岛出版社。
黄晓雪 2011 《宿松方言中句末带"佢"的祈使句》,《语言研究》第2期。
金耀华 2016 《从人称代词到虚拟标记——上海话"动词重叠式+伊"的语法化》,《方言》第4期。
李崇兴、胡颖 2006 《武汉方言中由"V+他"形成的祈使句》,《江汉大学学报》(人文科学版)第6期。
李新魁、黄家教、施其生、麦耘、陈定方 1995 《广州方言研究》,广州:广东人民出版社。
梁银峰 2006 《汉语动补结构的产生与演变》,上海:学林出版社。
林华勇、李敏盈 2019 《从廉江方言看粤语"佢"字处置句》,《中国语文》第1期。

林华勇、颜铌婷、李敏盈　2021　《粤语句末助词"佢"的非现实性——兼谈方言语法范畴比较中存在的问题》,《语言研究集刊》第2辑。

刘子瑜　2002　《再谈唐宋处置式的来源》,《语言学论丛》第25辑,北京:商务印书馆。

吕叔湘　1985　《近代汉语指代词》,江蓝生补,上海:学林出版社。

任碧生　2004　《西宁方言的前置宾语句》,《方言》第4期。

沈家煊　1999　《不对称和标记论》,南昌:江西教育出版社。

史素芬　2002　《武乡方言研究》,太原:山西人民出版社。

〔日〕太田辰夫　1987　《中国语历史文法》,蒋绍愚、徐昌华译,北京:北京大学出版社。

王　东、罗明月　2007　《河南罗山方言"把+O+V+它"式处置式》,《信阳师范学院学报》(哲学社会科学版)第6期。

王　力　1958/1980　《汉语史稿》,北京:中华书局。

王群生　1994　《湖北荆沙方言》,武汉:武汉大学出版社。

王　森　1993　《甘肃临夏方言的两种语序》,《方言》第3期。

魏培泉　1997　《论古代汉语中几种处置式在发展中的分与合》,《中国境内语言暨语言学》(第4辑),台北:"中研院"。

温端政　1991　《苍南方言志》,北京:语文出版社。

吴福祥　2003　《再论处置式的来源》,《语言研究》第3期。

许宝华、汤珍珠　1988　《上海市区方言志》,上海:上海教育出版社。

易亚新　2003　《常德方言的"它"字句》,《语言学论丛》第28辑,北京:商务印书馆。

袁毓林、徐烈炯　2004　《再论处置性代词句》,《中国语言学论丛》第3辑,北京:北京语言文化大学出版社。

张安生　2000　《同心方言研究》,银川:宁夏人民出版社。

张成材　2001　《青海省志·方言志》,合肥:黄山书社。

张健康　1988　《谈简阳方言"把nv了它"》,《成都师专学报》第3期。

张雪平　2012　《现代汉语非现实句的语义系统》,《世界汉语教学》第4期。

张振兴　2003　《现代汉语方言语序问题的考察》,《方言》第2期。

周敏莉、李小军　2018　《湖南新邵（寸石）话的强调标记"别个"——兼论汉语方言他称代词到强调标记的两种类型》，《方言》第4期。

朱冠明　2004　《中古译经处置式补例》，《中国语文》第4期。

朱冠明　2005　《湖北公安方言的几个语法现象》，《方言》第3期。

左林霞　2001　《孝感话的"把"字句》，《孝感学院学报》第5期。

Bybee, Joan L., Revere D. Perkins and William Pagliuca 1994 *The Evolution of Grammar: Tense, Aspect, and Modality in the Languages of the World*. Chicago: University of Chicago Press.

Heine, Bernd and Song Kyng-An 2010 On the genesis of personal pronouns: Some conceptual sources. *Language & Cognition* 2 (1).

Heine, Bernd and Tania Kuteva 2002 *World Lexicon of Grammaticalization*. Cambridge: Cambridge University Press. 中译本《语法化的世界词库》，龙海平、谷峰、肖小平译，北京：世界图书出版公司北京公司，2012。

Lehmann, Christian 1985 Grammaticalization: Synchronic variation and diachronic change. *Lingua e Stile* 20.

Traugott, Elizabeth C. 1972 *A History of English Syntax: A Transformational Approach to the History of English Sentence Structure*. New York: Holt, Rinehart & Winston.

Xu, Liejiong 1999 A special use of the Third-Person singular pronoun. *Cahiers de Linguistque Asie Orientale*. Vol. 28. No.1.

（本文原载《汉语学报》2022年第4期）

Grammaticalization in Chinese: Its Specifics from a Typological Perspective

Walter Bisang

(University of Mainz)

1 Setting the stage

Grammaticalization is generally defined in terms of a lexical item that develops into a marker of a grammatical category (cf. example (1)). This definition goes back right to Meillet (1912), who coined the term of "grammaticalization" as a new research topic in diachronic linguistics in addition to the historical-comparative method which was already highly developed at his time in Indo-European studies. Some fifty years later, it is found again in the definition of Kuryłowicz (1965) and is part of many other classics such as Heine et al. (1991), Bybee et al. (1994), Lehmann (1995) and Hopper & Traugott (2003). Today, there is a wealth of publications on grammaticalization in individual languages and on potential cross-linguistic typological generalizations, in particular in terms of unidirectional pathways of grammaticalization as they are collected in Heine & Kuteva (2002) and, more recently, in Kuteva et al. (2019). A well-known example is the pathway that leads from a verbal source concept with the meaning of 'want, desire' to the target category of 'future' as we know it from English *will* or Chinese 要 *yào* 'want; future marker' (Kuteva et al. 2019: 453):

(1) WANT/DESIRE > FUTURE

In spite of extensive typological research on such pathways (on Chinese, cf. Sun & Bisang 2020), what is rarely addressed is the question of whether grammaticalization is a cross-linguistically homogeneous phenomenon in which various properties change in a similar way from source to target (Bisang 2011). This question particularly arises in the context of covariation between changes in meaning and changes in form. Many approaches to grammaticalization assume that there is a general coevolution of meaning and form in the sense that the morphophonological form of a linguistic sign gets reduced to the extent that it takes on a grammatical function. A typical example is the following pathway which states that grammaticalization starts out from discourse use and then further develops along a cline or chain (cf. Kuteva et al. 2019: 8) which reaches from syntax to morphological zero-marking:

(2) Givón (1979: 209):

Discourse > Syntax > Morphology > Morphophonemics > Zero

This paper will present evidence that grammaticalization is not as homogeneous as it was previously discussed by various researchers (among them Bybee et al. 1994 and Lehmann 1995). It will point out in particular that Mandarin Chinese (as well as many mainland Southeast Asian languages) is characterized by its limited meaning/form coevolution and its comparatively high relevance of pragmatic inference even in cases where a given marker has reached a high grammatical status. For that purpose, the paper will be structured along four hypotheses.

Hypothesis 1 (H1) is based on the results of a quantitative typological study of grammaticalization by Bisang & Malchukov (2020):

> H1: Grammaticalization is not as homogeneous cross-linguistically as is generally assumed in the context of the coevolution of meaning and form.

Hypothesis 2 (H1) is based on Huang Y.'s (1994) assumption that pragmatic inference is more prominent in languages like Chinese, Japanese or Korean and covers functions which are expressed by grammar in languages like English, French or English. This general statement is adapted and extended to the properties of products of grammaticalization in Chinese as follows:

> H2: In Chinese, pragmatic inference is characterized by its high prominence in its general interaction with grammar and by its importance even at later stages of grammaticalization (cf. Bisang 2004, 2020a).

The third hypothesis (H3) is related to the extent to which languages accumulate morphosyntactic complexity over time as described by Dahl (2004) on maturation. It will be argued that processes of grammaticalization develop within the two competing motivations of explicitness and economy (Haiman 1983). If the maturation of linguistic structures follows explicitness, morphosyntactic complexity will be accumulated over time. In a complementary scenario, the motivation of economy favors pragmatic inference and thus keeps morphosyntactic complexity low (Bisang 2009, 2015):

> H3: The high importance of pragmatics enhances an economy-based type of maturation which manifests itself in many individual grammatical items through the lack of obligatoriness and through multifunctionality.

Under the assumption that pragmatics are more important also at later stages of grammaticalization in Chinese (H2) and that economy-based maturation is more important in processes of grammaticalization (H3), the fourth hypothesis (H4) will address the division of labor between grammar and the lexicon (Bisang 2020, 2021):

> H4: In economy-based maturation with its prominence of discourse and pragmatic inference, there is a different division of labor between grammar and the lexicon.

H1 will be discussed in section 2, which presents typological evidence from Bisang & Malchukov (2020) and shows that grammaticalized markers of Chinese are characterized by their non-obligatoriness and multifunctionality. H2 and the relevance of discourse and pragmatic inference are the topic of section 3. H3 on an economy-based type of maturation and H4 on the division of labor will be addressed in sections 4 and 5, respectively. Given the shortness of the present paper, it will be based on examples that have been described elsewhere in more detail, particularly in Bisang & Malchukov (2020), Bisang (2020), Bisang & Quang (2020) and Bisang (2021).

2 On the homogeneity of grammaticalization (H1)

In this section, the cross-linguistic homogeneity of grammaticalization is looked at from the two perspectives of (i) the coevolution of meaning and form and (ii) the relevance of discourse and pragmatics. The first perspective starts out from a certain iconicity between the increasing abstractness or semantic generality of a linguistic item and its formal reduction in terms of loss of morphosyntactic and phonological substance. This general assumption is widely expressed in publications of the 1990s, among them in the following quotation from Bybee et al. (1994):

It therefore seems natural to look for a direct, and even causal link between semantic and phonetic reduction in the evolution of grammatical material, beginning with the earliest stages of development from lexical sources and continuing throughout the subsequent developments grams undergo. Our hypothesis is that the development of grammatical material is characterized by the dynamic coevolution of meaning and form. (Bybee et al. 1994: 20)

A similar perspective is taken by Lehmann (1995: 121-122) in the context of the autonomy of the linguistic sign which "is converse to its grammaticality" in the sense that grammaticalization "detracts from its autonomy". In the same context, Lehmann (1995: 122) already pointed out the necessity of determining the degree to which a linguistic sign is autonomous by measuring its degree of grammaticalization. For that purpose, he suggested six parameters which have been widely discussed in the literature since their publication. In spite of this, no real attempts have been made until recently for quantifying them in a way which actually allows to detect more clear-cut potential correlations between them. Thus, Bisang & Malchukov (2020) took up this challenge in a quantitative pilot study covering 1.003 pathways of grammaticalization from 29 languages, families or linguistic areas. [1] Starting out from Lehmann's (1995) six parameters, they ended up analyzing eight parameters for each of which they defined four values of increasing grammaticalization (1, 2, 3, 4). They assigned a value for each parameter to the targets of the 1.003 pathways (yielding 8.024 data points) and they checked if there was a change in grammaticalization [+] from source to target or not [–] (yielding another 8.024 data points). [2] Since the results have already been published extensively in Bisang & Malchukov (2020), a brief summary will suffice here.

Before discussing the results, it is important to state that Bisang & Malchukov (2020) split Lehmann's (1995) parameter of Paradigmatic Weight (Integrity) into the two parameters of (i) Semantic Integrity for measuring the degree of semantic generality between concrete lexical meaning and abstract grammatical function and (ii) Phonetic Reduction for measuring the loss of formal substance. This division is crucial for addressing the issue of the coevolution of meaning and form. The overall number of eight parameters was reached by excluding Structural Scope and by adding Decategorization (the loss of categorial features in comparison to the lexical source) and the presence of different types of Allomorphy. [3]

The results clearly show that there is no general correlation between the eight parameters. In fact, there are roughly two clusters along the following scale (Bisang & Malchukov 2020: 42, 48, 78):

(3) [Semantic Integrity, Paradigmaticity, Syntagmatic Variability] > Decategorization > Paradigmatic Variability > [Bondedness, Phonetic Reduction, Allomorphy]

The first three parameters are meaning-related in the sense that they covary with meaning. Thus, there is a correlation between changes from source to target in Semantic Integrity (loss of meaning from lexical/ concrete to grammatical), Paradigmaticity (the size and the degree of homogeneity with which a linguistic sign is integrated into a paradigm) and Syntagmatic Variability (freedom of morpheme order). In contrast, form-related parameters like Bondedness (degree of fusion/cohesion between the relevant linguistic item and its host morpheme), Phonetic Reduction and Allomorphy interact among themselves, but they do not show much covariation with the meaning-related parameters. It is needless to say that this result contradicts general assumptions on meaning/form coevolution. Finally, the parameters of Decategorization and Paradigmatic

Variability (degree of obligatoriness) take positions between the meaning-related and the form-related clusters. In general, the findings in Bisang & Malchukov (2020) clearly show a more complex picture of how individual parameters are related and does not support general statements on the coevolution of meaning and form.

If there are different degrees of covariation between different parameters of grammaticalization, one can also assume that there is a certain degree of cross-linguistic variation in how grammaticalization manifests itself in individual languages. Thus, looking at Mandarin Chinese, it is remarkable that even markers expressing grammatical functions like experiential aspect (过 -*guo*), perfective aspect (了 -*le*) or durative aspect (着 -*zhe*), score relatively low for Phonetic Reduction, given that most grammatical markers in Chinese remain syllabic and would be assigned to value 2, with value 4 indicating the highest level of grammaticalization. [④] Only few grammatical markers get higher values for some parameters, among them the above aspect markers, which score value 3 for Bondedness because they have become agglutinative affixes. [⑤]

The parameter of Paradigmatic Variability or obligatoriness is of particular importance for Chinese (and many mainland Southeast Asian languages), given the relevance of discourse and pragmatic inference, together with multifunctionality as an additional factor which was not included in Bisang & Malchukov (2020).

Obligatoriness is defined in terms of the freedom of the speaker with regard to the selection of a particular value of a given grammatical category. This definition is strongly inspired by Lehmann (1995), who starts out from the notion of a linguistic paradigm which is associated with a given grammatical category from whose set of markers the speaker is forced by the grammar of the language to select a specific one with its specific value (e.g. the past marker from a set of three tense markers like past, present and future; Bisang 2004). Typical grammatical domains of this type in addition to tense are aspect, evidentiality, person, number, definiteness/indefiniteness, gender and case (Bisang et al. 2020: 93-95). On a general level, lack of obligatoriness applies to radical pro-drop or the omission of markers expressing relations between clauses. A good example of non-obligatoriness at the level of grammaticalization is the perfective marker -le (derived from liǎo 'finish'), which is probably one of the most well-studied grammatical markers in Chinese (Li & Thompson 1981, Smith 1997, Bisang 2004, Xiao & McEnery 2004, and many others since). Even if its exact function may still be seen as controversial, it is generally agreed that it is associated with perfective aspect. An important problem with assessing aspectuality in Chinese and mainland Southeast Asian languages is the lack of obligatoriness of its markers. A well-known test for perfectivity is sequentialization, which consists of a sequence of two or more individual events whose terminal boundaries are reached before the next event is added. In languages prototypically associated with an aspectual system, speakers are forced to select perfective marking. As one can see from (4), this is not necessarily the case in Chinese. In a temporal sequence of four events ('sit up', 'strike a match', 'light an oil lamp', 'fill a room with light') only the last event gets the perfective marker -le:

(4) Chinese (Li 2014: 142, adopted from Chu 1998)

华老栓忽然坐起身，擦着火柴，点上遍身油腻的灯盏，茶馆的两间屋子里，便弥满了清白的光。

Huà Lǎoshuān hūrán zuò-qǐ ø shēn, cā-zháo
Hua Laoshuan suddenly sit-rise body strike-burn
huǒchái, diǎn-shàng ø biànshēn yóunì de
match light-move.up allover grease MOD

dēngzhǎn, cháguǎn de liǎng jiān wūzi-lǐ,
lamp teahouse MOD two CL room-LOC
biàn mí-mǎn-le qīngbái de guāng.
then fill-be.full-PFV blue. white MOD Light

'Hua Laoshuan suddenly sat up [in bed], struck a match, lit the grease-covered oil lamp, and then a ghostly light filled the two rooms of the teahouse.'

The multifunctionality of grammatical markers is defined by the number of individual functions a given marker can have. A marker is multifunctional if, depending on context, it can have two or more grammatical functions which belong to different grammatical domains or express contradictory functions within the same domain.[⑥] There are two different types of multifunctionality which depend on the constructional environment of a marker. In the first type, different functions are associated with different constructions, while in the second type the same marker can have different functions in the same construction. The former type will be briefly illustrated by the grammaticalized functions of the verb 给 *gěi* 'give', the latter type by the definite *and* indefinite interpretations of numeral classifiers in the bare classifier construction [CL N] in various Sinitic languages and in Vietnamese.

As is well-known, the verb *gěi* 'give' can express various functions (Chappell & Peyraube 2006, Peyraube 2015), among them prominently the functions of a preposition for marking dative/benefactive (P), of a causative marker (CAUS) and of a passive marker (PASS; for similar cases of multifunctional 'give'-verbs in mainland Southeast Asian languages, cf. Lord et al. 2002, Yap & Iwasaki 2007 and others). In each case, the structural analysis is different, depending on the construction in which the 'give'-verb occurs:

(5) a. Preposition: [P NP]
    b. Causative: [NP$_{causer}$ **CAUS** (NP$_{causee}$) V NP]
    c. Passive: [NP$_{patient}$ **PASS** (NP$_{agent}$) V …]

The three functions in (5) are illustrated by the following examples from Peyraube (2015):

(6) Preposition (Peyraube 2015: 62):
    a. 我送了一本书给他。
    *wǒ   sòng-le   yī   běn shū   **gěi**   tā.*
    1.SG   offer-PFV one CL book   to   3.SG
    'I offered a book to him.'

    b. Causative (Peyraube 2015: 62):
    他才十五岁了，不给他开车吧！
    *tā   cái   shíwǔ suì le, bù   **gěi***
    3.SG only 15   year PF   NEG   CAUS
    tā   kāi-chē   ba!
    3.SG   drive-car IMP
    'He is just fifteen, don't let him drive the car!'

    c. Passive (Peyraube 2015: 61):
    鱼给猫吃了。
    yú   gěi   māo   chī-le.
    fish   PASS   cat   eat-PFV
    'The fish was eaten by the cat.'

Numeral classifiers (CL) are not only used for making nominal concepts accessible to counting by individuating them (Greenberg 1972) or by creating singleton sets of them ("atomization" in terms of Chierchia 1998). In addition to this function, they are also found in the bare classifier construction [CL N], in which they can express indefiniteness as well as definiteness, depending on the language. This implies multifunctionality in the distinction between individuation/atomization and the marking of referentiality and within referentiality between definiteness and indefiniteness. ⑦ In this paper, only the latter distinction is of interest because of its link to discourse and pragmatic inference (cf. section 3.2). In Mandarin Chinese, [CL N] is only used in the context of indefinite interpretation in the postverbal position (7a), but there are many Sinitic languages, in which [CL N] is also associated with definiteness (cf. Cheng & Sybesma 1999, Simpson 2005, 2017, Li & Bisang 2012, Jiang 2015, Wu 2017). ⑧ In Sinitic, the referential interpretation of [CL N] often depends on the position of [CL N] relative to the verb. In the Fuyang variety of Wu Chinese, definiteness of CL is associated with the preverbal position, while the postverbal position comes with indefiniteness (7b). In Cantonese, [CL N] is only definite preverbally but it can be indefinite and definite postverbally (7c):

(7) The classifier in [CL N] (Li & Bisang 2012: 336):

    a. Mandarin Chinese:

       *(*ge) lǎobǎn mǎi- Le **liàng** chē.*
       CL   boss   buy PFV CL   car
       'The boss bought a car.'

    b. Wu dialect of Fuyang:

       *kɤ lɔpan ma lə **bu** tsʰotsʰɨ.*
       CL   boss   buy PFV CL   car
       'The boss bought a car.'

    c. Cantonese:

       *go louban maai-zo **ga** ce.*
       CL   boss   buy-PFV   CL   car
       'The boss bought a/the car.'

As was shown by Wang (2013) in his typological survey of the (in)definiteness use of the classifier in 115 Sinitic languages, there are seven types of classifier systems as summarized in Table 1, in which the types are classified on the basis of the [definite]/[indefinite] interpretation of [CL N] in the preverbal or the postverbal position:

Table 1 Types of (in)definiteness associated with CL in Sinitic
(based on Wang 2013)

Type	Functions in preverbal position	Functions in postverbal position	Number of languages
I	Definite Indefinite	Definite Indefinite	10
II	Definite Indefinite	Indefinite	2
III	Definite	Definite Indefinite	9
IV	Definite	Indefinite	2
V	—	Definite Indefinite	1
VI	—	—	6
VII	—	Indefinite	85

Type III is found in Cantonese (7c) and type IV in the Fuyang variety of Wu Chinese (7b). Type VII as represented by Mandarin (7a) is clearly the most common type (85 of 115 languages, 74%). As one can see from type VI, there are also some Sinitic languages, all of them from the Min family, in which the classifier is not accessible to referential interpretation in terms of (in)definiteness. Type I with multifunctional interpretation irrespective of word order is found in various branches of Sinitic (Jiangwu Mandarin, Hui, Wu, Xiang, Hakka, Pinghua, Min, Gan) and it is also found in Vietnamese (cf. section 3.2).

The above explanations clearly support Hypothesis 1. There is a considerable lack of homogeneity in the extent to which individual parameters covary and, with regard to Chinese (and many mainland Southeast Asian languages), even markers expressing grammatical concepts still lack obligatoriness and are frequently multifunctional.

3 The high importance of pragmatic inference in Chinese (H2)

3.1 The high importance of pragmatic inference in Chinese grammar in general

It is a remarkable morphosyntactic property of Chinese and mainland Southeast Asian languages that pragmatic inference affects domains of grammar which would not be open to pragmatic inference in other languages, among them prominently in languages like English, French or German. This observation was pointed out as follows by Huang Y. (1994) on the Chinese anaphora 自己 *zìjǐ* 'self' and its versatility in terms of coindexation properties:

> There seems to exist a class of language (such as Chinese, Japanese and Korean) where pragmatics appears to play a central role which in familiar European languages (such as English, French and German) has hitherto been alleged to be played by grammar. In these 'pragmatic' languages many of the constraints on the allegedly grammatical processes are in fact primarily due to principles of language use rather than rules of grammatical structure. (Huang Y. 1994: 2)

This observation manifests itself in domains like (i) radical pro-drop (Huang C. T. 1984, Ackema et al. 2006, Neeleman & Szendrői 2007 and many others), (ii) different coreference-relations in relative clauses and (iii) absence of adverbial subordinators (Li & Thompson 1981: 641–645). Each of these domains will be briefly illustrated in this subsection (on the absence of tense-aspect marking, cf. section 2 and subsection 3.2).

Chinese with its radical pro-drop property represents a well-known challenge in linguistic theory. The basic problem consists in the fact that there is no subject agreement on the verb for licensing the absence of the overt expression of the subject as we find it in pro-drop languages like Italian or Spanish (Rizzi 1986; on various theoretical solutions, cf. Neeleman & Szendrői 2007; none of these solutions is unproblematic, cf. Bisang 2014: 31-34). Radical pro-drop is not only a phenomenon of modern Chinese, it exists at least since classical Chinese, as is shown in the following example from Zhuangzi (about 369-286 B. C.):

(8) Classical Chinese (Zhuangzi 4.1):

颜回见仲尼，请行。曰奚之。曰将之卫。曰奚为焉？

Yán Huí₁   jiàn   Zhòng Ní₂,   ø₁ qǐng
Yan Hui   see/meet   Confucius   ask. permission
ø₁ xíng.   ø₂ yuē   xī ø zhī.   ø₁ yuē   ø jiāng   zhī
leave   say   where go   say   FUT   go
Wèi.   ø₂ yuē   xī   ø wéi   yān?
Wei   say   what do   there

'Yan Hui₁ saw Confucius₂ and [he₁] asked [him₂] for the permission ø₁ to leave. [He₂] said: "Where do [you] go?" [He₁] replied: "[I] shall go to Wei." [He₂] said: "What do [you] do there?"'

As one can see in (8), the two protagonists are first introduced by their names. The story is on Yan Hui, a disciple of Confucius (Zhong Ni), who meets his master. After the introduction of these two protagonists, no overt argument is mentioned any more in the above passage.

Another case in which Chinese grammar has the potential to leave much space to pragmatic inference are coreference relations between the head noun and its function in the relative clause (for more data and comparison with other languages, in particular also creoles, cf. Bisang 2020b). Given that the subject position as well as the object position need no overt expression, relative clauses consisting only of a transitive verb (e.g. *zhǎo* 'look for') followed by the relative-clause marker *de* can be interpreted in terms of subject coreference (9a) or object coreference (9b):

(9) Chinese: Coreference relation in relative clauses:
我的人还没有回来。
[zhǎo de   rén]   hái   méiyǒu   huílái.
look.for REL people still NEG:PFV   return

a. Subject coreference: 'The people [who looked for X still haven't returned].'

b. Object coreference: 'The people [whom X was looking for] still haven't returned.'

The adequate interpretation of (9) basically depends on context. Even if relative clauses of this type may not be found frequently in texts, what is important is that Chinese grammar allows the formation of such structures, which are rare outside of Chinese and mainland Southeast Asian languages (Bisang 2020b).

The last example is concerned with the unmarked juxtaposition of clauses without making use of the extensive inventory of overt markers for specifying the relation between them (e.g. adverbial subordinators). In the following example, the semantic relations between the two clauses can be either temporal (10a) or conditional (10b):

(10) Chinese: unmarked juxtaposition of clauses (Li & Thompson 1981: 643):
我有时间，一定来看你。
wǒ   yǒu   shíjiān,   yīdìng   lái   kàn   nǐ.
1.SG   have   time   definitely come   see   2.SG

a. Temporal: 'When I have time, I'll definitely come to see you.'
b. Conditional: 'If I have time, I'll definitely come to see you.'

There is an older paper in which Li & Thompson (1973) discuss various examples of unmarked clausal juxtaposition under the heading of verb serialization. As was shown by Paul (2008) through the consistent application of tests, this is inadequate. In fact, the unmarked juxtaposition of clauses covers a considerable number of different constructions with different syntactic properties. The fact that one and the same surface structure can be subject to different interpretations depending on language-internal and language-external contextual factors excellently illustrates the importance of pragmatic inference. In the case of examples like (10) and many others presented in Li & Thompson (1973), it is at least to a considerable extent pragmatic inference which decides on the adequate interpretation in a given context, including the syntactic properties that come with that interpretation.

Examples like the above are clear indicators that the first part of H2 on the high importance of pragmatic inference in Chinese grammar generally applies to many domains associated with grammar.

3.2 Non-homogeneity of grammaticalization and the relevance of pragmatic inference in Chinese

In addition to the observation that grammaticalization is not a homogeneous phenomenon with regard to the coevolution of meaning and form, the relevance of pragmatics and discourse adds to a second type of cross-linguistic variation in the homogeneity of grammaticalization. While many linguists agree that pragmatic inference is important in initial phases of grammaticalization (cf. *Invited Inference Theory of Semantic Change*: Traugott & Dasher 2002; *Context Model of Grammaticalization*: Heine et al. 1991, Heine 2018; Diewald & Smirnova 2012), it is also widely agreed that pragmatic inference loses its importance at more advanced stages of grammaticalization (cf. e.g. Hopper & Traugott 2003). This can be summarized by a cline that leads from pragmatic inference in initial stages of grammaticalization to conventionalization at the level of semantics:

(11) Pragmatic inference > semantic conventionalization

Even though the rather general process of development in (11) seems to be intuitively true and works with many languages, it does not state anything on the point at which there is a change from pragmatics to conventionalized semantics. As was argued in Bisang (2004, 2011), pragmatic inference remains important in Chinese and in mainland Southeast Asian languages with a large number of markers even if they express grammatical categories. In that sense, they are controlled by pragmatics in grammatical domains which are clearly associated with semantic conventionalization in approaches like Traugott & Dasher (2002), Heine (2018) and Diewald & Smirnova (2012). This will be briefly illustrated by further discussing two examples from section 2, i. e., the perfective marker *-le* and the use of classifiers in the context of (in)definiteness. The former is on effects of discourse and pragmatic factors in the context of non-obligatoriness, while the latter covers multifunctionality as well as obligatoriness.

As was shown in example (4), perfective *-le* is not obligatory in the expression of temporal sequences of events, a test case for perfective aspect in many languages. In Chinese, aspectual marking is not controlled by a strict grammatical rule that requires a given marker under certain situations by the temporal structure of events but rather by discourse (Chu 1998, Yang 2011, Li 2014). As Chu (1998) pointed out, perfective *-le* is used for marking the peak event. In an example like (4), the four events of 'sitting up', 'striking a match', 'lighting an oil lamp' and 'filling a room with a ghostly light' form a dramatic climax which culminates in the last event that gets perfective marking by *-le* for enhancing the mysterious atmosphere that results from the previous events. This analysis is basically confirmed by Li's (2014) very insightful analysis which describes the use of perfective *-le* in terms of grounding. As he shows, perfective *-le* expresses foregrounding with dynamic verbs and backgrounding with resultant states. The concrete grounding function in a text depends on transitivity features as defined by Hopper & Thompson (1980) and is concerned with the entire clause and its discourse context rather than with the verb alone (Li 2014: 128).

The example of the bare classifier construction [CL N] is concerned with discourse and pragmatic factors affecting the multifunctionality and the meaning of the classifier as well as its obligatoriness. As was pointed out by Li & Bisang (2012), the multifunctionality of classifiers in Sinitic languages with a functional split between the preverbal and the postverbal position is related to pragmatic factors associated with information structure. This is shown for Mandarin Chinese (type VII; cf. Table 1), the Fuyang variety of Wu (type IV), and Cantonese (type III). The basic idea for all three languages is that the definite interpretation in the preverbal position is associated with topicality and that concepts expressed in that function are assumed by the speaker to be identifiable to the hearer or to be activated in the hearer's mind (Lambrecht 1994). In contrast, the fact that [CL N] in the postverbal position is associated with indefiniteness and, in some languages, also with definiteness, is seen in the light of focus, whose default position is after the verb (e.g. Xu 2004). Even though focus is about non-presupposed information to be asserted to the hearer by the speaker (Lambrecht 1994), information in the focus position is not restricted to indefiniteness, since it also allows the inclusion of identifiability/definiteness:

> [W]hile a topic constituent must have a referent, and while this

referent must be identifiable and have a certain degree of pragmatic salience in discourse, a focus constituent is in principle free with respect to the question of identifiability and activation. (Lambrecht 1994)

In general, a concept in the focus position can also be definite, even though indefinite interpretation is more likely (cf. the definite and indefinite interpretation of postverbal NPs in type III, e.g. Cantonese).

In addition to these discourse/pragmatics-based motivations of the (in)definiteness interpretation of the classifier, the meaning of the classifier itself is founded in pragmatics as well. This becomes evident if one looks at the definiteness associated with the [CL N] construction in terms of pragmatic vs. semantic definiteness (Löbner 1985) or strong (anaphoric) vs. weak (unique) definiteness (Schwarz 2009, 2013). In languages with semantic/weak definiteness, unique nouns referring to uniquely determined concepts in a given situation take compulsory definiteness marking (e. g., *the sun, the sky, the pope, the president*). As Li & Bisang (2012) shows, this is not the case in the Fuyang variety of Wu. In (12a) with the noun *tʰin* 'sky', the classifier is ungrammatical if the sky is used generically. In contrast, if the noun refers to the sky as it is accessible in a concrete situation to the interlocutors, optional classifier use is possible (12b):

(12) Classifier use with unique nouns, Fuyang (Li & Bisang 2012):

a. The noun is generic:

tʰin zi lan ko.

sky be blue SFP

'The sky is blue (in general).'

b. *(ban)* tʰin gintsɔ man lan.

CL sky today very blue

'The sky is very blue today.'

The use or non-use of the classifier in (12a) vs. (12b) depends on identifiability. Unique concepts are compatible with the [CL N] construction if they are understood as being identifiable by the interlocutors in a given situation of discourse. This observation shows the relation between the topic function of the classifier in [CL N] in the preverbal position and its identifiability-based definite interpretation in terms of pragmatic or strong definiteness.

Of particular interest are type-I languages in which the definite/indefinite interpretation is independent of word order. A good example is Vietnamese, as was recently shown by Quang (2022) and Bisang & Quang (2020). As the following example illustrates, the preverbal and the postverbal positions are both compatible with definite and indefinite interpretation:

(13) Vietnamese (Nguyen 2004):

a. Preverbal, [±definite]:

con bò ăn lúa kìa!
CL cow eat PFV SFP
'Look! — A/the cow is eating our paddy!'

b. Postverbal, [±definite]:

mang cuốn sách ra đây!
bring CL book go.out here
'Get a/the book!'

The studies of Quang (2022) and Bisang & Quang (2020) are based on consistent and comparable data across different speakers which were collected by Quang (2022) in a corpus consisting of written and spoken reports on two different movies consisting of 31,663 words and 17.777 words, respectively.[9] As one can see from the results of this study in Table 2, classifiers were mostly used with sortal nouns, which are neither unique nor relational (i.e., having no argument position; on the four types of nouns, cf. Löbner 1985):

Table 2 Token frequency of classifier with [± relational], [± unique] nouns in written and oral texts (Bisang & Quang 2020: 24)

[± relational], [± unique] nouns	[+relational]				[-relational]			
	[+unique] functional		[-unique] relational		[+unique] individual		[-unique] sortal	
	[CL+N]	[N]	[CL+N]	[N]	[CL+N]	[N]	[CL+N]	[N]
Written texts	2	76	0	48	0	2	1, 567	1, 563
Oral texts	0	7	1	8	1	20	742	351
Total	2	83	1	56	1	22	2, 309	1, 914

The results in the above table show that non-sortal nouns only occur with a classifier very rarely (2 instances for functional nouns [+relational]|[+unique], 1 instance of a relational noun [+relational]/[–unique], and another single instance of an individual noun [–relational]/[+unique]). What is remarkable is that each of these rare uses is related to information structure, i. e., in each case the [CL N] construction appears either in a topic or in a focus position. To give an idea of the texts, the following example illustrates the use of the two nouns *chồng* 'husband' and *vợ* 'wife' with their features of [+relational]/[+unique] in contrastive topic positions:

(14) Vietnamese (Bisang & Quang 2020: 35):

*Thấy   thái độ   của   vợ-mình,   **ông chồng***
see   attitude   POSS   wife-self   CL husband
*điên-máu-lên và   bắt ép ăn,   **nhưng bà vợ***
get.crazy   and   force   eat   CONJ CL wife
vẫn   không   ăn.
still   NEG   eat

'Seeing the behaviour of his wife, **the husband** got crazy and [tried to] force her to eat, but **[his] wife** still did not eat.'

On the basis of additional data, the study also confirms the pragmatic or weak definite function of the classifier with unique nouns in examples analogous to (14) (Bisang & Quang 2020: 33−34). Moreover, classifiers are found much more frequently in definite function. If they are found in the context of indefiniteness, the [CL N] constructions occur mostly in thetic statements or in existential expressions (Bisang & Quang 2020: 38−41). These examples clearly prove the relevance of discourse and pragmatics. On a more general level, Quang (2022) and Bisang & Quang (2020) show that the factors which determine the use or non-use of a classifier follow a hierarchy in which discourse/pragmatics is the most powerful factor, followed by semantic factors (animacy and [± relational]/[± unique] in terms of Löbner 1985), and, finally, by syntactic constraints.

The above results on perfective *-le* and the use of classifiers in the context of (in)definiteness show the comparatively high importance of discourse and pragmatic inference in processes of grammaticalization as claimed in Hypothesis 2. As a consequence of this finding, it is questionable to what extent the general assumption holds that pragmatic inference is the driving force that initiates and motivates processes of grammaticalization and loses its relevance once a new meaning has been established (cf. (11)).

The prominence of discourse/pragmatic inference has its effects on "layering" as described by Hopper (1991), who characterizes the extension from meaning A to meaning B by an intermediate stage {A, B} in which both interpretations are possible because the process of semantic conventionalization is not yet completed. Hopper (1991) summarizes this process with the following formula: A > {A, B} > B. As was pointed out by

Xing (2013, 2015), this generalization does not apply to Chinese. In her analysis, Chinese is characterized by the "'accretion of more meaning' over time" (Xing 2015: 595), i.e., a linguistic sign with the meaning A acquires another meaning B and then acquires yet another meaning C without losing the other two meanings, producing a sequence of the type A > A, B > A, B, C, … . As she shows, there are two reasons for this development. One reason is related to pragmatic inference as described in this paper, the other one is the preservation of older meanings in compounding morphology.

4 Economy-based vs. explicitness-based maturation (H3)

The synchronic grammatical properties of a language are reflections of previous processes of diachronic change, including grammaticalization. An important driving force of the diachronic development taking place within languages are the competing motivations of explicitness vs. economy (cf. Haiman 1983 on iconicity vs. economy), which are tightly linked to the relevance of pragmatic inference (Bisang 2009, 2015) and the "articulatory bottleneck" in terms of Levinson 2000: 29). As Levinson (2000) points out, human speech encoding is by far the slowest part of speech production and comprehension. Other processes like parsing or pragmatic inference are much more efficient in producing much more information in less time. In such a scenario, grammatical structures can be seen as the result of keeping a careful balance between providing articulatorily expensive, explicit information or leaving that information to the more economic and less time-consuming inferential abilities of the interlocutors in discourse. Keeping that balance between explicitness and economy applies at each stage of grammaticalization. Starting out from an earlier stage of a grammar G' in a language, grammar G at a later stage may either be characterized by explicit marking if explicitness wins or by pragmatic inference and limited coevolution of meaning and form if economy wins. As a result, we get either explicitness-based maturation from G' to G or economy-based maturation.

```
                    Grammar G' at an earlier stage
              ←                                    →
       explicitness wins                      economy wins
              ↓                                    ↓
       Grammar G:                           Grammar G:
       Explicitness-based maturation        Economy-based maturation
       of the Dahl (2004) type              with a high relevance of pragmatic
                                            inference and limited coevolution
                                            of meaning and form (Bisang 2015)
```

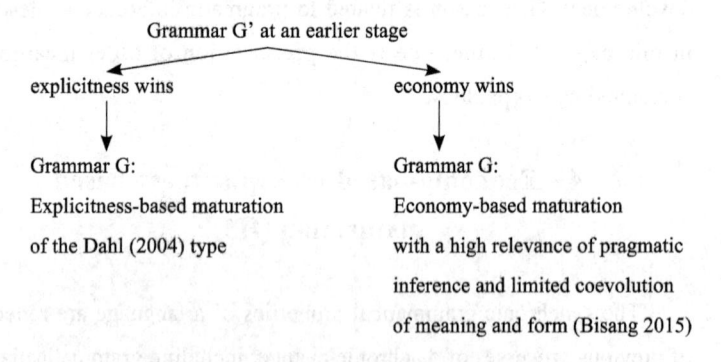

Figure 1   Bifurcation: Explicitness-based vs. economy-based maturation (cf. Bisang 2020a: 32)

The term "maturation" was used by Dahl (2004) in the context of linguistic complexity. In his view, maturation is characterized by the accumulation of grammatical material over time from grammar G' to G (Dahl 2004: 103–155). In such an evolutionary perspective, "a system like that of English and other Indo-European languages can only come about after a historical development of significant length, involving a number of intermediary stages" (Dahl 2004: 105). These stages follow the pattern in (15), which follows a similar cline as the one in (2) from Givón (1979):

(15) Development of grammatical patterns (Dahl 2004: 106):
FREE > PERIPHRASTIC > AFFIXAL > FUSIONAL

As a result of such a development, Dahl (2004: 114-115) lists a number of "mature phenomena" in languages with a long history. Some of them are replicated here:

(16) A selection of mature phenomena in terms of Dahl (2004: 114-115):

- complex word structure, including
  - inflectional morphology;
  - derivational morphology;
  - incorporating constructions;
- lexical idiosyncrasy, including
  - grammatical gender;
  - inflectional classes;
  - idiosyncratic case marking;
- syntactic phenomena that are dependent on inflectional morphology, including
  - agreement;
  - case marking, etc.

While this evolutionary scenario makes sense as far as it is concerned with Indo-European and many other languages with properties mentioned in (16), there are other languages like Sinitic or the languages of mainland Southeast Asia with an equally long historical background which only show these properties to a limited degree, even if taking into account the existence of some Sinitic languages with a richer morphology (cf. Arcodia 2013, 2015 for a survey) and even with obligatory case marking[⑩] in the Qinghai/Gansu linguistic area. Thus, Dahl's (2004) concept of maturation cannot fully model the characteristic properties of grammaticalization in these languages.

While the properties listed in (16) can be seen as the result of a development from G' to G in which explicitness wins, accounting for the high relevance of discourse and pragmatic inference in Sinitic and mainland Southeast Asian languages needs to look at the other side of the competing motivations in which economy wins (Bisang 2009, 2015). If economy wins in a large enough number of processes of grammaticalization, giving significantly more prominence to discourse and pragmatics in terms of non-obligatoriness and multifunctionality, we get the picture presented for aspect marking and classifier use presented in section 3.2 and for other domains of grammar not discussed in this paper (e.g. number in Li & Bisang 2012, Bisang & Quang 2020; the use of kinship terms in the function of pronominals in Bisang 2021: 781—784; also cf. Xing 2013, 2015 for other phenomena of grammar). Since examples like the above are the result of complex histories of grammaticalization, they support the assumption that there is an economy-based type of maturation as stated in H3.

5 Different division of labor between grammar and the lexicon (H4)

If economy-based maturation gives more prominence to discourse and pragmatic inference one may wonder whether this difference has additional effects elsewhere. As will be argued in this section, economy-driven results of grammaticalization in the grammar of a language tend to assign more importance to more fine-grained semantic distinctions at the level of the lexicon. This can be shown by looking again at perfective *-le* and classifier use in the context of (in)definiteness.

Perfective *-le* was shown to be non-obligatory in contexts of sequentialization (cf. section 3.2). Another look at the predicates that represent the four events in example (4), reprinted here as (17), shows that all of them have a more complex internal structure:

(17) Chinese (Li 2014: 142, adopted from Chu 1998)

华老栓忽然坐起身，擦着火柴，点上遍身油腻的灯盏，茶馆的两间屋子里，便弥满了清白的光。

Huà Lǎoshuān	*hūrán*	*zuò-qǐ ø*	*shēn,*	*cā-zháo*
Hua Laoshuan	suddenly	sit-rise	body	strike-burn

huǒchái,	*diǎn-shàng ø*	*biànshēn*	*yóunì*	*de*
match	light-move.up	allover	grease	MOD

dēngzhǎn,	*cháguǎn*	*de*	*liǎng*	*jiān*	*wūzi-lǐ,*
lamp	teahouse	MOD	two	CL	room-LOC

biàn	*mí-mǎn-le*	*qīngbái*	*de*	*guāng.*
then	fill-be.full-PFV	blue.white	MOD	Light

'Hua Laoshuan suddenly sat up [in bed], struck a match, lit the grease-covered oil lamp, and then a ghostly light filled the two rooms of the teahouse.'

Each of the above predicates is realized as a resultative construction in which the second verb (V_2) denotes the resulting state reached by the event expressed by the first verb (V_1): *zuò-qǐ* [sit-rise] 'sit up', *cā-zháo* [strike be. ignited] 'strike [a match]', *diǎn-shàng* [light-move. up] 'to light [the lamp]' and *mí-mǎn* [fill-be. full] 'fill'. The Chinese resultative construction is characterized by complex internal constraints and idiosyncrasies. Thus, Xu et al. (2008) list no less than 270 resultative verbs (V_2) which show different degrees of combinatorial productivity with verbs in the position of V_1. Some verbs in V_2 like 饱 *bǎo* 'to be full' can only occur with a small number of verbs in V_1 (mainly 吃 *chī* 'eat' and 喝 *hē* 'drink'), while other verbs in V_2 like 完 *wán* 'finish' can be combined with a large number of verbs in V_1. In addition, the semantic relations between

V_1 and V_2 are sometimes semantically transparent, often they are not.

Using the simple form consisting only of V_1 in the context of (17) would be unacceptable. This observation can be modeled by taking up the two-component view of aspect as developed by Smith (1997) with its distinction between lexical aspect called "situation aspect" and grammatical aspect called "view-point aspect" (also cf. Li 2014 for his application of this approach to Chinese). In Chinese, there is a rich inventory of lexical means for expressing situation aspect and for referring to the terminal boundary of an event. An important expression format is the resultative construction as discussed above. [11] For sequences of events as in (17), the lexical information on the terminal boundary provided by V_2 is enough for triggering the inference that two events occur in a temporal sequence in which the first event has reached its end before the next event can take place. The difference between "aspectual languages" with their obligatory aspect marking and the above situation in Chinese is that in the former case lexical and grammatical aspect must occur in inseparable combination, while in the latter case lexical aspect is enough. Thus, what is combined in prototypical systems of aspect is neatly split into the two parts of lexical aspect and grammatical aspect in the Chinese-style aspectual system. This creates a division of labor in which lexical aspect contributes to the sequential interpretation of events, while perfective -*le* as a marker of grammatical aspect is non-obligatory and free for being used for purposes of discourse, i. e., grounding (cf. subsection 3.2).

In the case of [CL N[constructions as discussed in section 3.2with examples from Sinitic and Vietnamese, the economic side of maturation with its preference of discourse and pragmatics manifests itself (i) as a criterion for the use/non-use of the classifier and (ii) in the meaning of the classifier in terms of pragmatic/strong definiteness. As in the case of lexical aspect, if overt expression of (in)definiteness is needed, the language activates its rich lexical inventory of classifiers whose selection depends on fine-grained semantic distinctions and, depending on the language, more or less rigid assignment rules between individual nouns and individual classifiers. In Thai, each noun is clearly associated with one and only one classifier (Hundius & Kölver 1983), while in other languages an individual noun can occur with various classifiers for highlighting aspects of meaning that are relevant in a given context (Bisang 1999, Löbel 1999).

What can be observed in both of the above case studies is that economy-based maturation at the level of grammar affects the interaction between grammar and the lexicon with regard to the explicitness of the information provided in an utterance. While discourse and pragmatics allow for the minimization of grammatical information, the lexicon provides the means for specification to an extent which is semantically much more fine-grained than the semantic distinctions that come with grammatical categories. In the case of situations as in (17), the speaker can omit perfective *-le*, but s/he has to select from a rich lexical inventory to mark a terminal boundary. In the case of the classifier, the speaker can also omit it but if there is a certain need to specify a noun in terms of (in)definiteness (e.g. due to information structure), s/he has to take recourse again to a rich set of lexical items with detailed restrictions and semantic distinctions. Thus, there is a division of labor in the sense of H4. Grammar is allowed to provide less information than in explicitness-based grammatical structures and there are specific lexical means (resultative construction for aspect, numeral classifiers for (in)definiteness) for providing additional information which does not compensate for the lack of grammatical information because they are too specific for that. In spite of this, their semantics address relevant aspects of these grammatical categories, i. e. terminal temporal boundaries which are relevant for perfective -*le* and semantic criteria for identification as in the case of pragmatic/strong definiteness.

6 Conclusion

The present paper showed that there is no homogeneous covariation across different parameters of grammaticalization (H1) and that grammaticalization in Chinese is characterized by the high importance of discourse and pragmatic inference (H2). For that purpose, it discussed various examples, focusing on the perfective marker -*le* and the use of the classifier in the context of definiteness and indefiniteness. The paper further took up the notion of maturation from Dahl (2004) but it showed that his approach cannot model long-term processes of grammaticalization which do not induce the accumulation of idiosyncratic morphosyntactic structures. In spite of this, the idea of maturation can be fruitfully applied to Chinese by introducing the competing motivations of explicitness (iconicity in terms of Haiman 1983) and of economy. From such a perspective, Dahl's (2004) notion of maturation is based on explicitness, while the situation in Chinese is driven by pragmatics-based economy (H3). Finally, the paper discussed differences in the division of labor between grammar and the lexicon as a further consequence of the high importance of discourse and pragmatics and pragmatics-based economy (H4).

Notes

① The following languages/families/areas were involved: (i) Africa: Beja (Cushitic), Emai (Edoid), Manding, Tswana; Eurasia: Chinese, German,

Hindi/Urdu, Iranian, Japhug, Korean, Lezgic, Romance, Slavic, Tungusic, Uralic, Yeniseian; SE Asia & Oceania: Khmer, Malayo-Polynesian, Mori, Thai; Australia & New Guinea: Ok, Nyulnyul; North America: Hoocak (Sioux), Iroquoian; South America: Aymaran, Quechua, Southern Uto-Aztecan, Yucatec; Pidgins & Creoles.

② Bisang & Malchukov (2020) apply different methods of descriptive statistics plus heatmaps based on Kendall's tau > 0.30. In addition, neighbornet was used for impressionistically checking effects of areality.

③ Thus, the eight parameters are: Semantic Integrity, Phonetic Reduction, Paradigmaticity, Bondedness, Paradigmatic Variability (obligatoriness), Syntagmatic Variability (morpheme order), Decategorization and Allomorphy (for details of definition, cf. Bisang et al. 2020).

④ Value 4 of Phonetic Reduction: "The linguistic sign is (reduced to) a suprasegmental feature or is lost." (Bisang et al. 2020: 92)

⑤ Value 3 of Bondedness: "The linguistic sign is an agglutinative affix (affixed to individual words which are members of a single word class)." (Bisang et al. 2020: 93)

⑥ Note that this definition excludes cumulative markers/portmanteau morphemes in which one and the same morpheme encodes more than one function with no possibility of drawing morpheme boundaries.

⑦ Depending on the language, numeral classifiers can additionally occur in the context of possession, relative clause marking and more (Bisang 1999).

⑧ For the different options of (in)definite interpretation in mainland Southeast Asian languages, cf. Bisang (1999), Gerner & Bisang (2008), Simpson et al. (2011), Bisang & Quang (2020).

⑨ Each corpus consisted of 30 datasets produced by 30 native speaker informants living in Vietnam.

⑩ Such case paradigms are found in the Northwestern Mandarin dialects of Linxia (临夏, spoken in Hezhou), Wutun (五屯, spoken in the

Qinghai Tongren district) and Tangwang (唐汪, spoken in the Dongxiang zone of Gansu) (cf. e.g. various papers in Cao, Djamouri & Peyraube 2015).

⑪ Other means of expression are quantification of nominal object arguments or adverbials which add a terminal boundary.

References

Ackema, P.; Brandt, P.; Schoorlemmer, M. & Weerman, F. (eds.) 2006 *Arguments and Agreement*. Oxford: Oxford University Press.

Arcodia, G. F. 2013 Grammaticalization *with* coevolution of form and meaning in East Asia? Evidence from Sinitic. *Language Sciences* 40. 148—167.

Arcodia, G. F. 2015 More on the morphological typology of Sinitic. *Bulletin of Chinese Linguistics* 8. 5—26.

Bisang, W. 1999 Classifiers in East and Southeast Asian languages: Counting and beyond. In J. Gvozdanovic (ed.) *Numeral Types and Changes Worldwide*. 113—185. Berlin: Mouton de Gruyter.

Bisang, W. 2004 Grammaticalization without coevolution of form and meaning: The case of tense-aspect-modality in East and mainland Southeast Asia. In W. Bisang, N. P. Himmelmann & B. Wiemer (eds.) *What Makes Grammaticalization?—A Look from its Fringes and its Components*. 109—138. Berlin: Mouton de Gruyter.

Bisang, W. 2009 On the evolution of complexity—Sometimes less is more in East and mainland Southeast Asia. In G. Sampson, D. Gil & P. Trudgill (eds.) *Language Complexity as an Evolving Variable*. 34—49. Oxford: Oxford University Press.

Bisang, W. 2011 Grammaticalization and typology. In H. Narrog & B. Heine (eds.) *Handbook of Grammaticalization*. 105—117. Oxford: Oxford University Press.

Bisang, W. 2014 On the strength of morphological paradigms—A historical account of radical pro-drop. In M. Robbeets & W. Bisang (eds.) *Paradigm*

Change in Historical Reconstruction: The Transeurasian Languages and Beyond. 23—60. Amsterdam and Philadelphia: Benjamins.

Bisang, W. 2015 Hidden complexity—The neglected side of complexity and its consequences. *Linguistic Vanguard* ISSN (Online). 2199—174X, DOI: 10. 1515/linvan-2014-1014.

Bisang, W. 2020a Grammaticalization in Chinese—A cross-linguistic perspective. In J. Xing (ed.) *A Typological Approach to Grammaticalization and Lexicalization: East Meets West*. 17—54. Berlin: Mouton de Gruyter.

Bisang, W. 2020b Radical analyticity and radical pro-drop—Scenarios of diachronic change in East and mainland Southeast Asia, West Africa and Pidgin and Creoles. *Journal of Asian Languages and Linguistics* 1. 34—70.

Bisang, W. 2021 Grammaticalization in mainland Southeast Asian languages. In: M. Jenny & P. Sidwell (eds.) *The Languages and Linguistics of Mainland Southeast Asia*. 773—809. Berlin: Mouton de Gruyter.

Bisang, W. & Malchukov, A. 2020 Position paper: Universal and areal patterns in grammaticalization. In W. Bisang & A. Malchukov (eds.) *Grammaticalization Scenarios: Cross-linguistic Variation and Universal Tendencies*. Vol. 1. 1—87. Berlin: Mouton de Gruyter.

Bisang, W.; Malchukov, A; Rieder, I. & Sun, L. 2020 Measuring grammaticalization. A questionnaire. In Bisang, W. & Malchukov, A. (eds.) *Grammaticalization Scenarios: Cross-Linguistic Variation and Universal Tendencies*. Vol. 1. 89—103. Berlin: Mouton de Gruyter.

Bisang, W. & Quang, K. Ng. 2020 (In)definiteness and classifiers in Vietnamese. In K. Balogh, A. Latrouite & R. R. Van Valin (eds.) *Nominal Anchoring. Specificity, Definiteness and Article Systems across Languages*. 15—49. Berlin: Language Science Press.

Bybee, J. : Perkins, R. D. & Pagliuca, W. 1994 *The Evolution of Grammar: Tense, Aspect, and Modality in the Languages of the World*. Chicago: University of Chicago Press.

Cao, G.; Djamouri, R. & Peyraube, A. (eds.) 2015 *Languages in Contact in North China. Historical and Synchronic Studies*. Paris: École des Hautes Études en Sciences Sociales: Centre de Recherches Linguistiques sur l'Asie Orientale (CRLAO).

Chappell, H. & Peyraube, A. 2006 The analytic causatives of Early Modern Southern Min in diachronic perspective. In D. Ho (ed.) *Festschrift for Ting Pang-Hsin*. 973—1011. Taipei: Academia Sinica.

Cheng, L. & Sybesma, R. 1999 Bare and not-so-bare nouns and the structure of NP. *Linguistic Inquiry* 30. 509—542.

Chierchia, G. 1998 Reference to kinds across languages. *Natural Language Semantics* 6. 339—405.

Chu, Ch. 1998 *A Discourse Grammar of Mandarin*. New York: Peter Lang.

Dahl, Ö. 2004 *The Growth and Maintenance of Linguistic Complexity*. Amsterdam and Philadelphia: Benjamins.

Diewald, G. & Smirnova, E. 2012 Paradigmatic integration: The fourth stage in an expanded grammaticalization scenario. In K. Davidse, T. Breban L. Brems & T. Mortelmans (eds.) *Grammaticalization and Language Change. New Reflections*. 111—133. Amsterdam and Philadelphia: John Benjamins.

Gerner, M. & Bisang, W. 2008 Inflectional speaker-role classifiers in Weining Ahmao. *Journal of Pragmatics* 40. 719—731.

Givón, T. 1979 *Understanding Grammar*. New York: Academic Press.

Greenberg, J. H. 1972 Numerical classifiers and substantival number: Problems in the genesis of a linguistic type. *Working Papers on Language Universals* 9. 1—39. Stanford, CA: Department of Linguistics, Stanford University.

Haiman, J. 1983 Iconic and economic motivation. *Language* 59. 781—819.

Heine, B. 2018 Grammaticalization in Africa. Two contrasting hypotheses. In H. Narrog & B. Heine (eds.) *Grammaticalization from a Typological Perspective*. Oxford: Oxford University Press. 16—34.

Heine, B.; Claudi, U. & Hünnemeyer, F. 1991 *Grammaticalization. A Conceptual Framework.* Chicago and London: The University of Chicago Press.

Heine, B. & Kuteva, T. 2002 *World Lexicon of Grammaticalization.* Cambridge: Cambridge University Press.

Hopper, P. J. 1991 On some principles of grammaticization. In E. C. Traugott & B. Heine (eds.) *Approaches to Grammaticalization.* Vol I. 17—36. Amsterdam and Philadelphia: John Benjamins.

Hopper, P. J. & Thompson, S. A. 1980 Transitivity in grammar and discourse. *Language* 56. 251—299.

Hopper, P. J. & Traugott, E. C. 2003 *Grammaticalization* (2nd edition). Cambridge: Cambridge University Press.

Huang, C. -T. J. 1984 On the distribution and reference of empty pronouns. *Linguistic Inquiry* 15. 531—574.

Huang, Y. 1994 *The Syntax and Pragmatics of Anaphora. A Study with Special Reference to Anaphora.* Cambridge: Cambridge University Press.

Hundius, H. & Kölver, U. 1983 Syntax and semantics of numeral classifiers in Thai. *Studies in Language* 7.2. 165—214.

Jiang, J. L. 2015 Marking (in)definiteness in classifier languages. *Bulletin of Chinese Linguistics* 8. 319—343.

Kuryłowicz, J. 1965 The evolution of grammatical categories. *Diogenes.* 55—71. Reprinted 1975: *Esquisses linguistiques* II. 38—54. Munich: Fink.

Kuteva, T.; Heine, B.; Hong, B.; Long, H.; Narrog, H. & Rhee, S. 2019 *World Lexicon of Grammaticalization. 2nd* extensively revised and updated edition. Cambridge: Cambridge University Press.

Lambrecht, K., 1994 *Information Structure and Sentence Form.* Cambridge: Cambridge University Press.

Lehmann, C. 1995 *Thoughts on Grammaticalization.* München: LINCOM.

Levinson, S. C. 2000 *Presumptive Meanings. The Theory of Generalized*

Conversational Implicatures. Cambridge, Mass. : The MIT Press.

Li, C. N. & Thompson, S. A. 1973 Serial verb constructions in Mandarin Chinese: Subordination or coordination? In C. Corum, T. C. Smith-Stark & A. Weiser (eds.) *You Take the High Node and I'll Take the Low Node: Papers from the Comparative Syntax Festival.* 96—103. Chicago: Chicago Linguistic Society.

Li, C. N. & Thompson, S. A. 1981 *Mandarin Chinese. A Functional Reference Grammar.* Berkeley, LA and London: University of California Press.

Li, W. 2014 Perfectivity and grounding in Chinese. *Studies in Language* 38. 1. 127—168.

Li, X. & Bisang, W. 2012 Classifiers in Sinitic languages: From individuation to definiteness-marking. *Lingua* 122. 335—355.

Löbel, E. 1999 Classifiers vs. genders and noun classes: A case study of Vietnamese. In B. Unterbeck, & M. Rissanen(eds.) *Gender in Grammar and Cognition I: Approaches to Gender.* 259—319. Berlin: Mouton de Gruyter.

Löbner, S. 1985 Definites. *Journal of Semantics* 4. 279—326.

Lord, C.; Yap, F. H. & Iwasaki, Sh. 2002 Grammaticalization of 'give' : African and Asian perspectives. In I. Wischer & G. Diewald (eds.) *New Reflections on Grammaticalization.* 217—235. Amsterdam and Philadelphia: John Benjamins.

Meillet, A. 1912 L'évolution des formes grammaticales. *Scientia (Rivista di Scienza)* 12/26. 384—400.

Neeleman, A. & Szendrői, K. 2007 Radical pro drop and the morphology of pronouns. *Linguistic Inquiry* 38. 671—714.

Nguyen, T. H. 2004 The structure of the Vietnamese noun phrase. Boston University, PhD dissertation.

Paul, W. 2008 The serial verb construction in Chinese: A tenacious myth and a Gordian knot. *The Linguistic Review* 25. 367—411.

Peyraube, A. 2015 Grammatical change in Sinitic languages and its relation to typology. In H. Chappell (ed.) *Diversity in Sinitic Languages*. 53—78. Oxford: Oxford University Press.

Quang, K. Ng. 2022 *Vietnamese classifiers and (in)definiteness: A text-based analysis*. University of Mainz (Germany), PhD Dissertation.

Rizzi, L. 1986 Null objects in Italian and the theory of pro. *Linguistic Inquiry* 17. 501—557.

Schwarz, F. 2009 Two types of definites in natural language. PhD dissertation, Amherst: University of Massachussets.

Schwarz, F. 2013 Two types of definites cross-linguistically. *Language and Linguistics Compass* 7(10). 534—558.

Simpson, A. 2005 Classifiers and DP structure in Southeast Asian languages. In R. S. Kayne & G. Cinque (eds.) *Handbook of Comparative Syntax*. 806—838. Oxford: Oxford University Press.

Simpson, A. 2017 Bare classifier/noun alternations in the Jinyun (Wu) variety of Chinese and the encoding of definiteness. *Linguistics* 55(2). 305—331.

Simpson, A.; Soh, H. L. & Nomoto, H. 2011 Bare classifiers and definiteness: A cross-linguistic investigation. *Studies in Language* 35. 168—193.

Smith, C. 1997 *The Parameter of Aspect*. Dordrecht, Boston, and London: Kluwer, Academic Press.

Sun, L. & Bisang, W. 2020 Grammaticalization changes in Chinese. In W. Bisang & A. Malchukov (eds.) *Grammaticalization Scenarios: Cross-linguistic Variatioon and Universal Tendencies*. Vol 1. 609—658. Berlin: Mouton de Gruyter.

Traugott, E. C. & Dasher, R. 2002 *Regularity in Semantic Change*. Cambridge: Cambridge University Press.

Wang, Jian / 王健 2013 类型学视野下的汉语方言"量名"结构研究 [Bare classifier phrases in Sinitic languages: A typological perspective]. *Language Sciences* 12. 4. 383—393.

Wu, Y. 2017 Numeral classifiers in Sinitic languages: Semantic content, contextuality, and semi-lexicality. *Linguistics* 55(2). 333—369.

Xiao, R. & McEnery, T. 2004 *Aspect in Mandarin. A Corpus-based Study*. Amsterdam and Philadelphia: John Benjamins.

Xing, J. Z. 2013 Semantic reanalysis in grammaticalization in Chinese. In Zh. Jing-Schmidt (ed.) *Increased Empiricism: New Advances in Chinese Linguistics*. 223—246. Amsterdam and Philadelphia: John Benjamins.

Xing, J. Z. 2015 A comparative study of semantic change in grammaticalization and lexicalization in Chinese and Germanic languages. *Studies in Language* 39. 3. 594—634.

Xu, D.; Ch. Qi; Sh. Xu & F. Marc 2008 *Les résultatifs du chinois contemporain. Dictionnaire pratique*. Paris: L'Asiathèque — maison des langues du monde.

Xu, L., 2004 Manifestations of informational focus. *Lingua* 114. 277—299.

Yang, S. 2011 The parameter of temporal endpoint and the basic function of -le. *Journal of East Asian Linguistics* 20. 4. 383—415.

Yap, F. H. & Iwasaki, Sh. 2007 The emergence of 'GIVE' passives in East and Southeast Asian languages. In M. Alves; P. Sidwell & D. Gil (eds.) *SEALS VIII: Papers from the Eighth Annual Meeting of the Southeast Asian Linguistics Society*. 193—208. Canberra: Pacific Linguistics.

The Development of the Chinese V *de* O Cleft Construction: A Constructional Approach

詹芳琼

(新加坡南洋理工大学国立教育学院)

1 Introduction

There has been a growing body of literature on the historical development of constructional network within the framework of constructionalization. In this paper, we contribute further to constructional perspectives on clefts in Chinese with the focus on the development of the cleft constructional network. It has been acknowledged that there are two types of copula clefts in Modern Chinese, as exemplified in (1) and (2):

(1) 她是昨天到达北京的。

tā shì zuótiān dàodá Běijīng de
she COP yesterday arrive Beijing DE
It was yesterday that she arrived in Beijing.

(2) 她是昨天到达的北京。

tā shì zuótiān dàodá de Běijīng
she COP yesterday arrive DE Beijing

It was yesterday that she arrived in Beijing.

As shown (1) and (2) are structurally different: (1) exhibits [NP COP (XP) VP DE] (abbreviated as VP *de* clefts) and (2) has the structure [NP COP (XP) V DE NP] (abbreviated as V *de* O clefts), though they share a similar semantic structure: they are both specificational involving the contrastive (exclusive and exhaustive) focus. Contrastive focus signals selection by the speaker of an alternative NP from a set. In clefts the immediate post-copula element, e.g. the adjunct *zuotian* 'yesterday' in (1—2) encodes the contrastive focus and asserts what is different from the presupposition 'she arrived in Beijing at some time'. Specificational meaning relates a referential NP to a non-referential but restricted set in a member-class relationship (cf. Patten 2012, Zhan and Sun 2013), in clefts the referential NP is the contrastive focus, e.g. the adjunct *zuotian* 'yesterday' in (1—2), and the non-referential but restricted set is encoded in the rest of the sentence, e.g., 'sometime that she arrived in Beijing.'

Among the literature, it is commonly agreed that the cleft construction is a special type of copular sentence in which the copula *shi* links a subject NP and a complex nominal predicate (cf. Shen 2008, Zhan and Sun 2013, Long 2013, Zhan and Traugott 2015). From a constructional point of view, the cleft construction is a subschema of the copular construction. In other words, in Modern Chinese the copular schema has two sub-schemas: one is the prototype copula [NP SHI NP] that expresses information focus as in (3); the other is the cleft copula that expresses contrastive focus.

(3) 我是学生。

Wǒ shì xuéshēng

I COP student

I am a student.

The cleft construction is non-compositional in which the specificational and contrastive meaning of the whole is not derivable from the individual parts (Zhan and Traugott 2015). In the cleft construction, the post-copula complex nominal predicate can be instantiated as a nominalization marked by the nominalizer *de* (the VP *de* cleft) as in (1), or as a head noun modified by a relative clause (abbreviated as RC) marked by the relativizer *de* (the V *de* O cleft) as in (2).

Li and Thompson (1981) point out that when an RC modifies a head noun, the head noun can be coreferential with the missing subject or the missing object of the verb in the RC. In this paper, we call an RC with the head noun coreferential with the missing subject of the verb a Subject-RC, and the RC with the head noun coreferential with the missing object of the verb an Object-RC. Besides, the head noun can refer to some other participants involved in the situation named by the RC, such as an instrument used, the location or time at which the event happens, or the reason for which or the method by which it occurs. Furthermore, an RC can modify an abstract noun which does not refer to any entity, specified or unspecified in the RC, such as *shishi* 'fact', *daoli* 'principle', *shi* 'matter', *yijian* 'opinion', etc. However, in the case of the V *de* O cleft, the post-copula nominal predicate must be an **Object-RC+NP**, and the subject of the sentence should be co-referential with the unspecified subject of the verb in the RC (**subject-subject co-referentiality**).

There has been a large body of literature on Chinese copula clefts from both synchronic perspectives (cf. Chao 1968, Li and Thomson 1981, Huang 1990, Simpson and Wu 2002, Paul and Whitman 2008, Zhan and Sun 2013) and diachronic perspectives (cf. Xiao and Long 2012, Long 2013, Zhan and Traugott 2015). Zhan and Traugott (2015) investigated the emergence and the development of the VP *de* clefts adopting a constructional approach, yet leaving V *de* O clefts untouched. Long (2013) suggests that V *de* O clefts originate from bi-clausal copular constructions in Early Modern Chinese (960 CE—1900), yet does not explain the emerging mismatch between form and meaning of the V *de* O cleft. In general, previous works either focus on the function of *shi* and attribute the function of the V *de* O cleft to *shi* functioning as a focus marker without considering the function of the construction as a whole, or take on V *de* O or VP *de* clefts without considering a constructional network with an umbrella schematic construction overarching them and changes within the network.

Building on Zhan and Traugott (2015), this paper takes further on the development of V *de* O clefts with a focus on the development of the cleft constructional network. It is argued that V *de* O clefts started to emerge in the 13th century which was about 300 years later than VP *de* clefts (first occurred in the 10th century). A key factor in their development is the use in Middle Chinese (220—960 CE) of relative clause at the post-copula position. We argue that the emergence of V *de* O clefts also involved analogization to the extant VP *de* clefts and deferred equatives (Ward 2004), which gave rise to semantic and syntactic neoanalysis. When VP *de* clefts came into being, the network of the cleft construction simultaneously emerged. Once V *de* O clefts occurred, they were recruited into the network as a subschema, joining VP *de* clefts which was adjusted to be the other subschema in the network, resulting in the schematic network being augmented and expanded.

The paper is structured as follows: section 2 briefly addresses previous studies on the formation of the V *de* O cleft. Section 3 presents key examples of the development of V *de* O clefts in the history of Chinese. Section 4 highlights the constructional model of the development of V *de* O clefts and the mechanisms that enabled them to emerge. Section 5 is the conclusion.

2 Previous studies on the formation of the cleft construction

In the cleft construction, the immediate post-copula element encodes the contrastive focus and asserts what is different from the presupposition provided by the rest of the sentence. When adjuncts appear in the immediate post-copula position, they encode a contrastive focus, such as the adjunct *zuotian* 'yesterday' in (1—2). When there are no adjuncts involved, the post-copula complex nominal predicate will be either [VP DE] or [V DE NP] as in (4) and (5).

(4) 她是买了电影票的。

  Tā shì mǎile diànyǐng piào de
  She COP buy-PFV movie ticket NOM

  She did buy a movie ticket. / It was the movie ticket that she bought.

(5) 她是买的电影票。

  Tā shì mǎi de diànyǐng piào
  She COP buy REL movie ticket

  She did buy a movie ticket. / It was the movie ticket that she bought.

(6) *她是买了的电影票。

  Tā shì mǎile de diànyǐng piào
  She COP buy-PFV REL movie ticket

In (4) and (5), a nominalization and a head noun modified by an RC respectively occur in the post-copula position. The contrastive focus still lies in the post-copula element; however, since the complex post-copula element involving both the verb and its object, depending on the context the focus could be the verb (the action) or the object (the patient of the action). For instance, when asserting what is outstanding from the presupposition 'she did something to the movie ticket', the contrastive focus is the verb *mai* 'buy', as in 'she bought the movie ticket, rather than sold, borrowed, rent or stole the ticket'; whereas when dealing with the presupposition 'she bought something', the contrastive focus is the NP *dianying piao* 'movie ticket', as in 'she bought the movie ticket, rather than clothes, cosmetics, books, etc.'.

Since the two types of cleft constructions denote similar specificational meaning and contrastive focus, many scholars (cf. Chao 1968, Xu 2001, Simpson and Wu 2002, Yuan 2003) maintain that V *de* O clefts as in (2) derive from VP *de* clefts as in (1) by moving the sentence final *de* to the position between the verb (V) and the object (O). However, moving the sentence final *de* of (4) to the position between V and O leads to (5) which is ungrammatical. To further scrutinize the differences between VP *de* and V *de* O clefts, we can see that VP *de* can not only co-occur with the perfective marker *le* as in (4), it is compatible with a modal auxiliary *hui* 'will' denoting a future meaning, an experiential aspectual marker *guo* or a durative aspectual marker *zhe*. However, these TAM (tense, aspect and modality) markers are not compatible with V *de* O clefts, as shown in (7b-9b).

(7) a. 她是会买电影票的。

Tā shì huì mǎi diànyǐng piào de
She COP wii buy movie ticket NOM

She WILL BUY a movie ticket. / It is the movie ticket that she will buy.

b. *她是会买的电影票。

Tā shì huì mǎi de diànyǐng piào
She COP will buy REL movie ticket

(8) a. 她是买过电影票的。

    Tā   shì   mǎi-guo   diànyǐng piào   de
    She COP buy-EXP   movie ticket   NOM

    She HAS BOUGHT movie tickets. / It is the movie tickets that she has bought.

  b. *她是买过的电影票。

    Tā   shì   mǎi-guo   de   diànyǐng piào
    She COP buy-EXP REL movie ticket

(9) a. 她是穿着红裙子的。

    Tā   shì   chuān-zhe   hóng   qúnzi   de
    She COP wear-DUR red dress NOM

    She IS WEARING a red dress. / It is the red dress that she is wearing.

  b. *她是穿着的红裙子。

    Tā   shì   chuān-zhe   de   hóng   qúnzi
    She COP wear-DUR REL red dress

If the derivational account were on the right track, (6b)—(9b), as being derived versions of (5) and (7a)—(9a), should also be grammatical. The fact that they are unacceptable suggests (a) not all VP *de* clefts have a corresponding V *de* O form, and (b) VP *de* clefts are not constrained by TAM restrictions whereas V *de* O clefts are. In other words, VP *de* clefts are compatible with future tense, modality, perfective, durative and experiential aspects, but V *de* O clefts are only used to express realized events or situations (Bohnemeyer and Swift 2003). Accordingly, the derivational account obviously cannot account for the emergence of V *de* O clefts.

A related interesting phenomenon is that even though the object in the complex post-copula element can be focused depending on the context, it cannot be clefted structurally. In other words, in a cleft construction, the object can never be directly following and marked by the copula *shi*, as in (10). A marked and focused object will result in a pseudo-cleft (cf. Huang 1990, Li and Thompson 1981, Paul and Whitman 2008), as in (11—12).

(10) *她买了是电影票的。

    Tā   mǎile   shì   diànyǐng piào   de
    She buy-PFV COP movie ticket NOM
    *It is the movie ticket that she bought.

(11) 她买了的是电影票。

    Tā   mǎile   de   shì   diànyǐng piào
    She buy-PFV NOM COP movie ticket
    What she bought was a movie ticket.

(12) 她买的是电影票。

    Tā   mǎi   de   shì   diànyǐng piào
    She buy NOM COP movie ticket
    What she bought was a movie ticket.

Shen (2008: 387) provides a non-derivational account of the V *de* O cleft based on synchronic data. Following the cognitive linguistic approach theorized by Fauconnier and Turner (2003), Shen claims that the V *de* O cleft is generated through analogy and compounding, particularly through a process that he calls "analogical blending". The sentence "belongs to a sentence pattern with its own constructional meaning of 'subjective identity' that is an emergent meaning as a result of conceptual blending".

Shen points out that the motivation of "analogical blending" is the speaker wants to convey some new meaning. As for the structure of (11), the motivation is the speaker wants to express subjective recognition. It is a way to show the speaker's empathy with the hearer. Although the pragmatic implicature of conveying new meaning as a motivation and analogy as a mechanism are relevant in enabling a new construction,

Shen's analysis on the formation of the V *de* O cleft is not demonstrated through diachronic data, and accordingly should be purely understood as an introspective inference rather than a solid evolutionary pathway.

Long (2013), using diachronic data, proposes that V *de* O clefts originate from bi-clausal copular constructions in Early Modern Chinese with the interaction between the word order (RC before head noun) and the adjacency effect commonly observed in the focus clefts of SVO languages. The adjacency effect is locally constrained by the presupposition effect of the RC to produce a special head noun focus cleft. However, Long neglects the fact that in a V *de* O cleft, not only the head noun can be the contrastive focus, in some contexts, the verb in the RC can be the focus as well. Furthermore, Long does not explain how and why the mismatch between copular form and contrastive meaning of a V *de* O cleft is emerged.

Zhan and Traugott (2015) provide a constructional account on the development of the VP *de* cleft, and suggest that the rise emerged in the 10th century as the outcome of a sequence of changes to individual constructions starting in Old Chinese (771 BCE-220 CE). The precursors and enablers of the development of the VP *de* cleft involve the crystallization of *shi* as a standard copula in early Middle Chinese, and then the emergence of the nominalization [VP de] in late Middle Chinese, followed by the development of the combination of the copula with the nominalization, i. e. of the sequence [NP SHI VP DE]. Then, the non-referential but restricted set was no longer encoded in the post-copula nominalization but in the sentence to introduce the immediate post-copula element as the contrastive referential member of the set. Simultaneously, the focal point shifted from the post-copula nominalization to the immediate post-copula element, the contrastive focus emerged and accordingly the VP *de* cleft came into being. However, they do not touch upon the emergence and development of the V *de* O cleft.

Based on the above discussion, we would maintain that the previous works either base their conclusions on incomplete data, focus on the function of *shi* as a focus marker without considering the function of the construction as a whole, or take on V *de* O or VP *de* clefts without considering a constructional network and changes within the network. In the following discussions, before providing a constructional account of the development of the V *de* O cleft, we will first briefly outline the theoretical concepts that this paper draws on.

3 The rise of the V *de* O cleft

This paper makes use of the historical data from the searchable Internet version of the CCL Classical Chinese corpus (Zhan et al. 2003). The periodization for written Chinese adopted in the paper is as follows (Sun 1996):

Old Chinese: 771 BCE to 220 CE; Middle Chinese: 220 CE to 960; Early Modern Chinese: 960 to 1900; Modern Chinese: 1900 to present.

3.1 The copular construction in early Middle Chinese

In early Old Chinese, *shi* was used as a demonstrative pronoun, and later developed into a copula around 400 BCE. By the 5th century CE *shi* was generalized as the default copula verb (Zhan and Traugott 2019). In the early Middle Chinese book, *Shishuoxinyu* (the 5th century CE), there are 66 attested copular sentences and most of them exhibit the structure [NP1 SHI NP2], as in (13):

(13) a.此三人并是高才。

cǐ   sānrén   bìng   shì   gāocái
this   three people   totally   COP   high talent

All these three people are of great talent.

Shishuoxinyu (432—444 CE)

b. 我是李府君亲。

wǒ　shì　lǐfǔjūn-qīn
I　COP　Lifujun relative

I am one of Lifunjun's relatives.

Shishuoxinyu (432—444 CE)

The attested copular sentences like (13) encode predicate informational focus: The subject encodes referential given information, usually a topic, and the post-copula predicate as a whole is the informational focus indicating non-referential new information. Both predicational and specificational meanings came to be conventionally associated with the copular construction as it emerged, depending on whether the post-copula NP was descriptive (predicational) or identifying (specificational) (Blom and Daalder 1977, Declerck 1988, Zhan and Sun 2013). (13a) is a predicational copular sentence with the post-copula predicate attributing a property 'high talent' to the subject 'these three people.' (13b) is a specificational sentence, in which the non-referential but restricted set 'one of Lifujun's relatives' is instantiated by the unique referential member of the set, the subject 'I.' In other words, such clauses involve a "value-variable" relation (Higgins 1979): 'I' instantiates the value of the variable 'one of Lifujun's relatives.' Predicational and specificational copulas formed subschemas of the prototype copula early on. It should be noted that both examples in (13) encode information focus but not contrastive focus (Zhan and Traugott 2015).

3.2 [Object-RC NP] in late Middle Chinese

In this sub-section we argue that crucial to the development of the V *de* O cleft is the prior development of Object-RC marked by the relativizer *de* with the form [Object-RC NP]. The earliest examples of [Object-RC NP] appeared in the five dynasties (707—960) with very low frequency. Example (14) is among the earliest occurrences of [Object-RC NP] in the history of Chinese. It is an NP with the head noun 'thing' modified by an Object-RC marked by the relativizer *di*, and the head noun is co-referential with the missing object of the verb 'obtain'.

(14) 庄严得底物

zhuāngyán dé dǐ wù
solemnly obtain REL thing
the thing that is obtained solemnly

Zhenzhou Linji Huizhao Chanshi Yulu (880 CE)

In Middle Chinese, the particle *di* has several functions. It may be a relativizer as in (14), though it may also be an associative (or genitive) as in (15) or a nominalizer as in (15).

(15) 水底浪

shuǐ dǐ làng
water ASSOC wave
the waves in the water

Dunhuang Bianwen (ca. 900 CE)

(16) 定知帻帽底，仪容似大哥。

ding zhī wéimào dǐ, yíróng
must know hat NOM, appearance
sì dàgē
like big brother

(You) must know the hatted one; he looks like (your) big brother.

Chaoye Qianzai (700 CE)

How exactly the different functions of *di* emerged has been extensively debated among linguists, yet no consensus has been reached. Lü (1984) suggests that all the functions of *di* developed from the Old Chinese nominalizer *zhe*, whereas Wang (1958) argues, based on the phonological similarity, that the Old Chinese attributive particle *zhi* was the origin of *di*. There are other accounts proposed for the different origins of the distinct functions of *di* (cf. Mei 1988, Jiang 1999, Cao 1999), however most scholars agree that the relativizer *di* is, in one way or another, related to the Old Chinese *zhi*.

In early Middle Chinese, when *shi* had been constructionalized and frozen as the standard copula, [RC$_{ZHI}$ NP] occurred sporadically in the predicate position of a copular sentence, as in (17):

(17) 南山是开创卜居之处也。

Nánshān shì kāichuàng bǔjū zhī chù
Nanshan COP create residence REL place

yě
PTCL

Nanshan is the place to create a residence.

Xie Lingyun (385—433) *Shanju Fu*

Example (17) is the first occurrence of [NP SHI RC$_{ZHI}$ NP] attested in CCL Classical Chinese corpus, in which the head noun *chu* 'the place' refers to the location involved in the situation named by the RC *kaichuang buju zhi* 'to create the residence' marked by the relativizer *zhi*. Example (17) appears to be a specificational copular sentence, in which the non-referential but restricted set 'a place to create a residence' is instantiated by the unique referential member of the set, the subject 'Nanshan'. Later in the 9th century, Object-RC$_{ZHI}$ was also recruited in the post-copula position, as in (18).

(18) 当菩萨顶悬七宝伞盖，是施之物。

> Dāng púsà dǐng xuán qībǎo sǎngài,
> This budda top hang seven-treasure umbrella
> shì shī zhī wù
> COP bestow REL thing
>
> On the top of this Buddha hangs the seven-treasure umbrella; (it) is the thing that is bestowed.
>
> *Rutangqiufa Xunlixingji* (847)

In (18), the head noun *wu* 'the thing' is modified by the RC *shi zhi* 'that is bestowed' and co-referential with the missing object of the verb *shi* 'to bestow'. It is specificational: the non-referential but restricted set 'the thing that is bestowed' is instantiated by the unique referential member of the set, the implicit subject 'the seven-treasure umbrella'.

The data examined show that the early examples of [NP SHI RC$_{ZHI}$ NP] are specificational, and do not denote contrastive. It is not entirely clear at this point how contrastive focus that is associated with the Modern Chinese V *de* O clefts was systematically signaled in Middle Chinese. Around 800 CE, *de* came gradually to be used instead of *zhi* in RCs. The other uses of *zhi* also declined; in contemporary Standard Chinese it is considered an archaism. In sum, the relativizer *zhi* was used very frequently in Old Chinese, and has been attested in the post-copula nominal predicate since the 4th century. As we will show in the next sub-section, in the 9th century, an Object-RCDE marked by the relativizer *de* (hereafter Object-RC) begins to be attested sporadically in the predicate position of copula sentences, a crucial step in the development of the V *de* O cleft.

3.3 The emergence of the V *de* O cleft

In what follows we argue that the emergence of the V *de* O cleft involved two steps.

3.3.1 The emergence of [NP SHI Object-RC NP]

As shown above the earliest [Object-RC NP] are attested around 880 CE in a Buddhist text. In the same text, [Object-RC NP] is found appearing at the post-copula position in copular sentences like [NP SHI RC$_{ZHI}$ NP]. An earliest example of [NP SHI Object-RC NP] attested in CCL Classical Chinese corpus is given in (19):

(19) 渠且不是修底物。

Qú	qiě	bù	shì	xiū	dǐ	wù
they	just	not	COP	practice	REL	thing

They are just not the thing that is practiced.

Zhenzhou Linji Huizhao Chanshi Yulu (880 CE)

Here an object-RC *xiu di* 'that is practiced' marked by relativizer *di* modifying the head noun *wu* 'thing' occurs in the predicate position of the copular sentence, and may have been developed on analogy with patterns like that in (18) with *zhi*. Semantically, although it is a negative copular sentence, like (18), (19) is specificational in that the post-copula [Object-RC NP] conveys a restricted non-referential set *xiu di wu* 'the thing that is practiced' and the definite referential subject *qu* 'it' instantiates its referent. (19) is produced by Master Huizhao who is against different kinds of heresies and believes these heresies are not the things that one should practice. From the context, the copula with the [Object-RC NP] does not encode any contrastive meaning, and it had not yet developed into a V *de* O cleft. Since 880 CE, more and more [RC NP] including [Object-RC NP] are found in copular sentences, and in *Zhuziyulei* (the 13th century), a Southern Song (1127—1279) classic, for example (20) is found:

(20) I.志是公然主张要做底事,

Zhì	shì	gōngrán	zhǔzhāng	yào	zuò
Will	COP	openly	advocate	want	do

    dǐ   shì
    REL   thing

    II. 意是私地潜行间发处。

        yì   shì   sīdì   qiánxíng jiān
        purpose COP secretly sneakily occasionally
    fā   chù
    happen part

    Will is the thing that one openly advocates to do, whereas purpose is the part that happens secretly, sneakily and occasionally.

Zhuzi Yulei (the 13th century)

In (20), Master Zhu Xi talks about the difference between *zhi* 'will' and *yi* 'purpose'. Both sentences in (20) are copular sentences, and (20I) exhibits the structure [NP SHI Object-RC NP]. Semantically, (20I) is specificational as the [Object-RC NP] 'the thing that one openly advocates to do' indicates a non-referential set that is instantiated by the subject *zhi* 'will'. Pragmatically, the two sentences in (20) contrast with each other in that 'will' is the thing that is openly advocated, while 'purpose' is the thing that happens secretly. Here the adverbial adjunct *gongran* 'openly' in (20I) contrasts with the adverb *sidi* 'secretly' in (20II). As mentioned above, although (20I) can be analyzed as a regular specificational copular sentence, since it occurs in a contrastive context, it can also be inferred to involve a presupposition 'in what manner one advocates his/her will' observed by the post-copula adverbial adjunct *gongran* 'openly', which is the focus contrasting with *sidi* 'secretly' in (20II). Therefore, pragmatically speaking, (20I) expresses the focal contrastive meaning, exclusiveness and exhaustiveness, as 'openly' is the only manner that is adopted to advocate 'will'.

With this pragmatic inference, (20I) can be considered as the structure [NP SHI Object-RC NP] with the immediate post-copula element *gongran* 'openly' as the contrastive focus. However, this is simply inference, and (20I) is clearly not yet a standard V *de* O cleft, because in (20I) the inferred contrastive focus is purely based on the context and accordingly not yet semanticized. And more importantly its subject NP is co-referential with the missing object of the RC as well as its head noun (subject-object co-referentiality), whereas for a standard V *de* O cleft, the subject should be co-referential with the missing subject of the RC (subject-subject co-referentiality).

Below we will argue that (19) and (20I) serve as examples of the precursors of the standard V *de* O cleft. In (19) an Object-RC was recruited into the predicate position of the copular construction and the new structure [NP SHI Object-RC NP] started to be used. (20I), appearing in a contrastive context, makes the inference of contrastive focus possible, which may suggest that the V *de* O cleft might be on the way. Since constructionalization requires a form$_{new}$-meaning$_{new}$ pairing, the emergence of (19) and (20I) is simply a constructional form change from the regular copular construction; they represent micro-steps in the pre-constructionalization of the V *de* O cleft. They are crucial for the later development.

3.3.2 The emergence of the V *de* O cleft

The first example known to us of a V *de* O cleft appears in (21).

(21) I. 天下人总是参得底禅,

        Tiānxià   rén   zǒng   shì   cān

        Under heaven people always COP practice

dé   dǐ   chán

obtain REL Chan

481

II. 某是悟得底。

mǒu shì wù dé dǐ
I COP enlighten obtain NOM

It is through practice that people under heaven always obtain (the state of Chan), it is through enlightenment that I obtain (it).

Wudenghuiyuan (the 13th century)

The context of (21) is about a little monk: one day when the little monk is meditating, he suddenly feels enlightened; he instantly gets up and goes to see the abbot; then he says to the abbot that it is through practice that people always obtain the state of Chan, though it is through enlightenment that he himself obtains it. (21I) has the structure [NP SHI Object-RC NP] with an Object-RC+NP, in which the first of the serial verbs *can* 'to practice' indicates the method of obtaining the state of Chan. The subject of the sentence, i. e. *tianxiaren* 'people under heaven' in (21I) is co-referential with the implicit subject of the verb in the Object-RC (subject-subject co-referentiality). (21II) has the structure [NP SHI VP DE] with the nominalization [V V DE], in which the first of the serial verbs *wu* indicates the method. Both sentences express specificational and contrastive meaning with the following two reasons. First, the two topics 'people under heaven' and 'I' are in contrast. Second, the immediate post-copula expression *can* 'through practice' satisfies the presupposition 'through some method people under heaven obtain the state of Chan' and it also serves as the referential member of the non-referential but restricted set 'some method through which people under heaven obtain the state of Chan' in (21I). In contrast, *wù* 'through enlightenment' satisfies the presupposition 'though some method I obtain the state of Chan' and serves as the referential member of the non-referential but restricted set 'some method though which I obtain the state of Chan' in (21II). *Can* and *wu* are the contrastive foci, marked by the copula *shi*. Here, the contrastive meaning is semanticized, and accordingly even in non-contrastive contexts, the contrastive foci still hold.

Below we will show that in (21I) the V *de* O cleft started to emerge. From (20I) to (21I), we observe both the co-referentiality change from subject-object to subject-subject co-referentiality, and the change of information structure from inferred contrastive to semanticized contrastive focus. This process may be enabled by neoanalysis induced by pragmatic inference (see section 5.2.1). Moreover, in (21) the newly emerged V *de* O cleft parallels with (21II) which is an example of the extant VP *de* cleft, and therefore it is possible that the emergence of the V *de* O cleft may be also influenced by the pre-existing VP *de* cleft. Zhan and Traugott (2015) suggest that the VP *de* cleft started to emerge in the 10th century and was conventionalized in the 13th century. Accordingly, we think that other than neoanalysis, the mechanism of analogization may also have enabled the development of the V *de* O cleft (see section 5.2).

Nevertheless, (21I) appears to be an innovation, because it is the only example of the V *de* O cleft found from the 13th century texts in the CCL corpus. In the 14th century, the V *de* O cleft was used more frequently: according to Jin (2017), there are 23 V *de* O clefts attested in *Quan Yuanqu* (*The Complete Works of Yuanqu*), among which three are given below as examples:

(22) a.孩儿既是这等起的病……

Hái'ér jì shì zhèděng qǐ de bìng
Kid since COP such get REL disease
Since it is such (causes) that the kid got the disease …

b. 俺主人在你寺里做的事。

Ǎn zhǔrén zài nǐ sì-lǐ zuò de shì
My master at your temple-in do REL thing
It is in your temple that my master did the thing.

c. 敢是你合的毒药么？

Gǎn shì nǐ hé de dúyào me
possibly COP you mix REL toxicant Q
Is it possibly you who mixed the toxicant?

Quan Yuanqu (the 14th century)

All the three examples in (22) are V *de* O clefts. In (22a) the subject *hai'er* is co-referential with the subject of the verb in the Object-RC (subject-subject co-referentiality), and the post-copula adjunct *zhedeng* 'such (causes)' is the contrastive focus satisfying the presupposition 'the kid got the disease due to something' and the referential member of the non-referential but restricted set 'the causes why the kid got the disease'. It is a standard example of the V *de* O cleft. There are also further developments of the V *de* O cleft attested in *Quan Yuanqu*. For example, in (22b) the copula *shi* was implicit, and in (22c) the subject of the sentence was unspecified whereas the subject of the verb in the RC was explicit, which is the element immediately following *shi* and thus the contrastive focus of the V *de* O cleft. The fact that the V *de* O cleft was used frequently and further developed in the 14th century suggests that it had been constructionalized and conventionalized at this period.

In this section we have discussed the development of the V *de* O cleft and its precursors and enablers. In the next section, a constructional account of the development will be provided.

4 A constructional account of the development of the V *de* O cleft

4.1 Modeling the development of the V de O cleft construction

As discussed in section 3, the textual record shows the gradual development over time of the V *de* O cleft and the change can be represented as:

Copular construction   the V *de* O cleft

[NP SHI NP] *[specificational] → [NP SHI Object-RC NP] *[specificational + contrastive]

This is a procedural constructionalization as it arose gradually micro-step by micro-step (cf. Traugott and Trousdale 2013) and involves changes in cueing of information structure. Specifically, the constructionalization of the V *de* O cleft involves the following main steps:

(a) Development of a copular construction with SHI. By early Middle Chinese, the standard copula already typically had the form [NP1 SHI NP2], and its semantics was predicational, e.g., (13a), or specificational, e.g., (13b). Post-copula NPs in specificational copular sentences expressed non-referential but restricted set meaning.

(b) Syntactic expansion: development in early Middle Chinese of Object-RC$_{ZHI}$ involving use of *zhi* in the predicate position of a copular sentence, e.g., (18).

(c) Host-class expansion: recruitment in late Middle Chinese of *de* as a relativizer in post-copula contexts. The encoded meaning of [Object-RC NP] expressed a non-referential but restricted set, e.g., (19), (20I). As indicated in (a), this meaning was a component of specificational copular sentences. However, in specificational copulas, this non-referential but restricted set was characteristic only of complex NPs in post-copula position, and it was not structurally marked by any morpheme. At this point, the subject of the copular sentence is co-referential with the object of the verb in the RC as well as the head noun.

(d) Semantic-pragmatic expansion: a contrastive focus emerged in copulas with post-copula [Object-RC NP] and became constructionalized and conventionalized independently of contrastive contexts. The contrastive focus settled in the immediate post-copula element marked by *shi* serving as the referential member and the non-referential but restricted set was presented by the rest of the sentence, no longer by the post-copula complex NP. At this point, the subject of the V *de* O cleft is co-referential with the subject of the verb in the RC (subject-subject co-referentiality), e.g., (21I), (22).

These steps are summarized as follows:

a. [NP SHI NP] *[specificational] (e. g., (13b)) →

b. [NP SHI Object-RC$_{ZHI}$ NP] *[specificational] (e. g., (18)) →

c. [NP SHI Object-RC NP] *[specificational] (e. g., (19, 20I)) →

d. [NP SHI Object-RC NP] *[specificational + contrastive] (e.g., (21I, 22))

Each step of the process was a constructional change, as it involved either form change (b, c), or meaning change (d). The result of the sequence of micro-steps is a form$_{new}$-meaning$_{new}$ construction (constructionalization): The V *de* O cleft construction.

4.2 The factors enabling the emergence of the V *de* O cleft

Below we turn to consideration of the mechanisms involved in the constructionalization of the V *de* O cleft. Regarding mechanisms of change, two have been recognized as being crucially important in the field of morphosyntax: reanalysis, also called neoanalysis (cf. Andersen 2001, Traugott and Trousdale 2013), and analogy (cf. Meillet 1958[1912], Harris and Campbell 1995). Neoanalysis refers to the hearer (possibly speaker too) analyzing a structure in a different way from the input; it involves change in the status of implicatures associated with lexemes. Analogy, by contrast, refers to the attraction of extant forms to already existing constructions (cf. Fischer 2007). With a constructional approach, analogy involves analogical thinking as one of the motivations and analogization as one of the mechanisms that brings about a new fit to an extant pattern. (Traugott and Trousdale 2013: 37−38)

Mechanisms of change are hypotheses about how one mental representation of a given expression can give rise to a different one. While analogization involves pattern match and results in greater similarity, neoanalysis involves differentiation. They are two sides of the same coin. When a pattern is used in a way more similar to that of another one (analogization) some of its former characteristics are changed or lost; this is neoanalysis. In this sense, all analogizations are neoanalyses (cf. Kiparsky 2012, Traugott and Trousdale 2013). In this sub-section, we examine the mechanisms (neoanalysis in 5.2.1and analogization in 5.2.2) that enabled the development of the V *de* O cleft.

4.2.1 Neoanalysis

As mentioned in the above discussion, we argue that the development pathway of the V *de* O cleft is: [NP SHI NP] *[specification] → [NP SHI Object-RC NP] *[specification + contrastive]. The key factor is the recruitment of an Object-RC in post-copula position in late Middle Chinese. At this point, neoanalysis did not occur, as a non-referential but restricted set encoded by the post-copula [Object-RC NP] was still instantiated by the subject of the sentence. Moreover, the subject of the sentence was still co-referential with the object of the verb in the RC as well as the head NP. This was still a regular specificational copular sentence.

Neoanalysis occurred in (21I) and (22), when the subject of the sentence was no longer co-referential with the object of the verb in the RC as well as the head NP, but co-referential with the subject of the verb in the RC. Furthermore, a non-referential but restricted set was no longer encoded by the post-copula [Object-RC NP] but by the whole sentence with its referential member settled in the immediate post-copula element. The information structure changed and the immediate post-copula element became the exhaustive and exclusive contrastive focus marked by the copula *shi*, observing the presupposition encoded by the rest of the sentence.

The process of neoanalysis may have been enabled by pragmatic inferencing, which allows the possibility that speakers design their utterances pragmatically and "invite" interpretations and hearers infer and interpret. (20I) is a regular copular sentence with the structure [NP SHI Object-RC NP] in a contrastive context. With this context, it can be inferred pragmatically to involve the presupposition 'in what manner one advocates his/her will' satisfied by the post-copula adverbial adjunct *gongran* 'openly', which is the focus contrasting with *sidi* 'secretly' in (20II). The pragmatic inference came to be salient among a group of speakers and was semanticized, that is, it became encoded such that [NP SHI Object-RC NP] was used in non-contrastive contexts such as (22).

4.2.2 Analogization

As mentioned above, analogization is a mechanism that brings about a new fit to an extant pattern. In 4.3.2, we mentioned that the constructionalization of the V *de* O cleft may have been analogized to the extant VP *de* cleft ([NP SHI VP DE] * [specificational + contrastive]) emerged in the 10th century and was conventionalized in the 13th century (Zhan and Traugott 2015).

As argued in 4.3.2, (21I) appears to be the first example of the V *de*

O cleft in the CCL Classical Chinese corpus. It occurs in a Buddhist text and is an innovation. However, reading through the classical data we see (21) is in fact a re-written version of a sentence as in (23) from an earlier Buddhist text. The whole story about the little monk obtains the state of Chan through enlightenment is an adapted version from the earlier Buddhist text.

(23) I. 天下人总是学得底，

       tiānxiàrén   zǒng   shì   xué

       people under heaven   always   COP   study

dé   dǐ
obtain DE

      II. 某甲是悟得底。

       mǒujiǎ   shì   wù   dé   dǐ

       SG1   COP   enlighten obtain DE

      It is through study that people under heaven always obtain (the state of Chan), it is through enlightenment that I obtain (it).

                        Chanlin Senbao Zhuan (禅林僧宝传 1100 CE)

Comparing (21) with (23), we see that (21II) and (23II) are almost identical, both of which are VP *de* clefts. (21I) and (23I) are similar but different: (23I) is a VP *de* cleft with the structure [NP SHI VP DE], and the referent of the nominalization [VP DE], the state of Chan, is referred to but not instantiated. The contrastive focus is the immediate post-copula element *xue* 'through study' indicating the method of obtaining the state of Chan and it satisfies the presupposition 'through some method people under heaven obtain the state of Chan'. In the new version (21I), the post-copula nominalization [VP DE] was replaced by an [Object-RC NP], and *xue* 'through study' was replaced by *can* 'through practice'. If we take a closer look at the two constructions, as listed below, we will see that they have partially identical forms (NP, SHI, DE).

[NP SHI XP DE] * [specificational + contrastive]

[NP SHI Object-RC NP] * [specificational + contrastive]

By hypothesis this enabled analogization to take place and resulted in the similar meaning. We suggest that the pre-existing VP *de* cleft is the important exemplar relevant to the development of V *de* O cleft construction. In addition, although some changes were made to the original text, as a re-written version, the writer of (21I) naturally kept the specificational and contrastive meaning of the original (23I), which may also be relevant for the innovation of a V *de* O cleft in (21I).

However, as mentioned in section 2, VP *de* clefts are not constrained by TAM (tense, aspect and modality) restrictions whereas V *de* O clefts are. In *Zhuzi Yulei* (the 13th century) it is attested that VP *de* clefts co-occurred with the aspectual marker *le*. If the V *de* O cleft was analogized to the extant VP *de* cleft, it would naturally take on the properties that VP *de* clefts had and be able to co-occur with TAM markers. The fact that the V *de* O cleft is incompatible with these grammatical categories shows that other than the VP *de* cleft, its occurrence might have been influenced by other constructions. We argue that the deferred reference copula, also called the deferred equative (Ward 2004), is another important exemplar relevant to the development of V *de* O cleft.

The deferred equatives are special copular sentences with the structure [NP1 SHI NP2] in Chinese, as illustrated in (24):

(24) 我是米饭。

Wǒ shì mǐfàn

I COP rice

I am the rice.

Ward (2004) proposes an account for deferred equatives like (24) based on the notion of pragmatic mapping: a contextually licensed mapping operation between (sets of) discourse entities. He suggests that the use of a deferred equative requires the presence of a contextually licensed open proposition whose instantiation encodes the mapping between entities, both of which remain accessible to varying degrees within the discourse model. In deferred equatives, the two NPs are not themselves coreferential; rather, the equative encodes the mapping between members of distinct sets of discourse entities. For instance, in (24) 'I' and 'rice' are not coreferential, but indicate the mapped set members, which are explicitly represented with the copula linking the two set members rather than literally equating them. Here the meaning of *shi* is extended from 'be' to 'map onto'. An open proposition is a presupposition, a proposition with one or more underspecified elements, corresponding to the aspect of information structure that constitutes back-grounded or presupposed information. So, in (24) the open proposition is 'NP1 maps onto NP2 where NP1 is a member of the set -customers-, and NP2 is a member of the set -orders-.' Another very important point for pragmatic mapping to operate in the case of deferred equatives is discourse entities must be participants of a realized event or situation. For example, (24) is only possible when the ordered rice has been done and the speaker as the customer addresses to a server holding tray full of dinner orders at a restaurant. Moreover, the mapping is between two entities, which are independent existence and incompatible with temporal and modal (TAM) concepts even though they are participants of a realized event. Therefore, in deferred equatives, when the two NPs are modified, the modifiers accordingly are constrained to be incompatible with temporal and modal markers (TAM markers). For example, in (25) only (a, b) are acceptable.

(25) a. 我是白色的米饭。

    Wǒ   shì   báisè   de   mǐfàn
    I   COP white ASSOC rice
    I am the white rice.

b. 我是有蛋的米饭。

    Wǒ   shì   yǒu   dàn   de   mǐfàn
    I   COP have egg REL rice
    I am the rice with egg.

c. *我是会有蛋的米饭。

    Wǒ   shì   huì   yǒu   dàn   de   mǐfàn
    I   COP will have egg REL rice

d. *我是有了蛋的米饭。

    Wǒ   shì   yǒu-le   dàn   de   mǐfàn
    I   COP have-PFV egg REL rice

In a Northern Song (960—1127) text, such deferred equatives are attested as in (26):

(26) I. 相公是无寸底道字，

    Xiànggong   shì   wú   cùn   dǐ
    Young master COP not have Cun REL
dào   zì
Dao character

II. 小子是有寸底道字。

    xiǎozi shì   yǒu   cùn   dǐ   dào   zì
    I   COP have Cun REL Dao character

Young master's name is the character Dao without a radical Cun, but my name is the character Dao with a radical Cun.

Jiu Wudaishi (974)

The speaker of (26) was talking about young master's and his own names which have the same sound but different characters. Both sentences are deferred equatives with the post-copula NP modified by an RC. The two deferred equatives are in a contrastive context: 'young master' vs. 'I' and 'the character Dao without a radical Cun' vs. 'the character Dao with a radical Cun', and they share a common open proposition: 'NP1 maps onto NP2 where NP1 is a member of the set -names-, and NP2 is a member of the set -characters-.' This open proposition is satisfied by the immediate post-copula adjuncts 'without Cun' and 'with Cun', respectively. This reminds us the structure and meaning of the V *de* O cleft which also exhibits certain presupposition observed by immediate post-copula element, and if we take a closer look at the V *de* O cleft and deferred equative constructions such as (26):

[NP SHI (RC) NP] * [equative (specificational) + contrastive]
[NP SHI Object-RC NP] * [specificational + contrastive]

We can see that they have partially identical forms (NP, SHI, (RC), NP). By hypothesis this enabled analogization to take place and resulted in the similar meaning. We argue that the pre-existing deferred equative is another important exemplar relevant to the development of the V *de* O cleft construction. First, an important change in the process of the emergence of the V *de* O cleft is that the subject of the copular sentence stopped to be co-referential with the object of the verb in the RC as well as the head noun, and started to be co-referential with the subject of the verb in the RC, which means the subject was not referential with the predicate NP. The analogization to the deferred equative made the change possible. Second, as shown in section 1, one important grammatical property is that V *de* O clefts exhibit TAM restrictions, and this property is by hypothesis influenced by the deferred equative. Third, as mentioned in section 1 V *de*

O clefts are only used to express the past. The analogization to the deferred equative again made this possible, as the entities of a deferred equative must be participants of a realized event or situation.

4.3 The network of the Chinese cleft construction

As mentioned in section 3.2 the framework of constructionalization makes it possible for language changes to result from multiple sources. In the above two sub-sections we argued that the emergence of the V *de* O cleft might have involved more than one mechanism: neoanalysis and analogization. Accordingly, it might have involved more than one source as shown in Figure 1:

```
regular specificational copular
sentences with an Object RC (9th c.-) ── neoanalysis
                                                    ↘
                                                      the V de O cleft (13th c.-)
VP de clefts (10th c. -)      ⎤                     ↗
deferred equatives (10th c. -) ⎦   analogization
```

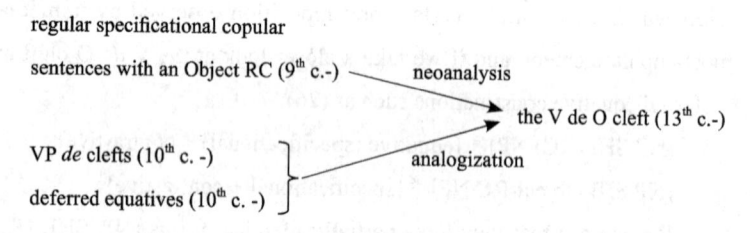

Figure 1 multiple sources of the V *de* O cleft

Regular specificational copular sentences with an Object RC changed into V *de* O clefts enabled by neoanalysis and the pre-existing VP *de* clefts and deferred equatives were the exemplars for the V *de* O cleft to be analogized to.

As discussed in section 1, VP *de* and V *de* O cleft are two sub-schemas of the network of the cleft construction. As special specificational copular sentences, when VP *de* clefts came into being, the cleft construction emerged and it simultaneously created a node in the network of the copular construction. Once V *de* O clefts occurred, they were recruited into the cleft schema as a subschema, joining VP *de* clefts which was adjusted to be the other subschema under the cleft schema, resulting in the schematic network being augmented and expanded.

5 Conclusion

This paper has addressed the constructionalization processes of the V *de* O cleft in the history of Chinese. We argued that the constructionalization of the V *de* O cleft involved the recruitment of an Object RC plus head noun to the predicate position of the specificational copular construction, which gives rise initially to pragmatic modulation and later to semantic and syntactic neoanalysis.

We argued that the emergence of V *de* O clefts involved more than one mechanism with multiple input. It involved neoanalysis motivated by pragmatic inference from the regular specificational copular sentences with an Object-RC + NP as the predicate. It also involved analogization to the pre-existing VP *de* clefts and deferred equatives. Specifically, the presupposed proposition and the contrastive focus may have been influenced by the VP *de* cleft, while the subject-subject coreferentiality, incompatibility with TAM markers and expression of the past may have been affected by the deferred equative.

When VP *de* clefts came into being, the network of the cleft construction simultaneously emerged. Once V *de* O clefts occurred, they were recruited into the network as a subschema, joining VP *de* clefts which was adjusted to be the other subschema in the network, resulting in the schematic network being augmented and expanded. The study is a contribution to the developing field of constructionalization in the sense that: (a) It has made more explicit the way in which individual constructional changes contribute sequentially to procedural constructionalization; and (b) it has manifested the way how nodes are created in a constructional network and how the network is reorganized and expanded.

References

Andersen, Henning 2001 Actualization and the (uni)directionality. In Henning Andersen (ed.) *Actualization: Linguistic Change in Progress.* 225—248. Amsterdam: Benjamins.

Blom, Alied and Saskia Daalder 1977 *Syntaktische Theorie en Taalbeschrijving.* Muiderberg: Coutinho.

Bohnemeyer, Jürgen and Mary Swift 2004 Event Realization and Default Aspect. *Linguistics and Philosophy* 27. 3: 263—296.

Booij, Geert 2010 *Construction Morphology.* Oxford: Oxford University Press.

Bybee, Joan 2010 *Language, Usage and Cognition.* Cambridge: Cambridge University Press.

Cao, Guangshun 1999 Foben xingjijing zhong de "xu" he "zhe" ["Xu" and "zhe" in Foben xingji jing]. *Zhongguo yuwen* [*Studies of the Chinese Language*] 6: 440—444.

Chao, Yuen-Ren 1968[1979] *Grammar of spoken Chinese.* Beijing: The Commercial Press.

Croft, William 2001 *Radical Construction Grammar: Syntactic Theory in Typological Perspective.* Oxford: Oxford University Press.

Declerck, Renaat 1988 *Studies on Copular Sentences, Clefts and Pseudo-clefts.* Brussels: Leuven University Press.

Fauconnier, Gilles and Mark Turner 2003 Polysemy and conceptual blending. In Brigitte Nerlich, Vimala Herman, Zazie Todd, and David Clarke (eds.) *Polysemy: Flexible Patterns of Meaning in Mind and Language.* 79—94. Berlin & New York: Mouton de Gruyter.

Fischer, Olga 2007 *Morphosyntactic Change: Functional and Formal Perspectives.* Oxford: Oxford University Press.

Harris, Alice C. and Lyle Campbell 1995 *Historical Syntax in Cross-Linguistic Perspective.* Cambridge: Cambridge University Press.

Higgins, Francis Roger 1979 *The Pseudo-cleft Construction in English.* New

York: Garland.

Hilpert, Martin 2018 Three open questions in Diachronic Construction Grammar. In Evie Coussé, Peter Andersson, and Joel Olofsson (eds.) *Grammaticalization Meets Construction Grammar*. Amsterdam/Philadelphia: John Benjamins. 21—39.

Huang, Cheng-Teh James 1990 On *be* and *have* in Chinese. *Bulletin of the Institute of History and Philology* 59. 43—64.

Jiang, Lansheng 1999 Chusuoci de lingge yongfa he jiegouzhuci de deyoulai [Functions of locatives and the origin of the particle *de*]. *Zhongguo Yuwen* [*Studies of the Chinese Language*] 2: 83—94.

Jin, Ping 2017 Study on the format and semantic functions of the Chinese "(shi) VO de" and "(shi) V de O" sentences. Ph. D. dissertation. Japan: Kanazawa University.

Kiparsky, Paul 2012 Grammaticalization as optimization. In Dianna Jonas, John Whitman, and Andrew Garrett (eds.) *Grammatical Change: Origins, Nature, Outcomes*. 15—51. Oxford: Oxford University Press.

Kiss, Katalin É. 1998 Identificational focus versus information focus. *Language* 71: 245—273.

Li, Charles N. and Sandra A. Thompson 1981 *Mandarin Chinese: A Functional Reference Grammar.* Berkeley: University of California Press.

Long, Hai-Ping 2013 On the formation of Mandarin V *de* O focus cleft. *Acta Lingusitic Hungarica* 60: 409—456.

Mei, Tsu-lin 1988 Ciwei di, de de laiyuan [The origins of the word final de and di]. *Shiyusuo Jikan* [*Bulletin of History and Philology of the Academia Sinica*] 59. 1: 141—172.

Meillet, Antoine 1958[1912] L'évolution des formes grammaticales. In Antoine Meillet, *Linguistique historique et linguistique générale*. 130—148. Paris: Champion. (Originally published in *Scientia (Rivista di scienza)* XXII, 1912)

Patten, Amanda L. 2012 *The English IT-cleft: A Constructional Account and a Diachronic Investigation*. Berlin: De Gruyter Mouton.

Paul, Waltraud and John Whitman 2008 *Shi... de* focus clefts in Mandarin. *Linguistic Review* 25. 413—451.

Petré, Peter 2014 *Constructions and Environments: Copular, Passive, and Related Constructions in Old and Middle English*. Oxford: Oxford University Press.

Shen, Jia-Xuan 2008 Yiwei haishi Yiqing—Xi 'Ta shi qunian sheng de nü'er' [Moving what? On emotional movement in 'ta *shi* qunian sheng *de* nü'er'] *Zhongguo Yuwen* [*Studies of the Chinese Language*] 5: 387—395.

Simpson, Andrew and Xiu-Zhi Zoe Wu 2002 From D to T: Determiner incorporation and the creation of tense. *Journal of East Asian Linguistics* 11. 169—209.

Sun, Chaofen 1996 *Word-Order Change and Grammaticalization in the History of Chinese*. Stanford: Stanford University Press.

Traugott, Elizabeth and Graeme Trousdale 2013 *Constructionalization and Constructional Change*. Oxford: Oxford University Press.

Wang, Li 1958 *Hanyushi Lunwenji* [*Paper Collection on the History of Chinese*]. Beijing: Kexue chubanshe.

Ward, Gregory 2004 Equatives and deferred reference. *Language* 80. 269—289.

Xiao, Xiao-Ping and Hai-Ping Long 2012 Cong panduanjun qianjian kuozhan kan '(NP) shi SV de O' jushi de xingcheng [On the formation of '(NP) *shi* SV*de* O' sentences from the pre-item extension of copulas]. *Hanyu Xuexi* [*Chinese Learning*] 1: 25—34.

Xu, Jie 2001 *The Principle of Universal Grammar and Chinese Grammar Phenomenon*. Beijing: Peking University Press.

Xu, Liejiong 2002 Hanyu shi huati jiegouhua yuyan ma? [Is Chinese a topic-structuralized language?]. *Zhongguo Yuwen* [*Studies of the Chinese Language*] 5: 400—410.

Yuan, Yu-Lin 2003 Cong jiaodian lilun kan juwei de de jufa yuyi gongneng [On the syntactic and semantic function of de in the sentence final position: From a viewpoint of the modern focus theory]. *Zhongguo Yuwen* [*Studies of the Chinese Language*] 292: 3—16.

Zhan, Fangqiong and Chaofen Sun 2013 A copula analysis of *shì* in the Chinese cleft construction. *Language and Linguistics* 14: 755—788.

Zhan, Fangqiong and Elizabeth Traugott 2015 The constructionalization of the Chinese cleft construction. *Studies in Language* 39: 459—491.

Zhan, Fangqiong and Elizabeth Closs Traugott 2019 The development of the Chinese copula shì construction: A diachronic constructional perspective. *Functions of Language* 26(2): 139—176.

后　记

2021年10月23日至24日，第十一届汉语语法化问题国际学术研讨会暨第二届汉语历史词汇语法研究国际学术研讨会在首都师范大学召开。会议由中国社会科学院语言研究所、北京语言大学、北京大学和首都师范大学联合主办，首都师范大学文学院承办，商务印书馆协办。来自海内外的100余位语言学者通过线上和线下的方式出席了会议，会议收到论文百余篇。

现将部分会议论文辑成《语法化与语法研究》（十一）。收入本集的论文大都在会上宣读过，会后又经作者认真修改。由于各种原因，还有一些会议论文未能收入本集，这是我们引以为憾的。

本论文集的编辑和出版得到商务印书馆的大力支持，谨致谢忱。

《语法化与语法研究》（十一）编委会
2022年12月